Jeffrey I. Krantz
Ann M. Mizell
Robert L. Williams

OS/2 für Anwender und Systementwickler

Aus dem Bereich Computerliteratur

Jim Hoskins
IBM Personal System/2

Gordon Letwin
Inside OS/2

Stefan Limbach und Angelika Schätzel
OS/2 griffbereit

Nicholas M. Baran
Rbase von A .. Z

Eddi Adamis
Lotus 1-2-3 von A .. Z

Douglas Hergert
dBASE III Plus von A .. Z

Nancy Andrews
Microsoft Word 4.0 von A .. Z

Ray Duncan (Hrsg.)
MS-DOS von A .. Z

Anton Liebetrau
Turbo Pascal 4.0 von A .. Z

Vieweg

Jeffrey I. Krantz
Ann M. Mizell
Robert L. Williams

OS/2 für Anwender und Systementwickler

Mit einem Geleitwort der IBM Deutschland

Übersetzt und bearbeitet
von Almut Kleine und Johanna Heiss

Friedr. Vieweg & Sohn   Braunschweig / Wiesbaden

CIP-Titelaufnahme der Deutschen Bibliothek

Krantz, Jeffrey I.:
OS 2 für Anwender und Systementwickler /
Jeffres I. Krantz; Ann M. Mizell; Robert L.
Williams. Mit e. Geleitw. d. IBM Deutschland.
Übers. u. bearb. von Almut Kleine u. Johanna
Heiss. — Braunschweig; Wiesbaden: Vieweg,
1989
    Einheitssacht.: OS 2, features, functions
and applications ⟨dt.⟩
ISBN 978-3-663-01987-9

NE: Mizell, Ann M.:; Williams, Robert L.:;
Kleine, Almut [Bearb.]

Dieses Buch ist die deutsche Übersetzung von
Jeffrey I. Krantz, Ann M. Mizell, Robert L. Williams
OS/2 – Features, Functions and Applications

© 1988 by John Wiley & Sons, Inc.
Bearbeitung und Übersetzung aus dem Amerikanischen:
Almut Kleine und Johanna Heiss, München

IBM ist ein eingetragenes Warenzeichen der International Business Machines Corporation. Microsoft ist ein eingetragenes Warenzeichen von Microsoft Corp. Intel ist ein eingetragenes Warenzeichen von Intel Corporation. Operating System/2 und OS/2 sind Warenzeichen der International Business Machines Corporation. PC XT ist ein Warenzeichen der International Business Machines Corporation. Personal System/2 und PS/2 sind Warenzeichen der International Business Machines Corporation. Personal Computer AT und XT sind eingetragene Warenzeichen der International Business Corporation. Presentation Manager ist ein Warenzeichen der International Business Machines Corporation. Personal Computer XT Modell 286 ist ein Warenzeichen der International Business Machines Corporation. Micro Channel ist ein Warenzeichen der International Business Machines Corporation.

Das in diesem Buch enthaltene Programm-Material ist mit keiner Verpflichtung oder Garantie irgendeiner Art verbunden. Die Autoren, die Übersetzer und der Verlag übernehmen infolgedessen keine Verantwortung und werden keine daraus folgende oder sonstige Haftung übernehmen, die auf irgendeine Art aus der Benutzung dieses Programm-Materials oder Teilen davon entsteht.

Der Verlag Vieweg ist ein Unternehmen der Verlagsgruppe Bertelsmann.

ISBN 978-3-663-01987-9   ISBN 978-3-663-01986-2 (eBook)
DOI 10.1007/978-3-663-01986-2

Geleitwort

Wir freuen uns, daß das bekannte OS/2-Werk der Autoren Krantz, Mizell und Williams jetzt auch in Deutsch verfügbar ist.

OS/2 (in Deutschland BS/2) ist das Betriebssystem der IBM Basisproduktlinie PC AT und PS/2. Es ist damit eines der Betriebssysteme der drei wichtigen IBM Hardware-Architekturen PS/2, 3X bzw. AS/400 und /370. Als Bestandteil der IBM Systemanwendungsarchitektur (SAA) ist BS/2 ein strategisches Betriebssystem von langfristiger Bedeutung. SAA Programme haben ein gleichartiges Erscheinungsbild und sind portierbar auf andere SAA-Betriebssysteme. Damit kommt BS/2 eine Bedeutung zu, die weit über der eines reinen DOS-Nachfolgeprodukts liegt.

Für die Entwickler von Anwendungen bildet das IBM Betriebssystem/2 eine breite Grundlage. Eine umfangreiche Palette von Systemfunktionen steht dem Programmierer im Betriebssystem, im Programmers Toolkit und im Graphics Development Toolkit zur Verfügung. Der klare Aufbau von BS/2, die hardware-unabhängigen Systemfunktionen sowie die Integration von Datenbankverwaltung, Kommunikationsschnittstellen und Grafikbefehlen erleichtern die Programmierung und machen die Programme zuverlässig und wartungsfreundlich.

Insbesondere die Forderung nach zuverlässiger und sicherer Bearbeitung unterschiedlicher Aufgaben zur gleichen Zeit — bei hoher Bedienerfreundlichkeit — machten die Entwicklung dieses neuen Betriebssystems notwendig.

Wir wünschen dem vorliegenden Fachbuch viel Erfolg!

Jörg Balser
Pressesprecher
IBM Deutschland GmbH

Danksagung

Die Autoren danken Jim Archer, Jay Martinson, Bill Gates, Steve Ballmer sowie der Verwaltung, den Planungsingenieuren, Entwicklern, Designern und Testern von IBM und Microsoft, die in hervorragender Teamarbeit die OS/2 Standardversion 1.0 und alle folgenden OS/2-Versionen durch ihre persönlichen Anstrengungen ermöglicht haben.

Die Übersetzer und der Verlag Vieweg bedanken sich bei der Firma IBM Deutschland, insbesondere Herrn Jörg Balser, für vielfältige technische Beratung und Unterstützung. Nicht zuletzt dank dieser Hilfe gelang es, ein Buch auf den deutschen Markt zu bringen, das auf längere Sicht Programmierern fundierte Sachinformationen zur OS/2-Programmierung bieten kann.

Inhaltsverzeichnis

Vorwort

Die Entscheidung, dieses Buch zu schreiben, ist uns sehr leicht gefallen. Da wir - die Verfasser dieses Buches - alle zum Entwicklungsteam des OS/2^{TM} gehören, sind unsere Kenntnisse über das neue Betriebssystem so umfangreich, daß wir glauben, sie am besten in Form eines Buches weitervermitteln zu können. Doch eines ist sicher, der Entschluß, dieses Buch zu schreiben, war einfacher als das Schreiben selbst. Mit unseren OS/2-Kenntnissen hätten wir leicht mehrere Bände füllen können. Doch unsere Absicht war es, ein Buch zu machen, das vom Umfang und Inhalt her so konzipiert ist, daß es vom Leser ohne Probleme aufgenommen werden kann. Die meisten Computerbenutzer haben wichtige Arbeiten zu erledigen, für die ihnen meist nur wenig Zeit zur Verfügung steht. Daher waren wir lange unschlüssig, welche Art Buch wir schreiben sollten. *Wir wollten unsere detaillierten technischen Kenntnisse in allgemein verständlicher Form wiedergeben.* Wir haben uns daher bemüht, eine kritische Auswahl aus dem umfangreichen OS/2-Material zu treffen.

Das Ergebnis unserer Anstrengungen halten Sie in Händen: Ein Buch über die wichtigsten Merkmale des *Operating System/2*^{TM}*: Standardversion 1.0.* Wenn Sie sich zu einer der nachfolgend aufgeführten Gruppen rechnen, wird dieses Buch ganz sicher von Nutzen für Sie sein:

- Benutzer eines PCs mit MS-DOS
- OS/2-Interessierte
- Systemanalytiker
- Systementwickler
- Systemplaner
- Programmierer von Anwender-Software

Auch ohne großartige Kenntnisse über MS-DOS oder den Intel-82026-Mikroprozessor sollte dieses Buch eigentlich verständlich sein. Wir geben Ihnen alle notwendigen Hintergrundinformationen, so daß Sie das neue OS/2 mit seinen vielfältigen Möglichkeiten problemlos verstehen können. Da OS/2 über den PC-Bereich hinaus auch Leistungsmerkmale von Großsystemen bietet, werden wir alle in diesem Buch benutzten Betriebssystemkonzepte erklären.

Sie werden erfahren, welche Bedeutung die OS/2-Einrichtungen und Möglichkeiten für Sie und Ihre Anwendungen haben können. In unsere Erklärungen und Beispiele beziehen wir, wenn möglich, auch immer die entsprechenden DOS-Einrichtungen mit ein.

Zu diesem Buch

Aus der unendlich großen Informations- und Datenfülle haben wir die nach unserer Ansicht wichtigsten Einrichtungen und Funktionen von OS/2 herausgesucht und beschrieben. Natürlich mußten wir uns auch hierbei auf die wesentlichen Dinge beschränken, damit das Buch lesbar bleibt. Nachdem Sie dieses Buch gelesen haben, sollten Sie in der Lage sein, auch mit detaillierterer technischer OS/2-Literatur fertig zu werden. Wir haben unsere Beschreibung in drei Hauptebenen aufgeteilt. In welcher Reihenfolge Sie diese drei Ebenen durcharbeiten wollen, können Sie selbst entscheiden.

Als erstes stellen wir Ihnen eine ganze Reihe von OS/2-Einrichtungen vor, um Ihnen Konzept, Nützlichkeit und Einsatz dieses neuen Systems für Ihre konkreten Probleme vor Augen zu führen. Eine Ebene tiefer erklären wir dann die speziellen Merkmale einer OS/2-Einrichtung (wie etwa Speicherverwaltung), indem wir die Schnittstellen zur Anwendungsprogrammierung vorstellen. Wir zeigen die wichtigsten Schnittstellenmerkmale auf, damit Sie Funktion und Zusammenhänge der einzelnen OS/2-Einrichtungen verstehen lernen. In dieser Ebene erfahren Sie auch, wie Ihre eigenen Anwendungen strukturiert sein müssen, damit sie die OS/2-Einrichtungen voll nutzen können. In der dritten Ebene zeigen wir interessierten Anwendern, wie OS/2-Einrichtungen in Programmanwendungen eingesetzt werden können. Wir haben zwei Kapitel darauf verwendet, einige Schlüsselfunktionen von OS/2 anhand von Programmierbeispielen zu zeigen. Diese Beispiele können alle auf dem System kompiliert und abgespielt werden.

Durch die Unterteilung in verschiedene Ebenen kann der Leser selbst wählen, wie er in diesem Buch vorgehen will. Wenn kein Interesse an Programmierbeispielen besteht, können beispielsweise die Kapitel 4 und 7 einfach überschlagen werden. Es besteht durchaus die Möglichkeit, nach der Einführung in die OS/2-Speichermöglichkeiten in Kapitel 2 gleich das Programmbeispiel für Speicherüberbelegung in Kapitel 4 vorzunehmen und anschließend dann wieder zu Kapitel 2 zurückzukehren, um z.B. die Schnittstellenbeschreibung für die OS/2-Speicherprogrammierung durchzulesen. Selbstverständlich kann das Buch auch ganz normal von vorn nach hinten durchgelesen werden, um eine umfangreiche und einigermaßen detaillierte Gesamtbeschreibung von OS/2 zu erhalten. Das vorliegende Buch ist so aufgebaut, daß jeder für sich selbst entscheiden kann, in welcher Reihenfolge und wie detailliert er sich mit dem neuen Betriebssystem auseinandersetzen möchte.

Einführung:
Ein historischer Überblick

Wir möchten Ihnen hier einen kleinen historischen Überblick über die Entwicklungsstufen von OS/2 bis zum heutigen Tag geben. Es handelt sich dabei um unsere ganz persönlichen Eindrücke und Erfahrungen.

Anfang bis Mitte der 70er Jahre

In den frühen 70er Jahren haben wir unsere ersten Erfahrungen mit der Computerwelt gemacht, und zwar an der Universität. Diese Erfahrungen wurden von folgenden Dingen bestimmt:

- einem "großen" (physikalisch!) zentralen Rechenzentrum
- Tastenlocher
- Stapelverarbeitung über zwischengeschalteten Bediener

Aus heutiger Sicht kann die damalige Rechnerumgebung - was Bedieneroberfläche und Produktivität anbelangt - nur als primitiv bezeichnet werden. Die gesamte Dateneingabe und Programmierung erfolgte ausschließlich über Lochstreifen. Der Benutzer legte seine persönlichen Daten und Programme in umfangreichen Lochkartenstapeln ab. Als produktive Einrichtungen galten damals die Trommel für den Tastenlocher und vielleicht noch ein digitaler Spaltenzähler am Tastenlocher (wenn man einen solchen hatte). Es empfahl sich, die Lochkarten fortlaufend zu numerieren. Denn, wenn der Bediener die Lochkarten versehentlich fallen ließ oder die Kartenlesemaschine allzu "hungrig" wurde, konnte man wenigstens den Stapel anschließend wieder sortieren. Speicherplatz war damals sehr wertvoll und stand nicht allen Benutzern zur Verfügung.

Alle Lochkarten wurden im Laufe des Tages vom Operator eingesammelt und in den Lochkartenleser eingespeist. Bei dieser Art von Stapelverarbeitung (*batch processing*) wurden die Anwenderprogramme gebündelt, ohne Einflußnahme des Benutzers, in den Rechner eingelesen. Nachdem man seine Lochkarten abgeliefert hatte, mußte man geraume Zeit warten, - meist einen halben Tag oder länger - bis man endlich den Ausdruck seiner Programmergebnisse in Händen hielt. Und, wenn das Programm nicht fehlerfrei war, mußte man die ganze langwierige Prozedur noch einmal wiederholen. Das war streckenweise äußerst frustrierend, und nicht selten ging ein ganzer Arbeitstag verloren, weil im Programm irgendein Fehler versteckt war.

Die Rechnerkosten waren damals immens hoch, und daher mußten viele Dinge beachtet und einkalkuliert werden:

- jedes Hundertstel oder Tausendstel einer Rechnersekunde
- die Rechnerzeit für Eingabe-/Ausgabe an Peripheriegeräte
- jede benutzte Massenspeichereinheit
- jede Aktivität des Bedieners für einen Programmablauf
- jede ausgedruckte Zeile oder Seite

Die Rechner-Ressourcen, auf die ein Programm zugreifen konnte, waren damals sehr begrenzt. Der Speicherplatz war meist fest zugeteilt und für ein Programm, das mehr als 256 KB Systemspeicher benötigte, mußte eine ausdrückliche Programmgenehmigung vom Leiter des Rechenzentrums eingeholt werden.

Unser größtes Problem an der Universität war allerdings der Mangel an konstruktiver Unterstützung. Der Operator war in der Regel die einzige halbwegs kompetente Person, die ein Benutzer (Student) regelmäßig zu sehen bekam. Doch wenn es um technische Fragen ging, war er meist keine große Hilfe. Die Kommunikation mit dem Bediener beschränkte sich im allgemeinen darauf, daß man ihm die Lochkarten übergab, die man dann irgendwann zusammen mit dem ausgedruckten Ergebnis von ihm zurückerhielt. Das war eigentlich alles. Wenn man Hilfe benötigte, mußte man versuchen, den Systemprogrammierer zu erwischen. Er war der Experte. Er wußte die Anworten auf unsere Fragen.

Auf unsere Studentenjahre zurückblickend müssen wir diese Entwicklungsperiode im Computerbereich folgendermaßen charakterisieren:

- kostspielig
- lange Bearbeitungszeiten
- Benutzer ohne Kontakt zum Rechner
- begrenzte Rechner-Ressourcen
- langsames und schwieriges Erlernen
- kaum Experimentiermöglichkeiten
- wenig Unterstüzung

Mitte bis Ende der 70er Jahre

In jenen Jahren haben wir einige grundlegende Veränderungen im zentralen Rechenzentrum miterlebt. In großer Anzahl wurden damals interaktive CRT-Terminals installiert. Für den Endbenutzer bedeutete das, nun endlich selbst mit dem Rechner kommunizieren zu können.

Der Benutzer gab seine Daten über die Tastatur seines Terminals ein und konnte alle Eingaben direkt auf dem Bildschirm überprüfen und das Ergebnis seines Programms vor dem Drucken auf dem Bildschirm ansehen. Eventuelle

Fehler konnten rechtzeitig behoben und der Bearbeitungsprozeß damit wesentlich beschleunigt werden. Anwenderprogramme liefen entweder im *Batch*-Modus oder interaktiv, mit *Real-Time*-Anzeige auf dem CRT-Terminal. Natürlich war man schnell soweit, Programme im *Batch*-Modus laufen zu lassen, die mehr als die bis dahin gewohnten Rechner-Ressourcen benötigten.

Da die Rechnerkosten im Rechenzentrum noch immer verhältnismäßig hoch waren, mußten weiterhin viele Benutzer gleichzeitig versuchen, auf den Hauptrechner zuzugreifen. Die Versuchung, den Rechner zu überladen, um die Kosten pro Benutzer niedrig zu halten, war natürlich oft gegeben. Bei stark frequentierten Systemen mußte man häufig unverhältnismäßig lange warten, bis der Zugriff auf den Rechner endlich möglich war. Diese Überbeanspruchung der Rechnerkapazität führte auch dazu, daß die Kommunikation mit dem Rechner unerträglich langsam wurde.

CRT-Terminals waren am Anfang relativ teuer, und daher waren nur wenige Schreibtische mit Terminals für den individuellen Gebrauch ausgestattet. Die langen Antwortzeiten aufgrund überlasteter Systeme und die Zeit, die ungenutzt verstrich, weil man auf einen freien Bildschirm warten mußte, verhinderten, daß die Chancen zur Produktivitätssteigerung mit einem interaktiven Computersystem optimal genutzt wurden.

In der Zeit von Mitte bis Ende der 70er Jahre wurden dann die ersten Anzeichen für einen Dialog zwischen Rechner und Benutzer erkennbar. Das Arbeiten mit dem Rechner wurde schneller, und der Benutzer war motiviert, mehr und mehr Aufgaben und Probleme auf seinem System zu lösen.

Späte 70er bis Mitte der 80er Jahre

Diese Zeitspanne kann als "die Zeit, als der Computer den Durchschnitts-Anwender erreichte" oder als "Erscheinen des Personal Computers" bezeichnet werden. Während dieser Entwicklungsperiode wurde auch die Rechenleistung in den großen Rechenzentren wesentlich verbessert, da die Betriebsmittel leistungsstärker, flexibler und preiswerter wurden. Terminals wurden nach und nach fast an jedem Arbeitsplatz aufgestellt, und gleichzeitig verschwanden die sogenannten Terminalräume. Doch all dieses war eigentlich nur eine logische Weiterentwicklung der vorausgegangenen Periode. Die wirkliche Revolution ereignete sich auf dem Gebiet der Personal Computer.

Ein komplettes Rechnersystem war plötzlich zu einem Preis erhältlich, der nur noch den Bruchteil eines durchschnittlichen Jahreseinkommens ausmachte. Dieses System war so handlich, daß es leicht auf einem normalen Schreibtisch Platz fand. Damit war die herkömmliche Computerumgebung spürbar verändert worden. Das neue Computersystem war so kostengünstig, daß es, um rentabel zu sein, nicht mehr von mehreren Benutzern gleichzeitig benutzt werden mußte. Es war als Einzelplatz-System ausgelegt. Durch diese Entwicklung konnte schließlich auch die System-Software, die die System-Ressourcen verwaltete, ungeheuer vereinfacht werden. Für den Benutzer ergab sich die Möglichkeit, die Ausführung seines Computersystems selbst zu steuern. Damit lag es in seiner Hand, Auslastung und Schnelligkeit seines Systems selbst zu bestimmen.

Immer mehr Menschen begannen damals mit dem Computer zu arbeiten. Schon Kinder im Vorschulalter machten ihre ersten Computerversuche. Der Einsatz von Personal Computern nahm aus folgenden Gründen explosionsartig zu:

- direkter Dialog zwischen Benutzer und Computer
- die Einfachheit des Dialogs
- sofortige Reaktion auf Anweisungen
- problemloser Zugriff auf Personal Computer

Die Entwicklung auf dem PC-Markt bedeutete aber nicht, daß Großrechner damit überflüssig oder unrentabel geworden waren. Nein, ihr Einsatz hat sich sogar seither verstärkt, da ein neuer Anwenderkreis und Markt erst jetzt die großen Computersysteme für sich entdeckt haben. Auch Großsysteme wurden seither weiterentwickelt und sind heute noch leistungsstärker und durch verbessertes Kosten-/Ausführungsverhältnis für viele neue Aufgaben unverzichtbar.

Der IBM-PC und DOS

Als IBM Anfang 1980 seinen ersten Personal Computer mit dem Betriebssystem MS-DOS auf den Markt brachte, hat IBM damit einen neuen Standard für die PC-Umgebung gesetzt. Nicht nur die Hardware, sondern ganz entscheidend auch die ungeheure Fülle von Anwendersoftware, die bereits nach kürzester Zeit für den IBM-PC angeboten wurde, dürfte den unbestreitbaren Erfolg der IBM-PCs bestimmt haben.

Die IBM-Anwendersoftware und ihre Umgebung haben nicht nur einem breiten Spektrum von Anwendern echte Lösungen für ihre Probleme geboten, sondern waren auch durch ihre einfache Handhabung einem breiten Anwenderkreis zugänglich. Die Anwendersoftware wurde von der Software-Umgebung des Betriebssystems (MS-DOS) und natürlich von der Hardware-Umgebung des IBM-PC und PC XT^{TM} bestimmt.

Folgende Umgebungsmerkmale waren kennzeichnend:

- Einplatzsystem (*single user*)
- 640-KB-RAM für Anwenderprogramme und -daten
- Singletasking (Serialisierung der Funktionen)
- jeweils nur eine Anwendung zur selben Zeit

Für diese System-Umgebung war ein außerordentlicher Bedarf vorhanden. Doch wie wird es nun weitergehen? - Muß es denn überhaupt noch weitergehen?

KAPITEL 1

Die OS/2-Perspektive

Die wichtigsten Merkmale und gleichzeitig Vorteile der Standardversion von OS/2 sind folgende:

- Keine Speicherbegrenzung auf 640 KB
- Multitasking-Betrieb
- Anwendungsprogrammierschnittstelle für dynamische Call/ Return-Links
- Mehrfachanwendungen
- Unterstützung von DOS-Anwendungen
- Verbesserte Einsatzmöglichkeiten und einheitliche Benutzeroberfläche

Warum OS/2?

Was sagen Ihnen die oben genannten Merkmale? Warum sollten Sie an Dingen wie "Multitasking" oder einer Anwendungsprogrammierschnittstelle zum dynamischen Einbinden (*Linken*) von Programmsegmenten interessiert sein? Ist es denkbar, daß die DOS-Umgebung Ihren Anforderungen nicht mehr gerecht werden könnte? Lassen Sie uns einige Punkte näher betrachten, die bei der Beantwortung dieser Fragen von Interesse sein könnten:

- Höhere Anforderungen an die Hardware
- Neue System-Umgebungen
- Erfahrenere PC-Anwender

Höhere Anforderungen an die Hardware

Die technologische Entwicklung auf dem Computersektor geht mit riesigen Schritten voran. Noch vor zehn Jahren galten Systeme mit 48-KB-RAM (Wahlfreier Speicherzugriff, siehe Abschnitt Der *80286–Mikroprozessor*) und einer Anzeige von 16 Zeilen und 64 Spalten als völlig ausreichende und beliebte Personal Computer. Das neue Personal System/2^{TM} von IBM beginnt mit 1 MB RAM (Random Access Memory) auf der Systemplatine für Modell 50, während in Modell 80 bis zu 4-MB-RAM direkt auf der Systemplatine installiert werden können (ohne einen Steckanschluß für Zusatzkarten belegen zu müssen). Eine derartige Verbesserung der Leistung wird in der Computerindustrie seit Jahrzehnten als alltäglich angesehen. Doch: *DOS ist nicht in der Lage, die neuen, erweiterten Hardware-Einrichtungen voll auszunutzen.*

Die wichtigsten Hardware-Verbesserungen wurden durch schnellere und leistungsfähigere Prozessoren (Intel 8088 bis Intel 80386) sowie durch größeren Arbeitsspeicher erreicht. Auch die besseren Bildschirme halten inzwischen dem Vergleich mit den Anzeigemöglichkeiten ausgesprochener Grafiksysteme stand.

DOS stellt Funktionen zur Verfügung, die den Intel-8088-Mikroprozessor voll ausnutzen können. Doch die IBM Personal Computer AT^{TM} und IBM Personal System/2 Modell 50 und 60 sind nicht mit einem Intel-8088, sondern mit einem Intel 80286-Mikroprozessor ausgestattet, während der IBM PS/2^{TM} Modell 80 mit einem Intel-80386-Mikroprozessor arbeitet. Die Prozessoren 80286 und 80386 verfügen über einen sogenannten *Real Mode*, der mit dem 8088-Prozessor kompatibel ist. Real Mode ist die Betriebsart, in der MS-DOS arbeitet, wenn ein IBM AT oder Personal System/2 Modell 50 oder höher mit einem 80286- oder 80386-Mikroprozessor ausgestattet ist. Im Real Mode kann jedoch keine der neuen Möglichkeiten des 80286 im vollen Funktionsmodus - *Protected Mode* - genutzt werden. Der 80286-Prozessor bietet z.B. die Möglichkeit, dem Betriebssystem und den einzelnen Anwendungen jeweils geschützte, eigene Speicherbereiche zuzuweisen. Darüber hinaus unterstützt der 80286-Prozessor auch virtuelle Speichertechnik und ermöglicht physikalische Speicherung über die 1-MB-Grenze hinaus. Der 8088-Prozessor bietet dagegen keinerlei Schutzmechanismen und erlaubt nur eine physikalische Speicherung bis zu einem Megabyte. OS/2 kann alle Möglichkeiten des 80286-Prozessors voll nutzen - und ermöglicht dies auch seinen Anwenderprogrammen. Wie man sehen kann, bildet das neue Betriebssystem OS/2 die Voraussetzung dafür, daß die technologischen Neuerungen auf dem Gebiet der Mikroprozessoren in ihrer vollen Leistungsstärke genutzt werden können.

Die Mikroprozessoren und zugehörigen Systeme werden im Laufe der Zeit noch schneller und noch leistungsfähiger werden. Es ist also wichtig, daß das Betriebssystem mit dieser Entwicklung Schritt halten kann. Das wird es allerdings nur können, wenn es in der Lage ist, mehrere Anwendungen gleichzeitig zu bearbeiten, das heißt, das Betriebssystem muß mehrere Prozesse oder Anwendungen so darstellen, als ob sie alle "zur selben Zeit" bearbeitet werden. Während also ein Prozeß auf Daten von einer Ein-/Ausgabeeinheit wartet, muß das System eine andere Ausführung vornehmen können. Mit zunehmender Systemverbesserung werden solche Einrichtungen immer zwingender werden.

Das DOS-System bietet hierfür keinen Gesamtmechanismus, wohl aber das OS/2.

Da DOS nur den 8088-Prozessor oder den Real Mode des 80286 unterstützt, liegt im DOS die Speichergrenze für PC-Anwendungen bei 640-KB-RAM. Der restliche Speicherplatz bis 1 MB wird von den speicherabhängigen Ein-/Ausgabeeinheiten (einschließlich Bildschirm) sowie dem BIOS-ROM-(Read Only Memory)-Code der IBM PC-Systeme beansprucht. Jenseits der 640-KB-Grenze hat eine Anwendung keine Möglichkeit mehr, direkt auf seine Daten zuzugreifen. Daher können Anwendungen, die unter DOS laufen, die Speichermöglichkeiten der neuen Personal-Systeme nicht wirklich ausnutzen. OS/2 dagegen unterstützt Anwendungen auch im Protected Mode des 80286-Mikroprozessors. Diese Anwendungen können mit mehr als 1 MB Speicherplatz und entsprechend hohem direkten Speicherzugriff arbeiten.

Aber nicht nur die Hardware, sondern auch die Anwendungen werden immer anspruchsvoller und benötigen zunehmend mehr Speicherplatz für ihre Ausführung. Dasselbe gilt für den Umfang der Daten, die gleichzeitig verarbeitet werden sollen. Damit wird die Größe des Arbeitsspeichers zum kritischen Faktor für angemessene Antwortzeiten. Nicht zu vergessen die hervorragenden Grafikeinrichtungen, die immer bessere Auflösung und mehr Farben ermöglichen. Auch hier steigt der benötigte Speicherplatz ständig an. Sie sehen also, die angebotenen Speichermöglichkeiten der neuen Hardware-Systeme sind durchaus realistisch und notwendig.

Ein Bild sagt mehr als tausend Worte. Sicher ist, daß eine grafikorientierte Benutzeroberfläche sehr viel nützlicher ist als eine textorientierte Benutzeroberfläche. Wenn der Benutzer mehrere Dinge gleichzeitig bearbeitet, muß er auch die Gelegenheit haben, in einem Bildschirmfenster seine Arbeiten überwachen zu können. Diese Möglichkeit bieten grafikorientierte Benutzeroberflächen. In der Fenster-Umgebung kann der Benutzer mehrere verschiedene Arbeiten gleichzeitig auf dem Bildschirm ansehen. Die Standardversion von OS/2 (Version 1.0) ist nur mit einer zeichen-/seitenorientierten Benutzeroberfläche ausgestattet. Die erweiterte Version 1.1 wird dem Benutzer mit dem Presentation Manager^{TM} eine grafische Benutzeroberfläche mit Fenstertechnik zur Verfügung stellen.

Von OS/2 unterstützte IBM-Hardware

OS/2 kann nicht auf PCs mit 8088- oder 8086-Mikroprozessoren laufen, also weder auf dem IBM PC, PC XT, PS/2 Modell 25 und 30 noch dem Convertible. Zur Zeit werden folgende IBM-Systeme von OS/2 unterstützt:

- IBM Personal Computer AT (5170) Modelle 068 mit Festplatte (entspricht dem Modell 099), 099, 239, 319 und 339
- IBM Personal Computer XT Modell 286^{TM} (5162)
- IBM PS/2 Modelle 50, 60 und 80

Der 80386-Mikroprozessor im PS/2 Modell 80 wird als 80286-Mikroprozessor behandelt.

Nicht alle Adapter der verschiedenen Modelle werden von OS/2 unterstützt. OS/2 benötigt mindestens ein Hochleistungs-Diskettenlaufwerk, eine Festplatte, eine Tastatur und einen Monitoranschluß mit dem entsprechenden Monitor. Wenn nur die OS/2-Umgebung installiert ist, sind wenigstens 1,5 MB RAM erforderlich, für DOS und OS/2 gemeinsam mindestens 2 MB RAM. Auf die DOS- und OS/2-Umgebung werden wir später in diesem Kapitel zu sprechen kommen.

Neue System-Umgebungen

In der Einführung haben wir schon die beiden unterschiedlichen System-Umgebungen angesprochen: Personal Computer (PC) und Großsysteme. Der PC ist für den individuellen Einsatz am Arbeitsplatz konzipiert. Der Benutzer kann nach eigenen Wünschen und Anforderungen mit seinen Daten arbeiten. Einsatzfähigkeit und Speichermöglichkeiten des PC sind jedoch begrenzt. Die großen Systeme dagegen sind für umfangreiche Anwendungen und Daten bestimmt, auf die viele Benutzer gleichzeitig Zugriff haben sollen. Beim Großrechner können beispielsweise viele Benutzer von unterschiedlichen Standorten aus auf die Daten im Hauptrechner zugreifen. Diese Daten sind entweder in einem riesigen Rechenzentrum gespeichert oder auf mehrere Rechenzentren verteilt. Allerdings kann ein großes System auch auf einen lokalen Standort begrenzt sein.

Doch so einfach läßt sich die Aufteilung auch nicht vornehmen. Nicht alle Anwendungen können eindeutig der PC- oder Großrechner-Umgebung zugeordnet werden. Der Finanzbuchhalter eines größeren Unternehmens wird kaum mit einem PC auskommen. Trotzdem wird er es vorziehen, seine Daten in Ruhe, mit viel Flexibilität, auf einem PC an seinem Arbeitsplatz bearbeiten zu können. Bei einigen großen Systemen ist weniger die Flexibilität gefragt, als vielmehr die Möglichkeit, große Datenmengen verarbeiten zu können. Oder nehmen wir eine Systemanwendung, die unter bestimmten Voraussetzungen am Terminal mit niedrigen Antwortzeiten arbeiten könnte, unter anderen Voraussetzungen aber auf dem Großrechner einen umfangreichen Bearbeitungsaufwand erfordern würde. Hier scheint eine Gemeinschaftsverarbeitung (*cooperative processing*) die geeignete Lösung zu sein. Jeder Teil (PC und Großrechner) übernimmt dabei die für sein System geeigneten Aufgaben.

Bei Gemeinschaftsverarbeitung ist Multitasking-Betrieb auf dem PC unbedingt erforderlich. Die System-Software für PC-Anwendungen muß erstens leistungsstarke Hardware für Real-Time-Kommunikation unterstützen und zweitens Zugriff auf komplexe logische Kommunikations- und Netzwerk-Protokolle - zusätzlich zur Datenübertragungs-Struktur - ermöglichen. Dafür ist umfangreiche System-Software notwendig, die gemeinsam mit einem hochqualifizierten Anwenderprogramm einen großen Teil des 640-KB-Speicherplatzes in Anspruch nehmen würde. Die Systemumgebung sollte also in Real Time die interrupt-gesteuerte Hardware sowie Multitasking unterstützen. Spezialprogramme haben diese Funktionen bereits in der DOS-Umgebung für bestimmte Systemumgebungen oder Anwendungen ermöglicht. In der OS/2-Umgebung jedoch erfolgt diese Unterstützung standardmäßig. Dadurch kann das System nach dem Baukastenprinzip erweitert und einem breiten Spektrum von Anwendungen oder Subsystemen erschlossen werden. Die Systemschnittstelle für Anwenderprogramme (*API - Application Programming Interface*) ist ein wesentlicher Faktor dieser modularen Systembasis.

In OS/2 können Anwendungen oder Systeme für umfangreiche Gemeinschaftsverarbeitungen so allgemein gehalten werden, daß der Software-Entwickler sich nicht darum kümmern muß, wie das System später für weitere Anwendungen verwendet werden soll. Damit werden nicht nur Programmierern sondern auch unabhängigen Software-Häusern völlig neue Möglichkeiten erschlossen. Da OS/2 nach einem gut durchdachten Konzept die Ausführung mehrerer Anwendungen gleichzeitig unterstützt und eine einheitliche Benutzeroberfläche zur Verfügung stellt, können die Systemverbesserungen nun wesentlich besser ausgenutzt werden. Durch OS/2 ist es jetzt möglich, Anwendungen so weit dem System und seiner Architektur anzupassen, daß sie auch dann noch lauffähig sind, wenn weitere Anwendungen eingesetzt werden oder Subsysteme sich ändern. Subsysteme können aufgrund äußerer Veränderungen in der realen Umgebung der Arbeitsstation oder durch Umstellungen bei der Hardware verändert werden. Das neue System bietet also nicht nur eine konsistente (einheitliche) Anwendungsschnittstelle für viele Anwendungen nebeneinander, sondern erlaubt auch die Verarbeitung all dieser Anwendungen "zur selben Zeit".

Erfahrenere PC-Anwender

Die Ansprüche werden immer höher. Was vor wenigen Jahren noch als revolutionär galt, ist heute bereits Standard. Jede Technologieverbesserung wird das Arbeiten mit dem Rechner noch effektiver machen und damit die Wettbewerbsfähigkeit des Benutzers gewährleisten.

Aber wie wir bereits gesehen haben, geht es nicht nur um Verbesserungen an der Hardware, sondern es stellt sich die Frage, ob die Software mit der Hardware-Entwicklung Schritt halten kann. Um diese Frage beantworten zu können, müssen wir uns noch einmal die Umgebung des Betriebssystems vornehmen.

Für mehr Produktivität sind mehr Funktionen erforderlich. Mehr Funktionalität kann unter anderem dadurch erreicht werden, daß mehrere Anwendungen "zur selben Zeit" bearbeitet werden können. Dabei wäre es wichtig, daß diese Funktionen einem allgemein verständlichen Prinzip untergeordnet sind, das eine friedliche Koexistenz der verschiedenen Anwendungen ermöglicht, die "gleichzeitig" bearbeitet werden sollen. Ferner muß sich diese Umgebung einheitlich und unkompliziert präsentieren. Denn, je komplexer und leistungsfähiger ein System ist, desto wichtiger ist es, daß seine Bedienung einfach und übersichtlich ist. Sobald das System zu kompliziert wird, wendet sich der Anwender lieber wieder einfachen, aber weniger flexiblen Systemen zu. Der Anwender wird nur schwer zu überzeugen sein, daß es allein in seiner Hand liegt, das System seinen individuellen Wünschen und Anforderungen anzupassen.

Der PC-Anwender soll aber nicht nur mehrere Anwendungen gleichzeitig betreiben können, sondern auch kompliziertere Anwendungen. Unter OS/2 können komplexe Anwendungen so geschrieben werden, daß sie ohne weiteres neben Mehrfachanwendungen existieren können. Komplexe Anwendungen im DOS gehen immer über den allgemeinen DOS-Rahmen hinaus. Solche Anwendungen können in einer Umgebung, in der andere Programme ebenfalls versuchen, den DOS-Rahmen zu strapazieren, nicht korrekt funktionieren.

Die Leistungen des OS/2

Hier einige der wichtigsten OS/2-Einrichtungen:

1. DOS und OS/2 können nebeneinander ausgeführt werden
2. Großer Arbeitsspeicher und virtueller Speicher
3. Speicherüberbelegung
4. Mehrfachanwendungen
5. Multitasking
6. Prozeßkommunikation
7. Dynamische Link-Schnittstelle für Call/Return. Unterstützung höherer Programmiersprachen
8. Dateikompatibilität mit DOS
9. Interrupt-gesteuerte Einheitenverwaltung
10. E/A-Subsysteme für Bildschirm, Tastatur und Maus
11. Unterstützung verschiedener Landessprachen und Einrichtungen zur Behandlung von Meldungen

DOS-Ausführung und OS/2-Ausführung

Die umfangreichere OS/2-Umgebung macht andere Regeln für Anwenderprogramme notwendig als die DOS-Umgebung. Daher können die uns vertrauten DOS-Anwendungen nicht unter OS/2 laufen. Weil die meisten Anwender einige ihrer alten Programme vorerst unter OS/2 weiter betreiben wollen - bis diese für das neue Betriebssystem umgeschrieben sind - wird mit OS/2 eine DOS-Umgebung mitgeliefert. Diese Umgebung ähnelt MS-DOS Version 3.3 und wird Ausführungsumgebung (*execution environment*) genannt. Der Benutzer kann zwischen den beiden Umgebungen - DOS und OS/2 - hin und her schalten. Anwendungen, die in der OS/2-Umgebung laufen, können alle Funktionen des neuen Betriebssystems nutzen, da sie den Regeln des OS/2 entsprechen müssen, während die Anwendungen in der DOS-Umgebung nur mit der eingeschränkten Funktionalität von MS-DOS 3.3 verarbeitet werden können.

Wenn der Benutzer unter DOS arbeitet, sind Bildschirm und Tastatur der DOS-Umgebung angepaßt. Der Benutzer sieht, was die DOS-Anwendung auf dem Bildschirm macht, und alle Tastenbefehle - abgesehen von den sogenannten *Hot Keys* ("heiße" Tastensequenzen) - werden im DOS ausgeführt. Mit diesen *Hot Keys* kann der Benutzer DOS-Ausführungen aufheben und in die OS/2-Umgebung umschalten. Jeweils die Umgebung, die über Bildschirm und Tastatur verfügt, ist aktiviert, d.h. im *Vordergrund*. Die andere Umgebung befindet sich solange im *Hintergrund*.

Solange die DOS-Umgebung im Vordergrund ist, teilt sie sich den Prozessor mit den Anwendungen der OS/2-Umgebung. Wenn eine DOS-Anwendung läuft - im Vordergrund ist -, arbeitet der Prozessor im Real Mode; wenn eine OS/2-Anwendung läuft, arbeitet der Prozessor im Protected Mode. Betriebssystem und Einheitentreiber sind so angelegt, daß sie diese beiden Modi steuern können. Man spricht hier von einer *bimodalen* Umgebung. Durch diesen bimodalen Modus (Zweifachmodus) sind Betriebssystem- und Einheitentreiber-Programme zwar recht komplex geworden, doch das war notwendig, um die DOS-Umgebung ins OS/2 mit einbeziehen zu können.

Solange DOS in den Hintergrund gerückt ist, ist der DOS-Betrieb suspendiert, DOS erhält also keine Prozessorzyklen. Zeitkritische Anwendungen und Laufzeit-Anwendungen können also in der DOS-Umgebung nicht unterstützt werden, weil die OS/2-Anwendungen die gesamte Prozessorzeit unter sich aufteilen. Das System arbeitet spürbar langsamer, wenn die DOS-Umgebung - und damit die bimodale Umgebung - im Vordergrund ist.

Mit einem CONFIG.SYS-Parameter kann der Benutzer die Größe der DOS-Umgebung selbst bestimmen. CONFIG.SYS ist eine Datei, die OS/2 während der Initialisierung liest. Mit dem Inhalt dieser Datei können eine ganze Reihe OS/2-Merkmale durch den Benutzer selbst gesetzt werden. Mit einem CONFIG.SYS-Parameter kann z.B. bestimmt werden, ob das System mit oder ohne DOS-Umgebung laufen soll.

Ein Teil von OS/2 sowie alle OS/2-Einheitentreiber residieren unterhalb der 640-KB-Grenze und nehmen damit DOS einen Teil des verfügbaren Speicherplatzes weg. Da sich der Prozessor während einer DOS-Ausführung im Real Mode befindet, kann die DOS-Anwendung den OS/2-Systemschutz unterlaufen und unerlaubte Ausführungen vornehmen bzw. Teile des Betriebssystems (im Speicherbereich unterhalb 640 KB) und Systemtreibers überschreiben.

OS/2 liefert eine neue Anwendungsprogrammierschnittstelle, deren Funktionalität die DOS-Möglichkeiten weit übertrifft. Mit Hilfe einer *Hot Key*-Sequenz kann der Benutzer zwischen den beiden Betriebssystemen hin und her schalten. Ein OS/2-Programmselektor ermöglicht die direkte Programmansteuerung bzw. das Starten einer neuen Anwendung.

Wenn OS/2 im Vordergrund ist, teilen sich alle aktiven OS/2-Anwendungen den Prozessor. Da sich der Prozessor aber im Protected Mode befindet, können die Anwenderprogramme weder unerlaubt auf andere Speicheradressen zugreifen noch Prozessor-Interrupts ausschalten oder Zugriff auf Ein-/Ausgabeeinheiten nehmen. Für einige spezielle Anwendungen ist eine höhere Privilegebene möglich, damit diese mit IOPL ausgestattet werden können. (Wir werden später in diesem Kapitel bei der Beschreibung des 80286 noch auf IOPL zu sprechen kommen.) IOPL-Anwendungen müssen in CONFIG.SYS ausdrücklich vom Anwender genehmigt werden.

Der Rest des Buches befaßt sich mit den neuen Möglichkeiten, die die OS/2-Umgebung für Anwendungen bereitstellt. Den Benutzer wird es sicher beruhigen, daß seine alten DOS 3.3-Anwendungen auch weiterhin in der DOS-Umgebung von OS/2 laufen können. Damit ist ihm die Möglichkeit gegeben, nach und nach seine Programme dem neuen System anpassen und in der Zwischenzeit mit den alten Programmen weiterarbeiten zu können.

Einige DOS-Restriktionen und -Überlegungen

Wie bereits erwähnt, werden DOS-Anwendungen von der OS/2-Umgebung nicht unterstützt; doch die DOS-Umgebung von OS/2 arbeitet mit einer Unterversion von DOS 3.3. Dabei bleiben allerdings alle neuen OS/2-Funktionen in der OS/2-DOS-Umgebung unerreichbar.

Zeitkritische DOS-Anwendungen werden allerdings nicht von der DOS-Umgebung von OS/2 unterstützt. Selbst wenn sich die DOS-Umgebung im Vordergrund befindet, *steht ihr die Prozessorzeit nicht hundertprozentig zur Verfügung* - wie im echten MS-DOS 3.3. Daher kann eine Anwendung, die in MS-DOS 3.3 mit Geräteaufruf arbeitet, in der OS/2-DOS-Umgebung nicht korrekt funktionieren.

Anwendungen, die mit undokumentierten MS-DOS-3.3-Funktionsaufrufen arbeiten, werden von der OS/2-DOS-Umgebung nicht unterstützt. Alle Anwendungen, die mit DOS-Versionsbezeichnungen arbeiten, werden wahrscheinlich in der OS/2-DOS-Umgebung nicht korrekt ablaufen, da die DOS-Version im OS/2 die Bezeichnung 10.0 trägt. Und schließlich werden auch Anwendungen, die DOS-Netzwerkfunktionen aufrufen, nicht von OS/2-DOS unterstützt.

Für einige DOS- und BIOS-Software-Interrupts gibt es Einschränkungen, ebenso wie für alte Zeicheneinheitentreiber. Blockeinheitentreiber, wie sie in DOS verwendet werden, sind in OS/2-DOS nicht einsetzbar. Ferner sind bei einigen Befehlen und Utilities Unterschiede zwischen MS-DOS 3.3 und OS/2-DOS festzustellen.

Für die Verwaltung der System-Ressourcen ist allein OS/2 verantwortlich. Nur so kann eine Umgebung unterstützt werden, in der sich viele Anwendungen dieselbe Systemeinheit (z.B. das Laufwerk) teilen können. In dieser Umgebung ist genau festgelegt, mit welchen Hardware-Interrupts DOS-Anwendungen arbeiten und welche Einheiten sie direkt ansteuern und programmieren dürfen.

DOS-Anwendungen, die Warteschleifen beschreiben, um auf bestimmte Hardware-Ereignisse zu warten, erlauben keine effektive Verteilung der Prozessorzeit. DOS-Anwendungen mit folgenden Merkmalen dürften Schwierigkeiten bereiten:

- Schreiben in fremden Speicherplatz
- Arbeiten mit Warteschleifen
- Neuprogrammieren von Interrupt-Steuerungen
- Verwendung oder Änderung der CMOS-Uhr

Eine Anwendung, die eine der oben genannten Eigenschaften aufweist oder grundsätzlich versucht, System-Hardware anders als über die Programmierschnittstelle anzusteuern, kann unter Umständen nicht funktionsfähig sein oder - schlimmer - das ganze System blockieren.

Großer Arbeitsspeicher und virtueller Speicher

Der 8088-Mikroprozessor oder der Real Mode des 80826-Prozessors ermöglichen eine physikalische bzw. reale Speicheradressierung bis zu 1 MB. Der 8088-Mikroprozessor unterstützt kein virtuelles Speicherkonzept. Unter einem physikalischen oder *realen Speicher* versteht man den tatsächlich verfügbaren Arbeitsspeicherplatz mit seinen physikalischen Adressen. Unter einem *virtuellen Speicher* sind die Adressen zu verstehen, mit denen ein Programm arbeitet - die es sieht. Im Real Mode des 80286 entsprechen sich reale Speicheradresse und virtuelle Speicheradresse. Wenn vom Real Mode des 80286 die Rede ist, geht es grundsätzlich nicht um virtuelle Speicherung. Da im Real Mode der Speicherplatz zwischen 640-KB und 1 MB für speicherabhängige Ein-/Ausgabe-Adapter (und Bildschirme) sowie ROM-BIOS reserviert ist, können in diesem Modus des 80286-Mikroprozessors Anwenderprogramme und -Daten nur bis zur 640-KB-Grenze - abzüglich des Speicherraums, der vom Betriebssystem in Anspruch genommen wird - unterstützt werden.

Wird in einem DOS-System mehr als 1 MB Speicherplatz benötigt, kann dieser Speicherplatz über ein virtuelles Laufwerk verfügbar gemacht werden. Das virtuelle Laufwerk ist bedeutend schneller als die Festplatte und kann - mit Hilfe der API des Dateisystems - vom Anwenderprogramm wie ein normales Laufwerk benutzt werden. Die Aktivierung von mehr als 1 MB Speicherplatz bringt jedoch auch spürbare Nachteile mit sich. Das Programm kann seine Daten beispielsweise nur wie eine Plattendatei auf einem virtuellen Laufwerk behandeln und nicht wie Daten im Arbeitsspeicher. Es kann also nur auf Daten, die bis zur 640-KB-Grenze gespeichert sind, direkt zugreifen. Alle benötigten Daten müssen aber jederzeit vom virtuellen Laufwerk in den Arbeitsspeicher geladen und dort irgendwie untergebracht werden können, denn ein Anwendungscode, der im virtuellen Speicher residiert, kann nicht direkt ausgeführt werden. Der Code muß daher erst als sogenannte Überlagerung (*overlay*) in den Arbeitsspeicher geladen und von dort ausgeführt werden. Bei Real-Time-Systemen kann diese Methode allerdings zu unerträglichen Verzögerungen führen und Struktur und Aufbau einer Anwendung viel zu komplex machen.

Eine andere Möglichkeit, den 640-KB-Engpaß zu überbrücken, besteht im *Bank-Switching*. Diese Möglichkeit ist zwar nicht schlecht, bildet aber auch keine natürliche Speichererweiterung des 80286-Mikroprozessors und erlaubt den Anwendungen nicht, ohne große "Klimmzüge" in die anderen Bereiche der 80286- und 80386-Prozessoren zu wachsen. Es bleibt also im wesentlichen den 8088-Systemen überlassen, den Anwendungen auch Speicherraum über die 640-KB-Grenze hinaus zu ermöglichen. 8088-Systeme haben keine andere Wahl.

OS/2 stellt eine Umgebung zur Verfügung, in der alle Adressiermöglichkeiten des 80286-Protected-Mode voll ausgeschöpft werden können, und zwar nicht nur vom Betriebssystem, sondern auch von den einzelnen Anwendungen. In dieser Umgebung haben OS/2 und alle OS/2-Anwendungen direkten Zugriff auf 16 MB Arbeitsspeicher - ohne Umwege über virtuelle Laufwerke oder Bank-Switching.

Zusätzlich kann OS/2 noch die virtuelle Speichermöglichkeit nutzen, die der 80286 im Protected Mode bietet. Bei der virtuellen Speichermethode entsprechen die Adressen, die ein Programm sieht, nicht den realen Speicheradressen. Das bedeutet, daß die im System aktivierten Programme sehr viel mehr Speicherplatz in Anspruch nehmen können, als tatsächlich im realen System vorhanden ist. Die Programme gehen davon aus, daß der angebotene Speicherplatz real existiert. OS/2 regelt den Umstand, daß ein Teil dieses Speicherplatzes in Wirklichkeit auf dem Laufwerk untergebracht ist und sorgt dafür, daß Speicheradressen, auf die ein Programm zugreifen will, in den Arbeitsspeicher transferiert werden. Das Programm selbst erfährt nicht, daß der Code oder die Daten nicht wirklich im Arbeitsspeicher residieren. Auch wie viel Arbeitsspeicherplatz tatsächlich vorhanden ist, weiß es nicht - und muß es nicht wissen. Man nennt dies *virtuelle Speicherunterstützung*.

Auf diese Methode werden wir im Abschnitt über den 80286-Mikroprozessor später in diesem Kapitel und in Kapitel 2, bei der Erörterung der Speichermöglichkeiten, noch näher zu sprechen kommen.

Daß es wichtig ist, mit einem großen Arbeitsspeicher arbeiten zu können, haben wir bereits festgestellt. Da OS/2 Mehrfachanwendungen im Multitasking-Betrieb unterstützt, ist es mindestens ebenso wichtig, für jede einzelne Anwendung umfangreichen Speicherplatz zur Verfügung stellen zu können. Das virtuelle Speicherkonzept des 80286 bietet OS/2 die Voraussetzung hierfür. Da OS/2 auch die beachtlichen Systemspeichermöglichkeiten der 80286-Architektur unterstützt, kann es nicht nur den heutigen, sondern auch allen zukünftigen PC-Systemen ausreichende Speicherkapazität zur Verfügung stellen.

Speicherüberbelegung

Wir haben gerade festgestellt, daß OS/2 seinen Anwendungen mehr realen Speicherplatz zur Verfügung stellen kann, als im Systemspeicher tatsächlich vorhanden ist. Man nennt dies *Speicherüberbelegung*. Durch sogenanntes *Swapping* (Auslagern) werden derzeit nicht benutzte Speichersegmente auf der Festplatte untergebracht. (Auf Segmente kommen wir im Abschnitt über die 80286-Architektur etwas später in diesem Kapitel zu sprechen.) Das am längsten nicht mehr benutzte Segment wird als erstes auf die Festplatte ausgelagert. Nachdem ein Segment aus dem RAM entfernt ist, kann der frei gewordene Platz sofort durch ein anderes Segment - das z.B. gerade von der Platte hereingeholt wurde - ausgefüllt werden. Ein Segment wird von der Festplatte in den Arbeitsspeicher geholt, weil das Betriebssystem oder eine Anwendung signalisiert hat, daß sie auf dieses Segment Zugriff nehmen will.

Wenn das am längsten nicht mehr benutzte Segment aus dem Arbeitsspeicher entfernt werden soll, muß es nicht unbedingt ausgelagert werden, sondern kann auch gleich ausrangiert (gelöscht) werden, weil

- das Datensegment von der Anwendung als entfernbar definiert wurde

- es sich bei diesem Segment um ein Code-Segment handelt.

Wenn das Segment zur Weiterverwendung aufbewahrt werden soll, kann es

- aus seiner ursprünglichen Position wieder geladen werden

- von der Anwendung neu erstellt werden. Die Anwendung hat dem System erlaubt, das Datensegment zu löschen.

Da die Segmente unterschiedlich groß sein können - bis 64 KB - können unbenutzte Speicherplätze beim Swapping und Entfernen sowie Laden von Segmenten leicht in den Arbeitsspeicher hineingeraten. Wenn beispielsweise zwei 32-KB-Segmente im Arbeitsspeicher frei sind und ein 64-KB-Speichersegment hereingeholt werden soll, kann das System das Segment nicht in die beiden unzusammenhängenden, freien Speicherplätze laden. In diesem Fall hat das System u.a. die Möglichkeit, einige Segmente im Arbeitsspeicher zu verschieben, damit aus mehreren kleineren Plätzen ein größerer Platz im Arbeitsspeicher geschaffen wird. Man nennt diesen Vorgang Segmentverschiebung (*segment motion*).

Diese Speicherhandhabung im Protected Mode des 80286 ermöglicht die Ausführung umfangreicher Anwendungen, ohne sich Gedanken über die tatsächliche Größe des Arbeitsspeichers und seiner Merkmale machen zu müssen. Das ist ein enormer Fortschritt gegenüber den Overlay-Strukturen, die bisher umfangreiche Anwendungen verwalten mußten, wenn sie größer waren als der verfügbare Arbeitsspeicher. In DOS war es notwendig, daß der Anwender dafür sorgte, daß Umfang und Struktur seines Programms so angelegt waren, daß der ausführbare Programmcode im Systemspeicher untergebracht werden konnte. Anwendungen, die mit der Overlay-Technik arbeiteten, waren gezwungen, mit weniger Arbeitsspeicher für ihre Daten auszukommen, um Platz für den umfangreicheren ausführbaren Code zur Verfügung zu stellen. Das ist nun anders. Im neuen Betriebssystem, das die Möglichkeit der Speicherüberbelegung durch virtuelle Speichertechnik bietet, muß sich der Programmierer nicht länger mit Speicherplatzproblemen auseinandersetzen. Er muß lediglich wissen: wieviele Speichersegmente empfiehlt das System, wieviele Segmente sind maximal zulässig, und wie wirkt sich der Swapping-Umfang auf die Ausführungszeit aus?

Mehrfachanwendungen

Verbesserungen in der DOS-Umgebung machen es möglich, mehrere Anwendungen gleichzeitig zu bearbeiten, doch diese Verbesserungen bewirken gleichzeitig viele Einschränkungen im Real Mode der 80286-Umgebung. Es ist nicht einfach, in DOS Mehrfachanwendungen sinnvoll zu unterstützen und gleichzeitig eine verbesserte DOS-Umgebung sowie mehrere Anwendungen innerhalb der 640-KB-Grenze unterzubringen. Mit einigem Geschick kann man Anwendungen zwischen Realspeicher und virtuellem Speicher hin und her schieben, doch das Prozeßergebnis kann in vielen Bereichen Probleme hervorrufen. Hinzu kommt, daß der Real Mode des 80286-Mikroprozessors keinen Schutz für unerlaubten Zugriff auf die einzelnen Anwendungen und auf das Betriebssystem bereithält.

Diese Probleme stellen sich in der OS/2-Umgebung nicht. Für jede Anwendung, die unter OS/2 läuft, werden in ausreichendem Maße virtuelle Speicheradressen zur Verfügung gestellt. Und, OS/2 verwendet den von der Hardware des 80286-Prozessors im Protected Mode angebotenen Schutzmechanismus, um Anwendungen und Betriebssystem vor unerlaubtem Zugriff zu schützen.

Darüber hinaus übernimmt OS/2 die Verwaltung der System-Ressourcen und bestimmt die Anwendungsregeln, die für eine problemlose Koexistenz mehrerer - auch komplexer - Anwendungen im selben System erforderlich sind. Damit bestimmte Anwendungen im erforderlichen Maße auf Prozessor-Ressourcen zugreifen können, weist man ihnen bestimmte Ausführungsprioritäten zu.

Unter OS/2 können mehrere Anwendungen "zur selben Zeit" verarbeitet werden, wodurch die Produktivität des Benutzers deutlich gesteigert wird. So können beispielsweise Daten mit Hilfe eines Kommunikationsprogramms von einem entfernten Hostrechner abgerufen werden, während gleichzeitig eine umfangreiche Tabellenkalkulation berechnet und im Vordergrund über einen Texteditor ein Memo geschrieben wird. Der Benutzer kann zwischen den einzelnen Arbeitsabläufen hin und her schalten, um den Fortschritt der Arbeiten zu verfolgen.

OS/2 unterstützt eine breitgefächerte Software-Palette, ohne daß sich die parallel ablaufenden Programme gegenseitig behindern. Bisher war der Anwender gezwungen, ein integriertes Software-Paket einzusetzen, wenn er verschiedene Arbeitsbereiche nebeneinander und miteinander unter DOS bearbeiten wollte. Das neue OS/2 erlaubt dem Anwender nun, Produkte verschiedener Hersteller im selben System gemeinsam einzusetzen. Damit hat der Benutzer endlich die Möglichkeit, die jeweils geeignetsten Programme für seine Problemlösungen einzusetzen.

Multitasking

Multitasking bedeutet, daß mehrere Anwendungen parallel auf einem Rechnersystem ablaufen können. Doch das stimmt nicht ganz. Da ein Rechnersystem immer nur über einen Zentralprozessor verfügt, kann das System strenggenommen nur eine Sache zur selben Zeit ausführen. Häufig fallen jedoch für eine Anwendung mehrere Prozesse an, die parallel ausgeführt werden können. Dazu müssen nur einige Synchronisationspunkte genau definiert werden. Oder es kommt auch vor, daß der Prozessor einen Arbeitsgang nicht weiterführen kann, weil er darauf wartet, daß Informationen über eine langsame Ein-/Ausgabeeinheit, wie z.B. Tastatur oder Festplatte, eingegeben bzw. ausgegeben werden. Multitasking unterstützt eine Prozeßstruktur, die zuläßt, daß während der kurzfristigen Unterbrechung einer Ausführung, der Prozessor vorübergehend von einem anderen Prozeß belegt wird. Bei Mehrfachanwendungen teilen sich immer mehrere Tasks einer Anwendung gleichzeitig den Prozessor.

DOS ist für Einzelanwendungen konzipiert, d.h. der Prozessor kann jeweils nur eine Aufgabe und eine Anwendung zur selben Zeit ausführen. Wenn Daten vom Laufwerk geladen werden, bleibt nichts anderes übrig, als zu warten, bis die Daten in den Arbeitsspeicher geladen sind. In der Zwischenzeit kann das System keine anderen Aufgaben ausführen.

Bei einigen DOS-Programmen hat man das Gefühl, daß sie im Multitasking-Betrieb ablaufen. Und das trifft zum Teil auch zu. Wenn man die normale DOS-Schnittstelle umgeht, kann man durchaus Anwendungen implementieren, die in einer DOS-Umgebung Multitasking-Charakter haben. Doch solche Anwendungen werden sicher nicht in Verbindung mit anderen Anwendungen funktionieren, schon gar nicht, wenn diese anderen Anwendungen sich ebenfalls unter Umgehung der DOS-Schnittstellen besondere Merkmale angeeignet haben.

In einem Multitasking-Betriebssystem, das mehrere Anwendungen gleichzeitig unterstützt, wird jede Anwendung mit Multitasking-Eingenschaften ausgestattet. Nur so ist es möglich, daß alle OS/2-Anwendungen nebeneinander existieren und gleichzeitig, ohne gegenseitige Störung, ausgeführt werden können. Allerdings, je mehr Anwendungen nebeneinander existieren, desto weniger Prozessorzeit entfällt auf die einzelne Anwendung. Für zeitkritische Anwendungen können daher Prioritäten gesetzt werden.

Die ausführbare Aufgabe (Task) innerhalb eines Prozesses wird im OS/2 *Thread* genannt. Ein Thread besteht aus einer Serie von Programmanweisungen, die im System ausgeführt werden. Threads haben ähnliche Merkmale wie einfache DOS-Programme. Eine Programmeinheit, die Besitz an System-Ressourcen hat, nennt man *Prozeß*. Jeder Prozeß besteht aus einem oder mehreren Threads. Mehrere Threads desselben Prozesses teilen sich jeweils die Prozeß-

Ressourcen (allerdings nicht bei Stapel-Verarbeitung oder ähnlichem). Im Kapitel über Multitasking und Mehrfachanwendungen werden wir näher auf dieses Thema eingehen (Kapitel 3).

Multitasking-Betrieb ist unserer Ansicht nach eine Grundvoraussetzung für OS/2, damit hochfunktionelle Programme in einem System für Mehrfachanwendungen ungestört koexistieren können. Der Benutzer erwartet eine schnelle Beantwortung seiner Eingaben und die gleichzeitige Bearbeitung anderer Prozesse. Da die Mikroprozessoren immer noch leistungsstärker werden, nimmt ihre Geschwindigkeit im Verhältnis zur unterstützten Peripherie weiter zu. Kommunikations-Subsysteme und Laufzeitanwendungen erfordern unbedingt Multitasking-Betrieb, damit externe Abläufe verfolgt und währenddessen andere Prozesse mit geringerer Priorität vom System bearbeitet werden können. Ohne Multitasking wäre keine der oben genannten Ausführungen in Mehrfachanwendungs-Systemen standardmäßig möglich.

Prozeßkommunikation

Ein Thread ist die kleinste Ausführungseinheit in einer OS/2-Umgebung. Mehrere Threads bilden einen Prozeß. Mehrere Threads desselben Prozesses haben im Multitasking-System keine Schwierigkeiten, korrekt und synchron miteinander zu arbeiten, da sie sich dieselben Ressourcen teilen.

Unterschiedliche Prozesse arbeiten dagegen nicht mit denselben Ressourcen, was den Informationsfluß zwischen den einzelnen Prozessen und die Synchronisation der Systemzugriffe (falls erforderlich) erschwert. Daher müssen Kommunikationsmittel zur Verfügung gestellt werden, die hier unterstützend eingreifen.

OS/2 stellt folgende Mechanismen für die Prozeßkommunikation bereit:

- RAM-Semaphoren und System-Semaphoren
- Signalbehandlung (z.B. mit CTRL-BREAK)
- Pipes
- Queues
- Gemeinsam benutzter Speicher

Auf diese unterschiedlichen Konzepte werden wir in Kapitel 3, *Multitasking und Mehrfachanwendungen* noch eingehend zu sprechen kommen.

Aufgrund dieser verschiedenen Kommunikationsmechanismen können Anwendungen und Subsysteme im OS/2 so erstellt werden, daß sie die an sie gestellten Anforderungen voll befriedigen. Die verschiedenen Programmeinheiten sind in sich geschlossene Prozesse, die voneinander abgegrenzt sind und sich nur an einem exakt definierten Kommunikationspfad berühren.

Anwendungsprogrammierschnittstelle für dynamische Call/Return-Links. Unterstützung höherer Programmiersprachen.

Sechs Programmiersprachen werden zur Zeit für OS/2 angeboten:

- IBM COBOL/2
- IBM FORTRAN/2
- IBM C/2
- IBM Macro Assembler/2
- IBM Pascal Compiler/2
- IBM Basic Compiler/2

Diese Sprachen laufen sowohl unter MS-DOS 3.3 als auch unter OS/2. Programme in diesen Sprachen können so erstellt werden, daß derselbe Code in beiden Betriebssystemen ausführbar ist, wenn bestimmte Untergruppen von Systemfunktionen aufgerufen werden und der Code bestimmte Konventionen einhält. Die Unterfunktionen der OS/2-API nennt man *Family Application Programming Interface* (Familien-API). Diese Schnittstelle kann für die Entwicklung von Anwendungen, die entweder unter MS-DOS 3.3 oder unter OS/2 (als OS/2-Anwendung im Protected Mode) laufen, sehr hilfreich sein, *vorausgesetzt, die neuen Einrichtungen von OS/2 werden nicht in der Anwendung benötigt* und die Anwendung kann die Familien-API benutzen.

Folgende drei Programmiersprachen sind in das "*Common Programming Interface*" der IBM-SAA (*Systems Application Architecture*/Architektur für Systemanwendungen) eingebunden:

- IBM FORTRAN/2
- IBM COBOL/2
- IBM C/2

Wenn Sie in die von der IBM-SAA bereitgestellte Rechenumgebung und Anwendungsschnittstellen eingreifen wollen, sollten Sie das bei der Auswahl der Programmiersprache berücksichtigen.

Die OS/2-API für Call/Return fügt sich besser in die Struktur der höheren Programmiersprachen ein, wobei durch das *dynamische Linken* der API die Flexibilität der Systemschnittstelle weiter verbessert wird. Anwendungen, die beispielsweise einen externen *dynamischen Link-Code* durch sogenannte *Far Calls* adressieren, greifen gewöhnlich erst auf den Code zu, nachdem das auszuführende Programm ins System geladen ist bzw. das Programm tatsächlich läuft.

Systemcode, der eine bestimmte Schnittstelle zum dynamischen Linken unterstützt, kann geändert werden, ohne daß dadurch die Kompatibilität mit bereits eingerichteten Anwendungen verlorengeht - *ohne erneutes Kompilieren und Linken*. Darüber hinaus kann diese Schnittstelle für weitere Dienste von Subsystemen und Anwendungen an das System erweitert werden. Andere Anwendungen nehmen diese Dienste dann wie Systemdienste in Anspruch. Die Schnittstelle für dynamisches Linken der OS/2-API ist also grundsätzlich erweiterbar und modular. Neue Systemdienste können ergänzt und wie Systemeinrichtungen verwendet werden, obgleich sie von einem völlig unabhängigen Software-Hersteller stammen. Ein gutes Besipiel hierfür wäre ein Kommunikations-Subsystem. Dieses Subsystem könnte so angelegt sein, daß es von einer Anwendung als Teil des Betriebssystems betrachtet wird.

Doch damit sind noch nicht alle Möglichkeiten dieser API für dynamisches Linken erschöpft. Wenn in der alten DOS-Umgebung ein Programm über externe Adressen mit einem Code verbunden wurde, wurde der externe Code ein Teil des Programms und verblieb beim Programm. Wurde dieser Code später geändert, mußte das Programm neu eingebunden werden, damit es den neuen Code benutzen konnte. Da der externe Code nach der Einbindung zum festen Bestandteil des Programms geworden war, mußte er als zusätzliche Last vom Programm weiter mitgeschleppt werden.

Beim dynamischen Linken sieht das anders aus. Nach Beendigung der Verbindung wird das Programm nicht länger mit dem externen Code belastet. Sobald die aufgerufene Anwendung im System läuft, wird der Code fallengelassen. Das hat eindeutige Vorteile gegenüber allen bisher üblichen Methoden auf diesem Gebiet.

Wie bereits erwähnt, kann die Funktion der Schnittstelle für dynamisches Linken jederzeit geändert werden, ohne daß die Kompatibilität mit bereits vorhandenen Anwendungen dadurch beeinträchtigt wird. Wichtig ist nur, daß der Bezug zur externen Adresse in der Bibliothek für dynamisches Linken und zur Routine in dieser Bibliothek unverändert bleiben. Die Anwendung wird also erst dann an den Code gebunden, der über die Schnittstelle aufgerufen wird, wenn diese geladen bzw. ausgeführt wird.

Nach dem Linken schleppt der ausführbare Teil der Anwendung nicht länger den eingebundenen Code mit sich herum, sondern behält lediglich die externe Bezugsadresse. Während der Lade- bzw. Laufzeit holt sich das System die erforderlichen Informationen selbst.

Da der externe Link-Code erst dann Teil der Anwendung wird, wenn diese tatsächlich zur Bearbeitung geladen ist, können ruhig mehrere Anwendungen gleichzeit auf die Link-Schnittstelle zugreifen, *wichtig dabei ist nur, daß der Code, der die Schnittstelle unterstützt, tatsächlich im System resident ist.* Durch diese Methode wird viel Arbeitsspeicher für die eigentlichen Anwendungen freigehalten.

Doch damit nicht genug. Wenn z.B. eine Anwendung den Code einer bestimmten Schnittstelle für dynamisches Linken aufruft - dieser sich aber bereits im Arbeitsspeicher befindet, weil er zuvor von einer anderen Anwendung benutzt wurde - *erkennt das System, daß sich der aufgerufene Code bereits im Arbeitsspeicher befindet und unternimmt keinen Versuch, ihn erneut von der*

Platte zu laden. Das erhöht die Effizienz und verbessert die Speicherverwaltung in einem System mit Mehrfachanwendungen.

Dynamisches Linken kann auf unterschiedliche Weise erfolgen: Während der Ladezeit (*load time*) oder während der Laufzeit (*run time*). Den meisten Anwendern dürfte die Ladezeit-Methode vertrauter sein. Hier werden alle Link-Adressen bereits beim ersten Laden der Anwendung bestimmt. Der Link-Code wird in den Speicher geladen - oder auch nicht - ,abhängig von seinen Segmentmerkmalen (*im voraus laden* (*preload*) oder *bei Bedarf laden* (*load on demand*) siehe Kapitel 2) und abhängig davon, ob für die erforderlichen Segmente ausreichend Arbeitsspeicherplatz zur Verfügung steht. Im allgemeinen werden bereits beim ersten Laden einer Anwendung alle externen Bezüge festgelegt.

Dynamisches Linken zur Laufzeit bereichert das System um eine neue Dimension und macht es noch flexibler. Die Anwendung entscheidet erst während ihrer Ausführung, auf welche Schnittstelle sie zugreifen will. Das Linken (Einbinden) erfolgt dann erst während des Programmablaufs über eine bestimmte Routine in der Bibliothek für dynamisches Linken. Beispiel: Man schreibt ein Programm, das den Benutzer fragt, welches Link-Paket zur Ausführung einer bestimmten Funktion verwendet werden soll. Der Benutzer gibt die entsprechenden Informationen ein, während das Programm weiter ausgeführt wird. Mit diesen Informationen stellt das Programm dann die Verbindung zur externen Schnittstelle her und übergibt ihr die Steuerung.

Dateisystem-Kompatibilität mit MS-DOS

Genau wie MS-DOS benutzt auch OS/2 zur Verwaltung seines Dateisystems eine Dateizuordnungstabelle (FAT). Die für Festplatten mit mehr als 32 MB erforderliche Plattenpartitionierung wird von OS/2 unterstützt. Kompatibilität mit dem DOS-Dateisystem ist ein äußerst wichtiger Faktor für OS/2.

Daten können also ohne Schwierigkeiten von DOS in OS/2 transferiert werden. Wenn der Benutzer beispielsweise mit einer DOS-Anwendung Daten auf einer Festplatte oder Diskette generiert hat, können diese Informationen sofort auch in einer OS/2-Datei verwendet werden. Dateinamen werden in beiden Systemen nach demselben Prinzip angelegt. Der Benutzer kann also in beiden Betriebssystemen mit einheitlichen Dateinamen arbeiten.

Interrupt-gesteuerte Einheitenverwaltung

Peripheriegeräte werden in OS/2 durch *Einheitentreiber* unterstützt. In der DOS-Umgebung kann mit Rückmeldung gearbeitet werden, da MS-DOS ein Singletasking-System für Einzelanwendungen ist. Bei dieser Methode beschreibt die Anwendung bzw. der Einheitentreiber eine unendliche Schleife, die sie/er erst verläßt, nachdem die Anweisung ausgeführt wurde. In der Zwischenzeit wird keine andere Ausführung vorgenommen. Das System kann nichts anderes unternehmen, als ständig nachzufragen, ob die Anweisung ausgeführt ist. Dadurch wird nicht nur kostbare Rechenzeit verschwendet, sondern diese Methode ist selbstverständlich nicht kompatibilitätswürdig mit einer Multitasking-Umgebung, in der alle System-Ressourcen mit höchstmöglicher Effektivität ausgenutzt werden sollen.

Der Einheitentreiber von OS/2 ist so strukturiert, daß er sich voll der Multitasking-Umgebung anpaßt. Statt zu warten, bis eine Anweisung ausgeführt ist, weist er das System an, zwischenzeitlich eine andere Task auszuführen und wartet auf einen entsprechenden *Interrupt* (Unterbrechung). Durch diese Anweisung zwingt der Treiber das System, den aktuellen Code zu unterbrechen. Das System kann nur solange einen Anwendungscode ausführen, bis der Treiber durch einen Interrupt andere Systemdienste verlangt. Wir werden noch einmal im Abschnitt über die 80286-Architektur in diesem Kapitel und in Kapitel 6, *Interrupt-gesteuerte Einheitenverwaltung* auf dieses Thema zu sprechen kommen.

DOS bietet keine Möglichkeit, eine Anwendung auszuführen, solange noch eine andere Operation läuft. In OS/2 dagegen, können mehrere Einheiten gleichzeitig etwas tun - für ein und dieselbe Anwendung oder auch für verschiedene Anwendungen. Während der Einheitentreiber die Steuerung an das System zurückgibt und auf den Interrupt wartet, kann die Anwendung bereits von einer anderen Einheit Dienste anfordern. Diese Einheit wird dann aktiviert, obgleich die erste Einheit ihre Operation noch gar nicht beendet hat. Diskettenlaufwerk, Festplatte, Drucker, Kommunikationsgeräte etc. können alle gleichzeitig aktiv sein. Damit ist OS/2 dem DOS weit überlegen.

Bildschirm-, Tastatur- und Maus-Subsysteme

Bildschirm, Tastatur und Mausbetrieb unterstützt das OS/2 durch eine Kombination aus Einheitentreibern und Schnittstellen für dynamisches Linken. Diese Subsysteme - oder Erweiterungseinheiten - sind in die Anwendungsschnittstellen-Charakteristik des Systems eingebunden und stellen weitere Schnittstellen für den einfacheren Gebrauch dieser Peripherie zur Verfügung.

Der Bildschirmtreiber arbeitet mit einer zeichenorientierten Hochgeschwindigkeits-Schnittstelle, die die BIOS-Int-10h -Schnittstellen aus der DOS-Umgebung ersetzt. Das Tastatur-Subsystem ermöglicht einem Programm, die über die Tastatur eingegebenen Daten sowohl als Scan-Code wie auch als ASCII-Zeichen zu verarbeiten. Dieses Subsystem ist ferner so konzipiert, daß Anwendungen, die auf einen Tastendruck warten, inzwischen die CPU erreichen können. Das Maus-Subsystem erlaubt einer Anwendung, sich sämtliche Mauseinrichtungen zugänglich zu machen. Das Programm kann selbst festlegen, wie der Cursor gehandhabt werden soll, und welche Mausereignisse als Daten im Eingabepuffer der Maus gespeichert werden sollen. Alle hier genannten Subsysteme bieten außerdem Funktionen an, die ein Programm oder ein anderes Subsystem in die Lage versetzen, die verschiedenen Funktionsaufrufe abzufangen.

Dadurch verschafft sich ein Programm die Möglichkeit, die Basisfunktionen eines Subsystems noch zu erweitern oder zu ändern.

Unterstützung verschiedener Landessprachen und Behandlung von Meldungen

Wir leben in einem internationalen Zeitalter. Software-Hersteller wissen genau, wie wichtig es ist, daß ihre Produkte international einsetztbar sind. Durch minimale Anpassungen an die jeweiligen Landessprachen können sich die Investitionen der Software-Hersteller leicht bezahlt machen.

OS/2 unterstützt elf Landessprachen mit den entsprechenden Tastaturen. Das heißt, alle Menüs, Meldungen und Informationen auf dem Bildschirm erscheinen in der jeweiligen Landessprache, und auch die Tastatur ist für diese Sprache ausgelegt. Folgende Sprachen werden von OS/2 unterstützt:

- Amerikanisch
- Dänisch
- Deutsch
- Englisch
- Französisch
- Italienisch
- Niederländisch
- Norwegisch
- Portugiesisch
- Spanisch
- Schwedisch

Darüber hinaus unterstützt OS/2 noch folgende sechs Tastaturen:

- Belgisch
- Finnisch
- Kanadisch
- Latein-Amerikanisches Spanisch
- Schweizerisch-Französisch
- Schweizerisch-Deutsch

OS/2 unterstützt auch das Umschalten von Zeichensatz-Tabellen für bestimmte Sichtgeräte und Drucker. Eine Zeichensatz-Tabelle enthält den Zeichen- oder Schriftsatz eines Gerätes (Bildschirm oder Drucker). Eine Anwendung kann sich also den ihr geeignet erscheinenden Zeichen- oder Schriftsatz selbst wählen. Dabei muß der für eine bestimmte Anwendung als geeignet erkannte Zeichen- oder Schriftsatz nicht notwendigerweise dem der konfigurierten Landessprache entsprechen. OS/2 unterstützt zwei Zeichensatz-Tabellen in einem System. Diese Zeichensatz-Tabellen müssen während der Installation gewählt werden. Sowohl Benutzer als auch die Anwendung selbst können, falls erforderlich, eine Zeichensatz-Tabelle auswählen. Folgende Zeichensatz-Tabellen werden von OS/2 unterstützt:

- 437-PC ASCII, USA und andere Länder
- 850-Multilingual, viele europäische Länder
- 860-Portugiesisch
- 863-Kanadisches Französisch
- 865-Skandinavisch

Als weiteren Service unterstützt OS/2 noch die Behandlung von Meldungen in der jeweiligen Landessprache. Die OS/2-Meldungen können völlig unabhängig von der Anwendung selbst und deren Schnittstelle behandelt werden. Alle Meldungen sind in einer eigenen Datei untergebracht und können von Übersetzern übersetzt werden, die wenig Ahnung vom Computer und seinen Vorgängen haben. Auf diese Weise kann ein und dieselbe Software für verschiedene Länder aufbereitet werden, ohne daß das aktuelle Programm kompiliert oder neu eingebunden werden muß. Der Übersetzer kann mit geringen Mitteln eine neue Datei für Meldungen in seiner Landessprache anlegen.

Software-Entwickler können auf diese Weise die für den Endbenutzer bestimmte Sprache von der eigentlichen Programmierung trennen und ihre Arbeit mit den ihnen eigenen Mitteln weiterführen, während andere sich um die Formulierung der Meldungen kümmern können. Eine derartige Arbeitsteilung ist die beste Voraussetzung für die Entwicklung einer benutzerfreundlichen Software.

DOS-Anwendungen in OS/2

Eine DOS-Anwendung kann nicht in der OS/2-Umgebung laufen. Schon allein die Art, wie sich das Programm an das System anschließt, ist in beiden Systemen völlig unterschiedlich. In DOS geschieht dies über die INT-Schnittstelle, in OS/2 dagegen über die Schnittstelle für dynamisches Linken.

Damit aus einer DOS-Anwendung in höherer Programmiersprache eine OS/2-Anwendung wird, muß das Programm neu kompiliert und ins System eingebunden werden. Änderungen am Quellprogramm wären wahrscheinlich erforderlich - mit Sicherheit Änderungen bei Assembler-Programmen. Alle INT-Systemaufrufe müßten in OS/2 in dynamische Linkaufrufe an die API (Schnittstelle für Anwenderprogramme) umgewandelt werden. In technischen Handbüchern zum OS/2 werden Gegenüberstellungen angeboten, die zeigen, wie DOS-INT-Funktionsaufrufe durch Zugriffe auf die OS/2-API ersetzt werden können.

Es ist durchaus sinnvoll, eine DOS-Anwendung in ein OS/2-Programm umzuwandeln, *selbst wenn dieses dann nicht die OS/2-Einrichtungen nutzen kann.* Das umgewandelte OS/2-Programm kann zumindest die Umgebung für Mehrfachanwendungen ausnutzen und außerdem ohne Speicherbeschränkung eingesetzt werden.

Viele Anwendungen erhalten durch die neuen Funktionen von OS/2 eine deutliche Aufwertung. Tabellenkalkulationen können z.B. mit umfangreichen Daten arbeiten, ohne diese Daten ständig zwischen Platte und Arbeitsspeicher hin und her schieben zu müssen. Für das Programm sieht es so aus, als sei die gesamte Tabellenkalkulation im Arbeitspeicher untergebracht. Tatsächlich aber lagert OS/2 einen Teil der Tabellenkalkulation auf die Platte aus, sobald der Arbeitsspeicher voll ist. Dem Benutzer bleibt natürlich die Möglichkeit, statt Swapping mehr Arbeitsspeicher zur Verfügung zu stellen. Am Tabellenprogramm selbst ist also überhaupt nichts geändert worden, und doch haben sich die Ausführungsmerkmale des Programms deutlich verbessert.

Für unabhängige Software-Hersteller eröffnen sich durch diese neue Funktionsebene eine Menge neuer Möglichkeiten. Es kann mit Sicherheit angenommen werden, daß die Software-Anbieter über kurz oder lang ihre gängigsten Produkte der neuen OS/2-Umgebung anpassen werden.

Merkmale der OS/2-Anwendungsprogrammierschnittstelle

Wir haben schon erwähnt, daß es sich bei der OS/2-API um eine Schnittstelle für Call/Return (Aufruf/Antwort) handelt. Das bedeutet, das Programm ruft über einen *Far Call* eine Funktion auf und übergibt sämtliche Parameter an diese Funktion - oder besser, an einen Stack. Auch Parameteradressen können auf diesem Stack abgelegt werden. Alle Adressen der Ausgabeparameter bestehen aus einem 16-Bit-*Selektor* (Segment) und einem 16-Bit-*Offset*-Wert (siehe hierzu den Abschnitt über Mikroprozessoren in diesem Kapitel). Die Anzahl der Parameter für eine bestimmte Funktion ist dabei genau festgelegt.

Der Return-Code an das aufrufende Programm befindet sich im Register AX (siehe Abschnitt über Mikroprozessoren in diesem Kapitel). Als Antwort auf einen Funktionsaufruf können auch Parameter zurückgegeben werden. Das Programm würde in diesem Fall die Adresse des zurückgegebenen Parameters auf dem Stack ablegen, bevor sie dann die Funktion aufruft. Die Funktion entfernt alle Parameter wieder vom Stack. Der Funktionsaufruf erhält alle Register, bis auf das AX- und FLAGS-Register.

Wir beabsichtigen nicht, sämtliche Merkmale jeder API in diesem Buch zu untersuchen. Für weitere Informationen verweisen wir auf die technischen Handbücher von OS/2. Wir wollen uns hier auf die wichtigsten API-Funktionen beschränken. Einige Funktionen und Parameter werden wir nur sehr allgemein erklären, bei anderen werden wir ausführlicher auf logische Verbindungen und Merkmale eingehen. In einigen Fällen zeigen wir alle Parameter einer Funktion ganz genau bis hin zur Codierung. Durch diese selektive Beschreibung wollen

wir auf die jeweils wichtigen Punkte aufmerksam machen, ohne den Leser allzu
sehr strapazieren zu müssen.

Der 80286-Mikroprozessor

Im vorliegenden Abschnitt werden wir einen kurzen Überblick über die wichtigsten Charakteristiken und Funktionen des 80286-Mikroprozessors geben.
Dieser Überblick soll zeigen, inwieweit und in welchen Bereichen die neuen
OS/2-Funktionen von der 80286-Umgebung unterstützt bzw. ermöglicht werden. Dabei geht es um folgende Merkmale:

- Unterstützung eines großen Arbeitsspeichers

- Unterstützung der virtuellen Speichermethode

- Speicherschutz für Programme und Betriebssystem

- Schutz der Anwendung vor unsachgemäßer Ausführung durch das
  Betriebssystem

- Systemschutz vor Anwendungen, die bestimmte Prozessorbefehle
  ausführen

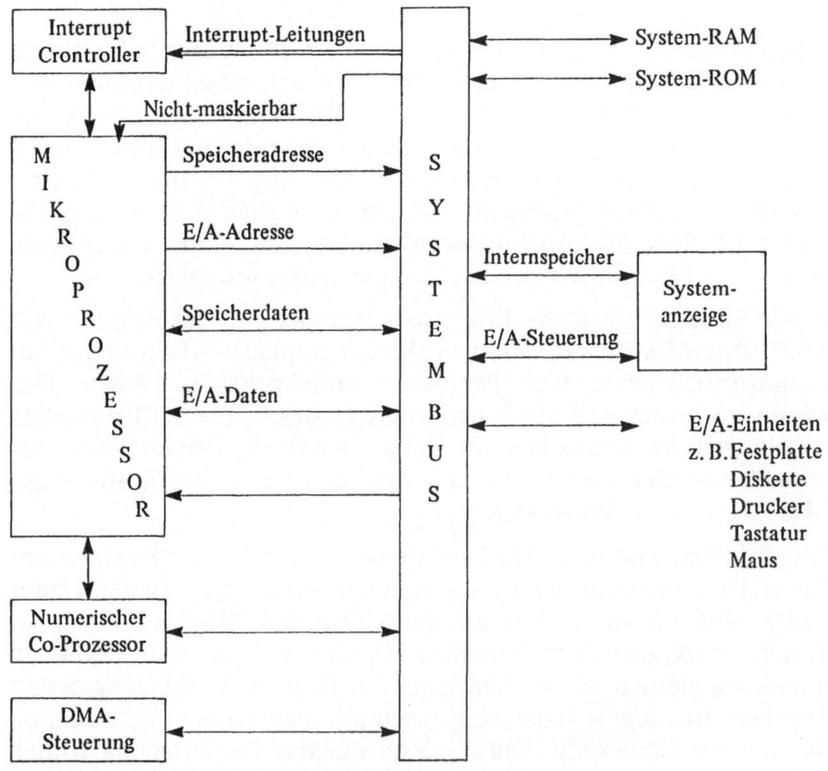

Abbildung 1. Aufbau eines Personal-Computer-Systems

Bevor wir uns den 80286-Mikroprozessor genauer ansehen, lassen Sie uns kurz überlegen, wie ein Personal-Computer-System eigentlich aufgebaut ist.

Der Personal Computer

Abbildung 1 zeigt die Skizze eines generischen Personal-Computer-Systems. Es ist deutlich zu erkennen, daß der Mikroprozessor nur einen kleinen Teil des gesamten PC-Systems ausmacht. Der Systembus bildet die Brücke, über die die einzelnen Komponenten des PC-Systems miteinander kommunizieren. Im Systemspeicher sind alle Befehle und Informationen untergebracht, auf die der Mikroprozessor während einer Sitzung Zugriff nehmen kann. Ein-/Ausgabeeinheiten kommunizieren direkt mit dem Prozessor oder legen über (DMA) Informationen im Systemspeicher ab. Wir wollen die einzelnen Komponenten etwas genauer ansehen und dabei gleich die Terminologie näher erklären.

Systembus

Wie bereits erwähnt, bildet der *Systembus* die Kommunikationsbrücke zwischen den einzelnen Systemkomponenten. Alle zusätzlich im System installierten Adapter werden über einen Steckanschluß auf dem Systembus verbunden. Der Bus definiert genau, welche Konventionen die einzelnen Systemkomponenten einhalten müssen, um ungestört miteinander kommunizieren bzw. arbeiten zu können. Die Charakteristiken des Systembusses spielen eine wichtige Rolle für das Gesamtverhalten des Systems. Daher ist IBM dazu übergegangen, seine Micro Channel^{TM} Architektur (den PS/2-Systembus) in die Hardware des Personal System/2 zu integrieren.

Systemspeicher

Der Speicher ist ein kritischer Faktor im System. Alle Daten und Prozessorbefehle sind im Speicher untergebracht. Der Speicherplatz wird über die *physikalische Adresse* auf dem Systembus ausgewählt. Die Adressierung auf dem Systembus bestimmt die maximal mögliche Größe des Arbeitsspeichers.

Man unterscheidet drei verschiedene Speichertypen in einem PC-System:

- RAM - Random Access Memory (Wahlfreier Schreib-/Lesespeicher)
- ROM - Read Only Memory (Lesespeicher)
- Gepufferte Ein-/Ausgabe (*memory-mapped I/O*)

Das RAM ist ein Arbeitsspeicher, der sofort nach Abschalten des Systems alle Informationen "vergißt". Daten werden nur zum vorübergehenden Gebrauch in den RAM geschrieben und aus dem RAM gelesen. Die Programmanweisungen für ein vom Benutzer aufgerufenes Programm werden von irgendeiner anderen Eingabe-/Ausgabeeinheit durch das Betriebssystem in den Arbeitsspeicher gelesen und anschließend von der CPU ausgeführt (durch Lesen aus dem RAM). Typische Speichermedien für Programmanweisungen sind Disketten und Festplatten. Der RAM nimmt den größten Teil des Systemspeichers ein.

Das ROM ist ein Speicher, der seinen Inhalt nie verliert, auch nicht beim Ausschalten des Systems. Die CPU hat keinerlei Einfluß auf das System-ROM, d.h. sie kann keine Veränderungen im ROM vornehmen. Ihr einziger Kontakt mit dem ROM besteht darin, daß sie das ROM lesen kann. Im neuen Personal System/2 sind im ROM BIOS-Code und Systemdaten untergebracht. *BIOS* bedeutet *Basic Input Output System*. Mit diesen Codes und Daten kann die CPU Hardware-Operationen durchführen, ohne direkt auf die System-Hardware zugreifen zu müssen. Das bedeutet für das Betriebssystem, daß es vor bestimmten Hardware-Änderungen geschützt bleibt. PS/2 arbeitet mit einem sogenannten *Compatibility BIOS*, demselben BIOS-Typ wie im PC AT. Dieses BIOS unterstützt den Real Mode des 80286. Zusätzlich wurde noch ein neues BIOS für PS/2 entwickelt, das *Advanced BIOS*, das Systeme mit Multitasking- und 80286-Protected-Mode-Merkmalen unterstützt. OS/2 und alle OS/2-Einheitentreiber verwenden Advanced BIOS auf dem PS/2. Der Systemcode für BIOS residiert im Arbeitsspeicherbereich zwischen 640 KB und 1 MB.

Es gibt Ein-/Ausgabeeinheiten, die über ein eigenes RAM verfügen. Man nennt diese Einheiten *gepufferte (mapped) Ein-/Ausgabeeiheiten*. Ein gutes Beispiel hierfür sind die neuen Bildschirme für IBM-PCs. Der Bildschirm ist ein direktes Anzeigemedium für einen Teil des RAM, der wiederum Teil des Sichtgeräts ist. Sobald das Programm den Bildschirmspeicher ändert, erscheint der geänderte Inhalt auf dem Bildschirm. Der Prozessor modifiziert die Steuermodi des Bildschirms, um zu kontrollieren, wie das Bildschirm-RAM von der Bildschirm-Hardware übersetzt wird. Auch diese Steuermodi residieren meist im Arbeitsspeicherbereich irgendwo zwischen 640 KB und 1 MB.

Systemeinheiten

Die einzelnen Systemeinheiten werden gewöhnlich über eine Ein-/Ausgabeadresse und nicht über eine Speicheradresse angesteuert. Beim Generieren von E/A-Adressen und Übertragen von E/A-Daten arbeitet der Mikroprozessor mit unterschiedlichen Anweisungen. E/A-Adressen unterstützen nicht den Zugriff auf einen Speicherplatz, Speicheradressen nicht den Zugriff auf eine E/A-Adresse. Das System ist in der Lage, zwischen E/A- und

Speicheradresse genau zu unterscheiden, denn der Systembus zeigt über bestimmte Controller-Leitungen an, ob gerade eine E/A-Operation oder eine Speicheroperation ausgeführt wird.

Gewöhnlich sind die Geräteeinheiten mit Registern ausgestattet, die bestimmten E/A-Adressen zugeordnet sind. Wenn der Prozessor eine Geräteeinheit anfordern will, schickt er entsprechende Daten an die korrekte E/A-Adresse dieser Einheit. Die Daten werden im Steuerregister der Geräteeinheit plaziert. Die Einheit wird angewiesen, sofort eine Aktivität zu beginnen. Auch normale Daten können der Geräteeinheit auf diesem Weg übergeben werden. Solche Steuerregister werden vom Prozessor auch dazu benutzt, den aktuellen Status des Geräts festzustellen. Der Prozessor kann beispielsweise im Steuerregister des parallelen Druckeranschlusses nachsehen, ob der Drucker zur Aufnahme eines weiteren Zeichens bereit ist. Wenn ja, übergibt er das Datenzeichen an den E/A-Port, der das Datenregister für den parallelen Anschluß enthält.

Einige Systemeinheiten verarbeiten die Daten nicht Zeichen (Byte) um Zeichen, sondern blockweise. Das Laufwerk in einem PC AT oder PS/2 beispielsweise liest oder schreibt jeweils Blöcke von 512 Bytes. Das bedeutet, daß der Prozessor bei jeder Leseoperation 512 Bytes vom Laufwerk hereinspielen muß. Da es aber keine E/A-Anweisung des Prozessors gibt, die sagt "lies 512 Bytes", muß der Prozessor viele E/A-Anweisungen ausgeben, damit jeweils ein oder zwei Bytes gelesen werden. Wenn die Einheit jedoch mit direktem Speicherzugriff (DMA) ausgestattet ist, hat der Prozessor mit dem tatsächlichen Datentransfer nichts zu tun.

Direkter Speicherzugriff (DMA)

Einige Systemeinheiten unterstützen DMA (Direct Memory Access) beim Datentransfer vom und zum Systemspeicher. Erfolgt der Datentransfer über einen DMA-Controller, muß der Prozessor nicht für jedes einzelne Datenbyte - oder einige Datenbytes - eine E/A-Anweisung ausgeben. Der Prozessor weist den DMA-Controller lediglich einmal an, die entsprechenden Daten zu oder von einer bestimmten physikalischen Speicheradresse zu übertragen und gibt anschließend der Systemeinheit den Befehl, mit dem Datentransfer zu beginnen. Der Prozessor prüft nach, ob die Operation durchgeführt ist. Die Systemeinheit kann auch so programmiert werden, daß sie nach Beendigung der Ausführung einen *Interrupt* veranlaßt.

Die oben beschriebene Transfermethode verwendet nur einen einzigen DMA-Kanal, die meisten Einheiten sind jedoch mit mehr als einem DMA-Kanal ausgestattet. Alle Einheiten - mit blockweisem wie auch mit zeichenweisem Datentransfer - können mit DMA ausgestattet werden. Ein Beispiel für zeichenweisen Datentransfer mit DMA ist SDLC: Die Daten werden Zeichen für Zeichen gelesen, ohne Zutun der CPU. Ein Beispiel für blockweise Datenübertragung mit DMA sind Festplatten und Disketten.

DMA in DOS bringt allerdings wenig Vorteil, da ja in der DOS-Umgebung jeweils nur eine Operation zur selben Zeit ausgeführt werden kann, der Prozessor also in jedem Fall mit einer zweiten Operation warten muß, bis die erste ausgeführt ist. In OS/2 sieht das anders aus. Während des Datentransfers bleibt der Prozessor nicht zur Passivität verurteilt. Im Gegenteil, beim PS/2 können Disketten und Festplatte Daten über zwei verschiedene DMA-Kanäle übertragen, während die CPU gleichzeitig etwas anderes erledigt (z.B. einen Interrupt ausführt).

Doch müssen auch hier wieder Einschränkungen hingenommen werden. Wenn Sie sich Abbildung 1 noch einmal ansehen, werden Sie feststellen, daß alle Daten einen Trichter - Systembus - durchlaufen müssen. Wenn nun zuviele Datentransfers gleichzeitig oder ein einzelner Transfer mit zuvielen Daten zu lange die gesamte Bandbreite des Busses in Anspruch nehmen, können die DMA-Operationen miteinander - oder mit dem Prozessor - in Konflikt geraten. Die CPU muß jede Anweisung, die ausgeführt werden soll, aus dem Systemspeicher holen. Wenn sie aber aufgrund einer Überbeanspruchung des Systembusses keinen Zugang zum Systemspeicher findet, muß sie auf den Systembus warten. Das bedeutet eine spürbare Zeitverzögerung für den Prozeßablauf. Die Bandbreite des Busses bestimmt den Transferumfang pro Zeiteinheit. Je breiter das Band, desto höher der Datendurchlauf, also desto mehr DMA-Aktivitäten bei gleichzeitiger Unterstützung der CPU. Bei der Konfiguration der Hardware für eine Multitasking-Umgebung sollten diese Überlegungen unbedingt mit berücksichtigt werden.

Interrupts

Wenn eine Einheit vom Prozessor einen Interrupt anfordern will, sendet sie über bestimmte Leitungen auf dem Systembus Signale an den Prozessor. Der Interrupt-Controller interpretiert diese Signale und erzeugt einen Interrupt, der schließlich an die CPU weitergeleitet wird. Der Interrupt-Controller unterstützt mehrere Interrupt-Leitungen gleichzeitig und übersetzt alle Aktivitäten auf dem Systembus in Signale, die von der CPU verstanden werden können. Jede Interrupt-Leitung entspricht einem Interrupt-Level, und jede Leitung hat eine bestimmte Priorität. Diese Priorität wird ebenfalls vom Interrupt-Controller gesteuert.

Wenn ein Interrupt-Controller vom Mikroprozessor einen Interrupt anfordert, führt der Prozessor diesen durch - wenn er dazu in der Lage ist. Er beendet die gerade aktuelle Ausführung und beginnt mit einer anderen. Nach welchen Kriterien die nächste Ausführung ausgewählt wird, erklären wir etwas später in diesem Abschnitt.

Die neue Ausführung wird gewöhnlich *Interrupt-Handler* (Interrupt-Routine) genannt. Der Interrupt-Handler wird vom Interrupt-Level bestimmt. Da der Interrupt-Level im allgemeinen von der Art der Ein-/Ausgabeeinheit abhängig ist, behandelt ein Interrrupt-Handler jeweils nur die Interrupts einer bestimmten Einheit.

Der Paralleldrucker kann z.B. so eingestellt werden, daß er bei jedem Zeichen, das er zum Drucken akzeptiert, einen Interrupt erzeugen kann. Das bedeutet, jedesmal, wenn der Einheitentreiber ein Zeichen an das Register des Paralleldruckers übergibt, gibt er gleichzeitig die Steuerung an das Betriebssystem zurück, damit dieses inzwischen andere Aufgaben ausführen kann. Sobald das Zeichen gedruckt ist, generiert der Paralleldrucker wieder einen Interrupt. Bei einer Druckgeschwindigkeit von 40 Zeichen pro Sekunde wird also nach etwa 25 Millisekunden wieder ein neuer Interrupt erzeugt. Falls der Interrupt-Handler des Druckertreibers aufgrund des Interrupts die Steuerung übernimmt, kann er am Druckeranschluß (durch Lesen eines der E/A-Ports) prüfen, welches Ereignis diesen Interrupt bewirkt hat. Dabei wird er feststellen, daß der Drucker zum Empfang eines neuen Zeichens bereit ist und wird ein weiteres Zeichen an den Drucker übergeben.

Interrupts sind auf dem PC AT *flankengesteuert* und auf dem PS/2 *spannungsabhängig*. Diese Ausdrücke sagen etwas über die Art aus, wie ein Interrupt-Signal auf dem Systembus erscheint und nach welcher Art von Interrupt-Signalen der Interrupt-Controller Ausschau hält. OS/2 unterstützt auf dem PC AT in der flankengesteuerten Umgebung in jedem Interrupt-Level nur jeweils eine Einheit, in der spannungsabhängigen Umgebung des PS/2 dagegen mehrere Einheiten für jeden Interrupt-Level. In der spannungsabhängigen Umgebung sendet die Einheit so lange ein Interrupt-Signal an den Interrupt-Controller, bis es bedient wird. In der flankengesteuerten Umgebung dagegen genügt ein einziges Signal, das vom Interrupt-Controller erkannt wird. Wenn das System jedoch beschließt, dem Interrupt-Controller keine Dienste zukommen zu lassen, kann der Interrupt verloren gehen und die Einheit unbedient bleiben.

Numerischer Coprozessor

Der numerische Coprozessor gilt im wesentlichen als Hardware-Unterstützung für den Mikroprozessor. Der Coprozessor erlaubt dem System, bestimmte Anweisungen (wie z.B. Gleitkommabearbeitungen) sehr viel schneller auszuführen, als mit der Emulationsmethode. Ein System kann so eingerichtet werden, daß es sofort erkennt, wenn kein numerischer Prozessor vorhanden ist und kann die entsprechenden Anweisungen emulieren, sobald die CPU versucht, diese auszuführen.

Der Mikroprozessor

Der Mikroprozessor holt sich seine Anweisungen aus dem Systemspeicher und führt sie dann entsprechend aus. Während der Ausführung kann der Prozessor entscheiden, ob er Daten in den Speicher schreiben oder Daten aus dem Speicher lesen, Daten in eine E/A-Adresse schreiben oder aus einer E/A-Adresse lesen will. Bei bestimmten Anweisungen (z.B. bei bedingten Sprunganweisungen) kann der Prozessor angewiesen werden, statt der nächsten eine andere Anweisung auszuführen.

Der Mikroprozessor verfügt über einen eigenen kleinen Speicher, der *Register* genannt wird. Anweisungen, die mit den Daten im Mikroprozessor-Register arbeiten, sind im allgemeinen sehr viel effizienter und kommen ohne den Zugriff auf den Systembus aus. Der Mikroprozessor verfügt ferner über einige interne Register, die nicht zur Ausführung allgemeiner Anweisungen, sondern allein zur Unterstützung der Prozessor-Operationen dienen.

Es gibt verschiedene Merkmale, in denen sich Mikroprozessoren voneinander unterscheiden. Dazu gehören u.a. folgende:

- Größe (Anzahl der Bits) und Menge seiner Register für allgemeine Anweisungen

- Leistungsfähigkeit der Anweisungen und Anzahl der Bits, die in einem Arbeitsgang verarbeitet werden können

- Umfang der physikalischen Daten, die der Prozessor auf einmal über den Systembus übertragen kann

- unterschiedliche Adressiermöglichkeiten und ihre Verwendbarkeit für die meisten Anweisungen

- eventuell vorhandener Schutzmechanismus für das Betriebssystem, und wie er funktioniert

  Interrupt-Struktur des Prozessors

Nachdem wir uns nun einen allgemeinen Überblick über Mikroprozessoren verschafft haben, wollen wir den 80286 genauer untersuchen.

80286: Status und Operation

Um den 80286-Mikroprozessor zu verstehen, muß man wissen, welche Bedeutung der lokale Speicher des 80286 hat, und wie er arbeitet. Der größte Teil des lokalen 80286-Speichers besteht aus sogenannten *Registern*. Der Inhalt dieser Register und des restlichen lokalen Speichers bestimmt den aktuellen "Status" des 80286-Mikroprozessors. Dieser Status zeigt an, was der Prozessor als nächstes unternehmen wird.

Werfen wir einen Blick auf Abbildung 2. Dort sind alle Register sowie Status-Variablen beschrieben, die zum Verständnis des 80286 von Interesse sind. Bevor wir uns näher damit befassen, wollen wir erst einmal auf ganz einfache Weise versuchen, den Adressiermechanismus des 80286 zu verstehen. Jede Prozessoradresse besteht aus zwei 16-Bit-Werten:

- ein 16-Bit-Wert in einem der *Segmentregister*
- ein 16-Bit-*Offset*

Der Wert des Segmentregisters definiert das adressierte Segment, der Offsetwert den Offset innerhalb dieses Segments. Die Segmente des 80286 können eine Speicherkapazität von bis zu 64 KB (65,536 Bytes) haben (einen Offset-wert von bis zu 16 Bit ($2^{16} - 1 = 65,535$)). Wir werden im nächsten Abschnitt zeigen, wie der Wert im Segmentregister sowie der Offsetwert als physikalische Speicheradresse zu interpretieren sind.

Wie weiß der Prozessor nun, welchen Befehl er als nächsten aus dem Speicher holen soll? Er bestimmt mit CS (*code segment*) für Segmentregister und IP (*instruction pointer)* für Offset die nächste Adresse. Bestimmte Befehle (wie *Far Calls*) können den IP-Wert ändern. Wird IP durch den aktuellen Befehl nicht geändert, dann wird der Wert des aktuellen Befehls zum IP-Wert addiert und damit der sequentiell nächste Befehl ermittelt und ausgeführt. Wenn IP jedoch geändert wird, bestimmt CS einen anderen Befehl innerhalb des Spei-chersegments zur Ausführung. Es gibt auch einige Befehle, die sowohl CS als auch IP ändern. Das bedeutet dann, daß ein Befehl in einem völlig anderen Segment ausgeführt wird.

ALLGEMEINE REGISTER

Vier 16-Bit-Register.
Jedes Register kann jeweils
auch als zwei 8-Bit-Register
verwendet werden.

```
        AX  =  AH  ||  AL
        BX  =  BH  ||  BL
        CX  =  CH  ||  CL
        DX  =  DH  ||  DL
```

Weitere vier 16-Bit-Register.

    BP— Ausgangszeiger
    SI — Quellenindex
    DI — Zielindex
    SP — Stack-Zeiger

SEGMENTREGISTER

Vier 16-Bit-Register.

        CS — Codesegment
        DS — Datensegment
        ES — Extra-Segment
        SS — Stack-Segment

SPEZIALREGISTER

    F   — Markierungen (FLAG)
    IP   — Instruction Pointer
    MSW — Maschinenstatuswort

WEITERE WICHTIGE INFORMATIONEN

    — CACHE-REGISTER FÜR SEGMENTDESKRIPTOR
    — ANFANG & ENDE DER GLOBALEN
       DESKRIPTORTABELLE

Abbildung 2. Einfache Statusbeschreibung des 80286

Ein *Stack* ist ein besonderer Speichersektor, in dem nur in folgenden Situationen Informationen gespeichert werden:

- Eine Prozedur (mehrere Prozeßbefehle) ruft eine andere Prozedur auf.

- Ein Speicherbereich wird zur vorübergehenden Speicherung benötigt, das Programm will aber für diesen Vorgang nicht extra einen Speicherplatz zuteilen.

Das aktuelle Stack-Segment wird durch das Register SS (*stack segment*) definiert. Die Register SP (*stack pointer*) und BP (*base pointer*) bestimmen in der Regel den jeweiligen Offset (abhängig davon, wofür der Stack tatsächlich verwendet wird).

Der Prozessor erhält seine Daten gewöhnlich aus dem Segment, das durch DS (*data segment*) und ES (*extra segment*) definiert wird. Der Offsetwert für diese Daten kann sich aus verschiedenen Faktoren zusammensetzen. Er kann entweder einen ausdrücklichen Code im Befehl enthalten, oder eine arithmetische Kombination aus einem oder mehreren allgemeinen Registern und einem codierten 16-Bit-Wert sein. Für die Verwendung der allgemeinen Register gibt es in bestimmten Situationen Einschränkungen (für Offsets).

Die meisten Befehle arbeiten mit Ausgangs- und Zieladressen. Dabei kann die Ausgangsadresse ausdrücklich im Befehl codiert ein allgemeines Register oder ein Speicherplatz sein. Dasselbe gilt für die Zieladresse, sie kann ebenfalls entweder ein allgemeines Register oder ein Speicherplatz sein. Die meisten Befehle können nicht mit Ausgangs- und Zieladressen gleichzeitig arbeiten. Es gibt aber einige Befehle, die dazu in der Lage sind. Diese Befehle verwenden gern SI- und DI-Werte als Teil des Ausgangs- und Ziel-Offsets und DS- und ES-Werte als Ausgangs- und Ziel-Segmente.

Im *FLAG*-Register sind Informationen untergebracht, die Auskunft über das Ergebnis der letzten Operation (z.B. Vorzeichen-Bit, Speicherüberlauf usw.) und über eventuelle Interrupts geben. Das Register für das *Maschinenstatuswort* gibt Auskunft über den Modus des Prozessors (Real oder Protected). Einzelheiten über diese beiden Register würden den Rahmen dieses Buches sprengen.

Die Anfangswerte, die beim Rücksetzen des Systems in diesen sämtlichen Registern (und dem restlichen lokalen Speicher) gesetzt sind, bestimmen, was der Prozessor während der Nachstellzeit unternimmt. Nach dem Rücksetzen befindet sich der Prozessor in Real Mode mit CS=F000H und IP=FFF0H. Das bedeutet, der Prozessor holt sich die ersten Instruktionen aus der physikalischen Speicheradresse FFFF0H, etwas unterhalb von 1 MB. Die anderen drei Register sind zu diesem Zeitpunkt auf 0 gesetzt.

80286-Adressierung - Real Mode und Protected Mode

Die vom 80286 benutzten physikalischen Adressen setzen sich aus zwei Komponenten zusammen: dem 16-Bit-Wert im Segmentregister und einem 16-Bit-

Offsetwert. Der Offsetwert wird von unterschiedlichen Faktoren situationsabhängig bestimmt.

Die beiden 16-Bit-Werte werden vom Prozessor unterschiedlich verarbeitet, abhängig davon, ob sich der Prozessor im Real Mode oder im Protected Mode befindet. Im Real Mode entsprechen die vom 80286-Mikroprozessor generierten Arbeitsspeicheradressen denen des 8088- oder 8086-Mikroprozessors. Sehen wir uns in Abbildung 3 an, wie der 80286 Arbeitsspeicheradressen im Real Mode bildet.

Generierung physikalischer Speicheradressen in Real Mode

Die in Abbildung 3 dargestellte Generierung von Arbeitsspeicheradressen weist auf einige sehr wichtige Charakteristiken hin. Wir haben bereits gezeigt, daß

1) Nimm das 16-Bit-Register (Wert 0–65535 oder 0000H–FFFFH) und multipliziere es mit 16. Mit anderen Worten, mache daraus einen 20-Bit-Wert, indem vier 0-Bits als niedrigste Bitwerte eingesetzt werden.

2) Der vom Segmentregister dargestellte Wert ist nun 00000H–FFFF0H (0–1.048.650).
Da die niedrigsten vier Bits immer gleich 0 sind, kann nur der Wert jeder sechzehnten Zahl in diesem Bereich dargestellt werden.

3) Addiere den 16-Bit-Offset zum 20-Bit-Wert.

4) Das Ergebnis ist ein 20-Bit-Wert als physikalische Adresse im Bereich von 00000H bis FFFFFH (ohne Überlauf).

A) | Segmentregister |	16-Bit-Segmentregisterwert

B) | | 0000 |	20-Bit-Darstellung

C) | Offset |	16-Bit-Offset

D) | Physikalische Adresse |	20-Bit physikalische Adresse

Abbildung 3. Generierung physikalischer Adressen in Real Mode

das Register das Adressensegment bestimmt. Da der Offsetwert ein 16-Bit-Wert ist, besteht jedes Segment aus 64 KB (65.536 Byte). Der Offsetwert befindet sich irgendwo im Bereich von 0 bis 65.535. Alle Segmente beginnen an einer 16-Byte-Grenze. Die generierte Adresse ist ein 20-Bit-Wert, d.h., im Real Mode des 80286 kann nur auf 1 MB (00000H-FFFFFH) Arbeitsspeicher zugegriffen werden.

Das interessanteste Merkmal dabei aber ist, daß der Wert im Register bekannt ist und damit auch, *wo exakt sich das Segment im Arbeitsspeicher befindet*. Da ein Anwenderprogramm Datenwerte im Segmentregister ablegt, kann das Programm also genau steuern, auf welchen Bereich im Arbeitsspeicher die Anwendung zugreifen soll. Das erklärt auch, warum im Real Mode des 80286 virtuelle und physikalische Speicheradresse identisch sind. Zur Erinnerung: Die virtuelle Adresse ist die Adresse, die das Programm sieht, die physikalische Adresse die, auf die das Programm im Arbeitsspeicher tatsächlich zugreift.

Anwenderprogramme können davon ausgehen, daß sie, wenn sie den Wert 1 zum Wert im Segmentregister addieren, auf denselben Speicher zugreifen werden, wie beim Addieren des Wertes 16 zum Offsetwert (vorausgesetzt, es liegt kein Speicherüberlauf vor).

Dies sind die Gegebenheiten, mit denen die Programme in der DOS-Umgebung ständig umgehen müssen. Und darin liegt auch einer der Gründe, warum solche Programme im Protected Mode des 80286 nicht direkt ausführbar sind.

Generierung physikalischer Speicheradressen im Protected Mode

Mittlerweile dürfte das Schema des Protected Modes schon etwas klarer geworden sein. Folgende Merkmale der Adressengenerierung sind bereits bekannt:

- Das System kann bis zu 16 MB Arbeitsspeicher unterstützen.

- Die virtuellen Adressen entsprechen nicht den tatsächlichen (physikalischen) Adressen. Der Wert in einem Register stimmt nicht direkt mit einer physikalischen Adresse überein.

- Die virtuellen Adressen sind nicht ständig im Hauptspeicher resident, müssen also in den Speicher geladen werden.

- Unterschiedliche virtuelle Adressen können für unterschiedliche Anwenderprogramme bereitgestellt werden.

- Betriebssystem und Anwenderprogramme sind speichergeschützt.

Ein wesentliches Merkmal des Protected Modes ist, daß der Wert im Segmentregister nicht die Ausgangsbasis für die physikalische Adresse des Segments bildet, wie im Real Mode. Der Wert im Register wird im Protected Mode des 80286 vielmehr als *Selektor* verwendet, das heißt, er dient als Index für eine sogenannte *Deskriptortabelle*. In dieser Tabelle sind alle Informationen über das Arbeitsspeichersegment enthalten. Diese Informationen nennt man *Segmentdeskriptoren*.

In Abbildung 4 wird gezeigt, wie der im Register gefundene Selektorwert zu interpretieren ist. Die beiden niedrigsten Bits des Selektors haben nichts mit der Generierung der physikalischen Adresse zu tun. Sie erfüllen eine Aufgabe im Schutzmechanismus. Wir werden später noch darauf zu sprechen kommen.

Das System arbeitet mit zwei verschiedenen Deskriptortabellen, der *Globalen Deskriptortabelle (GDT)* und der Lokalen *Deskriptortabelle (LDT)*. Bit 2 des Selektorwerts bestimmt, aus welcher Tabelle der Segmentdeskriptor gewählt werden soll. Zur Erinnerung, der Segmentdeskriptor enthält alle Informationen über das gesuchte Speichersegment.

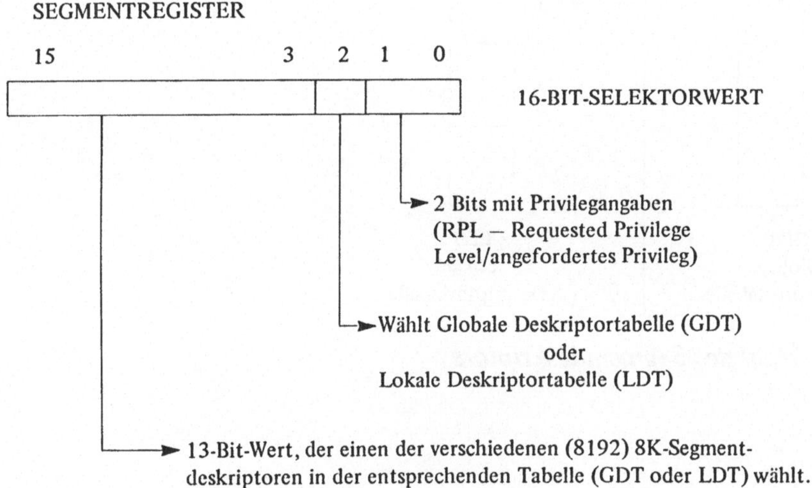

Abbildung 4. Interpretation des Selektorwerts

Abbildung 5 zeigt, wie der Segmentdeskriptor ausgewählt wird. Nachdem die richtige Tabelle angesteuert wurde, wählen die Bits 3 bis 15 des Selektorwerts einen der 8.192 verschiedenen Segmentdeskriptoren aus. Jeder Deskriptor setzt sich aus 8 Bytes zusammen.

In der Globalen Deskriptortabelle (GDT) sind im allgemeinen nur Segmente enthalten, die im gesamten System verwendet werden, unabhängig von der Art der aktuellen Anwendung. Die Deskriptoren für Code- und Datensegmente des Betriebssystems sind Beispiele hierfür. Codes, die untereinander geschützt werden sollen, speichern ihre Deskriptoren gewöhnlich in verschiedenen LDTs. Für jeden dieser Codes stellt das Betriebssystem eine eigene LDT zur Verfügung. In OS/2 verfügt jeder Prozeß über eine eigene LDT.

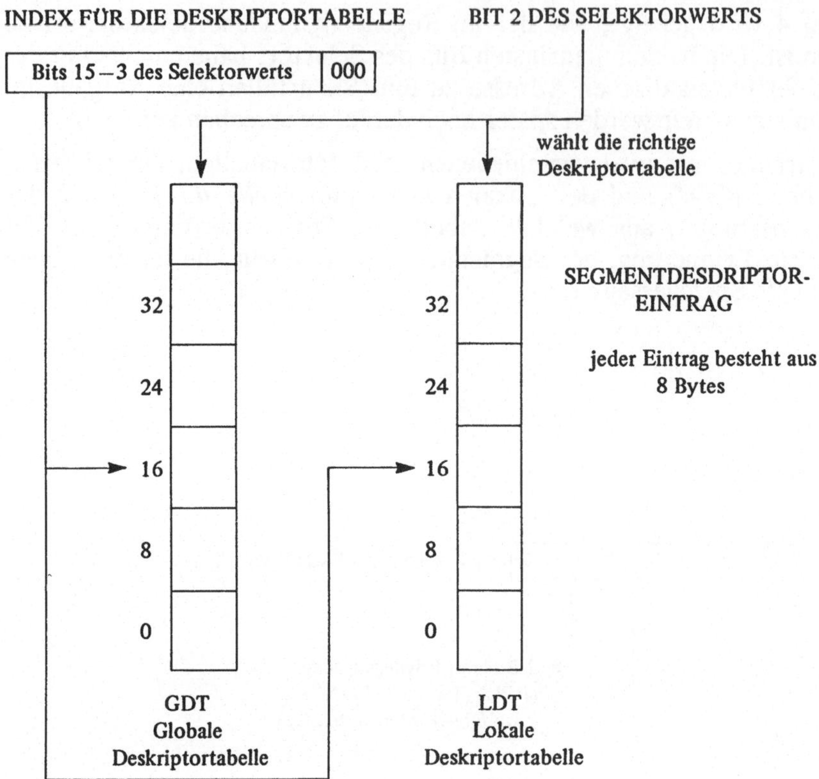

Abbildung 5. Wahl des Segmentdeskriptors

In Abbildung 6 ist zu erkennen, welche Segmentinformationen in der Deskriptortabelle untergebracht sind. Wir wollen uns im Moment nur für die physikalische 24-Bit-Ausgangsadresse interessieren. Dieser 24-Bit-Wert setzt fest, wo das jeweilige Segment im Arbeitsspeicher beginnt. Durch Addition des 16-Bit-Offsets - der den anderen Teil der Adresse bildet - zu den 24 Bit aus der Deskriptortabelle, erhält man die tatsächliche (physikalische) Speicheradresse. Angenommen, das Segment wächst nach oben (im Gegensatz zum Stack-Segment, das nach unten wächst), wenn der Offset die Segmentgröße überschreitet, dann versucht der Prozessor Zugriff auf Speicherplatz zu nehmen, der nicht zum Segment gehört. Es kommt zu einer Ausnahmesituation, die anzeigt, daß das Programm einen Fehler gemacht hat. Deskriptortabelle und Selektor enthalten auch Informationen über Schutzmaßnahmen für den Fall, daß ein Programm versucht, auf geschützten Speicherplatz zuzugreifen.

1) Ein 24-Bit-Wert, der die Ausgangsadresse des physikalischen Segments bestimmt. Erlaubt den Zugriff auf 16 Mbyte Arbeitsspeicher.

2) Ein 16-Bit-Wert, der die Segmentgröße bestimmt (bis 64 Kbyte).

3) Ob das Segment zur Zeit im Arbeitsspeicher residiert.

4) Ob der mit dem Segmentdesdriptor übereinstimmende Selektorwert in ein Segmentregister geladen wurde. Zeigt an, daß dieses Segment adressiert wurde.

5) Ob es sich hier um Code, Daten oder ein „Spezial" (*)-Segment handelt.

6) Beim Codesegment (ausführbare Anweisungen):
    — ob der Prozessor Daten aus diesem Segment lesen darf oder nicht
    — ob dieses Codesegment passend ist (*).

7) Beim Datensegment:
    — ob der Prozessor in dieses Segment schreiben darf oder nicht
    — ob der Grenzwert mit dem aufwärts oder abwärts wachsenden Segment übereinstimmt (*).

8) Privilegangaben (DPL — Descriptor Privilege Level)

(*) kann im Rahmen dieses Buches nicht behandelt werden.

Abbildung 6. Informationen in einem Segmentdeskriptor

Das sieht nach einem unverhältnismäßig hohen Verarbeitungsaufwand für eine einzige Speicheradressierung aus. Lassen Sie uns noch einmal zur Abbildung 2 zurückkehren und sehen, welche Aufgabe die Cache-Register des Segmentdeskriptors haben. Der Prozessor unterhält (in seinem lokalen Speicher) alle Informationen über die aktivierten Deskriptoren, die durch die aktuellen Selektorwerte in den Registern ausgewählt wurden. Das bedeutet, der Prozessor muß nicht extra auf die GDT oder LDT zugreifen, es sei denn, eines der Register wurde geändert. Das erklärt, warum der Verarbeitungsaufwand im Protected Mode so umfangreich ist, wenn ein Register geändert wurde. In seinem lokalen Speicher enthält der Prozessor übrigens auch die aktuelle Adresse sowie Größen von GDT und LDT.

Sehen wir noch einmal die Liste der Adressiermöglichkeiten im Protected Mode am Anfang dieses Abschnitts an. 16 MB Arbeitsspeicher (an Stelle von nur einem Megabyte) werden unterstützt. Interessant ist, wie unterschiedliche virtuelle Adreßräume von den verschiedenen LDTs unterstützt werden. Die vom

Programm benutzte Adresse im Register läßt nicht den geringsten Zusammenhang mit der tatsächlichen (physikalischen) Speicheradresse erkennen.

Die Informationen aus Abbildung 6 erklären sehr gut, wie die virtuellen Adressen, die ja nicht im Arbeitsspeicher vorhanden sind, zustande kommen. Wenn ein Segment nicht tatsächlich im Speicher residiert, wird der Deskriptor für das entsprechende Segment melden, daß dieses Segment nicht resident ist. Falls nun aber das Programm ein Register lädt, dessen Selektorwert einem Segment zugeordnet ist, das gar nicht im Speicher residier, wird der Prozessor für diese Operation eine Ausnahmesituation erzeugen. Mit Hilfe eines bestimmten Systemcodes wird der Prozessor dann herausfinden, auf welcher Spur des Laufwerks das gesuchte Segment zu finden ist und es in den Arbeitsspeicher laden. Anschließend wird der Deskriptor aktualisiert, so daß er die Segmentadresse im Arbeitsspeicher anzeigt. Falls der Prozessor für das Segment erst ausreichenden Speicherraum schaffen muß, wird er zu diesem Zweck wahrscheinlich ein anderes Segment auf die Platte auslagern müssen. Welches Segment ausgelagert werden soll, bestimmt das Betriebssystem - meist das *am längsten nicht mehr benutzte* Segment. Um welches Segment es sich dabei handelt, kann das System anhand der Informationen in der Deskriptortabelle feststellen.

Ein weiterer wichtiger Unterschied zwischen Real Mode und Protected Mode ist der, daß im Protected Mode die Segmentgröße bestimmt werden kann, während im Real Mode für alle Segmente 64 KB festgelegt sind. Im Protected Mode dagegen bestimmt das Programm selbst die erforderliche Segmentgröße. Das ist für die Umwandlung von virtuellen Speicheradressen in Arbeitsspeicheradressen wichtig, oder wenn ein Programm einen Fehler macht und auf Speicherplatz außerhalb des Segmentbereichs zuzugreifen versucht. Dann erzeugt der Prozessor eine Ausnahmesituation, und das Betriebssystem weiß, daß ein Programmfehler vorliegt.

Damit ist das Thema Speicherschutz noch nicht beendet. Einen weiteren wichtigen Schutzmechanismus bildet die Unterteilung in unterschiedliche Schutzebenen (Privilegien), auf die wir im nachfolgenden Abschnitt ausführlich eingehen werden.

Zugriffsschutz und Privilegien

Der 80286 arbeitet nur im Protected Mode mit Privilegien und Schutzmechanismen, während der Real Mode keinerlei Schutzmaßnahmen bereitstellt. Das bedeutet, jedes Programm kann beliebig auf Speicherplatz (bis zu einem Megabyte) im Arbeitsspeicher zugreifen und alle im Real Mode erlaubten Prozessorbefehle ausführen.

Da im Protected Mode jeder Anwendung eine eigene LDT zugewiesen wird, stellt das Betriebssystem sicher, daß die einzelnen Anwendungen voreinander geschützt sind. Der von einer Anwendung erzeugte Selektorwert kann ja im Grunde nur vom Deskriptor der gerade aktiven LDT übernommen werden.

In Abbildung 6 sind einige Schutzmechanismen zu sehen, die bei jedem Speicherzugriff automatisch aktiviert werden. Sobald versucht wird, eine dieser Schutzeinrichtungen gewaltsam zu "knacken", wird eine Ausnahmesituation erzeugt. Der Prozessor führt daraufhin einige Spezialbefehle aus, eine sogenannte *Ablaufunterbrechungsroutine*. Die Situation ist einem Interrupt vergleichbar, mit dem einzigen Unterschied, daß im vorliegenden Fall der Prozessor selbst die Ausnahmesituation einleitet, während ein Interrupt gewöhnlich von einer Systemeinheit angefordert wird. Die Ausnahmesituation wird im allgemeinen vom Betriebssystem verwaltet. Der Prozessor erlaubt, daß der Befehl, der die Ausnahmesituation bewirkt hat, nach Bereinigung der Situation noch einmal erteilt werden kann.

Hier einige Beispiele, die aufgrund unerlaubter Adressierung zu einer Ausnahmesituation führen:

- Der Selektor zeigt auf einen Deskriptor, der außerhalb des Bereichs der aktuellen Deskriptortabelle liegt.

- Der Offsetwert überschreitet die Segmentgröße.

- Privilegien werden verletzt.

- CS (Codesegmentregister) wurde mit einem Selektorwert geladen, der zu einem Datensegment-Deksriptor gehört. Der Prozessor darf aber aus einem Datensegment heraus keine Befehle ausführen.

- Der Prozessor versucht in ein ROM-Datensegment zu schreiben.

- Der Prozessor versucht ein nur zur Ausführung bestimmtes Codesegment zu lesen.

Versucht der Prozessor, ein Segmentregister mit einem Selektor zu laden, der auf ein nicht speicherresidentes Register zeigt, wird eine Ausnahmesituation erzeugt. Das Betriebssystem kann dann das gesuchte Segment auf der Platte ausfindig machen, in den Hauptspeicher laden, den Deskriptor der neuen Adresse anpassen und die Befehlsausführung an der unterbrochenen Stelle wieder aufnehmen.

Doch ohne zusätzliche Privilegien ist dieser Schutzmechanismus nicht ausreichend. Angenommen, ein Programm weiß, daß es mit Bit 2 des Selektorwerts die GDT (Globale Deskriptortabelle) wählen kann. Da die GDT viele Segmente des Betriebssystems enthält, könnte das Programm versuchen, GDT-Selektorwerte zu benutzen, die ihm nicht zustehen. Wie kann die Hardware dies verhindern?

Der 80286-Mikroprozessor arbeitet mit vier verschiedenen *Privileg*- bzw. *Schutzebenen*. Diese vier Ebenen sind von 0 bis 3 numeriert, wobei 0 die Ebene mit dem höchsten Privileg ist, 3 die Stufe mit dem geringsten. Die unterschiedlichen Privilegien werden gewöhnlich vom Betriebssystem gesteuert. In OS/2 sind die meisten Anwendungen der Ebene 3 (*Anwendungsebene*) zugeordnet, der Kernel des Betriebssystems der Ebene 0 (*Systemebene*). Anwendungen können mit Ein-/Ausgabe-Privileg (IOPL) ausgestattet werden. Wir werden IOPL später in diesem Abschnitt noch genau beschreiben. Anwendungen mit IOPL laufen im OS/2 in der Schutzebene 2 und verlieren dadurch einige OS/2-Möglichkeiten aus der Anwendungsebene.

Das eigentliche Konzept des Schutzebenensystems beruht darauf, daß eine Anwendung nur auf Daten derselben Schutzebene - oder einer geringeren Ebene - zugreifen kann. Der Zugriff auf Systemdaten ist für Anwendungen nicht möglich, während das Betriebssystem jedoch auf alle Daten einer Anwendung zugreifen kann. Die Schutzebene des aktuellen Codes wird *aktuelle Schutzebene* (current privilege level/CPL) genannt und entspricht den niedrigen Bits des CS-Registers. Die Schutzebene der gerade aktivierten Daten wird von zwei Bits im Deskriptor angegeben und *Deskriptor-Schutzebene* (descriptor privilege level/DPL) genannt.

Die Ausführungsumgebung kann so eingerichtet werden, daß für Anwendungen keine Möglichkeit besteht, die ihr zuge-wiesene CPL in unzulässiger Weise auszunutzen. Wenn ein Anwenderprogramm mit CPL 3 ausgestattet ist, kann das Betriebssystem seine empfindlichen Daten durch einen DPL-Wert 0 ganz einfach gegen jeden unerlaubten Zugriff schützen. (Hier würde auch DPL 2 oder 1 ausreichen.)

Normale Sprunganweisungen und *Far Calls* können normalerweise nur von Codesegmenten derselben Schutzebene durchgeführt werden. Damit wird verhindert, daß Anwendungen ein Codesegment des Betriebssystems direkt aufrufen können. Kommunikation zwischen unterschiedlichen Schutzebenen ist über spezielle Deskriptoren, sogenannte *Gates*, möglich. (Dabei wollen wir es hier bewenden lassen, denn eine genauere Beschreibung würde über den Rahmen dieses Buches hinausgehen.)

Was bedeutet Ein-/Ausgabe-Privileg? Das Betriebssystem kann genau steuern, welche Schutzebene den verschiedenen Anweisungen einer Ein-/Ausgabeoperation zugeordnet werden soll. Dabei geht es um folgende Anweisungen:

- Erlaubnis für den Prozessor, Daten aus oder in den E/A- Adreßraum zu lesen bzw. zu schreiben.

- Möglichkeit für den Prozessor, Interrupts zu akzeptieren, aktivieren oder stillzulegen.

- LOCK-Befehl (Systembus sperren). (Kann in diesem Buch nicht weiter erklärt werden.)

Die o.g. Anweisungen unterliegen ganz speziellen Schutzprüfungen, da sie bei unzulässiger Verwendung dem Betriebssystem Schaden zufügen können. Daher empfiehlt es sich, daß das Betriebssystem von jeder Anwendung ausdrücklich IOPL anfordern läßt, um die Anzahl der "unzuverlässigen" Programme möglichst gering zu halten. Das Betriebssystem erhält damit die Möglichkeit, den jeweils höchstmöglichen CPL-Wert (möglichst niedrige Vertrauensstufe) für IOPL festzulegen. In OS/2 ist IOPL der Schutzebene 2 zugewiesen. Da die meisten Anwenderprogramme mit CPL 3 ausgestattet sind, verfügen sie grundsätzlich nicht über IOPL. OS/2 stellt jedoch eine API zur Verfügung, über die

Anwendungen nachträglich mit IOPL ausgestattet werden können. Für diese API muß CONFIG.SYS aber auf besondere Weise konfiguriert werden. Im OS/2 können Anwenderprogramme nur beschränkt mit IOPL ausgestattet werden. Es ist daher für eine Anwendung z.B. nicht möglich, über ein IOPL-Codesegment Interrupt-Dienste anzubieten. Interrupts werden vorzugsweise über Einheitentreiber angefordert.

Es gibt noch einige weitere Anweisungen, die nur in der Schutzebene 0 (CPL=0) mit dem höchsten Privileg ausgeführt werden können. Solche Anweisungen bestimmten z.B. unter anderem Größe und Position von LDT und GDT.

Viele der Funktionen, die vom 80286 zur Verfügung gestellt werden - viele davon auch im Real Mode -, werden vom 8088 nicht unterstützt. Die Palette der vom 80286 zur Verfügung gestellten Schutzmechanismen ist also ganz beachtlich.

Interrupt-Verwaltung

Wir haben bereits gezeigt, auf welche Weise Systemeinheiten einen Interrupt anfordern. Noch nicht besprochen haben wir, wie der Code bestimmt wird, der die Steuerung übernimmt, nachdem ein Interrupt vom Prozessor akzeptiert wurde.

Ein möglicher Interrupt ist der sogenannte *"nicht aufschiebbare" Interrupt (non-maskable interrupt/(NMI)*. Diese Art Interrupt kann vom Prozessor nicht ignoriert werden und wird daher nur dann initiiert, wenn ein wichtiges Ereignis vorliegt, beispielsweise ein Speicherfehler.

Auf dem PC AT und PS/2 gibt es fünfzehn mögliche Hardware-Interrupts, die von zwei kaskadengeschalteten Interrupt-Controllern bearbeitet werden. Bei der Initialisierung der Interrupt-Controller legt das System fest, welcher Controller für welche der fünfzehn möglichen Interrupts zuständig sein soll. Jede Interrupt-Leitung wird mit einer Nummer versehen, die bestimmt, welcher Code für den weiteren Ablauf zuständig ist, sobald die Unterbrechung vom Prozessor akzeptiert wurde.

Der Interrupt-Controller überwacht die fünfzehn Interrupt-Leitungen und ist außerdem für die Generierung der korrekten Interrupt-Nummer im Prozessor verantwortlich. Der Interrupt-Controller muß dabei Interrupt-Prioritäten berücksichtigen. Dem Prozessor kann durch eine entsprechende Anweisung jederzeit die Möglichkeit entzogen werden, solche Interrupts (externe Interrupts von Interrupt-Controllern) nicht zu akzeptieren. Derartige Anweisungen sind nur in der IOPL-Ebene möglich.

Welcher Zusammenhang besteht nun zwischen der Interrupt-Nummer und dem Code, der die Steuerung übernimmt, wenn der Prozessor einen Interrupt empfängt? Um diese Frage beantworten zu können, müssen wir erst eine neue Tabelle vorstellen, die *Interrupt-Deskriptortabelle (IDT)*. Diese Tabelle enthält 256 Einträge. Diese Einträge gleichen den Einträgen in der Segment-Deskriptortabelle, die wir bereits kennengelernt haben. Der große Unterschied zwischen beiden Tabellen ist der, daß die Einträge in der IDT aus "besonderen" Deskriptoren bestehen, sogenannten *Gates*. Wir haben Gates bereits als "Vermittler" zwischen unterschiedlichen Schutzebenen kurz kennengelernt. Im vorliegenden Fall dient das Gate als Indikator auf die entsprechende Interrupt-Behandlungsroutine für die jeweilige Interrupt-Nummer.

Im vorherigen Abschnitt haben wir gezeigt, wie die richtige Interrupt-Behandlungsroutine im Protected Mode gewählt wird. Im Real Mode sieht das Ganze ähnlich aus, nur wird hier eine andere IDT verwendet. Die IDT im Real Mode hat unterschiedlich große Einträge gegenüber der IDT im Protected Mode. Hinzu kommt, daß die Einträge der IDT im Real Mode nicht aus Gates, sondern aus Real-Mode-Adressen bestehen, die sich aus einem 16-Bit-Segment und einem 16-Bit-Offset zusammensetzen. Dieser Wert entspricht einer physikalischen Adresse im Real Mode, die die Steuerung übernimmt, wenn die ihr entsprechende Interrupt-Nummer erzeugt wird. Die Interrupt-Nummer stimmt mit einem bestimmten Eintrag in der Real-Mode-IDT überein. DOS-Anwendungen in OS/2 sollten über DOS-Dienste die Interrupt-Behandlungsroutine für eine bestimmte Interrupt-Nummer ändern, und möglichst nicht die Real-Mode-IDT.

Die Interrupt-Nummer veranlaßt den Prozessor, die Steuerung an den im entsprechenden IDT-Eintrag definierten Code zu übergeben. Durch das Ablegen des Codes auf einem Stack soll sichergestellt werden, daß der Ausgangscode die Steuerung anschließend wieder übernehmen kann. Viele verschiedene Gates stehen für die unterschiedlichsten Aufgaben zur Verfügung. NMI-Interrupts beispielsweise bewirken die Generierung eines Interrupts der Nummer 2.

Interrupts können über die Software erzeugt werden, wenn die Software die INT-Anweisungen des Prozessors ausführt. OS/2 unterstützt im Protected Mode keine INT-Anweisungen für Anwendungen. Ausnahmesituationen (z.B. beim Speicherschutz) können auch Interrupts erzeugen, die nicht vom Prozessor freigegeben werden können, sondern vom Betriebssystem verwaltet werden müssen.

In Kapitel 6, *Interrupt-gesteuerte Einheitenverwaltung*, wird gezeigt, wie die von OS/2 oder vom Benutzer installierten Einheitentreiber für Interrupt-Verwaltung eingerichtet werden. OS/2 kümmert sich in der Regel um die IDT und die Anfangsbehandlung des Interrupts, die Einheitentreiber um die entsprechende Einheit und den Interrupt-Controller.

Zusammenfassung

Wir haben in diesem Kapitel sehr viel Neues angesprochen und hoffen, daß es uns gelungen ist, gewisse Grundkenntnisse über die allgemeinen Funktionen des neuen OS/2 und die Wirkungsweise des 80286-Mikroprozessors zu vermitteln. In den folgenden Kapiteln sollen diese Kenntnisse vertieft werden. Als nächstes wollen wir die Speichereinrichtungen von OS/2 mit der entsprechenden API näher ansehen und erläutern.

KAPITEL 2

Die Speichermöglichkeiten in OS/2

Wir haben bereits im ersten Kapitel festgestellt, wie wichtig der Hauptspeicher für die Leistungsfähigkeit des Betriebssystems ist. Lassen Sie uns noch einmal rekapitulieren: Systemprogramme und -daten sowie Anwenderprogramme und -daten residieren alle im Hauptspeicher. Wenn ein Programm bearbeitet werden soll, holt sich die CPU das entsprechende Programm aus dem Hauptspeicher und führt es aus. Auch während der Programmbearbeitung kann der Prozessor Zugriff auf Daten im Hauptspeicher nehmen.

OS/2 bringt nun einen neuen, wesentlichen Vorteil gegenüber DOS: Es kann alle Möglichkeiten der Speicherverwaltung des 80286-Mikroprozessors vollständig ausnutzen. Wir haben ja bereits im vorherigen Kapitel gesehen, welchen Vorteil dies gegenüber den Möglichkeiten des 8086-Mikroprozessors bringt.

Beim 8086-Mikroprozessor erfolgt der Arbeitsspeicherzugriff direkt über die von der Anwendung benutzte Speicheradresse. Diese Adresse repräsentiert also einen tatsächlich vorhandenen Speicher. Alle Speicheradressen im 8086-System bestehen aus einem 16-Bit-Segment und einem 16-Bit-Offset. Das 16-Bit-Segment definiert ein 64-KB-Segment im Arbeitsspeicher, der 16-Bit-Offset die Adresse, auf die innerhalb dieses Segments zugegriffen werden soll. Der 8086 kann bis zu 1 MB Arbeitsspeicher direkt adressieren.

Unter dem 80286-Mikroprozessor stellt die von einer Anwendung benutzte Adresse keinen direkten Bezug zu einem physikalisch vorhandenen Speicherplatz her. Man nennt diese Adressen daher virtuelle (scheinbar vorhandene) Adressen. Virtuelle Adressen setzen sich aus einem 16-Bit-Selektor und einem 16-Bit-Offset zusammen. Der Selektor hat dabei die Aufgabe, einen Segmentdeskriptor aus einer Deskriptortabelle im Speicher auszuwählen. Dieser Deskriptor enthält alle wichtigen Informationen über ein tatsächlich vorhandenes, physikalisches Speichersegment, einschließlich folgender Informationen:

- Befindet sich das Segment im Arbeitsspeicher und wenn ja, wo befindet es sich (bis zu 16 MB können direkt adressiert werden). Hinweis, daß das Segment nicht im Arbeitsspeicher residiert.

- Wie groß ist das Segment (nicht alle Segmente müssen 64 KB umfassen).

■	Informationen über Schutz, Privilegien und Verwendungsart (z.B. nur Ausführung).

Die wichtigsten Vorteile

OS/2 kann alle Speichermöglichkeiten des 80286-Mikroprozessors voll ausnutzen und bietet damit folgende Verbesserungen:

■	OS/2 unterstützt bis zu 16 MB Arbeitsspeicher. DOS stellt Anwenderprogrammen nur 640 KB Speicherplatz direkt zur Verfügung, während unter OS/2 Anwendungen und System direkten Zugriff auf bis zu 16 MB Arbeitsspeicher haben. Der Bereich zwischen 640 KB und 1 MB bleibt in OS/2 weiterhin für System-BIOS und gepufferte Ein-/Ausgabe reserviert.

■	Anwendungen können Zugriff auch auf Speicherplatz oberhalb der 640-KB-Grenze nehmen - und auf Speicherplatz, der über die reale Speicherkapazität hinausgeht. Eine einzige Anwendung kann mehr als 640 KB Speicherplatz belegen. Speichersegmente können vom Arbeitsspeicher auf die Platte ausgelagert und bei Bedarf wieder in den Arbeitsspeicher geladen werden. Man nennt dies *Speicherüberbelegung* (*memory overcommitment*).

■	OS/2 unterstützt Mehrfachanwendungen über den physikalischen Speicherplatz des Systems hinaus. Getrennte lokale Deskriptortabellen schützen die Anwendungen untereinander.

■	OS/2 selbst nutzt für sich alle Möglichkeiten des 80286. Dadurch wird ermöglicht, daß das Betriebssystem vor unerlaubtem Zugriff durch Anwenderprogramme geschützt werden kann und Systemcode und -daten die Charakteristiken der Speicherüberbelegung auch für sich nutzen können. Da nur ein Teil des OS/2 im Arbeitsspeicher resident sein muß, beansprucht das System nicht übermäßig viel realen Speicherplatz.

OS/2 schützt aber nicht nur die einzelnen Anwendungen untereinander - bzw. das Betriebssystem vor den Anwendungen -,sondern stellt einer einzelnen Anwendung, oder einer Gruppe von Anwendungen, auch mehr als 640 KB Arbeitsspeicherplatz zur Verfügung - und darüber hinaus noch beachtliche zusätzliche Speichermöglichkeiten, die jenseits der realen Speicherkapazität liegen.

Das bringt selbstverständlich große Vorteile und ermöglicht den Anwendungen:

■	Mehr und komplexere Probleme zu lösen

■	Bequemere Handhabung

■	Mehr Möglichkeiten zur Datenbearbeitung

■	Mehr visuelles Feedback

Der wichtigste Vorteil ist aber wohl der, daß der Benutzer nun mehrere Anwendungen gleichzeitig bearbeiten kann, ohne fürchten zu müssen, daß der Speicherplatz nicht ausreicht. Komplette Subsysteme mit ihren Anwendungen können parallel bearbeitet werden und dabei müssen nicht alle Anweisungen und Daten ständig im Arbeitsspeicher greifbar sein.

Natürlich müssen bei komplexen Verarbeitungen kleine Verzögerungen in Kauf genommen werden. Die Anwendungen sollten daher so strukturiert sein, daß der Transport zwischen Arbeitsspeicher und Platte möglichst gering gehalten wird. Der Benutzer muß darauf achten, daß immer ausreichend verfügbarer Arbeitsspeicherplatz verfügbar ist, um möglichst kurze Anwortzeiten zu gewährleisten.

Speicherüberbelegung

Die 16 MB Arbeitsspeicher sind einfach zu erklären: Der Segmentdeskriptor ist so ausgelegt, daß physikalische Adressen bis zu 16 MB erzeugt werden können.

Was ist nun aber damit gemeint, daß mehr Speicherplatz benutzt werden kann, als tatsächlich im System vorhanden ist? Folgendes: Wenn unter dem 80286-Mikroprozessor eine bestimmte Speicheradresse benutzt wird, kann der Deskriptor melden, daß sich diese Speicheradresse nicht im Arbeitsspeicher befindet. Diese Adresse unterscheidet sich durch nichts von den anderen Speicheradressen. Der einzige Unterschied ist der, daß der Deskriptor beim Suchen feststellt, daß diese Adresse zum gegebenen Zeitpunkt nicht im Arbeitsspeicher residiert. Der Prozessor erzeugt also eine Ausnahmesituation **"Not Present"** (nicht resident). Das Betriebssystem übernimmt daraufhin die Bearbeitung dieser Ausnahmesituation und versucht herauszufinden, wo sich das Speichersegment befindet.

OS/2 bewahrt solche nicht residenten Segmente in der Swap-Datei auf der Platte auf. Drei verschiedene Möglichkeiten stellt OS/2 für die sogenannte Speicherüberbelegung zur Verfügung:

- Auslagern (*Swapping*) von Segmenten.
- Löschen von Segmenten.
- Verschieben von Segmenten.

Beim Swapping werden Speichersegmente zwischen Arbeitsspeicher und Platte hin und her transportiert. Der Algorithmus *least recently used (LRU) (am längsten nicht mehr benutzt)* bestimmt, welche Segmente aus dem Arbeitsspeicher ausgelagert werden sollen, um für ein benötigtes Segment Platz zu schaffen. OS/2 versucht, keine Segmente auszulagern, die häufig benutzt werden oder gerade erst benutzt wurden, da davon auszugehen ist, daß diese Segmente bald wieder benötigt werden. Ständiges Ein- und Auslagern von Segmenten würde zu viel Verarbeitungszeit in Anspruch nehmen.

OS/2 kann aber auch durch *Löschen von Segmenten* Platz im Arbeitsspeicher schaffen. Entsprechend codierte Segmente werden also nicht ausgelagert, sondern einfach gelöscht (weggeworfen). Wenn sie später wieder verwendet werden sollen, müssen sie von der Platte wieder in den Arbeitsspeicher geladen werden. Man kann bestimmte Datensegmente auch von Anfang an als *entfernbar* definieren. Solange das entfernbare Segment vom Programm benutzt wird, kann das Programm das Segment "sperren", das bedeutet, das Segment darf während dieser Zeit nicht gelöscht bzw. entfernt werden. Anwendungen, die mit entfernbaren Segmenten arbeiten, unterstützen das Konzept einer effizienten Speicherüberbelegung.

Angenommen, ein 64-KB-Segment soll von der Platte in den Arbeitsspeicher transportiert werden. Im Arbeitsspeicher ist aber kein zusammenhängender Speicherraum für 64 KB verfügbar. Das Betriebssystem hat dann die Möglichkeit, eine Segmentverschiebung (*segment motion*) vorzunehmen. Dabei werden Speichersegmente solange im Speicher hin und her geschoben, bis ein zusammenhängender Speicherraum von 64 KB aus mehreren freien Segmenten geschaffen ist.

In Kapitel 4 wird ein Programmbeispiel für Speicherüberbelegung dargestellt, das zeigt, wie eine Speicherfunktion - die sogenannte *DosAllocSeg*-Funktion - zur Speicherüberbelegung eingesetzt werden kann. Das Programm ist so strukturiert, daß der Programmierer anhand dieses Programms genau feststellen kann, wieviel Speicherplatz jeweils zugeteilt werden muß. Wir werden später in diesem Kapitel noch auf die verschiedenen Speicherprogrammierschnittstellen zu sprechen kommen.

Speicherschutz

Die einzelnen Anwendungen (Prozesse) sind voreinander geschützt, weil ihnen unterschiedliche lokale Deskriptortabellen (LDTs) zugeordnet sind. OS/2 erzeugt für jeden einzelnen Prozeß eine eigene LDT. Der Selektor in der von der Anwendung aufgerufenen Speicheradresse verweist auf eine ganz bestimmte LDT, in der sich der entsprechende Segmentdeskriptor befindet. Es gibt keine Möglichkeit für eine Anwendung, an den Deskriptor einer anderen Anwendung zu gelangen, da die CPU nicht auf fremde LTDs angesetzt werden kann. Damit wird verhindert, daß eine Anwendung den Speicher einer anderen Anwendung überschreiben oder zerstören kann.

Wenn unterschiedliche Prozesse einen Teil des Speichers für Kommunikationszwecke gemeinsam benutzen wollen, steht dafür eine besondere API zur Verfügung. Speichersegmente, die gemeinsam benutzt werden sollen, können entsprechend programmiert werden. Man nennt solche Segmente namengebunden *namengebundene Segmente* (*name-shared segments*). Im Abschnitt über die Anwendungsprogrammierschnittstelle (API) werden solche Segmente näher erklärt.

Alle OS/2-Anwendungen laufen in der sogenannten *Anwenderebene* (Privilegebene 3). OS/2-Anwendungen mit IOPL werden der Privilegebene 2 zugewiesen, solange sie mit IOPL ausgestattet sind. OS/2 selbst und alle Einheitentreiber laufen in der *Systemebene* (Privilegebene 0) - höchstes Privileg. Durch diese Einteilung in Privileg- bzw. Schutzebenen wird das Betriebssystem vor unerlaubtem Zugriff durch Anwenderprogramme geschützt und erhält gleichzeitig die Möglichkeit, Anwendungen, die IOPL anfordern, bestimmten Regeln zu unterwerfen.

Systemspeichermerkmale

Da nur ein Teil von OS/2 im Systemspeicher unterhalb 640 KB residiert, kann der für die DOS-Umgebung verfügbare Speicherplatz unterhalb der 640-KB-Grenze entsprechend groß gehalten werden. Der im Hauptspeicher residente OS/2-Teil wird grundsätzlich nicht ausgelagert. Dasselbe gilt für alle Einheitentreiber. Auch sie sind unterhalb der 640-KB-Grenze gespeichert und werden niemals ausgelagert. Der restliche Speicherplatz innerhalb des 640-KB-Bereichs steht der DOS-Umgebung zur Verfügung.

Unmittelbar über der 1-MB-Adresse residiert ein weiterer OS/2-Teil. Neben diesen beiden residenten Teilen gibt es noch einen weiteren OS/2-Teil, der, wie alle Anwendungsprogramme auch, ausgelagert werden kann. Diese Aufteilung erlaubt eine effizientere Ausnutzung des Arbeitsspeichers.

Im voraus Laden oder Laden bei Bedarf

Segmente werden als *preload* (*im voraus Laden*) oder *load on demand* (*Laden bei Bedarf*) definiert. Ein Preload-Segment wird unmittelbar beim Starten einer Anwendung in den Speicher geladen. Das Segment wird dabei erst einmal versuchen, Arbeitsspeicherplatz zu belegen, kann aber sofort ausgelagert werden, falls kein ausreichender Speicherplatz verfügbar ist.

Ein Load-On-Demand-Segment dagegen wird erst dann in den Speicher geladen, wenn ein Prozeß auf dieses Segment zuzugreifen versucht. Segmente, die erst bei aktuellem Bedarf geladen werden, beanspruchen weder Platz im Arbeitsspeicher noch in der Swap-Datei. Alle Segmente, von denen angenommen werden kann, daß sie unter Umständen nicht benutzt werden, sollten als Load-On-Demand-Segmente erstellt werden.

Es empfiehlt sich, für jede Anwendung sorgfältig zu überlegen, ob Load-On-Demand- oder Preload-Segmente die geeigneteren sind. Durch die richtige Wahl kann System-Overhead (zusätzlicher Speicherbedarf) vermieden werden.

Anwenderdefinitionen

Viele Speicherverwendungsmerkmale können mit Hilfe von Parametern in der CONFIG.SYS-Datei vom Anwender selbst bestimmt werden.

So kann beispielsweise einer Anwendung statt Arbeitsspeicher ein virtuelles Laufwerk oder ein Cache-Speicher zugewiesen werden. Dabei muß jedoch genau abgewägt werden, ob ein virtuelles Laufwerk bzw. ein Cache-Speicher besser ist als zusätzlich entstehender System-Overhead, weil damit weniger Speicherplatz für Anwendungen zur Verfügung steht.

Swapping und/oder Segmentverschiebung können vom Benutzer ganz unterbunden werden. Bei bestimmten zeitkritischen Anwendungen, deren korrekter Ablauf nicht mehr garantiert wäre, wenn sie auf ausgelagerten Code bzw. Daten oder auf Segmentverschiebung warten müßten, könnte das durchaus empfehlenswert sein.

Auch die Größe der DOS-Umgebung kann vom Benutzer festgelegt werden, d.h. der Benutzer kann bestimmen, ob der verbleibende Speicherplatz im 640-KB-Bereich nur teilweise - oder gar nicht - für die DOS-Umgebung bereitgestellt werden soll. Wenn keine Anwendungen in der DOS-Umgebung laufen sollen, muß auch kein Speicherplatz für DOS vorgesehen werden.

Der Benutzer kann auch entscheiden, wo beispielsweise die Swap-Datei aufbewahrt werden soll. Falls damit zu rechnen ist, daß die Swap-Datei für den definierten Plattenbereich zu umfangreich wird, kann der Benutzer sie in einer separaten Partition unterbringen.

Segmentmerkmale der Modul-Definitionsdatei

Die Modul-Definitionsdatei wird im Kapitel über die höheren Programmierkonzepte (Kapitel 7) genau beschrieben. Ein Anwendungsprogrammierer benutzt diese Datei, um die erforderlichen Segmentmerkmale für Anwendungen festzulegen. Dazu gehören folgende Merkmale:

- ob ein Segment *preload* oder *load-on-demand* definiert ist
- beim Codesegment, ob es als Daten gelesen und ausgeführt oder nur ausgeführt wird. Falls ein nur auszuführendes Codesegment gelesen wird, wird vom Prozessor eine Ausnahmesituation (Fehlermeldung) generiert.
- beim Datensegment, ob es sich um Schreib-/Lesezugriff oder nur um Lesezugriff handelt

Wenn auf ein nur zu lesendes Datensegment ein Schreibzugriff erfolgt, erzeugt der Prozessor eine Ausnahmesituation.

Leistung und Systemüberlegungen

Wir haben bereits früher darauf hingewiesen, daß Anwendungen so strukturiert sein sollten, daß möglichst wenig Swapping bzw. Segmentverschiebung erforderlich wird. Die Anwendungsstruktur könnte also so aufgebaut sein, daß Codes und Daten, die mit einiger Sicherheit verwendet werden, in allgemeinen Segmenten zusammengefaßt werden. Daten und Codes, die mit einiger Wahrscheinlichkeit nicht gebraucht werden (z.B. Benutzerhilfen oder Fehlerverarbeitungen) könnten in separaten Segmenten untergebracht werden.

Anschließend sollten die Segmente als *preload* oder *load on demand* definiert werden, abhängig davon, wie wahrscheinlich ihre Verwendung ist und wofür sie verwendet werden sollen.

Wichtig ist auch, daß beim Programmieren die Größe dieser Segmente wohl überlegt wird. Für häufig verwendete Daten empfehlen sich größere Segmente. Doch größere Segmente führen beim Swapping oder Verschieben leicht zu System-Overhead und benötigen natürlich auch entsprechend mehr Hauptspeicherplatz. Das Mischen von häufig und weniger häufig benutzten Daten in einem Segment ist nicht empfehlenswert, weil dadurch nur wertvoller Speicherplatz vergeudet wird.

Eine Anwendungstruktur sollte folgendes berücksichtigen:

- Segmentgröße

- Anzahl der Segmente

- Anzahl der Segmente, die während einer normalen Ausführung im Hauptsspeicher resident sein müssen

- Swappingumfang bei einer Speicherüberbelegung

Natürlich darf nicht vergessen werden, daß der Benutzer wahrscheinlich immer mehrere Anwendungen gleichzeitig laufen hat. Daher sollte die Segmentstruktur einer Anwendung nicht für eine Einzelanwendung konzipiert sein, sondern für optimale Anpassung an eine Umgebung, in der mehrere Anwendungen parallel laufen. Es empfiehlt sich also nicht, alle Segmente als Preload-Segmente zu definieren, damit die Ausführung schneller wird (falls das System ausreichend RAM für diese eine Anwendung zur Verfügung hat). Der Benutzer wird es sicher zu schätzen wissen, wenn seine Anwendung keine unnötigen Laufzeitprobleme für das restliche System verursacht.

Schnittstelle für Speicherprogrammierung

Die Hauptspeichermöglichkeiten des OS/2 sind nicht nur für den Programmierer, sondern auch für den Benutzer interessant:

- für die korrekte Systeminstallation (mit CONFIG.SYS)

■ um bei bestimmten Programmen die Auswirkung der Systemspeichergröße auf die Systemausführung zu verstehen

Wenn eine einfache Anwendung in einer höheren Programmiersprache geschrieben wird, dürfte es kaum notwendig sein, eine der OS/2-Schnittstellen für Anwenderprogramme zu verwenden. Doch die umfangreichen Speichermöglichkeiten von OS/2 lassen sich nur dann völlig ausschöpfen, wenn man weiß, wie die Programme die API einsetzen können.

Im Zusammenhang mit der Schnittstelle für Speicherprogrammierung wird von *Prozessen* die Rede sein. Stellen wir uns im Moment diese Prozesse ganz einfach als kleine Programme vor. Unter einem Prozeß versteht man in OS/2 im Grunde eine Programmeinheit, die Besitz an System-Ressourcen hat. Eine solche Ressource ist z.B. das Zugriffsrecht auf ein Speichersegment. Jede Anwendung kann aus einem oder mehreren Prozessen bestehen.

Möglichkeiten der Schnittstelle für Speicherprogrammierung

OS/2 erlaubt seinen Prozessen, Speichersegmente zuzuordnen. Wenn ein Segment mit Hilfe der API zugeordnet wird, wird dem Prozeß ein 16-Bit-Selektor zurückgegeben. Diesen Selektorwert benutzt der Prozeß dann, um auf eine Speicheradresse zuzugreifen. Prozesse können Speichersegmente beliebiger Größe, bis maximal 64 KB, erzeugen. Die festgelegte Segmentgröße kann vom Prozeß auch wieder geändert oder ein Segment zur weiteren Verfügung wieder an OS/2 zurückgegeben werden. OS/2 löscht dann den entsprechenden Eintrag in der LDT und stoppt jeden weiteren Transport dieses Segments.

Prozesse können auch Speichersegmente generieren, die von mehreren Prozessen gemeinsam benutzt werden. Dazu muß dem entsprechenden Segment allerdings ein "Name" zugewiesen werden, der von den anderen Prozessen dann zur Adressierung des entsprechenden Segments verwendet wird. Es gibt noch eine andere Möglichkeit für die gemeinsame Benutzung von Segmenten. Ein Prozeß gestattet auf Anfrage einem anderen Prozeß ausdrücklich, das gemeinsame Segment ohne Identifikation durch einen logischen Namen zu benutzen.

Wenn ein Speichersegment von einem Prozeß als entfernbar erzeugt wurde, kann OS/2 dieses Segment jederzeit bei Bedarf löschen. Der Prozeß hat jedoch die Möglichkeit, den Prozessor ausdrücklich anzuweisen, ein solches Segment im Moment nicht zu löschen, wenn er gerade darauf zugreifen will. Er sperrt es also. Benötigt der Prozeß das gesperrte Segment irgendwann für längere Zeit nicht mehr, teilt er dies dem Prozessor mit (er hebt die Sperrung auf). Bei nächster Gelegenheit löscht der Prozessor dieses Speichersegment aus dem Arbeitsspeicher, um Platz für weitere Aktivitäten zu schaffen. Sobald der Prozeß dieses Segment wieder benötigt, informiert er den Prozessor, daß das Segment ab sofort nicht mehr entfernbar ist. Wurde das Segment in der Zwischenzeit bereits gelöscht, wird der Prozeß (über die *Lock*-Funktion) davon in Kenntnis gesetzt. Der Prozeß muß dann das Speichersegment neu erstellen. Diese Technik erfordert zwar Mehraufwand, doch bei einigen speicherintensiven Prozessen, die viel temporären Speicherplatz benötigen, kann diese Methode dem Swapping durchaus vorzuziehen sein.

Die Art, wie DOS-Programme Zugriff auf den Speicher nehmen, erscheint uns recht interessant. Dabei wird eine physikalische Adresse verwendet, die unmittelbar mit der vom Prozeß verwendeten 16-Bit-Segmentadresse übereinstimmt. Prozesse, die zur Adressierung einer umfangreichen Datenstruktur mehr als 64 KB Speicherplatz benötigen, können damit den gesamten Speicherraum durchforsten, ohne erst neue Ausgangsadressen nachsehen zu müssen. In OS/2 gibt es eine Möglichkeit für Anwendungen, mehrere 64-KB-Segmente zuzuordnen, deren Selektorwert sich jeweils aus dem Selektorwert des vorherigen Segments ableitet. Der aktuelle Selektor wird einfach durch Addition eines festen Wertes zum vorausgegangenen Selektorwert ermittelt. Damit erhält eine Anwendung die Möglichkeit, einen umfangreichen Speicherbereich (größer als 64 KB) zu belegen und direkt auf diesen Bereich zugreifen zu können. Sie muß dazu nur den Selektorwert des ersten Bereichssegments kennen.

OS/2 erlaubt einem Prozeß auch, für einen ganzen Datenbereich einen Codeselektor zu erstellen. Mit Hilfe dieses Codeselektors können dann Codes ausgeführt werden, die auch als Daten betrachtet werden können.

Es wird sicher auch vorkommen, daß ein Prozeß viele, aber nur wenig Speicherplatz beanspruchende Aktivitäten berücksichtigen muß. In diesem Fall empfiehlt es sich, daß der Prozeß nicht für jede Aktivität ein eigenes Segment anlegt, sondern ein "Sammelsegment", um unnötigen Speicher-Overhead zu vermeiden. OS/2 erlaubt die Aufteilung eines Segments in mehrere kleine Teilsegmente und verfolgt die Belegung dieser Teilsegmente. Der Prozeß fordert ein solches Teilsegment an, und OS/2 meldet dem Prozeß den korrekten Offsetwert für dieses Teilsegment innerhalb des Speichersegments. Dieser Mechanismus wird in OS/2 *Memory Suballocation Package* (Zuordnung von Teilsegmenten) genannt und in Form von mehreren Dynamic-Link-Routinen bereitgestellt.

Verwaltung von Speichersegmenten

Mit der OS/2-Programmierschnittstelle können Speichersegmente erstellt, größenmäßig verändert oder freigegeben werden. Und - ein Datensegment kann in ein ausführbares Codesegment umgewandelt werden.

DosAllocSeg erstellt ein beliebig großes Speichersegment bis zu 64 KB. Die Schnittstelle gibt den vom Prozeß benutzten 16-Bit-Selektor für das gerade erstellte Speichersegment zurück. Das neue Segment kann verschoben und ausgelagert werden.

Der Prozeß kann für das neu erstellte Segment folgende Merkmale anfordern:

- Das Segment soll mit einem vom Prozeß genehmigten anderen Prozeß gemeinsam benutzt werden können. Siehe hierzu *DosGiveSeg*.

- Das Segment soll über einen "Namen" von mehreren Prozessen gemeinsam benutzt werden können. Siehe hierzu *DosGetSeg*.

- Das Segment ist entfernbar. Der Prozeß muß dem System ausdrücklich mitteilen, daß er auf das Segment zugreifen will und wann der Zugriff auf das Segment beendet ist. *DosLockSeg* und *DosUnlockSeg* legen die jeweilige Situation fest. Ein neu angelegtes Segment gilt als *gesperrt*. Es kann also von der aufrufenden Anwendung benutzt werden.

DosReallocSeg ändert die Größe eines bereits angelegten Speichersegments. Es übergibt den Selektor des Segments und die gwünschte neue Größe an die Funktion. Handelt es sich um ein gemeinsam benutztes Segment, kann das Segment nur vergrößert werden. Bei einem entfernbaren Segment führt diese Systemanforderung dieselben Funktionen wie *DosLockSeg* aus.

DosFreeSeg erlaubt einem Prozeß, ein bereits erstelltes oder benutztes Segment freizugeben. Ein gemeinsam benutztes Segment kann erst frei gegeben werden, wenn alle beteiligten Prozesse diese Systemanforderung bestätigt haben.

DosLockSeg Ein Prozeß kann ein Segment als entfernbar definieren. In diesem Fall muß er aber bei jedem Zugriff auf dieses Segment (abgesehen vom ersten Erstellen) die Programmierschnittstelle benutzen, damit diese dann dem Betriebssystem mitteilen kann, daß dieses Segment momentan benutzt wird, das System das Segment also zu diesem Zeitpunkt nicht löschen darf. Bleibt dieser Aufruf ohne Echo, weiß der Prozeß, daß das Segment bereits gelöscht wurde. Das Segment muß dann mit *DosAllocSeg* neu erstellt werden.

DosUnlockSeg teilt dem System mit, daß das Segment nun wieder entfernt werden darf. *DosLockSeg*- und *DosUnlockSeg*-Aufrufe können geschachtelt werden, das bedeutet, wenn ein *DosLockSeg*-Aufruf von X erfolgt, muß erst ein entsprechender *DosUnlockSeg*-Aufruf von X erfolgen, bevor das System das entsprechende Segment löschen kann.

Ein gesperrtes Segment kann jederzeit ausgelagert oder verschoben werden.

DosUnlockSeg teilt dem System mit, daß ein zur Zeit gesperrtes, entfernbares Segment nun beseitigt werden kann. Durch das Entfernen von Segmenten kann ein Prozeß dazu beitragen, daß der verfügbare Systemspeicherplatz besser genutzt wird. Wenn beispielsweise ein Prozeß temporär sehr viel Speicherraum benötigt, ist die Technik des Entfernens von Segmenten ganz sinnvoll, um die Gesamtspeicherbelastung möglichst gering zu halten.

DosCreateCSAlias erzeugt einen gültigen Codesegment-Selektor. Dieses Segment darf dabei nur Eigentum des aufrufenden Prozesses, also kein gemeinsam benutztes Segment sein und auch nicht Teil eines größeren von *DosAllocHuge* erstellten Segmentbereichs. Ein Prozeß lädt sich einen gültigen Teil des ausführbaren Codes in ein Datensegment und erreicht durch Systemaufruf, daß das Speichersegment von ihm als Codesegment verwendet werden kann.

Gemeinsam benutzte Speichersegmente

Die Programmierschnittstelle erlaubt, daß ein Prozeß das von ihm erstellte Speichersegment mit anderen Prozessen teilen kann.

DosGiveSeg erlaubt dem Prozeß, das von ihm erstellte Speichersegment mit einem anderen Prozeß zu teilen. Der Prozeß muß allerdings beim Erstellen des Segments dem System ausdrücklich mitteilen, daß er sein Segment mit einem anderen Prozeß gemeinsam benutzen will.

Wenn ein Prozeß sein Segment mit *DosAllocSeg* erstellt, übergibt er Segmentselektor und Prozeß-ID (siehe nächstes Kapitel) des gewünschten Mitbenutzers an das System. Anschließend teilt das System dann dem aufrufenden Prozeß den Zugriffsselektor für den Mitbenutzer mit, den der aufrufende Prozeß - auf dem Wege der Prozeßkommunikation - an seinen Mitbenutzer weitergibt.

DosGetSeg ermöglicht Zugriff auf ein Speichersegment, das von einem anderen Prozeß erstellt wurde. Der segmenterstellende Prozeß muß dem mitbenutzenden Prozeß die Zugriffsgenehmigung erteilen. Der anfordernde Prozeß übergibt den Selektor des gewünschten Segments an die entsprechende Systemschnittstelle, und das System erlaubt ihm daraufhin, Zugriff auf das Speichersegment zu nehmen.

Gemeinsamer Segmentzugriff über Namenindentifikation

Wenn ein Segment neu erstellt wird, kann der Prozeß diesem Segment einen logischen Namen zuteilen. Über diesen Namen können dann andere Prozesse befugt werden, Zugriff auf dieses Segment zu nehmen.

DosAllocShrSeg erstellt ein beliebig großes Speichersegment bis zu 64 KB, dem für Identifikationszwecke ein Name zugewiesen wird. Gewünschte Größe und Namen dieses Segments übergibt der Prozeß an die entsprechende Schnittstelle. Der aufrufende Prozeß erhält dann den für den Zugriff auf dieses Segment erforderlichen Selektor als Ergebnis zurück.

Der Name für ein Speichersegment ist gleich aufgebaut, wie der Dateiname einer OS/2-Datei. Der Segmentname muß im Unterverzeichnis \sharemem\ untergebracht werden, das bedeutet, daß alle Namen mit dem String \sharemem\ beginnen. Die Systemschnittstelle für *DosGetShrSeg* erlaubt anderen Prozessen, über diesen Segmentnamen Zugriff auf das gemeinsam benutzte Segment zu nehmen.

DosGetShrSeg ermöglicht den Zugriff auf ein mit *DosAllocShrSeg* erstelltes Segment. Ein Prozeß muß nur den Namen für das Segment kennen und diesen an das System übergeben, um den Selektor zu erhalten, mit dem er auf dieses Segment zugreifen kann.

Verwaltung umfangreicher Speichereinheiten

Wenn umfangreicher Speicherplatz - größer als 64 KB - benötigt wird, sollte man eventuell auf die Einrichtungen der Anwendungsprogrammierschnittstelle für umfangreiche Speicherverwaltung zurückgreifen.

DosAllocHuge kann Speicherplatz zuordnen, der die maximale Segmentgröße von 64 KB überschreitet. Der Prozeß teilt dem System mit, wie viele 64-KB-Segmente er benötigt, und wie groß das letzte Segment sein soll (höchstens 64 KB). Ferner informiert er das System über den maximal erforderlichen Gesamt-speicherplatz. Das System gibt dem Prozeß den Selektor des ersten Speicher-segments im zugewiesenen Gesamtbereich zurück. Mit Hilfe der Funktion *DosGetHugeShift* berechnet der Prozeß dann die Selektoren der nachfolgenden Segmente in diesem großen Speicherbereich.

In Abbildung 7 unten wird ein Beispiel hierzu gezeigt. Der Prozeß fordert einen Speicherbereich von 140 KB an. Als Selektorwert erhält er den Wert "1024", der auf ein 64-KB-Segment zeigt. Durch Aufruf der Funktion *DosGetHugeShift* stellt der Prozeß fest, daß er zum ersten Selektor (1024) den Wert 8 addieren muß, um den Selektor des nächsten 64-KB-Segments (1032) innerhalb des 140-KB-Bereichs zu erhalten. Wenn zu diesem zweiten Selektor wieder der Wert 8 addiert wird, erhält man den Wert des dritten Selektors (1040). Dieser dritte Selektor zeigt auf ein 12-KB-Speichersegment. Diese drei Segmente ergeben zusammen die angeforderten 140 KB Speicherplatz.

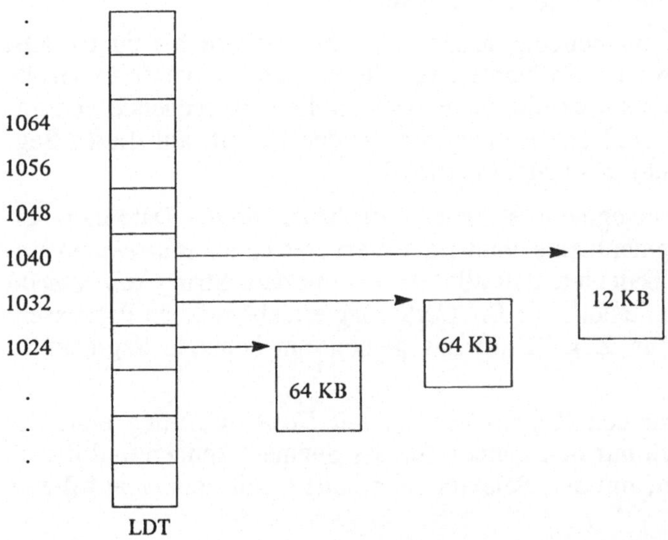

Abbildung 7. Zuordnung eines "umfangreichen" (140 KB) Speicherbereichs

Diese Speicherzuordnungstechnik kann für *DosGiveSeg, DosGetSeg* und beim Löschen von Segmenten eingesetzt werden. Der einzige Unterschied zwischen dieser Technik und der Speicherzuordnung mit *DosAllocSeg* besteht darin, daß hier nur der erste Selektor zugewiesen wird, und die entsprechenden Aufrufe und deren Funktion (*z.B. DosGiveSeg*) für den gesamten Bereich (hier 140 KB) gelten.

DosGetHugeShift berechnet den Wert, der zum ersten Selektor (aufgrund von *DosAllocHuge)* addiert werden muß, um die nächste Speicheradresse zu erhalten. Durch Addition des errechneten Wertes zum ersten Selektor wird der Selektor für das zweite 64-KB-Segment berechnet.

DosReallocHuge ändert die Größe eines umfangreichen Speicherraumes, der anfänglich durch *DosAllocHuge* angelegt wurde. Der Speicherbereich kann nur bis zu der in *DosAllocHuge* festgelegten maximalen Größe erweitert werden.

Zuordnung von Teilsegmenten

OS/2 ermöglicht auch die Zuordnung von Teilsegmenten eines Speichersegments. Das ist insofern wichtig, als häufiger nur sehr kleine Prozesse verarbeitet werden müssen, für die ein vollständiges Segment reine Speichervergeudung bedeuten würde.

DosSubSet beauftragt das System, die Schnittstelle für ein Teilsegment vorzubereiten. Diese Schnittstelle wird auch eingesetzt, wenn mit *DosReallocSeg* eine Speichereinheit vergrößert werden soll. Die Zuordnung von Teilsegmenten erfolgt in Speichersegmenten, die mit *DosAllogSeg* oder *DosAllocShrSeg* erstellt wurden.

DosSubAlloc weist einen Speicherblock innerhalb eines bereits mit *DosSubSet* erstellten und initialisierten Speichersegments zu. Dabei übergibt der Prozeß die gewünschte Blockgröße und den Segmentselektor an die Programmierschnittstelle. Als Ergebnis erhält er den Offset des Blocks (innerhalb des Segments) zurück.

Der größtmögliche Block muß 8 Byte kleiner als das gesamte Segment sein. Jeder Block kann jeweils nur um 4 Bytes verändert werden.

DosSubFree hebt einen durch *DosSubAlloc* zugeordneten Speicherblock wieder auf. Segmentselektor, Blockgröße und Offsetwert werden der Programmierschnittstelle übergeben. Falls die Werte nicht mit dem Block übereinstimmen, erzeugt das System eine Fehlermeldung.

Einheitenabhängige Speicherverwaltung

In der Einführung haben wir bereits gepufferte Ein-/Ausgabeeinheiten sowie DMA-gesteuerte Einheiten angesprochen. Die in diesem Kapitel erwähnten Programmierschnittstellen für Speicherverwaltung sind nicht in der Lage, solche Einheiten zu unterstützen. Über diese Schnittstellen erhält eine Anwendung also keinen Zugriff auf eine bestimmte Adresse im Hauptspeicher. Eine Anwendung kann zwar ein Speichersegment erzeugen und dann auf dieses Segment zugreifen, doch keine der hier angesprochenen Funktionen gibt einer Anwendung die Möglichkeit, das System anzuweisen, diesen Speicherplatz in einer bestimmten physikalischen Adresse bereitzustellen, oder auf eine bestimmte physikalische Adresse im Systemspeicher zugreifen zu dürfen.

Gepufferte Ein-/Ausgabeeinheiten

Nur Anwendungen, die auf bestimmte Adressen im Hauptspeicher zugreifen können, sind überhaupt in der Lage, diese Ein-/Ausgabeeinheiten zu benutzen. In Kapitel 6 werden wir die interrupt-gesteuerten Einheitentreiber besprechen und zeigen, wie ein Einheitentreiber Speicherselektoren erzeugt, mit denen die Anwendungen dann den physikalischen Speicher des Ein-/Ausgabegeräts adressieren können.

DMA-Einheiten

Einheiten, die über DMA (direkten Speicherzugriff) Daten aus dem Systemspeicher holen, benötigen dazu grundsätzlich die physikalische Adresse des Hauptspeichers. Doch, wie wir bereits festgestellt haben, kennt eine Anwendung die physikalische Adresse des von ihr benutzten Speichersegments nicht. In Kapitel 6 wird gezeigt, wie ein Einheitentreiber physikalische Speicherplätze adressieren kann.

KAPITEL 3

Multitasking und Mehrfachanwendungen

Im vorangegangenen Kapitel wurde untersucht, welche Speichermöglichkeiten OS/2 für die vielfältigen Workstation-Anwendungen zur Verfügung stellt. In diesem Kapitel wollen wir nun einen weiteren Vorteil des neuen Betriebssystems näher erläutern. Es geht dabei um die Möglichkeit, unter OS/2 Multitasking-Betrieb und somit mehrere Anwendungen parallel ausführen zu können.

In MS-DOS kann jeweils nur eine Anwendung zur selben Zeit laufen. Das bedeutet, der Benutzer muß erst eine Anwendung beenden, bevor er mit einer neuen beginnen kann. Welchen Vorteil bringt nun die Möglichkeit, mehrere Anwendungen parallel ausführen zu können?

Lassen Sie uns ein ganz profanes Beispiel nehmen. Wenn in einem Haushalt immer nur eine Arbeit zur selben Zeit ausgeführt werden könnte, wäre der Tag nicht lang genug, um nur die wichtigsten Arbeiten zu erledigen. Angenommen, eine Waschmaschine wird mit Wäsche gefüllt, und man muß dann warten, bis der Waschvorgang vollständig abgeschlossen ist, bevor man z.B. den Geschirrspüler füllen kann und dann wieder warten muß, bis das gesamte Geschirr gespült und getrocknet ist. Anschließend wird dann der Herd angeschaltet und ein Topf aufgesetzt, um Wasser zu kochen. Sobald das Wasser kocht, wird der nächste Topf zum Kochen aufgestellt und so weiter. Ein Arbeitsgang nach dem anderen, jeder Arbeitsgang kann erst begonnen werden, wenn der vorherige beendet ist. Eine fast unglaubliche Vorstellung. Wir sind gewohnt all diese Arbeitsgänge nebeneinander laufen zu lassen, und uns dabei ständig neuen Aufgaben zuwenden zu können.

Ähnliches gilt für eine Workstation. Ein Benutzer hat mehrere Programme, die wenig Dialog, aber lange Ausführungszeiten benötigen. Dabei würde er sicher folgende Aufgaben gern parallel ausführen lassen:

- umfangreiche Tabellenberechnungen
- Kompilierung eines Programms
- Dateneinspielung über Kommunikationsschnittstellen
- Datenausdruck

Während all diese Arbeiten durchgeführt werden, könnte der Benutzer gleichzeitig ein interaktives Programm, wie z.B. Texteditor oder Textverarbeitung, bearbeiten. Durch den parallelen Ablauf mehrerer Arbeiten wird nicht nur die Produktivität spürbar gesteigert, sondern auch die Verarbeitungszeit deutlich verringert. Der Grund dafür ist der, daß kaum eine Anwendung während ihrer Ausführung den Prozessor ständig beansprucht. Meist müssen Anwendungen auf Dateneingabe oder -ausgabe warten. Während dieser Zeit benötigt die Anwendung den Prozessor nicht, er könnte also inzwischen eine andere Aufgabe erledigen. Multitasking und Mehrfachanwendungen unter OS/2 profitieren von einer optimalen Ausnutzung der Prozessorzeit. Das Betriebssystem ist dabei ständig bestrebt, den Prozessor ununterbrochen mit Arbeit zu versorgen.

Im MS-DOS kann der Prozessor bei weitem nicht voll ausgenutzt werden, da er ständig gezwungen wird, auf Dateneingabe und -ausgabe zu "warten", bevor er die nächste Operation durchführen kann. Der Prozessor begibt sich zwar nicht tatsächlich in einen Wartezustand, sondern ist ganz im Gegenteil ständig damit beschäftigt nachzufragen, ob die entsprechende Eingabe-/Ausgaboperation ausgeführt ist. Erst wenn dies vom System bestätigt wird, kann der Prozessor mit einer neuen Operation beginnen. Man nennt diesen Vorgang *spin looping* (Warteschleife).

Es gibt Situationen, in denen es sich empfiehlt, von ein und derselben Anwendung mehrere Kopien zu aktivieren. So sind beispielsweise mehrere aktivierte Kopien eines Texteditors durchaus sinnvoll, um verschiedene Arbeitsblätter zu einem Thema gleichzeitig bearbeiten zu können. Damit entfällt ständiges Laden und Wiederablegen von Dateien. Das Umschalten von einer Anwendung zur anderen muß allerdings schnell und einfach erfolgen können.

Mehrere parallel ablaufende Anwendungen sind also durchaus erstrebenswert. Wie sieht es nun aber mit dem Multitasking-Betrieb aus? OS/2 benutzt seine Multitasking-Umgebung zur Unterstützung von Mehrfachanwendungen. Multitasking kann allerdings auch für Einzelanwendungen von Nutzen sein.

In einer Multitasking-Umgebung kann ein Programm mehrere Tasks "gleichzeitig" ausführen. Da das System jedoch nur über einen einzigen Prozessor verfügt, kann das Programm im Grunde immer nur eine Task zur selben Zeit erledigen. Dabei setzt das Programm den Prozessor aber so geschickt ein, daß der Eindruck erweckt wird, mehrere Tasks würden gleichzeitig verarbeitet.

In MS-DOS kann ein Programm nur jeweils eine Aufgabe zur selben Zeit bearbeiten. Unter einer Task versteht man in der DOS-Umgebung eine Arbeitseinheit, die vom Prozessor ausgeführt werden soll. Die Anwendung muß dabei ihre Tasks synchron, d.h. in logischer Reihenfolge, vornehmen. Wenn eine Datei geladen werden soll, kann eine DOS-Anwendung beispielsweise während des Ladevorgangs keine andere Aufgabe vornehmen, sondern muß warten, bis die Datei von der Platte in den Arbeitsspeicher geladen ist. Theoretisch könnte die DOS-Anwendung das System allerdings fragen, ob irgendwelche Zeichen von der Tastatur zu lesen sind. Man nennt diesen Vorgang *Polling* (Abrufen).

Wenn dies nicht der Fall ist, bleibt das System bis zum nächsten Tastendruck
untätig.

Im Multitasking-System müssen die Tasks nicht nacheinander oder synchron
ausgeführt werden, sondern ein Programm kann problemlos mehrere Tasks
gleichzeitig aktivieren. Dabei kann eine Task beispielsweise die Tastatur lesen,
eine andere Daten von der Platte. Da es ständig Daten von der Platte zu lesen
gibt, kann das Programm den Prozessor mit Tastatureingaben belegen und
gleichzeitig etwas anderes Wichtiges erledigen. Weil der zeitliche Ablauf der
einzelnen Tasks nicht zu jedem Zeitpunkt exakt feststellbar ist, sagt man, die
Tasks laufen asynchron ab.

In einer so komplexen Umgebung wie dem Multitasking-Betrieb muß das
System Dienste zur Verfügung stellen, die gewährleisten, daß die Programme
auch korrekt geschrieben werden können. Die einzelnen Tasks einer Anwendung müssen beispielsweise über folgende Möglichkeiten verfügen:

- Tasks starten, stoppen und steuern
- untereinander kommunizieren
- Aktivitäten synchronisieren
- Zugriff auf Ressourcen seriell vornehmen

Ohne diese Merkmale würde Chaos in der Multitasking-Umgebung herrschen;
ein vernünftiges Arbeiten wäre nicht möglich. Wir werden in diesem Kapitel
untersuchen, auf welche Weise die OS/2-API die Multitasking-Umgebung unterstützt.

In OS/2 kommt der Begriff "Task" nicht vor. Zur Beschreibung einer Arbeitseinheit werden in OS/2 folgende drei Begriffe verwendet:

- Sitzung
- Prozeß
- Thread

Wir werden nachfolgend die Multitasking-Einrichtungen des OS/2 aus der Sicht
einer Sitzung (*Session*), eines Prozesses und eines Threads beschreiben.

Mehrfachanwendungen

Aus der Sicht des Benutzers besteht eine Anwendung im allgemeinen aus einem
Programm, das Tastatur- und/oder Mauseingabe liest, Daten auf dem Bildschirm zeigt und Daten bearbeitet. In der OS/2-Terminologie spricht man in
diesem Fall von einer Sitzung.

Die gerade aktive Anwendung, d.h. die Anwendung, die Tastatureingaben liest
und Daten auf dem Bildschirm zeigt, ist die *Vordergrund-Sitzung*. Alle anderen
OS/2-Programme befinden sich dann im Hintergrund, werden also *Hintergrund-Sitzungen* genannt. In OS/2 werden auch die Sitzungen im Hintergrund

mit Prozessorzeit versorgt und weiterhin ausgeführt. Eine Hintergrund-Sitzung kann alles tun, was eine Vordergrund-Sitzung tun kann. Der einzige Unterschied ist der, daß mit einer Hintergrund-Sitzung kein Dialog möglich ist.

Es leuchtet sicher ein, daß es völlig sinnlos wäre, wenn alle im System laufenden Anwendungen zur selben Zeit den Bildschirm beanspruchen könnten und alle Anwendungen alle Tastatureingaben gleichzeitig lesen würden. Daher werden alle Daten, die eine Hintergrund-Sitzung auf den Bildschirm zu schreiben versucht, in einem bestimmten Bereich des Hauptspeichers, der als logischer Ersatz für den Bildschirm dient, zwischengespeichert. Die Daten werden also nicht wirklich auf dem Bildschirm gezeigt. Dieser Speicherbereich wird *logischer Bildschirm-Puffer* genannt. Sobald eine Hintergrund-Sitzung dann in den Vordergrund rückt, werden ihre Daten aus dem Puffer (Zwischenspeicher) geholt und auf dem Bildschirm gezeigt. Die letzte Bildschirmanzeige der vorherigen Sitzung wird so lange im Zwischenspeicher abgelegt, bis diese Sitzung wieder in den Vordergrund tritt. Dasselbe gilt für Tastatur- und Mauseingaben; auch diese Eingaben können nur von der Vordergrund-Sitzung gelesen werden. Die Hintergrund-Sitzungen nehmen keinerlei Kenntnis von diesen Eingaben.

Der DOS-Umgebung in OS/2 steht der Prozessor nur dann zur Verfügung, wenn sie sich im Vordergrund befindet. Sobald die DOS-Umgebung in den Hintergrund geschaltet wird, erhält sie keine Prozessorzeit mehr, das heißt, sie ist so lange lahmgelegt, bis die DOS-Umgebung wieder in den Vordergrund geschaltet wird. Eine DOS-Anwendung im Hintergrund kann beispielsweise direkt auf den Bildschirm schreiben und damit die sichtbaren Daten einer Vordergrund-Sitzung überschreiben. Daher spricht man auch vom "schlechten Benehmen" der DOS-Anwendungen.

Mehrere Sitzungen - Aus der Sicht des Benutzers

Welche Möglichkeiten hat der Benutzer, um den Ablauf einer Sitzung zu steuern? OS/2 stellt zwei wichtige Hilfsmittel zur Verfügung: den *Programm-Selektor* und den *Session-Manager*.

Der Programm-Selektor unterstützt ein Bildschirmmenü, das folgende Möglichkeiten bietet:

- Starten durch Auswahl aus einer Programmliste
- Starten des Befehlsprozessors
- Umschalten des Bildschirms für ein bereits gestartetes Programm

Der Benutzer selbst bestimmt also die Vordergrund-Sitzung und kann in der Programmliste neue Programme ergänzen (oder alte löschen).

Wurde bei der Systemkonfiguration eine DOS-Umgebung installiert, kann der Benutzer diese Umgebung aus der Liste der bereits gestarteten Programme auswählen. Sobald er die DOS-Umgebung wählt, erscheint das DOS-Prompt auf dem Bildschirm, und der DOS-Befehlsprozessor (COMMAND.COM) wird aktiviert. Über dieselbe Programmliste wird auch OS/2 gewählt. In dem Fall erscheint dann das OS/2-Prompt, und der OS/2-Befehlsprozessor (CMD.EXE) wird aktiviert. Wenn das OS/2-Prompt auf dem Bildschirm zu sehen ist, können OS/2-Programme gestartet werden, beim DOS-Prompt, MS-DOS-Programme. Der Benutzer hat die Möglichkeit, für die Befehlsfolgen, die gewöhnlich nach dem Befehlsprompt einzugeben sind, eine besondere Datei - eine sogenannte *Batch-Datei* (Stapeldatei) - anzulegen. In der Batch-Datei werden komplizierte Befehlsfolgen im voraus hinterlegt.

Der Session-Manager verfügt über eine Befehlssequenz, mit der der Benutzer in eine andere Sitzung (bereits gestartetes Programm) umschalten kann. Über diese spezielle Befehlssequenz kann das Session-Manager-Menü auch direkt angesteuert und schnell und problemlos eine andere Sitzung in den Vordergrund geholt werden. Auch neue Programme können über diese Tastensequenz aufgerufen oder ein bestimmter Programmablauf angesehen werden.

Wäre der Session-Manager allerdings nur für den Anwenderdialog da, wäre sein Einsatz sehr beschränkt. Im nächsten Abschnitt wird die Programmierschnittstelle des Session-Managers vorgestellt. Über diese Schnittstelle kann ein aktives Programm eine andere Sitzung starten und steuern, eine neue Sitzung automatisch gestartet werden und festgelegt werden, welche Sitzung die Vordergrund-Sitzung bilden soll.

Programmierschnittstelle für Sitzungen

Die Funktion *DosStartSession* erstellt und startet ein neues Programm in einer anderen Sitzung. Der Dialog zwischen neuem Programm und Benutzer erfolgt völlig unabhängig vom aufrufenden Programm.
Das aufrufende Programm gibt den vollständigen Namen des aufgerufenen Programms an sowie Eingabe-Argumente, die dem neuen Programm übergeben werden müssen. Der Name des Programms erscheint auf dem Bildschirm in der Liste der bereits gestarteten Programme, die Teil des Programm-Selektors ist. Der Programmname enthält Laufwerksbezeichnung und Verzeichnispfad des Programms sowie den Namen der Datei, in der das Programm abgelegt ist.
Unter Eingabe-Argument versteht man einen Eingabe-Parameter, der beim Start eines neuen Befehlsprozessors an die neue Befehlsumgebung übergeben wird. Dieser Eingabe-Parameter legt Konventionen fest, die das aktivierte Programm einhalten muß.

Über die *DosStartSession*-Schnittstelle kann auch der OS/2-Befehlsprozessor als Programmname (CMD.EXE) in einer anderen Sitzung eingesetzt werden. Die Argumente bilden dabei die Anwendung, die vom Befehlsprozessor gestartet werden soll. Aufgabe des Befehlsprozessors ist es, entweder die Sitzung zu beenden - nachdem die Anwendung ausgeführt ist - oder die Sitzung nach Beendigung der Anwendung mit dem Befehlsprozessor-Prompt aufrechtzuerhalten. Wenn man natürlich aus dem Programmnamen eine aufzurufende Anwendung macht, wird diese Anwendung ohne den Befehlsprozessor gestartet.

Wenn das Programm, das *DosStartSession* aufruft, im Vordergrund ist, kann es die von ihm gestartete Sitzung zur Vordergrund-Sitzung bestimmen, andernfalls muß die neue Sitzung im Hintergrund bleiben.

Das neue Programm kann als selbständiges Programm laufen - völlig unabhängig vom startenden Programm. Es kann aber auch vom aufrufenden Programm in eine Eltern/Kind-Beziehung gesetzt werden. Dabei wird das aufrufende Programm zur Elternsitzung, das aufgerufene Programm zur Kindsitzung. Diese Eltern/Kind-Beziehung darf nicht mit der Eltern/Kind-Beziehung des Prozessors verwechselt werden, die im Zusammenhang mit der *DosExecPgm*-Funktion beschrieben wird. Wenn die neue Sitzung zum Kind der alten Sitzung gemacht wird, übernimmt die Elternsitzung gemeinsam mit den anderen Schnittstellen des Session-Managers die Steuerung der Kindsitzung. Die Elternsitzung kann aber nur seine unmittelbaren Kindsitzungen steuern, nicht die Nachkommen (von der Kindsitzung gestartete Sitzungen) einer Kindsitzung. Sobald eine Elternsitzung beendet wird, werden auch alle seine Kindsitzungen beendet.

Wenn ein Aufruf eine Eltern/Kind-Beziehung aufbaut, wird die Session-ID (Identifizierung) zurückgegeben und in den anderen Aufrufen des Session-Managers verwendet.Das aufrufende Programm kann einen Speicherbereich einrichten, um das Ende der Kindsitzung zu bestimmen und das Ergebnis des Return-Codes dieser Sitzung unterzubringen. Diese Aufgabe übernimmt der *Queue-Mechanismus* von OS/2. Wir werden später in diesem Kapitel noch auf diesen Mechanismus zu sprechen kommen.

Session Eine Elternsitzung macht eine ihrer Kindsitzungen zur Vordergrund-Sitzung. Das ist allerdings nur möglich, solange sich die Elternsitzung oder einer ihrer Verwandten gerade im Vordergrund befindet. Mit Hilfe der ID kennzeichnet die Elternsitzung, welche ihrer Kindsitzungen in den Vordergrund geholt werden soll. Die Vordergrund-Sitzung kann über diese Schnittstelle automatisch gesteuert werden.

Die aufrufende Sitzung hat aber auch die Möglichkeit, sich selbst zur Vordergrund-Sitzung zu machen. Das ist allerdings nur dann möglich, wenn einer ihrer Verwandten gerade als Vordergrund-Sitzung aktiv ist.

DosSetSession Elternsitzungen können einige Merkmale ihrer Kindsitzungen festlegen. Mit der Session-ID wird die entsprechende Kindsitzung gekennzeichnet. Die Elternsitzung kann z.B. für eine Kindsitzung festlegen, ob sie im Session-Manager-Menü wählbar oder nicht wählbar sein soll. Selbst wenn die Kindsitzung als nicht wählbar definiert wird, kann sie weiterhin über *DosSelectSession* zur Vordergrund-Sitzung gemacht werden.

Die Elternsitzung hat auch die Möglichkeit, eine Kindsitzung an sich binden. Das bedeutet, wenn die Elternsitzung vom Benutzer gewählt wird, wird automatisch auch die entsprechende Kindsitzung zur Vordergrund-Sitzung. Nur *eine* Kindsitzung kann jeweils an eine Elternsitzung gebunden sein. Diese Bindung hat nur Auswirkung auf die Benutzerwahl, nicht aber auf die Wahl durch

DosSelectSession. Die Elternsitzung kann die Kindsitzung auch wieder "entbinden".

DosStopSession Mit einer geeigneten Session-ID können eine bestimmte Kindsitzung oder alle seine Nachkommen von der zugehörigen Elternsitzung beendet werden. Die aufrufende Sitzung weiß allerdings erst dann, ob eine Sitzung tatsächlich beendet ist, wenn sie vom *Queue*-Mechanismus - der beim Starten der Kindsitzung durch *DosStartSession* aktiviert wurde - eine entsprechende Mitteilung erhält.

Prozesse und Threads

OS/2 hat die wichtige Aufgabe übernommen, die System-Ressourcen zu verwalten. Wir wissen jetzt, wie der Zugriff auf die Tastatur und den Bildschirm als Sitzung verwaltet wird: Die Vordergrund-Sitzung verfügt über die Tastatur und den Bildschirm.

Es gibt aber noch eine ganze Reihe weiterer System-Ressourcen. Beispielsweise der Zugriff auf ein bestimmtes Speichersegment oder eine bestimmte Datei (mit Hilfe einer Dateikennung) sind System-Ressourcen, die sorgfältig verwaltet werden müssen. Jeder Prozeß verfügt über eine Lokale Deskriptortabelle (LDT), die ihm den Zugriff auf seine System-Ressourcen ermöglicht. Ein Prozeß ist mit Dateien, Pipes, Queues und System-Semaphoren eng verknüpft. Eine Einheit, die über System-Ressourcen verfügt, wird in OS/2 *Prozeß* genannt.

Eine Anwendung wird als Prozeß einer Sitzung gestartet. Der Befehlsprozessor erlaubt z.B. dem Benutzer, eine Anwendung aus der Befehlsebene einer Sitzung zu starten. Der einzige Unterschied zwischen einer Anwendung und einem Prozeß ist der, daß der "Ausgangsprozeß" (die Anwendung) die Möglichkeit hat, weitere Prozesse zu erzeugen, die dann Teil der Anwendung sind. Alle Prozesse einer Anwendung können sich Tastatur und Bildschirm teilen, da sie derselben Sitzung angehören. Der Zugriff auf denselben Speicher (wenn nicht ausdrücklich als *gemeinsam* definiert) ist ebenso wenig selbstverständlich, wie der Zugriff auf dieselben Dateien. Diese unterschiedliche Behandlung von System-Ressourcen zeigt, daß es klare Abgrenzungen (Wand) zwischen den einzelnen Prozessen gibt.

Diese "Wand" zwischen den Prozessen kann bei komplexen Anwendungen sehr nützlich sein. Im Grunde beruht das gesamte Konzept der Ressourcen-Verwaltung auf dieser "Wand", da sie die Aufteilung in kleinere Prozesse ermöglicht, die nur auf eine genau definierte Art und Weise miteinander kommunizieren können.

Eine Anwendung, die in viele kleinere Prozesse aufgeteilt ist, kann besser geschützt werden. Die Prozesse haben keine Möglichkeit, ohne weiteres in den Datei- oder Dateninhalt eines anderen Prozesses ändernd einzugreifen. Damit

sind die empfindlichen Daten einer komplexen Anwendung besser vor unerlaubtem Zugriff geschützt. Das Betriebssystem verfolgt sorgfältig die System-
Ressourcen jedes Prozesses und unterstützt einen unbefriedigt verlaufenen Prozeß bei der Wiederherstellung seiner Ressourcen.

Komplexe Anwendungen können also in kleinere Teile aufgeteilt werden. Wenn
man eine Anwendung von vornherein in separaten Prozessen entwickelt, kann
man verhindern, daß die Anwendung allzu komplex wird. Verschiedene Nutzer
einer Anwendung können ihre Prozesse so installieren, daß die Kommunika-
tionsmöglichkeiten zwischen den Prozessen eindeutig erkennbar ist. Die Pro-
zeßarchitektur von OS/2 ermöglicht eine übersichtliche Prgrammstruktur.

Die "Wand" zwischen den Prozessen erfordert die explizite Bereitstellung eines
Kommunikationsmechanismus. Diesen Mechanismus - die sogenannte
Prozeßkommunikation - werden wir später in diesem Kapitel vorstellen. Wir
wissen bereits, wie schwierig es für die einzelnen Prozesse ist,
Speichersegmente gemeinsam zu benutzen. Und, Prozesse, die gemeinsamen
Zugriff auf ein Segment haben, müssen nicht unbedingt zur selben Anwendung
gehören.

Jeder Prozeß verfügt über "Ausführungseinheiten", sogannnte *Threads*. Einen
Thread kann man sich als Serie von Programmanweisungen vorstellen, die
nacheinander ausgeführt werden. In der DOS-Umgebung besteht im Grunde die
gesamte Anwendung aus einem einzigen Thread, da in MS-DOS das vollständige Programm synchron abläuft. Zwei Programmanweisungen können in MS-
DOS also nie "gleichzeitig" oder asynchron ausgeführt werden. In OS/2 werden
alle Programmanweisungen, die unabhängig voneinander ausgeführt werden,
Threads genannt.

Jeder Prozeß besteht aus mindestens einem Thread, häufig auch aus sehr vielen
Threads. Alle Threads eines Prozesses teilen sich mit gleichen Rechten die Ressourcen, die der Prozeß besitzt. Mehrere Threads eines Prozesses können auf
dasselbe Speichersegment zugreifen, ohne daß ein Thread einen anderen Thread
daran hindern kann. Wenn ein Prozeß aus mehreren Threads besteht, gelten
diese Threads als "eng verbunden", da sie sehr eng zusammenarbeiten müssen.
Wenn dies nicht der Fall wäre, würden sie sich gegenseitig behindern und Ressourcen verändern, ohne sich um die Belange der anderen Threads zu kümmern.

Wenn Threads asynchron ablaufen, bedeutet das, daß der eine Thread nicht
weiß, was der andere gerade tut. Beispiel: Ein Thread liest gerade Tastatureingaben und zeigt diese auf dem Bildschirm, während ein anderer Thread desselben Prozesses zur selben Zeit Daten aus einer Datei liest und ebenfalls auf dem
Bildschirm darstellt. Gleichzeitig ablaufende Threads sind nützlich und zeitsparend, die einzige Schwierigkeit dabei ist die, daß sie auf denselben Bildschirm
schreiben. Damit jeder Thread einen eigenen Bildschirmbereich bearbeiten
kann, müssen die Ausführungen der einzelnen Threads synchronisiert, das heißt
zeitlich miteinander abgestimmt werden.

Obgleich ein Prozeß in OS/2 eine Programmeinheit darstellt, die über System-Ressourcen verfügt, muß das Betriegssystem bei jedem Thread bestimmte Merkmale im Auge behalten:

- **Thread-ID.** Jedem Thread wird eine eigene ID zugewiesen. Mit dieser ID identifizieren die anderen Threads des gemeinsamen Prozesses einen bestimmten Thread.

- **Stack.** Jeder Thread benötigt einen eigenen Speicherbereich (Stack) für sein Register.

- **Prozessorregister** (falls nicht gerade aktiv). Jeder Prozeß-Thread verfügt über einen eigenen Satz Prozessorregister, die genau verfolgt werden müssen.

- **Wartezustand.** Bei jedem Thread muß der OS/2-Scheduler feststellen, ob der Thread ausgeführt werden kann oder, warum der Thread zur Ausführung noch auf ein Ereignis wartet.

- **Priorität** (wird später besprochen). Jeder Thread ist mit einer eigenen Priorität ausgestattet.

Diese Merkmale benötigt OS/2, um die Ausführung der unterschiedlichen Einheiten (Threads) verwalten zu können.

Es ist für einen Prozeß weniger aufwendig, einen neuen Thread zu starten, als einen neuen Prozeß. Ein neuer Thread ist einfach eine Ausführungseinheit innerhalb derselben Prozeß-Umgebung. Im Grunde muß für einen neuen Thread lediglich eine kleine neue Thread-Umgebung erzeugt werden. Ein neuer Prozeß dagegen benötigt eine neue Prozeß-Umgebung, einschließlich einer Lokalen Deskriptortabelle (LDT) und einer neuen Dateikennung.

Die Struktur einer Anwendung, die aus einem einzigen Prozeß und vielen Threads gebildet wird, besteht aus vielen Ausführungseinheiten, die asynchron ausgeführt werden. Alle diese Ausführungseinheiten teilen sich dieselben System-Ressourcen, wie z.B. Speichersegmente oder Zugriffskennungen. Die Struktur einer Anwendung, die aus mehreren Prozessen besteht, sieht genauso aus, nur verfügen die einzelnen Ausführungseinheiten über eigene System-Ressourcen und können nicht auf die Ressourcen der anderen Prozesse zugreifen (z.B. Speichersegment oder Zugriffkennungen), es sei denn, sie sind ausdrücklich dazu ermächtigt.

In Kapitel 4 werden zwei Programmierbeispiele für Prozesse und Threads gezeigt. Im ersten Beispiel wird ein einfaches Thread-Modell erklärt, das eine RAM-Semaphore und einige der Semaphoren-Programmierschnittstellen zur Signalisierung eines Ereignisses und zur Synchronisation der Ausführungen verwendet. Das zweite Beispiel baut dieses Modell weiter aus, indem es einen zweiten Prozeß hinzufügt. In diesem Beispiel werden die Kommunikationsdaten über eine Pipe zwischen den beiden Prozessen hin und her transportiert. Wir werden die verschiedenen Schnittstellen für Prozesse und Threads nachfolgend genau beschreiben.

Programmierschnittstellen für Prozesse

In OS/2 wird ein Programm als neuer Prozeß gestartet. Beim Starten wird dem Programm ein neues *Umgebungssegment* übergeben, aus dem das Programm erkennt, was es ausführen soll. Dieses Umgebungssegment ähnelt dem Präfix des Programmsegments (*PSP / Program Segment Prefix*), das in MS-DOS beim Starten eines Programms übergeben wird.

Wie wir bereits wissen, kann ein Prozeß mit *DosExecSeg* einen neuen Prozeß erstellen und starten. Dabei werden dem neuen Prozeß einige Argumente und Umgebungsstrings übergeben, die Teil der neuen Umgebung werden. Der erstellende Prozeß bestimmt die Struktur und die Umgebung des neuen Prozesses, während der neu erstellte Prozeß den Inhalt der Umgebung festlegt. Der Befehlsinterpreter von OS/2 gibt immer den Programmnamen und alle sonstigen Eingaben in der Befehlszeile als Argument an den neuen Prozeß weiter. Der Benutzer kann dann mit dem SET-Befehl für Umgebungsvariablen einen Umgebungs-String erstellen. Dieser String kann beispielsweise eine Konvention enthalten, die besagt: Wenn der Benutzer eine vereinbarte Umgebungsvariable setzt, wird das Programm in einer ganz bestimmten Weise aktiv werden. OS/2 unterstützt einige Umgebungsvariablen, die vom Benutzer geändert werden können. Der PATH-String z.B. bestimmt den Pfad, auf dem nach ausführbaren Programmen gesucht werden soll.

Wenn ein Prozeß einen anderen Prozeß erstellt, wird der erstellende Prozeß Elternprozeß, der erstellte Prozeß Kindprozeß genannt. als Eltern-/Kindverhältnis von Prozessen darf nicht mit dem Eltern-/Kindverhältnis bei Sitzungen verwechselt werden.

Ein Kindprozeß erbt bestimmte Merkmale von seinem Elternprozeß. Zum Beispiel:

- Zugriffskennungen für

  Dateien

  Pipes

  Standardeinheiten (z.B. Ein-/Ausgabe)

  Zeicheneinheiten

- Umgebung
- Priorität
- Sitzung

Da ein Kindprozeß die Zugriffskennung für eine Ein-/Ausgabeeinheit erben kann und der Elternprozeß steuert, für welche Ein-/Ausgabeeinheit die Zugriffskennung tatsächlich gilt, kann im Endeffekt der Elternprozeß den Bestimmungsort der Ein-/Ausgabe seines Kindprozesses steuern (vorausgesetzt, er benutzt die richtigen Zugriffskennungen). Das System benutzt diesen Erbmechanismus zur *Umleitung* von Datenströmen. Der Benutzer kann beispielsweise eine Anwendung über einen Befehlsprozessor starten, der seine

Eingabedaten von einem bestimmten Programm erhält, und die Daten dann an eine andere Datei oder Anwendung ausgeben lassen.

Ein Prozeß ist in der Lage, einen anderen, von ihm erzeugten Prozeß zu steuern, zu beenden, seine Priorität zu ändern und zu bestimmen, welche Kennungen er erben soll. Über den OS/2-Prozeßkommunikationsmechanismus kann er mit dem anderen Prozeß Daten austauschen.

Prozesse können einen Programmcode vorsehen, der nach Beendigung des Prozesses ausgeführt wird. Ein solcher Code ist z.B. eine Exit-List-Routine. Mit dieser Routine kann der Prozeß feststellen, ob und wie seine System-Ressourcen vor dem Abschalten des Systems "aufgeräumt" wurden. Dieses "Aufräumen" wird von der Bibliothek für dynamisches Linken vorgenommen, die dafür sorgt, daß alle von ihr für einen bestimmten Anwendungsprozeß benutzten Ressourcen wieder freigegeben werden.

Ein Prozeß kann auch mehrere Exit-List-Routinen vorsehen. Die Möglichkeiten dieser Routinen sind jedoch begrenzt. Eine Exit-List-Routine kann z.B. keine anderen Programme starten und muß möglichst schnell ausgeführt sein.

DosExecPgm Ein Programm wird als Kindprozeß erstellt und gestartet. Der zugehörige Elternprozeß identifiziert die Datei, in der dieses Programm abgelegt ist, entweder als vollständigen Dateinamen (vollständiger Pfad aus Laufwerk:Verzeichnis) oder einfach als Dateinamen. Wenn kein vollständiger Dateiname identifiziert ist, wird im aktuellen String für PATH einfach nach dem Programmnamen gesucht. Der Programmname wird auch an den Kindprozeß übergeben.

Für den Kindprozeß wird eine neue Umgebung erstellt. Wie bereits erwähnt, übernimmt ein Kindprozeß bestimmte Merkmale von seinem Elternprozeß. Der Elternprozeß steuert das Erbe seines Kindprozesses. Wenn der Elternprozeß also die an den Kindprozeß weitervererbte Umgebung steuern will, muß er den Kindprozeß mit einer Bezugsadresse auf einen Satz Argumenten-Strings und einer Bezugsadresse auf einen Satz Umgebungs-Strings (Umgebungssegment) ausstatten.

Der Elternprozeß steuert die Ausführungsmerkmale seines Kindprozesses. Bei *synchroner Ausführung* wird der Thread des Elternprozesses so lange keine Ausführung vornehmen, bis der aufgerufene Kindsprozeß beendet ist. Beendigungscode und Ergebnis des Kindprozesses werden an den Elternprozeß übergeben. Der Ergebniscode wird vom Kindprozeß bei seiner Beendigung spezifiziert. Der Beendigungscode teilt dem Elternprozeß mit, ob der Kindprozeß normal, abnormal oder vorzeitig durch einen anderen Prozeß beendet wurde.

Bei *asynchroner Ausführung* setzt der Elternprozeß seine Ausführung fort, während gleichzeitig sein Kindprozeß ausgeführt wird. Sobald der Funktionsaufruf von *DosExecPgm* beendet ist, wird die Prozeß-ID des Kindes an die Eltern zurückgegeben. Während der Kindprozeß abläuft unterbricht der Thread des Elternprozesses seine Ausführung nicht. Vielmehr benutzt der Elternprozeß die ID seines Kindprozesses zur Indentifizierung, während er seinen Kindprozeß über die Programmierschnittstelle steuert. Der Elternprozeß fordert nach Prozeßablauf das Ergebnis seines Kindprozesses über die *DosCwait*-Programmierschnittstelle an.

DosCwait Der Thread eines Elternprozesses wartet auf die Beendigung seines Kindprozesses. Der Kindprozeß muß mit *DosExecPgm* asynchron gestartet werden und kann seinen Status optional an *DosCwait* übergeben.

Der Elternprozeß hat die Möglichkeit, entweder zu warten, bis der Kindprozeß beendet ist, oder mit seiner Ausführung fortzufahren, wenn zum Zeitpunkt des Aufrufs von *DosCwait* kein Beendigungscode übergeben wurde.

Der Elternprozeß bestimmt, ob er auf einen bestimmten oder einen beliebigen Kindprozeß warten will. Er kann darüber hinaus auch noch auf die Beendigung der Nachkommen seines Kindprozesses warten.

Ergebnis und Beendigungscode des beendeten Kindprozesses werden an den Elternprozeß übergeben.

DosKillProcess Ein Elternprozeß kann entweder nur einen Kindprozeß oder auch einen Kindprozeß mit all seinen Nachkommen beenden.

Die Funktion *DosKillProcess* ruft mit einem SIGTERM-Signal die Prozesse auf, die beendet werden sollen. Ein Prozeß kann aber eine SIGTERM-Signal-Routine einrichten, mit der er verhindern kann, daß er von einem anderen Prozeß über *DosKillProcess* beendet wird. Wir werden später in diesem Kapitel noch auf Signal-Routinen zu sprechen kommen.

DosExit ermöglicht einem Thread, sich selbst zu beenden. Dabei kann der aktive Thread auch alle anderen Threads in seinem Prozeß aufheben lassen, um den gesamten Prozeß zu beenden. Ein Prozeß sollte immer mit *DosExit* die Beendigung seiner Threads anfordern - auch wenn nur ein Thread aktiviert ist. Damit werden gleichzeitig auch die Threads beendet, die das Betriebssystem für diesen Prozeß - ohne sein Wissen - gestartet hat. Nach Beendigung des Prozesses werden dann mit dem Funktionsaufruf von *DosExitList* die entsprechenden Exit-List-Routinen ausgeführt.

DosExitList ermöglicht einem Prozeß, bei seiner Beendigung einen bestimmten Ablauf über entsprechende Steuerroutinen zu aktivieren. Diese Routinen können dazu benutzt werden, Prozeß-Ressourcen für andere Prozesse verfügbar zu machen. Ein Prozeß kann beispielsweise bei seinem vorzeitigen Abbruch noch über eine System-Ressource verfügen, die von der Exit-List-Routine aus dem beendeten Prozeß "befreit" und anderen Prozessen zur Verfügung gestellt wird. Falls diese Möglichkeit nicht vorgesehen wird, kann es zur Blockierung (*deadlock*) des Systems kommen, das heißt, Prozesse warten vergeblich auf die System-Ressource.

Eine Exit-List-Routine verwendet den Funktionsaufruf *DosExitList* auch dazu, um andere Exit-List-Routinen desselben Prozesses zu aktivieren. Jede dieser Routinen muß so schnell wie möglich wieder beendet sein, da das Betriebssystem den Prozeß erst endgültig abschließen kann, nachdem diese Routinen ausgeführt sind.

Programmierschnittstellen für Threads

Ein Thread kann innerhalb desselben Prozesses andere Threads erzeugen und aktivieren. Er kann auch einen bestimmten Thread des gemeinsamen Prozesses vorübergehend suspendieren und dann wieder aktivieren. Ferner hat ein Thread die Möglichkeit, während einer kritischen Phase alle anderen Threads desselben Prozesses zu suspendieren.

DosCreateThread Ein Thread kann für denselben Prozeß einen neuen Thread erzeugen und aktivieren. Die Ausführung des neuen Threads verläuft mit der des aktuellen Threads. Die ID des neuen Threads wird an den aufrufenden Thread zurückgegeben.

Der aufrufende Thread übergibt eine Bezugsadresse an den Code, der über eine weite Sprunganweisung (*far jump*) die Ausführung des neuen Threads steuert. Das Betriebssystem aktiviert die Prozessorregister und erzeugt und startet den neuen Thread, der mit den Prioritäten des aufrufenden Threads ausgestattet ist.

DosSuspendThread Der aufrufende Thread suspendiert einen anderen Thread im selben Prozeß mit Hilfe der entsprechenden Thread-ID. Der suspendierte Thread wird keine weiteren Anweisungen mehr ausführen. Wenn er jedoch gerade eine Systemfunktion ausführt, kann er diese Ausführung noch abschließen, bevor er suspendiert wird.

DosResumeThread Der aufrufende Thread aktiviert einen suspendierten Thread (desselben Prozeses) mit Hilfe seiner ID.

DosEnterCritSec ermöglicht einem Thread, die Ausführung aller anderen Threads desselben Prozesses zu unterbrechen. Ein Zähler kontrolliert, wie oft dieser Aufruf erfolgt (16-Bit-Wert). Auf diese Weise kann sichergestellt werden, daß kein anderer Thread desselben Prozesses auf eine der Ressourcen zugreift, auf die der aufrufende Thread seriell zugreifen will.

Dieser Funktionsaufruf kann eine Signal-Routine nicht daran hindern, die Steuerung zu übernehmen.

DosExitCritSec hebt die mit *DosEnterCritSec* eingeleitete Funktion wieder auf. Wenn mehrere *DosEnterCritSec*-Funktionsaufrufe erfolgt sind, müssen diese mit derselben Anzahl an *DosExitCritSec*-Aufrufen wieder aufgehoben werden.

Programmierschnittstellen für Prioritäten

Die Priorität eines Prozesses oder Threads zeigt an, wie wichtig seine Ausführung innerhalb des Gesamtablaufs eingeschätzt wird. Ein Thread, der eine Kommunikationsverbindung herstellt, ist verständlicherweise wichtiger, als ein Thread, der die Bildschirmuhr aktualisiert. Dem Benutzer ist es gleichgültig, ob die Zeit zum exakten Zeitpunkt aktualisiert wird. Nicht gleichgültig ist es ihm jedoch, ob die Kommunikation unterbrochen wird, weil der Kommunikations-Thread nicht antworten kann.

Die Anwendungsprogrammierschnittstelle (API) ermöglicht, die Priorität einer Anwendung beliebig zu setzen. Dabei ist selbstverständlich wichtig, daß diese Möglichkeit nicht mißbraucht wird. Denn, wenn jede Anwendung sich die höchste Priorität im System aneignet, kann das System nicht mehr korrekt arbeiten.

Bei mehreren Threads mit derselben Priorität teilt die CPU ihre Zeit so auf, daß jedem Thread vom Betriebssystem ein bestimmtes Zeitintervall für seine Ausführung zugewiesen wird. Man nennt dieses Zeitintervall auch *Zeitscheibe*. Jedem Thread gleicher Priorität wird durch den *Scheduler* eine bestimmte Zeitscheibe zugeteilt, damit mehrere Threads mit derselben Priorität die CPU-Zeit in angemessener Weise "gleichzeitig" nutzen können. Die jeweilige Länge eines Intervalls (Zeitscheibe) kann vom Benutzer mit dem CONFIG.SYS-Parameter TIMESLICE selbst festgelegt werden.

Erhält ein Thread nicht die Gelegenheit, das festgesetzte Zeitintervall in Anspruch zu nehmen, wird ihm eine höhere Priorität zugeteilt. Mit Hilfe des CONFIG.SYS-Parameters MAXWAIT kann vom Benutzer festgelegt werden, wie lange ein Thread mit höherer Priorität maximal auf seine CPU-Zeit warten muß.

Die Priorität eines Threads wird durch *eine* von drei Klassen und eine Ebene in dieser Klasse bestimmt. Dabei handelt es sich um folgende drei Prioritätsklassen:

- zeitkritisch
- normal
- niedrig

Jede dieser Prioritätsklassen ist in 32 Ebenen (0-31) unterteilt. Je höher die Zahl der Ebene, desto höher die Priorität. Die Zeitkritische Klasse besitzt höhere Priorität als die Normale Klasse, die Normale Klasse höhere Priorität als die Niedrige Klasse. OS/2 bevorzugt Threads mit höherer Priorität gegenüber Threads mit niedrigerer Priorität.

Wie der Name bereits verrät, ist die Zeitkritische Prioritätsklasse für Threads vorgesehen, deren Ausführung zeitlich eng von einem anderen Ereignis abhängt. Wenn diese Ausführung nicht innerhalb der vorgesehenen Zeit abgearbeitet ist, kann die ganze Anwendung oder Umgebung blockiert sein. Die Prioritätsebene zeitkritischer Threads ändert das Betriebssystem nie (statischer Scheduler). Der Scheduler wird veranlaßt, die Zeitscheibe jeweils zeitkritischen Threads derselben Prioritätsebene zuzuteilen.

Die Niedrige Klasse ist für Threads vorgesehen, die nur dann ausgeführt werden, wenn keine wichtigeren Tasks vorliegen. Damit wird erreicht, daß die CPU-Zeit jederzeit optimal genutzt wird. Auch hier ändert das Betriebssystem die Prioritätsebene eines Threads niemals (statischer Scheduler). Das Betriebssystem veranlaßt den Scheduler, die Zeitscheibe jeweils Threads derselben Prioritätsebene zuzuteilen.

Die meisten Threads laufen in der Normalen Klasse ab. In dieser Klasse kann das Betriebssystem die Prioritätsebene der Threads ändern, abhängig davon, was ein Thread gerade ausführt und was sonst im System vorliegt. Die Prioritätsebene eines Threads kann beispielsweise von der Ein-/Ausgabe des aktiven Threads abhängen oder davon, ob ein Thread gehindert wurde, seine Zeitscheibe voll zu nutzen.

DosSetPrty ändert Prioritätsklasse und -ebene für:

- einen Prozeß und alle seine Threads. Der Prozeß wird durch seine Prozeß-ID gekennzeichnet. Auch der aktuelle Prozeß kann davon betroffen sein.

- einen bestimmten Thread innerhalb des aktuellen Prozesses oder Threads.

- einen Prozeß (und alle seine Threads) und alle Nachkommen (und deren Threads). Dabei muß der gewählte Prozeß der Vordergrund-Prozeß oder einer seiner Nachkommen von ihm sein.

Der aufrufende Prozeß kann entweder nur die Klasse oder Ebene des/der betroffenen Threads ändern oder beides, Klasse und Ebene. Die Änderung erfolgt relativ zum aktuellen Wert der jeweiligen Prioritätsebene. Der Erzeuger bestimmt also, daß die Prioritätsebene beispielsweise um Fünf erhöht werden soll. Bei der Prioritätsklasse dagegen muß der Erzeuger ausdrücklich die Klasse ändern, das heißt, er gibt die neue Klasse direkt an.

Wenn ein Thread erzeugt wird, erhält er automatisch dieselbe Priorität wie der aufrufende Thread.

DosGetPrty Ein Thread erfragt die Prioritätsklasse oder -ebene seines Erzeuger-Threads oder eines bestimmten Threads (mit Hilfe der Thread-ID) desselben Prozesses.

Prozeßkommunikation

Wenn ein Anwenderprogramm aus einem einzigen Prozeß mit vielen Threads besteht, ist leicht zu erkennen, wie diese Threads miteinander kommunizieren können. Alle Threads teilen sich dieselben Ressourcen (z.B. Speicher). Dabei muß allerdings sichergestellt werden, daß sich die einzelnen Threads nicht gegenseitig behindern.

Wir haben bereits gezeigt, daß ein Thread die Ausführung anderer Threads seines Prozesses steuern kann, indem er die anderen Threads ausdrücklich suspendiert, neu aktiviert oder beendet.

Schwieriger wird es, wenn eine Anwendung aus mehreren Prozessen besteht oder ein Prozeß der einen Anwendung mit einem Prozeß einer anderen Anwendung kommunizieren soll. In diesen Fällen teilen sich die Prozesse nicht dieselben Ressourcen. Das Betriebssystem muß also besondere Mittel bereitstellen, damit Daten ausgetauscht oder gemeinsam benutzt werden können. Folgende Einrichtungen sieht OS/2 dafür vor:

- Gemeinsamer Speicher
- Pipes
- Queues

Wir wissen bereits, daß ein Prozeß sein Speichersegment auch einem anderen Prozeß zugänglich machen kann. Pipes und Queues sind zwei unterschiedliche Mechanismen, über die Prozesse Daten austauschen oder gemeinsam auf sie zugreifen können. Dazu sind zusätzlich folgende Mechanismen erforderlich:

- Signale
- Semaphoren

Pipe

Zwei oder mehrere miteinander verbundene oder "verwandte" Prozesse können über eine Pipe miteinander kommunizieren. Verwandte Prozesse sind Prozesse, die Merkmale von einem gemeinsamen Vorfahren "erben" können. Zwei Kindprozesse desselben Elternprozesses gelten in diesem Sinne als "verwandt". Wenn ein Prozeß nun eine Pipe erzeugt, können alle seine Kindprozesse die Berechtigung erben, von der Pipe zu lesen oder auf die Pipe zu schreiben.

Diese Art der Kommunikation ähnelt dem Schreiben in eine Datei bzw. Lesen aus einer Datei. Der einzige Unterschied ist der, daß sich die Pipe im Hauptspeicher und nicht auf der Platte befindet. Wenn eine Pipe erzeugt wird, bestimmt der aufrufende Teil, wie groß die Pipe sein soll - bis 64 KB.

Der Prozeß liest die Daten von der Pipe nach dem FIFO-System (*first-in/first-out*). Dieses System kann nicht geändert werden. Hinzu kommt noch, daß alle bereits vom Prozeß gelesenen Daten nicht noch einmal gelesen werden können. Der Lesevorgang und der frei gewordene Platz auf der Pipe werden vom Betriebssystem verwaltet. Wenn ein Thread auf eine Pipe schreibt, die Pipe aber keinen freien Platz mehr hat, läßt das Betriebssystem den schreibenden Prozeß so lange warten, bis so viele Daten gelesen sind, daß ausreichend Platz für die geschriebenen - wartenden - Daten geschaffen ist.

Die zwischen zwei Prozessen ausgetauschten Daten werden in Wirklichkeit kopiert, und zwar vom Schreiber auf die Pipe und von der Pipe wieder zum Leser. Wenn sehr viele Daten übertragen werden sollen, ist diese Methode unwirtschaftlich.

DosMakePipe Ein Prozeß eröffnet eine Pipe. Dieser Prozeß bestimmt, wie groß die Pipe sein soll. Mit den normalen Funktionsaufrufen von *DosRead* und

DosWrite kann auf die Pipe geschrieben und von der Pipe gelesen werden. Dem aufrufenden Prozeß werden zwei Dateikennungen als Ergebnis zurückgegeben: eine für *DosRead* und eine für *DosWrite*.

Kindprozesse, die die entsprechende Zugriffskennung von den Eltern erben und kennen, haben das Recht, die Pipe des Elternprozesses zum Datentransport zu benutzen. Durch den Funktionsaufruf von *DosClose* wird das Zugriffsrecht beendet. Wenn alle Prozesse für dieselbe Pipe *DosClose* aufrufen, wird die Pipe zerstört.

Pipes sind einfache Mechanismen, die von eng verbundenen Prozessen als Kommunikationsmedium verwendet werden können. Der Einsatz von Pipes ist nur dann sinnvoll, wenn lediglich kleine Datenmengen transportiert werden sollen, da alle Daten mehrfach kopiert werden müssen. Die Daten werden immer in derselben Reihenfolge gelesen wie geschrieben.

Queue

Queues bilden ein weiteres Prozeßkommunikationsmedium. Dabei sind Queues leistungsstärker und flexibler als Pipes.

Wenn zwei Prozesse über eine Queue miteinander kommunizieren, werden die Daten nicht tatsächlich zwischen den Prozessen hin und her transportiert, sondern es wird nur eine Bezugsadresse auf die Daten sowie die Länge der Daten an ein *Queue-Element* übergeben. Das macht die Queue effizienter als die Pipe. Die Daten werden also nicht kopiert, sondern nur die erforderliche Information über den Auffindungsort der gesuchten Daten wird über den Queue-Mechanismus weitergeleitet.

Prozesse, die über eine Queue kommunizieren wollen, müssen die Fähigkeit besitzen, das Speichersegment mit den entsprechenden Daten adressieren zu können. Wenn also ein Prozeß ein Queue-Element liest und dann auf das angegebene Speichersegment zugreifen will, muß er dazu berechtigt sein. Das bedeutet, eine Queue kann nur bei gemeinsamer Speicherbenutzung eingesetzt werden.

Ein Queue-Element kann entweder mit oder ohne Löschung aus einer Queue gelesen werden. Die einzelnen Queue-Elemente werden nach dem FIFO-System (first-in/first-out - die zuerst hereinkommenden Daten werden jeweils am Anfang der Segmentkette plaziert), dem LIFO-System (last-in/first-out - die zuletzt hereinkommenden Daten werden jeweils am Anfang der Segmentkette plaziert) oder nach Prioritäten gelesen. Um die Informationen gemäß ihrer Priorität zu lesen, muß der schreibende Prozeß die relative Priorität des Queue-Elements (0-15) spezifizieren. Queues sind eindeutig flexibler als Pipes, die nur mit dem destruktiven FIFO-System (lesen und dann löschen) arbeiten.

Nur der Queue-Erzeuger (besitzender Prozeß und alle seine Threads) darf Queue-Elemente von der Queue lesen. Andere Prozesse können das Recht erhalten, in die Queue zu schreiben. Das bedeutet, eine Queue verfügt über einen einzigen lesenden Prozeß und viele schreibende Prozesse.

Der lesende Prozeß führt folgende Aktivitäten aus:

- erzeugt (*Queue*) die Queue
- liest ohne zu entfernen (*Queue*) oder liest und entfernt (*DosReadQueue*) von einer Queue
- schließt (*DosCloseQueue*) die Queue

Der schreibende Prozeß führt folgende Aktivitäten aus:

- öffnet (*DosOpenQueue*) die Queue
- schreibt (*Queue*) in die Queue
- schließt (*DosCloseQueue*) die Queue

DosCreateQueue Erzeugt eine Queue. Der Aufrufer (der Prozeß, der die Queue besitzt) teilt der Queue einen Namen zu, der einem vollständigen Dateinamen entspricht. Der Name muß mit \QUEUES\ beginnen. Ein Prozeß, der in diese Queue schreiben will, öffnet die Queue über diesen Namen.

Der Aufrufer bestimmt auch die Anordnung der Queue-Elemente - FIFO, LIFO oder Priorität.

Dem Aufrufer wird eine Zugriffskennung für die Programmierschnittstellen der Queue-Verwandten übergeben. Der aufrufende Prozeß ist als einziger befugt, Queue-Elemente zu lesen.

DosOpenQueue öffnet eine Queue zum Schreiben. Queues müssen erst erzeugt werden, bevor sie geöffnet werden können. Eine neue Queue wird mit einem Namen versehen, den die anderen Prozesse dann zum Öffnen dieser Queue benutzen. Ein Queue-Name beginnt immer mit \QUEUES\.

Die ID des Prozesses, der die Queue gerade besitzt, wird an den Aufrufer übergeben. Dasselbe gilt für die Schreibroutine der Queue, auch sie wird an den Aufrufer übergeben. Nachdem ein Prozeß eine Queue geöffnet hat, kann er in die Queue schreiben.

DosWriteQueue fügt der durch die Queue-Kennung gekennzeichneten Queue ein Queue-Element hinzu. Ein Queue-Element setzt sich folgendermaßen zusammen:

- Adresse der Daten
- Länge der Daten
- Information in Form eines Wortes, das als Beschreibung der vom Queue-Element markierten Daten benutzt werden kann. Die Bedeutung dieses Wortes entspricht Konventionen, die zwischen lesendem und schreibendem Prozeß vereinbart wurden.

Der Aufrufer spezifiziert die Priorität des Queue-Elements. Elemente mit derselben Priorität werden nach dem FIFO-System übergeben.

DosReadQueue erlaubt jedem Thread des queue-besitzenden Prozesses, Queue-Elemente aus der betreffenden Queue zu lesen. Die Zugriffskennung, die bei der Queue-Erzeugung übergeben wird, kennzeichnet die zu lesende Queue. Das gelesene Queue-Element wird anschließend aus der Queue gelöscht. Dem Aufrufer werden folgende Merkmale übergeben:

- Queue-Element (Größe, Datenadresse und beschreibendes Wort)
- ID des Prozesses, der das Queue-Element in die Queue eingefügt hat
- Priorität des Queue-Elements

Der lesende Prozeß kann die vorgegebene Reihenfolge der Queue-Elemente durch Überschreiben mit Hilfe der Systemfunktion *DosPeekQueue* ändern. Das vorausgegangene, mit *DosPeekQueue* angesehene Queue-Element kann mit *DosReadQueue* gelesen (und gelöscht) werden. Der aufrufende Prozeß hat folgende Möglichkeiten:

- warten, bis mindestens ein Element in der Queue ist
- nicht warten, selbst wenn keine Elemente in der Queue sind

Wenn sich der Aufrufer für Warten entscheidet, muß er eine Semaphoren-Kennung spezifizieren. Wollen mehrere Threads des Besitzers (besitzender Prozeß) aus der Queue lesen, müssen alle dieselbe Semaphoren-Kennung verwenden. Wir kommen etwas später in diesem Kapitel noch auf Semaphoren zu sprechen. Die Semaphoren ermöglichen dem Prozeß festzustellen, ob Daten in die Queue geschrieben werden und entsprechend darauf zu reagieren.

DosPeekQueue führt dieselbe Funktion aus wie *DosReadQueue*, allerdings mit *einem* wesentlichen Unterschied: Bei der *Peek*-Funktion (kann nur vom queuebesitzenden Prozeß aufgerufen werden), werden die Queue-Elemente nur angesehen, ohne dabei aus der Queue entfernt zu werden. Damit erhält der besitzende Prozeß die Möglichkeit, eine Queue nach einem bestimmten Queue-Element abzusuchen. Anschließend kann er dann mit *DosReadQueue* das gesuchte (und gefundene) Element aus der Queue entfernen.

DosQueryQueue erlaubt sowohl lesenden als auch schreibenden Prozessen festzustellen, wie viele Elemente sich zur Zeit in der Queue befinden. Die Queue-Kennung kennzeichnet die entsprechende Queue.

DosPurgeQueue Der Queue-Besitzer entfernt alle Elemente aus der von der Queue-Kennung gekennzeichneten Queue und hinterläßt eine leere Queue.

DosCloseQueue beendet für einen Prozeß die Möglichkeit, auf die geöffnete Queue zugreifen zu können. Wenn der Queue-Besitzer die Queue schließt, wird diese zerstört. Jeder, der weiterhin versucht, in diese Queue zu schreiben, erhält die Meldung, daß die Queue beendet ist.

Queues stellen für Prozesse, die Daten über einen gemeinsam benutzten Speicher austauschen können, einen leistungsfähigen Transportmechanismus dar. Umfangreiche Datenmengen können effizient übertragen werden, da Daten in einer Queue nicht kopiert werden müssen, sondern lediglich Queue-Elemente zwischen den Prozessen ausgetauscht werden. Dabei ist die Reihenfolge, in der die Queue-Elemente übertragen werden, ausgesprochen flexibel. Der lesende Prozeß hat die Möglichkeit, Queue-Elemente nur anzusehen, ohne sie dabei aus der Queue zu entfernen.

Signal

Wir wissen nun, wie Prozesse miteinander Daten austauschen können. Es muß aber noch ein weiterer Mechanismus bereitgestellt werden, über den ein Prozeß einem anderen Prozeß mitteilen kann, daß er *jetzt* etwas tun soll. Dazu ist ein ähnlicher Mechanismus erforderlich, wie ein Software-Interrupt, der auf direktem Wege eine Software-Routine aktiviert.

Ein Prozeß verfügt über eine Ereignis-Routine, ein *Signal*. Sobald diese Routine aktiviert wird, wird sie vom Anfangs-Thread des Prozesses ausgeführt. Dieser Anfangs-Thread wird beim Erstellen des Prozesses mit *DosExecPgm* erzeugt. Wenn ein Prozeß Signale nicht nur für Ausnahmesituationen einsetzen will, sollte er den Anfangs-Thread nur für Signale und nicht auch für normale Aufgaben verwenden. Für die normalen Aufgaben können mit *DosCreateThread* zusätzliche Threads erzeugt werden.

Signale können entweder vom Betriebssystem oder von einem Prozeß an einen anderen Prozeß gesendet werden. Wenn die Signal-Routine die Steuerung übernimmt, werden ihr Antwortadresse und Art des Signals übergeben. Der Sender eines *Flag*-Signals kann auch Informationen an die Flag-Signal-Routine übergeben.

Für folgende Ereignisse kann ein Prozeß eine Signal-Routine registrieren:

- Tastendruck CTRL-BREAK (SIGBREAK)
- Tastendruck CTRL-C (SIGINTR)
- Programm beenden (SIGTERM)
- Flag A (SIGPFA)
- Flag B (SIGPFB)
- Flag C (SIGPFC)

Richtet ein Prozeß keine Signal-Routinen für SIGBREAK, SIGINTR oder SIGTERM ein, beendet das Betriebssystem den Prozeß, wenn eines dieser Signale an den Prozeß gesendet wird. Der Prozeß kann dies mit Hilfe der entsprechenden Signal-Routine verhindern.

Flag-Signale werden mit *DosFlagProtec* gesendet. Mit *DosSendSignal* kann ein Prozeß einen anderen Prozeß glauben lassen, der Benutzer habe die Tasten CTRL-BREAK oder CTRL-C gedrückt.

Die Systemfunktionen für Signalbehandlung sind eindrucksvolle Mechanismen, die bei einem der oben genannten Ereignisse einen speziellen Code zur Ausfüh-

rung bringen können. Wenn der Prozeß seinen Anfangs-Thread von allgemeinen Aufgaben freistellt, kann er alle vorgesehenen Signale bequem bearbeiten.

Mit der Systemfunktion *DosKillProcess* wird das SIGTERM-Signal an einen
anderen Prozeß gesendet.

DosSetSigHandler Mit dieser Funktion kann ein Prozeß spezifizieren, welche
Aktivitäten bei einem bestimmten Signal ausgeführt werden sollen:

- Vorgegebene Systemausführung für dieses Signal.

- Signal soll ignoriert werden.

- Die Routine, mit der beim Aufruf übergebenen Adresse soll die
  Steuerung übernehmen; auf diese Weise installiert der Prozeß eine
  Signal-Routine.

- Falls ein anderer Prozeß mit diesem Signal an den Prozeß signalisiert,
  soll dem signalisierenden Prozeß eine Fehlermeldung übergeben werden.

- Eine Signal-Routine informiert das Betriebssystem, daß sie das Signal
  bearbeitet hat und für ein neues bereit ist.

Wenn ein Prozeß eine Signal-Routine installiert, wird dem Aufrufer jeweils
Adresse und beabsichtigte Ausführung der vorausgegangenen Signal-Routine
übergeben. Soll die aktuelle Signal-Routine nicht länger aktiv sein, kann der
Prozeß die alte Signal-Routine mit Hilfe dieser Informationen wieder einsetzen.

DosHoldSignal erlaubt einem Prozeß, die Signalverarbeitung für einen kurzen
Moment zu unterbrechen. Das kann beispielsweise dann notwendig sein, wenn
eine Bibliothek für dynamisches Linken einem Prozeß eine System-Ressource
zuteilen will, den Prozeß aber nicht unterbrechen kann. Mit dieser Systemfunktion kann ein Prozeß die Signalbehandlung blockieren und wieder aufnehmen.
Aufrufe dieser Art können auch geschachtelt werden.

Das System erinnert sich, daß das Signal erzeugt wurde und leitet es so schnell
wie möglich nach Wiederaufnahme der Signalverarbeitung an den Prozeß weiter. Die Signalunterbrechung sollte so kurz wie möglich stattfinden (genauso
kurz wie Hardware-Interrupts).

DosFlagProcess Ein Prozeß kann ein Flag-Signal (A, B oder C) an einen anderen Prozeß und alle seine Nachkommen senden. Das bedeutet, eine oder auch
mehrere Signal-Routinen müssen aktiviert werden. Der Aufrufer kann ein Argument verwenden, das von der Signal-Routine des Zielprozesses empfangen
wird. Falls der Zielprozeß keine Signal-Routine für das entsprechende Signal
installiert hat, wird das Signal einfach ignoriert. Der Zielprozeß kann zusätzlich
festlegen, daß dem aufrufenden Prozeß ein Fehler gemeldet wird, wenn er versucht, den entsprechenden Signaltyp mit *DosSetSigHandler* zu senden.

DosSendSignal Ein Prozeß sendet ein CTRL-C- oder CTRL-BREAK-Signal an
den letzten Prozeß des Befehls-Unterbaumes einer bestimmten Prozeß-ID. Das
Betriebssystem sucht dann in allen Elternprozessen die installierten Signal-
Routinen nach der gesuchten Routine ab.

Semaphoren

Semaphoren sind Kommunikationsmechanismen, die mehreren Threads erlauben, auf Betriebsmittel oder Funktionen seriell zuzugreifen. Semaphoren ermöglichen darüber hinaus dem Thread, einem anderen Thread das Auftreten eines Ereignisses zu signalisieren. Threads eines einzigen Prozesses oder auch verschiedener Prozesse können über Semaphoren miteinander kommunizieren.

Man unterscheidet zwei Arten von Semaphoren:

- System-Semaphoren.
- RAM-Semaphoren.

Eine System-Semaphore wird immer ausdrücklich mit *DosCreateSem* erzeugt. Der erzeugende Prozeß weist der neuen Semaphore einen Namen zu. Andere Prozesse können dann mit diesem Namen die Semaphore öffnen und auf sie zugreifen. Sobald ein Prozeß eine Semaphore erzeugt oder öffnet, wird ihm eine entsprechende System-Kennung übergeben, die von den Prozessen gemeinsam mit den anderen Programmierschnittstellen für System-Semaphoren benutzt wird.

System-Semaphoren erfordern mehr Systemaufwand als RAM-Semaphoren. Die Kommunikation zwischen unterschiedlichen Prozessen ist über System-Semaphoren sehr einfach zu verwirklichen. Das Betriebssystem stellt einen allgemein zugänglichen Öffnungsmechanismus (*DosOpenSem*) zur Verfügung, so daß auch Prozesse auf die System-Semaphore zugreifen können, die keinen gemeinsamen Speicher benutzen. Die verschiedenen Prozesse müssen sich lediglich auf einen Semaphorennamen einigen. Das Betriebssystem verwaltet auch die Beendigung eines Prozesses, der eine System-Semaphore besitzt, und kümmert sich um die Freigabe der Semaphore. Damit wird verhindert, daß andere Prozesse warten müssen, bis ein beendeter Prozeß von sich aus die System-Semaphore endlich freigibt.

RAM-Semaphoren sind im Grunde nur ein Doppelwort im Hauptspeicher. Die Zugriffskennung der RAM-Semaphore ist identisch mit ihrer RAM-Adresse. Eine RAM-Semaphore muß nicht erzeugt oder geöffnet werden, sondern nur in einen bekannten Zustand (besetzt oder frei) gesetzt werden. Alle Prozesse, die auf eine RAM-Semaphore zugreifen wollen, müssen das Zugriffsrecht für das entsprechende Speichersegment haben.

RAM-Semaphoren erfordern sehr viel weniger Aufwand als System-Semaphoren. RAM-Semaphoren eignen sich ausgezeichnet als Kommunikationsmittel zwischen den verschiedenen Threads ein und desselben Prozesses, da das System keinerlei Einfluß auf RAM-Semaphoren nimmt. Wenn die Verbindung mit einer RAM-Semaphore beispielsweise beendet wird, ohne daß die RAM-Semaphore freigegeben wird, unternimmt das System nichts, um die anderen Prozesse davon zu informieren.

Schnittstellen für System-Semaphoren

Prozesse können System-Semaphoren erzeugen oder auf bereits erzeugte System-Semaphoren Zugriff nehmen.

DosCreateSem erzeugt eine System-Semaphore. Der erzeugende Prozeß weist der Semaphore einen Namen zu. Dieser Name besteht aus einem vollständigen Dateinamen, der immer mit \SEM\ beginnt. Dem erzeugenden Prozeß wird eine Zugriffskennung für diese Semaphore zurückgegeben, die er dann in Verbindung mit den anderen Programmierschnittstellen der Semaphore verwenden kann.

Der erzeugende Prozeß bestimmt, ob es sich um eine exklusive System-Semaphore handeln soll oder nicht. Exklusive System-Semaphoren empfehlen sich, wenn für eine Semaphore Besitzereigenschaften gefordert sind. Nehmen wir folgendes Beispiel: Ein Thread nimmt mit *DosSemRequest* eine System-Semaphore in Besitz, die mit dem Attribut "exklusiv" erzeugt wurde. Dann *kann kein anderer Thread den Besetzt-Status der Semaphore ändern*. Die Semaphore ist also blokkiert. Allein der jeweils aktuelle Besitzer ist imstande, die exklusive System-Semaphore für andere Aufrufe freizugeben.

Wird die System-Semaphore zur Signalübermittlung verwendet, sollte sie als nicht-exklusive System-Semaphore definiert werden. Der Status einer nicht-exklusiven System-Semaphore kann von jedem Thread geändert werden, was für die meisten Signalzwecke auch erforderlich ist.

DosOpenSem erlaubt einem Prozeß den Zugriff auf eine System-Semaphore, die von einem anderen Prozeß erzeugt wurde. Der aufrufende Prozeß muß dazu allerdings den Namen der Semaphore kennen, damit die Funktion ihm die Zugriffskennung für die Semaphore zurückgibt. Dieser Funktionsaufruf ist für den erzeugenden Prozeß nicht erforderlich.

Wenn ein Prozeß neue Prozesse erzeugt (*DosExecPgm)*, erben die neuen Prozesse seine Zugriffskennungen für System-Semaphoren. Die Kindprozesse erhalten allerdings keine Besitzrechte an den Semaphoren, selbst dann nicht, wenn der Elternprozeß während der Erzeugung des Kindprozesses die Semaphore in Besitz hatte.

DosCloseSem wird aufgerufen, wenn ein Prozeß eine System-Semaphore nicht länger benutzen will. Der Prozeß gibt die Zugriffskennung der Semaphore an die Programmierschnittstelle zurück. Wenn alle Prozesse, die Besitzrechte an einer bestimmten Semaphore haben, diese Funktion aufrufen, wird die Semaphore damit aus dem System gelöscht.

Schließt ein Prozeß eine Semaphore bei ihrer Beendigung nicht, nimmt das System automatisch die Schließung vor. Wird der Prozeß beendet, ohne vorher die System-Semaphore freigegeben zu haben, informiert das System die durch die Blockierung wartenden Threads der anderen Prozesse über die Beendigung des semaphoren-besitzenden Threads.

Schnittstellen für Semaphoren-Besitz

Diese Schnittstellen gelten für System-Semaphoren und RAM-Semaphoren gleichermaßen. Exklusive System-Semaphoren werden grundsätzlich für Besitzzwecke erzeugt. Hat ein Thread erst einmal eine exklusive System-Semaphore besetzt, kann nur er allein den Status der Semaphore wieder ändern.

DosSemRequest erlaubt einem Prozeß, Besitzansprüche auf eine System-Semaphore anzumelden, für die er die Zugriffskennung hat. Ist die Semaphore gerade unbesetzt, kann der aufrufende Thread die Semaphore in Besitz nehmen. Wenn die Semaphore aber bereits besetzt ist, kann der aufrufende Thread folgendes unternehmen:

- Ohne Semaphore mit der Ausführung fortfahren.
- Zeitlich unbegrenzt auf das Freiwerden der Semaphore warten.
- Eine bestimmte Zeit auf das Freiwerden der Semaphore warten, wenn vergeblich, Semaphore aufgeben.

Entscheidet sich der Thread zu warten, wird das Betriebssystem beim Versuch, den Thread auszuführen, gleichzeitig den Status (frei oder besetzt) der Semaphore überprüfen. Ist die Semaphore besetzt, wird der aufrufende Thread vom Betriebssystem nicht ausgeführt. Dabei berücksichtigt das System jedoch nicht, daß die Semaphore zwar besetzt, aber vielleicht nicht im Besitz eines anderen Threads ist. Bevor der wartende Thread in den Besitz der Semaphore gelangen kann, kommt vielleicht ein anderer Thread dazwischen, der die Semaphore besetzt. Wenn das System versucht, einen aufrufenden Thread auszuführen, muß die System-Semaphore frei sein, damit das Betriebssystem den Thread ausführen (ansteuern) kann.

Wenn es sich um eine exklusive System-Semaphore handelt, kann der besitzende Thread mit rekursiven *Request*-Aufrufen antworten. Anhand dieser Aufrufe stellt das Betriebssystem dann fest, wie häufig ein Thread eine Semaphore angefordert hat. Der Status einer Semaphore, die im Besitz eines Threads ist, kann durch keinen Semaphorenaufruf (z.B. durch *DosSemClear, DosSemSet* usw.) anderer Threads geändert werden.

Rekursive Aufrufe können auch für RAM-Semaphoren und nicht-exklusive System-Semaphoren für Signalisierungszwecke verwendet werden.

DosSemClear löscht den Besitz an einer Semaphore. Ein Thread besitzt eine Semaphore aufgrund des Funktionsaufrufs von *DosSemRequest*. Wird für eine exklusive Semaphore mehrmals *DosSemRequest* aufgerufen, kann der Besitz an der Semaphore nur durch dieselbe Anzahl von *DosSemClear-Aufrufen* wieder aufgehoben werden. Der Besitz an einer nicht-exklusiven System-Semaphore kann jederzeit mit *DosSemClear* von jedem Thread aufgehoben werden.

Wird eine Semaphore für Signalzwecke benötigt, kann sie auch durch *DosSemWait, DosSemSetWait* und *DosMuxSemWait* freigegeben werden.

Semaphoren-Schnittstellen zur Signalübermittlung

Diese Schnittstellen gelten für System-Semaphoren und RAM-Semaphoren. Exklusive System-Semaphoren werden gewöhnlich nicht zum Signalisieren verwendet.

Wird eine Semaphore mit *DosSemRequest* oder *DosSemClear* direkt aufgerufen, muß der aufrufende Thread normalerweise auf die Beendigung der aktuellen Ausführung warten, da sich die Semaphore gerade im Besetzt-Zustand befindet. Dabei ist es gleichgültig, wer die Semaphore gesetzt hat. Jeder Thread kann einem wartenden Thread mit *DosSemClear* ein Signal geben.

Mit den unten genannten Systemfunktionen (Schnittstellen) kann eine Semaphore gesetzt beziehungsweise auf deren Löschung gewartet werden. Mit *DosSemClear* werden Semaphoren gelöscht.

DosSemSet setzt eine Semaphore zur Signalübermittlung. (*DosSemClear* löscht eine Semaphore zur Signalübermittlung).

DosSemWait Der aufrufende Thread wartet, bis die Semaphore gelöscht oder eine bestimmte Zeitspanne verstrichen ist. Falls die Semaphore bereits gelöscht ist, versucht der aufrufende Thread, die Steuerung über die (gesetzte) Semaphore zu übernehmen, oder er wartet vergeblich darauf, daß sie gelöscht wird. Der aufrufende Thread übernimmt nicht den Besitz an der Semaphore.

Wie bei *Request* überprüft auch hier das Betriebssystem die Semaphore, um festzustellen, ob sie gelöscht wurde. Der Status der Semaphore spielt dabei keine Rolle. Erst wenn das Betriebssystem erneut versucht, den Thread auszuführen (anzusteuern), ist der Semaphoren-Status wieder von Bedeutung.

DosSemSetWait führt dieselbe Funktion aus, wie *DosSemWait*, nur wird hier die Semaphore aufgrund des Funktionsaufrufs direkt gesetzt. Der Aufrufer muß so lange warten, bis die Semaphore von einem anderen Thread wieder gelöscht wird, es sei denn, der Aufrufer will ausdrücklich sofort wieder freigegeben werden.

DosMuxSemWait Der aufrufende Thread wartet, bis eine der vielen Semaphoren gelöscht wird. Dabei verwendet der aufrufende Thread einen Zeitwert, um sicherzustellen, daß das System ihn auch dann ansteuern kann, wenn keine der Semaphoren gelöscht wird. Der Thread kann entweder sofort die Steuerung übernehmen, auch wenn noch keine Semaphore gelöscht wurde, oder erst nachdem eine Semaphore gelöscht wurde.

Zwischen dieser Funktion und *DosSemSetWait* besteht ein wesentlicher Unterschied: Der Aufrufer kann eine Liste mit Semaphoren spezifizieren, die überwacht werden sollen. Sobald eine der aufgeführten Semaphoren gelöscht wird, wird der aufrufende Thread gewählt. Die Prüfung der einzelnen Semaphoren erfolgt flankengesteuert, das heißt, wenn eine Semaphore gelöscht und wieder gesetzt wird (bevor das Betriebssystem versucht, den aufrufenden Thread auszuführen), bleibt der Thread weiterhin ansteuerbar (ausführbar).

Zeitgeberdienste

OS/2 stellt eine Reihe von Schnittstellen zur Verfügung, die folgende Dienste übernehmen:

- Zeit und Datum abfragen und setzen
- bestimmtes Zeitintervall abwarten
- Intervallzeitgeber starten und stoppen

Die Ein-/Ausgaben vieler Schnittstellen erfolgen in Millisekunden. Die Systemgenauigkeit ist aber nicht so hoch. Daher unterhält das System einen Systemzeitgeber, der mit einer Genauigkeit von 32 Hz zählt, das heißt etwa alle 1/32 Sekunden die Zeit mißt. Man nennt dieses Meßintervall *Zeittakt* (*clock tick*). Zeitintervalle arbeiten mit einer Genauigkeit von einem oder zwei Zeittakten. Diese Genauigkeit reicht jedoch nicht aus, um einen Thread mit 50 Millisekunden Genauigkeit auszuführen.

In Stunden, Minuten und Sekunden erfolgt eine ganz korrekte Zeitzählung. Millisekunden können allerdings über einen längeren Zeitraum nicht mehr korrekt gezählt werden. Das sollte bei Programmen, die mit längeren Perioden arbeiten, berücksichtigt werden.

DosGetDateTime Dem Aufrufer wird folgendes übergeben:

- Uhrzeit in Stunden, Minuten, Sekunden und Hundertstelsekunden
- Datum in Monat, Tag und Jahr
- Zeitzone im Verhältnis zur Weltzeit
- Wochentag

DosSetDateTime erlaubt dem Aufrufer, die von *DosGetDateTime* erhaltenen Systeminformationen zu setzen. Der Wochentag kann nicht gesetzt werden.

DosSleep erlaubt einem Thread, sich selbst für eine bestimmte Zeitspanne von der Ausführung zu suspendieren. Die Zeitspanne wird - aufgerundet auf den nächsten Zeittakt - in Millisekunden angegeben.

Der Aufrufer muß berücksichtigen, daß die Genauigkeit um ein bis zwei Zeittakte variieren kann und daß Scheduler-Abläufe mit normaler Priorität einen Thread nach Beendigung seiner Ruhephase eventuell nicht sofort weiter ausführen.

Diese Systemfunktion sollte nicht zur Zeitverfolgung benutzt werden.

DosTimerAsync ist das asynchrone Equivalent zu *DosSleep*. Der aufrufende Thread setzt seine Ausführung auch nach dem Funktionsaufruf weiter fort. Der Thread übergibt eine Semaphoren-Kennung an das System. Nachdem das Zeitintervall abgelaufen ist, wird die Semaphore vom System gelöscht. Wird die Semaphore vor dem Funktionsaufruf gesetzt, kann der aufrufende Thread den Intervallablauf anhand der Löschung erkennen.

Dem Aufrufer wird eine Zeitgeber-Routine übergeben, mit der die Zeitgeber-Funktion vorzeitig gestoppt werden kann.

DosTimerStart ist ein Equivalent zu *DosTimerAsync*, nur arbeitet diese Funktion mit einem Periodengeber. Sobald das System die Semaphore löscht, startet sie automatisch ein neues Zeitintervall. Wenn der Prozeß also weiterhin den Ablauf des Zeitintervalls verfolgen will, muß er die Semaphore jeweils vor Ablauf des nächsten Intervalls neu setzen. Es besteht durchaus die Möglichkeit, ein Zeitintervall zu verlieren, wenn die Semaphore nicht rechtzeitig neu gesetzt wird.

DosTimerStop stoppt einen Zeitgeber, der mit *DosTimerStart* oder *DosTimerAsync* gestartet wurde. Die von einer dieser beiden Funktionen zurückgegebene Zeitgeber-Routine stoppt den Zeitgeber. Semaphoren, die mit dieser Routine gestoppt werden, sind in einem undefinierten Status.

Globales und lokales Informationssegment

Das Betriebssystem unterstützt ein globales Informationssegment, in welchem Informationen untergebracht sind, die das gesamte System betreffen. Es gibt darüber hinaus noch ein lokales Informationssegment (Infoseg) mit Informationen zu jedem einzelnen Prozeß im System. Anwendungen können auf diese Informationen zugreifen, müssen aber immer damit rechnen, daß eine Information, die sie gerade lesen, möglicherweise zur selben Zeit aktualisiert wird.

Mit der Systemfunktion *DosGetInfoSeg* kann ein Prozeß sowohl das globale als auch das lokale Informationssegment lesen. Im lokalen Info-Segment sind folgende Informationen enthalten:

- Prozeß-ID des aktuellen Prozesses
- Prozeß-ID des Elternprozesses des aktuellen Prozesses
- Prioritätsklasse und -ebene des aktuellen Threads
- Thread-ID des aktuellen Threads
- Session-ID der aktuellen Prozeß-Sitzung
- Ob der aktuelle Prozeß im Vordergrund abläuft

Im globalen Info-Segment sind folgende Informationen enthalten:

- Datum- und Zeit-Informationen
- Systemversion
- System-Parameter für Thread-Scheduler
- Nummer der Blockeinheit, aus dem das System gebootet wurde
- Prozeß-ID des Vordergrund-Prozesses
- ob im System eine MS-DOS-Umgebung installiert wurde.

KAPITEL 4

Programmbeispiele

Dieses Kapitel ist für Leser gedacht, die sich näher mit den technischen Details von OS/2-Funktionen befassen wollen. Anhand einiger einfacher Beispiele wird der Gebrauch der Anwendungsprogrammierschnittstelle (API, *application programming interface*) vorgeführt. Wir beginnen mit einem Überblick über die Tools zur Erstellung eines OS/2-Programms. Anschließend werden einige Programmbeispiele entwickelt, die den Gebrauch der API vorführen.

Am Arbeitsplatz eines OS/2-Programmierers müssen außer dem OS/2 ein Operating System/2 Toolkit, ein Compiler und/oder ein Assembler vorhanden sein. Die Sprachen, die IBM für OS/2-Benutzer anbietet, sind in Kapitel 1 aufgeführt. Die Compiler, Assembler und weitere Tools, die für diese Sprachen zur Verfügung stehen, sind Familienanwendungen, die sowohl in OS/2 als auch in MS-DOS 3.3 ausgeführt werden können und auch für beide Betriebssysteme Code erzeugen können.

Die Beispiele in diesem Buch sind in C geschrieben. Diese Programmiersprache wurde nicht nur wegen ihrer zunehmenden Beliebtheit gewählt, sondern auch, weil sie durch ihre Datentypen, Kontrollstrukturen und Standard-Laufzeit-Bibliotheken das Wesentliche der API von OS/2 möglichst übersichtlich vermittelt. Der Programmierstil dieser Beispiele ist darauf ausgerichtet, die API von OS/2 zu veranschaulichen und das Programm leicht lesbar zu halten. So werden z.B. die meisten Variablen am Anfang des Programms als globale Variablen deklariert, während man normalerweise bemüht ist, den Rahmen der Variablen auf die Routinen zu beschränken, die darauf zugreifen. Außerdem verzichten wir in den Programmbeispielen darauf, den *ErrorCode* zu verarbeiten, der von OS/2-Aufrufen zurückgegeben wird. Manchmal wurden sogar grundlegende Prinzipien der Synchronprogrammierung vernachlässigt, was zu Wettbewerbsbedingungen führt, wenn mehrere Threads benutzt werden. Es gibt ausreichend Literatur über Multitasking und Synchronprogrammierung, und wir legen dem Leser, der sich für die Programmierung in C für OS/2-Umgebungen interessiert, die Lektüre eines der zahlreichen Bücher über C nahe, die sich mit Programm-Transparenz, Wartungsfreundlichkeit und Portabilität befassen.

Das Operating System/2 Toolkit enthält wichtige Informationen für den OS/2-Programmierer. Neben Richtlinien zum Gebrauch des Linkers beinhaltet es Standard-OS/2-Makrodefinitionen, Funktionsdeklarationen und Fehlermeldungen für die Sprachen IBM Assembler/2 und IBM C/2. Mit diesen Tools und den Programmbeispielen, die mit dem Toolkit zur Verfügung stehen, kann der Programmierer innerhalb kurzer Zeit ablauffähige Programme erstellen.

Bevor wir fortfahren, wollen wir Lesern, die nicht mit C vertraut sind, einen Überblick über die wichtigsten Konventionen für Kompilierung, Linken und C-Quellcodierung verschaffen.

Konventionen und Syntax der C-Programmierung

In diesem Abschnitt werden die Kompilierung und der Linkvorgang besprochen. Außerdem wird ein Teil der C-Syntax umrissen, um Programmierern anderer Sprachen den Zugang zu den Beispielen zu erleichtern.

Kompilierung

Ein C-Programm besteht aus einer oder mehreren Quelldateien. Diese Quelldateien haben in ihrem Namen ein "c" als Erweiterung (xxxxxxx.c). Allgemeine Deklarationen und Gleichungen, die in mehreren verschiedenen C-Programmen verwendet werden, sind normalerweise in gesonderten Include-Dateien untergebracht. Include-Dateien (auch *Header-Dateien* genannt) werden im Dateinamen durch die Erweiterung "h" gekennzeichnet (xxxxxxx.h).

Quelldateien müssen mit dem C-Compiler übersetzt werden. Dabei entsteht eine Objektdatei. Diese beinhaltet den Programmcode in Maschinensprache, Informationen für den Linker über externe Bezugsadressen und Verschiebungsinformationen für den Programm-Lader des Betriebssystems. Der Compiler kann auch Umwandlungslisten in unterschiedlichen Formaten erzeugen, die die Ergebnisse des Übersetzungslaufs aufzeichnen. Der IBM C/2-Compiler wird aufgerufen, indem man in die Befehlszeile

cc

schreibt und dann auf Anforderung der Compiler-Prompts die nötigen Dateinamen und Optionen eingibt. Wenn der Befehl CC gewählt wird, soll wahrscheinlich eine Stapeldatei (.bat-Datei im DOS, .cmd-Datei im OS/2) erstellt und der Compiler direkt von der Befehlszeile aus gestartet werden. Dazu wird folgende Syntax verwendet:

cc quellname [,[objektname]] [,[listingname]][;]

Dies bedeutet:

Sie müssen einen Namen für die Quelldatei angeben;

wenn Sie für die Objektdatei und für die Umwandlungslisten keinen Namen angeben, vergibt der Compiler dafür Standardnamen;

alle anderen Compiler-Optionen müssen vor dem Semikolon stehen.

Hier ein Beispiel für den Aufruf des IBM C/2-Compilers von der Befehlszeile aus:

cc testprog.c,testprog.obj,/Fs testprog.lst/G2;

Diese Befehlszeile gibt dem Compiler folgende Anweisung:

- Die Quelldatei testprog.c muß übersetzt werden.

- Die dabei entstandene Objektdatei soll den Namen testprog.obj erhalten.

- Eine Listing-Datei mit dem Namen testprog.lst muß erstellt werden.

Die Option /Fs vor dem Namen der Umwandlungsliste veranlaßt die Ausgabe eines Quellprogramm-Listings. Die Option /G2 bewirkt die Erstellung von Code für den 80286-Mikroprozessor.

Bei der Eingabe der Optionszusätze muß auf Groß- und Kleinschreibung geachtet werden (sie muß genau wie oben angezeigt erfolgen).

Zur Steuerung des Übersetzungslaufs beim Aufruf des C-Compilers von der Befehlszeile aus stehen nicht nur die im Beispiel vorgeführten Optionen zur Verfügung. Mit einigen anderen Funktionen des IBM C/2-Compilers, die ihn zu einem leistungsstarken Programmierwerkzeug machen, kann man:

- mit Umgebungsvariablen den Compiler anweisen, in unterschiedlichen Standard-Verzeichnissen z.B. nach ausführbaren (.exe) Dateien, Include-Dateien oder Bibliotheksmodulen zu suchen.

- Optionen für die Kompatibilität mit dem IBM Personal Computer C-Compiler, Version 1.00, setzen.

- zu erstellende Umwandlungslisten steuern.

- den C-Preprozessor steuern.

- die Behandlung von Gleitkommaoperationen festlegen.

- verschiedene Optimierungsziele wie Speicherplatzbedarf oder Ausführungsgeschwindigkeit festlegen.

- verschiedene Speichermodelle benutzen: *Small*, *Medium*, *Compact*, *Large* und *Huge*.

- Objektdateien erzeugen, die mit dem im Compiler enthaltenen Debugger verarbeitet werden können.

Dieser kurze Auszug aus den Optionen dürfte genügen, um einen Eindruck von der Leistungsfähigkeit und Vielseitigkeit des IBM C/2-Compilers zu vermitteln. Es gibt natürlich noch weitere anspruchsvolle Optionen. Für zusätzliche Informationen über die Standard-Vorgabewerte und Optionen für den C-Compiler verweisen wir auf Literatur über IBM C/2.

Linken

Wenn Ihr Programm übersetzt ist, kann es gebunden werden. Genau wie beim IBM C/2-Compiler, werden Sie auch vom OS/2-Linker zu den benötigten Eingaben aufgefordert, wenn Sie diese nicht schon in die Befehlszeile eingegeben haben. Der Linker kann auch eine *Input*-Datei, *Response-Datei* genannt, lesen, die bestimmt, welche Optionen und Dateinamen verwendet werden sollen. Detaillierte Angaben zur Syntax des Linkers finden Sie in Kapitel 7. Als Einstieg zeigen wir später in diesem Kapitel ein Beispiel für den Abruf des Linkers.

Ein wichtiger Bestandteil des Linkvorgangs ist die Adressierung der richtigen C-Standard-Laufzeit-Bibliotheken. Viele Funktionen, die normalerweise in C-Programmen benutzt werden, sind, ohne eigentlich ein Teil der Sprache zu sein, für verschiedene C-Implementierungen genormt. So gibt es z.B. C-Funktionen für die Ein-/Ausgabe und für die String-Verarbeitung. Den unterschiedlichen Speichermodellen und Betriebssystem-Umgebungen sind verschiedene C/2 Laufzeit-Bibliotheken zugeordnet. Wenn man den Linker in der gleichen Umgebung wie das neue Programm ausführt, werden automatisch die richtigen Bibliotheken zugeordnet.

Wie beim Compiler beschränken wir uns auch hier darauf, zu zeigen, wie der OS/2-Linker von der Befehlszeile aus aufgerufen wird. Folgendes Beispiel zeigt, wie die Befehlszeile aussehen kann:

> **link testprog.obj,testprog.exe,testprog.map,slibc.lib slibc5.lib doscalls.lib;**

Diese Befehlszeile gibt dem Linker folgende Anweisung:

- Die Objektdatei testprog.obj. wird gebunden.

- Der erzeugten ausführbaren Datei wird der Name *testprog.exe* gegeben. Diese Datei enthält das unter OS/2 ausführbare Programm.

- Eine Link-Liste mit dem Namen *testprog.map* wird erstellt, die die Segmente des exe-Lademoduls auflistet.

- slibc.lib, der DOS-unabhängige Teil der C-Laufzeit- Bibliotheken, wird verwendet.

- slibc5.lib, der OS/2-abhängige Teil der C-Laufzeit- Bibliotheken, wird verwendet.

- doscalls.lib, die Bibliothek zum Auflösen von Referenzen für dynamisches Linken auf OS/2-Funktionsaufrufe, wird verwendet.

Weitere Informationen über Vorgabewerte und Optionen für den Linker finden Sie in Publikationen über IBM C/2 sowie in *OS/2 Technical Reference*. Außerdem wird der Linker im Kapitel 7 dieses Buches näher besprochen.

Kompilierung und Linken in einem Schritt

Mit dem Befehl CL kann ein Programm in einem Schritt übersetzt und gebunden werden. Hier ein Beispiel für einen CL-Befehl, der in diesem Fall das erste Programmbeispiel dieses Kapitels, name.c, übersetzt und linkt:

cl/Fs name.c/F 2000

Diese Befehlszeile weist Compiler und Linker folgendermaßen an:

- Die Option /Fs veranlaßt die Erstellung eines Quellprogramm-Listings.
- *name.c* ist der Name der Quelldatei.
- Die Option /F 2000 ordnet einen 8 KB Stack zu.

Fast alle Optionen des Befehls CC stehen auch für den Befehl CL zur Verfügung.

Wie man sieht, ist die Befehlszeilen-Syntax des CL-Befehls sehr zweckmäßig. Wir haben den CL-Befehl auch zum Übersetzen und Linken der Beispiele in diesem Buch verwendet.

Wie man ein C Programm für OS/2 liest

Wie bereits erwähnt, werden allgemeine Deklarationen und Gleichungen, die in mehreren verschiedenen C-Programmen verwendet werden, normalerweise in Include-Dateien ausgelagert. Allgemeine OS/2-Funktionsdeklarationen für IBM C/2 stehen mit dem OS/2-Toolkit zur Verfügung. Auf diese Deklarationen wird über eine Include-Anweisung zugegriffen:

#include< doscall.h>

Abbildung 8 zeigt das Beispiel einer OS/2-Funktionsdeklaration für IBM C/2, in der der hypothetische Funktionsaufruf *DosGenericCall* verwendet wird.

```
/* Dies ist ein Kommentar */

/***        DosGenericCall - Zeichen von Gerät lesen
 *
 *          Ein Zeichen vom Gerät zurückgeben
 */

extern unsigned far pascal DosGenericCall (
        struct DeviceData far *,        /* Puffer für Gerätedaten */
        unsigned,                       /* Funktionsparameter */
        unsigned );                     /* Gerätenummer */
```

Abbildung 8. Im Toolkit enthaltene OS/2-Funktionsdeklaration

Wie aus Abbildung 8 ersichtlich, sind Kommentare am Anfang durch "/*" und am Ende durch "*/" begrenzt und können mehrere Zeilen umfassen. Dieses Beispiel zeigt die C-Programmdeklaration für eine externe generische OS/2-Funktion. Die Begriffe *unsigned far pascal* legen neben der Funktionsaufrufkonvention Typ und Größe des Rückgabewertes (also den vom Funktionsaufruf zurückgegebenen Fehlercode) fest. Auf den Funktionsnamen folgt die Liste der Argumente mit Kommentaren, die die für die Funktion erforderlichen Parameter beschreiben.

Der Spezifikator der Speicherklasse *extern* wird für alle externen Funktionen benötigt. Das bedeutet, daß der Speicherbereich für die Verbindung dieser Funktion dem Programm fest zugeteilt bleibt, solange es aktiv ist, und daß die Bezeichnung der Funktion dem Linker bekannt ist. Der Begriff *unsigned* sagt aus, daß der Rückgabewert eine Ganzzahl ohne Vorzeichen ist, bei IBM C/2 ein 16-Bit-Wert (80286-Wort). Der Begriff *far* weist darauf hin, daß über einen *Far-Call* auf die Funktion zugegriffen werden soll. *Pascal* definiert die Konvention, mit der Parameter auf dem Stack plaziert werden.

In den Klammern der Funktionsdeklaration ist die Liste der Argument-Typen enthalten. Außer den zwei Argumenten, die Ganzzahlen ohne Vorzeichen sind, definiert die C-Syntax ein Argument, das als Far-Pointer auf einen strukturierten Datentyp dient. In der Besprechung des 80286-Mikroprozessors wurde bereits darauf hingewiesen, daß eine Adresse aus zwei Teilen mit je 16 Bit besteht: Ein 16-Bit-Segment und ein 16-Bit-Offset im Real Mode und ein 16-Bit-Selektor und ein 16-Bit-Offset im Protected Mode. Wenn sich ein C-Programm auf Daten bezieht, kann es einen von zwei Pointer-Typen benutzen: Wenn sich ein Datenelement im gerade aktiven Datensegment befindet, wird ein Near-Pointer benutzt, der nur den Offset vom aktuellen Datensegment bestimmt. Befindet sich das Datenelement in einem anderen Datensegment, benutzt das Programm einen Far-Pointer, der sowohl den Selektor (das Segment im Real Mode) als auch den Offset bestimmt.

Abbildung 9 zeigt eine Deklaration für die Struktur *DeviceData* in der Funktion *DosGenericCall*.

```
/***        DeviceData - Datenstruktur für Gerätedaten */

struct DeviceData {
        unsigned char device_code; /* ursprüngl. Gerätecode */
        unsigned char ascii_code;  /* ASCII-Darstellung d. Codes */
        unsigned long time;        /* Zeitangabe */
        };
```

Abbildung 9. Im Tookit enthaltene OS/2-Strukturdeklaration

Diese Funktions- und Strukturdeklarationen sind, wenn auch hypothetisch, gute Beispiele, um das Format der als Include-Dateien im Toolkit des IBM C/2 enthaltenen Standarddeklarationen zu veranschaulichen. Diese Include-Dateien vereinfachen den Einstieg in die C-Programmierung im OS/2 ganz erheblich.

In der Deklaration der Struktur *DeviceData* in Abbildung 9 sind drei verschiedene Datentypen vertreten. Hier eine Auflistung der gebräuchlichsten Datentypen in IBM C/2-Programmen für Parameter, die an OS/2-Funktionen weitergegeben werden:

char	8-Bit-Zeichen (-128 bis 127)
unsigned char	8-Bit-Zeichen ohne Vorzeichen (0 bis 255)
int	16-Bit-Ganzzahl (-32,768 bis 32,767)
unsigned	16-Bit-Ganzzahl ohne Vorzeichen (0 bis 65,535)
long	32 Bit lange Ganzzahl (-2,147,483,648 bis 2,147,483,647)
unsigned long	32 Bit lange Ganzzahl ohne Vorzeichen (0 bis 4,294,967,295)
unsigned far*	32-Bit-(Segment/Selektor:Offset)-Pointer auf eine Ganzzahl ohne Vorzeichen
char far*	32-Bit-(Segment/Selektor:Offset)-Pointer auf ein alphanumerisches Zeichen

Wenden wir uns nun ein paar einfachen Beispielen für die Verwendung der OS/2-API zu.

Ein-/Ausgabe über Bildschirm und Tastatur

Die Bildschirm- und Tastaturfunktionen von OS/2 stellen einen hochwertigen Ersatz für die BIOS-Funktionen von DOS dar. Mit diesen Funktionen lassen sich ansprechende textorientierte Anwendungen entwickeln. In diesem Abschnitt sehen wir uns ein Beispiel dazu an, wie eine textorientierte Anwendung die Bildschirm- und Tastatur-API nutzen kann.

Abbildung 10 zeigt den logischen Ablauf des ersten Programms, in dem wir einige einfache Bildschirm- und Tastaturfunktionsaufrufe in OS/2 vorführen. In Abbildung 11 ist das eigentliche Programmbeispiel zu sehen.

```
Bildschirm löschen
"Bitte Namen eingeben" anzeigen
Eine Zeichenkette von der Tastatur lesen
Gerade gelesene Zeichenkette anzeigen
Exit
```

Abbildung 10. Ablauf des Beispielprogramms - Aufrufe VIO und KBD

```c
/*********************************************************************************************/
/* Programmbeispiel für Bildschirm und Tastatur                                            */
/*********************************************************************************************/


#include (doscall.h)                                       /* OS/2-API-Deklarationen     */
#include (string.h)                                        /* C-String-Funktionen        */

main()                                                     /* Anfang der C-Main-Routine  */

{

/* Allgemeine Variablen im gesamten Programm ***********************************************/

   unsigned  ErrorCode = 0;                                /* Rückkehrcode v. OS/2-Aufrufen */
   int       RowCounter = 0;                               /* Variablen für die Schleife */
   int       ScreenLength = 25;                            /* zum Bildschirmlöschen      */

/* KbdStringIn-Variablen zur Eingabe des Namens des Benutzers ******************************/

   char      CharBuffer[32];                               /* Zeichenpuffer              */
   struct    KbdStringInLength KbdLength;                  /* Längentabelle (aus doscall.h) */
   unsigned  IOWait;                                       /* Indikator: Warten auf Zeichen */
   unsigned  KbdHandle;                                    /* reserviert                 */

/* VioWrtTTY-Variablen zum Bildschirmlöschen und Ausgeben von Prompts **********************/

   char far *TTYCharStr = *\r\n*;                          /* Leerzeile                  */
   int       TTYLength;                                    /* Länge des TTY-Strings      */
   unsigned  VioHandle;                                    /* reserviert                 */

/* DosExit-Variablen ***********************************************************************/

   unsigned  ActionCode=1;                                 /* Alle Threads beenden       */
   unsigned  ResultCode=0;                                 /* Ergebnis für DosWait       */

/* Anfang des ausführbaren Programms ******************************************************/

  for(RowCounter =0; RowCounter(= ScreenLength; RowCounter++)   /* Bildschirm löschen durch */
                                                           /* Ausgabe von 25 Leerzeilen. */
      ErrorCode = VIOWRTTTY(TTYCharStr = '\r\n',           /* VioWrtTTY bewegt den Cursor */
                     TTYLength = strlen(TTYCharStr),       /* wie bei der Ausgabe auf    */
                     VioHandle = 0);                       /* einem Fernschreiber        */

   ErrorCode = VIOWRTTTY(TTYCharStr = 'Please Enter Your Name: ',  /* Anwender zur Eingabe des */
                  TTYLength = strlen(TTYCharStr),          /* Namens auffordern          */
                  VioHandle = 0);
```

```
KbdLength.Length = 32;                                    /* Den eingegebenen Namen in    */
                                                          /* einen 32 Zeichen langen      */
ErrorCode = KBDSTRINGIN((char far *)CharBuffer,           /* Eingabepuffer einlesen.      */
                (struct KbdStringInLength far *)&KbdLength,/* Der standardmäßige ASCII-    */
                IOWait = 0,                               /* Tastaturmodus wird verwendet. */
                KbdHandle = 0);


CharBuffer[KbdLength.LengthB] = '\0';                     /* Den eingegebenen Namen mit   */
TTYCharStr = strcat("\r\nOS/2 Says Hello To ",CharBuffer);/* einer Meldung verbinden      */


ErrorCode = VIOWRTTTY(TTYCharStr,                         /* Entstandene Meldung ausgeben */
                TTYLength = strlen(TTYCharStr),
                VioHandle = 0);
DOSEXIT(ActionCode,                                       /* OS/2 die Beendigung anzeigen */
        ResultCode);


}                                                         /* Ende der C-Main-Routine      */
```

Abbildung 11. Programmbeispiel - Aufrufe VIO und KBD

Beschreibung des Programmbeispiels

Abbildung 11 stellt ein einfaches Programm dar, das natürlich nicht die ganze Flexibilität der Bildschirm- und Tastaturfunktionen in OS/2 ausnutzt. Es ist auch nur dazu gedacht, mit den Konventionen der OS/2-Funktionsaufrufe bekannt zu machen. Wir werden das erste Programm langsam durchgehen, seine Arbeitsweise erklären und die dabei verwendeten OS/2-Funktionen definieren.

Am Anfang der Datei steht der Name des Programms als Kommentar. Dann folgen die #Include-Anweisungen für den Preprozessor. Sie weisen den Preprozessor an, die Deklarationen für die Bibliothek der OS/2-API und die Standard-Laufzeit-Bibliothek für String-Funktionen einzufügen.

Der Rest des Programms ist in einer Prozedur mit dem Namen *main* definiert. Prozeduren nennt man in C eigentlich *Funktionen*, wir werden hier allerdings beide Begriffe verwenden. Jedes C-Programm muß eine Funktion namens *main* haben, weil die erste ausführbare Anweisung in *main* den Startpunkt eines C-Programms darstellt. Der Hauptteil der Funktion *main* steht in Klammern ({}). Er besteht aus einer Deklarationsliste von lokalen Variablen für *main* und aus einer Reihe von Anweisungen, die in C syntaktisch als *compound statement* bekannt sind.

Um das Lesen des Programms zu erleichtern, wurden die Deklarationen der Variablen gegliedert. Im ersten Absatz der Variablen ist die Deklaration einer Ganzzahl ohne Vorzeichen namens *ErrorCode*. In C kann eine Variable bei ihrer Deklaration initialisiert werden. Wir haben *ErrorCode* mit 0 initialisiert. Der nächste Satz Variablen wird beim Aufruf der OS/2-Funktion *KbdStringIn* benutzt. Der 32 Byte lange Zeichenbereich am Anfang heißt *CharBuffer*. Die nächste Variable ist *KbdLengt*. Sie besteht aus der Datenstruktur *KbdStringInLength*. Die Struktur *KbdStringInLength* ist in der Include-Datei *doscalls.h* aus dem OS/2-Toolkit definiert. Die Definition entspricht der Definition von OS/2-API für *KbdStringIn*, wie sie im *OS/2 Technical Reference, Volume 2*, zu finden ist. Die folgenden zwei Variablen für *KbdStringIn* sind Ganzzahlen ohne Vorzeichen.

Für die Verwendung der Funktion *VioWrtTTY* haben wir drei Variablen definiert. Die erste ist ein Far-Pointer auf eine Zeichenkette namens *TTYCharStr*. Der Pointer ist so initialisiert, daß er auf eine leere Zeilenfolge zeigt. "/r" und "/n" sind Escape-Sequenzen für Carriage Return bzw. Zeilenvorschub. *TTYLength* und *VioHandle* sind als Ganzzahl bzw. Ganzzahl ohne Vorzeichen definiert.

Die zwei Variablen für die in der *DosExit*-Funktion benötigten Parameter sind schließlich als Ganzzahlen ohne Vorzeichen definiert und initialisiert.

OS/2-Funktionsaufrufe

Bevor wir fortfahren, betrachten wir die drei OS/2-Funktionsaufrufe aus dem Programmbeispiel in Abbildung 11 noch etwas genauer:

VioWrtTTY

VioWrtTTY gibt auf dem Bildschirm Zeichenketten wie auf einem Fernschreiber aus. Die Ausgabe beginnt an der aktuellen Cursorposition und wechselt am Zeilenende in die nächste Zeile. Außerdem wird automatisch der Bildschirmausschnitt verschoben, wenn der untere Bildschirmrand erreicht ist. Für eine zeilenorientierte Ausgabe ist diese Funktion äußerst praktisch.

Für diesen Funktionsaufruf gibt es drei PaYrameter.

CharStr Far-Pointer auf die zu schreibende Zeichenkette.

Length Ganzzahl, die die Länge der Ausgabekette angibt.

VioHandle wird in der OS/2-VIO-API derzeit nicht verwendet, der Parameter muß jedoch auf Null gesetzt sein.

Die Ausgabe-Strings werden an die Anzeige geschickt. Ausnahmen sind Carriage Return-, Zeilenvorschub-, Back Space-, Tabulator- und Signalzeichen, sie werden als Kommentare behandelt.

KbdStringIn

Die Funktion *KdbStringIn* liest eine Zeichenkette von der Tastatur. Die Arbeitsweise dieser Funktion wird von der Einstellung des Tastaturmodus beeinflußt. Einige wichtige Modi sind ASCII oder Binär und Echo Ein oder Aus (eine detailliertere Beschreibung der Tastaturmodi geht über den Rahmen dieses Buches hinaus).
In der Funktion *KbdStringIn* gibt es vier Parameter.

CharBuffer dient als Far-Pointer auf die Zeichenkette im Eingabe-Puffer.

Length dient als Far-Pointer auf eine Längentabelle (Struktur) mit 2 Elementen. Das erste Element in der Tabelle wird vom Aufrufer übergeben und enthält die Länge des Eingabe-Puffers. Das zweite enthält die Länge der empfangenen Eingabe, die von der Funktion *KbdStringIn* zurückgegeben wird.

IOWait hat je nach Tastatur-Modus unterschiedliche Bedeutungen. Im ASCII-Modus wird dieser Parameter immer auf Null gesetzt, um festzulegen, daß die Funktion warten soll, bis die Eingabetaste betätigt wird. Im Binär-Modus legt die Null in diesem Parameter fest, daß die Funktion warten soll, bis der Eingabe-Puffer voll ist. Wird im Binär-Modus in IOWait eine Eins eingegeben, werden sofort maximal so viele verfügbare Zeichen zurückgegeben, wie in den Eingabe-Puffer passen.

KbdHandle legt entweder die Standard-Tastatur oder eine logische Tastatur fest. Eine Anwendung kann als Teil der Unterstützung von mehreren Zeichensatz-Tabellen mehrere logische Tastaturen öffnen. (Für nähere Angaben zu Zeichensatz-Tabellen siehe Kapitel 8.) Im Programmbeispiel wird die Standard-Tastatur verwendet, indem *KbdHandle* gleich Null gesetzt wird.

Das Beispiel arbeitet im Standard-Tastatur-Modus, also ASCII mit Echo Ein.

DosExit

Die Funktion *DosExit* teilt dem Betriebssystem mit, daß ein Thread oder ein Prozeß beendet wird.

Für diesen Funktionsaufruf gibt es zwei Parameter.

ActionCode bestimmt, ob nur dieser Thread (ActionCode = 0) oder sämtliche Threads des Prozesses (ActionCode = 1) beendet werden.

ResultCode Beendigungscode, der an jeden Thread des Elternprozesses übergeben wird, der *DosCwait* (auf die Beendigung von Kindprozessen warten) für diesen Prozeß ausgibt. Bei einem Kindprozeß mit mehreren Threads wird nur der letzte *DosExit*-Beendigungscode an den mit *DosCwait* wartenden Thread zurückgegeben.

Wenn ein Prozeß beendet werden soll, werden im letzten Thread die Routinen in der Liste *DosExitList* ausgeführt. Bei seiner Beendigung gibt ein Prozeß alle Ressourcen frei, die er vom System bezogen und in seinem Besitz gehalten hatte. Soll ein Prozeß beendet werden, dann sollte *ActionCode* auf 1 gesetzt sein, da das System für den Prozeß unter Umständen automatisch Threads zur Ausführung bestimmter Operationen erstellt.

Abschließende Beschreibung des Programmbeispiels

Zu Beginn des ausführbaren Teils des Bildschirm- und Tastaturprogramms in Abbildung 11 wird der Bildschirm gelöscht. Dazu benutzt man *VioWrtTTY* in einer FOR-Schleife, um 25 leere Zeilen auf den Bildschirm zu bringen. Da in C-Programmen die Groß-/Kleinschreibung von Bedeutung ist, müssen die OS/2-Funktionsaufrufe in Großbuchstaben geschrieben werden. Zur besseren Lesbarkeit verwenden wir jedoch in der Besprechung der Aufrufe Groß- und Kleinbuchstaben. Der Ausdruck *RowCounter* + + in der FOR-Schleife sagt aus, daß der Wert in *RowCounter* verwendet wird und dann um eins erhöht wird. Die Länge der Ausgabekette erhält man mit der Standard-C-Funktion *strlen* (*string length* - String-Länge).

Der nächste Schritt ist die Ausgabe einer Aufforderung an den Benutzer, seinen Namen anzugeben. Als Vorbereitung für den Aufruf der Funktion *KbdStringIn* wird die Länge des Eingabefeldes für die Tastatur-Eingabe auf die Größe des Eingabe-Puffers gesetzt. Dann wird *KbdStringIn* aufgerufen.

Beachten Sie, daß nie ein Puffer-Pointer definiert wurde, der als Parameter für diesen Aufruf übergeben wird. Stattdessen wurde der Ausdruck in der Liste der Ausdrücke für die Funktion *KbdStringIn* explizit festgelegt. In C ist der Wert eines Bereichsnamens equivalent zu einem Pointer auf das erste Element (Index = 0) des Bereichs. Da dieses Programm mit der Option für das Speichermodell *Small* übersetzt wird, sind Pointer standardmäßig nur 16-Bit-Offsets im Datensegment. Da die OS/2-Funktion *KbdStringIn* einen Far-Pointer auf den Eingabe-Puffer für die Zeichenkette benötigt, wurde das erste Argument explizit mit einem Far-Pointer auf ein Zeichen mit der Syntax "(char far*)" besetzt.

Ähnlich wurde das zweite Argument mit dem Pointer auf die Längenstruktur des Eingabe-Strings besetzt. Dies kann im Quellcode des Programms gelesen werden als "ein Far-Pointer auf eine Struktur des Typs *KbdStringInLength*, der an der Adresse von *KbdLength* lokalisiert ist".

Die Ausgabe dieses einfachen Programms erfolgt, indem in den Eingabe-Puffer am Ende der eingegebenen Kette ein Null-Byte eingetragen wird. Dieses Null-Byte verwandelt die Kette in eine ASCIIN-Kette, die der Zeichenverkettungsfunktion (*Strcat*) übergeben werden kann. Dadurch wird der Name des Benutzers mit einer Begrüßung verkettet. Die daraus entstehende Kette wird wieder mit der Funktion *VioWrtTTY* am Bildschirm ausgegeben.

Als letzter Programmschritt wird *DosExit* aufgerufen, um dem System mitzuteilen, daß das Programm beendet ist. Beachten Sie, daß *ActionCode* auf eins gesetzt wurde, um OS/2 zur Beendigung aller Threads zu veranlassen, die es während der Ausführung des Programms gestartet haben könnte.

Sie sehen, es ist ganz einfach, mit OS/2 ein Programm zum Laufen zu bringen. Nun können wir uns einem Beispiel zuwenden, das bereits einige der neuen Merkmale von OS/2 ausnutzt.

Multitasking - Ein Prozeß mit zwei Threads

Wie wir in Kapitel 3 gesehen haben, ist OS/2 mit umfangreichen Multitasking-Funktionen ausgestattet. Lassen Sie uns mit einem einfachen Programm beginnen, das die Verwendung eines einzigen Prozesses mit zwei Threads zeigt, die mit einem Prozeßkommunikations-Mechanismus (IPC) synchronisiert werden.

Ein großer Vorzug von Threads ist der, daß sie in enger Verbindung zueinander stehen. Mit "enge Verbindung" ist gemeint, daß alle Threads eines Prozesses gemeinsamen Zugriff auf die Prozeß-Ressourcen haben. Eine dieser Ressourcen ist z.B. der einem Prozeß zugeordnete Hauptspeicher. Daher benutzen wir als IPC-Mechanismus zur Synchronisation von Threads eine einfache RAM-Semaphore.

```
Thread 1
- - - - - - - - - - - -


Hauptprogramm (main)
        Semaphore für "Warten auf ein Zeichen" setzen
        Thread 2 für die Tastatur-Prozedur starten
        Bildschirm-Prozedur aufrufen
        Prozeß beenden

Bildschirm-Prozedur
        Bis "q" eingegeben wird
                Warten bis Semaphore frei ist, dann setzen
                    Nachricht für gedrückte Taste anzeigen
        Zurück zum Hauptprogramm


Thread 2
- - - - - - - - - - - -


Tastatur-Prozedur
Endlos-Schleife
        Auf eingehendes Zeichen warten
        Semaphore freigeben
```

Abbildung 12. Logik des Programmbeispiels mit zwei Threads

Unser einfaches Programm zeigt eine Anwendung, die mit Hilfe eines Threads eine Prozedur ausführt, die Daten von der Tastatur empfängt, und mit einem anderen Thread den Bildschirm aktualisiert. Abbildung 12 zeigt die Logik des Programms.

Wie man in Abbildung 12 sieht, wird Thread 2 nie explizit beendet. Der Grund dafür liegt darin, daß im Funktionsaufruf für *DosExit ActionCode* auf 1 gesetzt wurde. Diese Einstellung weist das System an, den Prozeß zu beenden, was zur Folge hat, daß alle Threads beendet werden, also auch Thread 2.

Die Abbildungen 13 und 14 zeigen das eigentliche Programm für unser Beispiel mit mehreren Threads.

```
/************************************************************************************************/
/* Programmbeispiel für Prozeß mit 2 Threads                                                  */
/************************************************************************************************/


#include (doscall.h)                                  /* OS/2 API Dyn.-Link-Bibliothek */
#include (stdio.h)                                    /* C-Standard-I/O-Laufzeit-Bibl. */


/* Allgemeine Variablen ***********************************************************************/

  unsigned            ErrorCode = 0;                  /* Rückkehrcode v. Os/2-Aufrufen */


/* Variablen für Semaphoren-Funktionen ******************************************************/

  unsigned long       RamSemaphore;                   /* Speicher für Ram-Semaphore    */
  unsigned long far   *SemHandle = &RamSemaphore;     /* Pointer auf Ram-Semaphore     */
  unsigned long       Timeout = -1;                   /* timeout auf unendlich setzen  */


/* KbdCharIn-Variablen **********************************************************************/

  struct KeyData      KeyStructure;                   /* Key-Struktur - in doscall.h   */
                                                      /* definiert                     */
  unsigned            IOWait;                         /* Indikator: Warten auf Zeichen */
  unsigned            KbdHandle;                       /* reserviert                    */


  stuct KeyData far   *KeyStructurePointer = &KeyStructure;   /* Pointer auf Key-Struktur */
```

```c
/* DosExit-Variablen ************************************************************************/

    unsigned        ActionCode = 1;                              /* Alle Threads beenden       */
    unsigned        ResultCode = 0;                              /* Ergebnis für DosWait       */


/********************************************************************************************/

    void            DisplayProcedure();                          /* Funktions-Deklarationen    */
    void far        KeyboardProcedure();
```

Abbildung 13. Mehrere Threads (Teil 1) - Deklarationen

```c
main()                                                           /* Anfang der C-Main-Routine  */
{

/* DosCreateThread-Variablen ****************************************************************/

    unsigned        ThreadIDWord                                 /* Neue Thread-ID             */
    unsigned char   NewThreadStack[2000];                        /* Neuer Thread-Stack         */

/* Anfang des ausführbaren Programms ********************************************************/

    ErrorCode = DOSSEMSET(SemHandle);                            /* Semaphore auf besetzt init. */

    ErrorCode = DOSCREATETHREAD(KeyboardProcedure,               /* Thread 2 für die Tastatur- */
                        (unsigned far *)&ThreadIDWord,           /* Prozedur erstellen         */
                        (unsigned char far *)&NewThreadStack[1998]);

    printf("Created separate Thread (thread 2) for the Keyboard procedure.\n"  /* Statusmeldung anzeigen */
           "Initial thread (thread 1) is executing the Display procedure.\n"
           "Press any alphanumeric key, press q to quit.\n");

    DisplayProcedure();                                          /* Bildschirm-Prozedur mit    */
                                                                 /* Thread 1 aufrufen          */
    printf("Issuing DosExit with ActionCode set to terminate all threads.");  /* Beendigungs-Status-Meldung */
                                                                 /* anzeigen                   */
    DOSEXIT(ActionCode,                                          /* OS/2 die Beendigung anzeigen */
            ResultCode);

}                                                                /* Ende der C-Main-Routine    */
```

```
/********************************************************************************/

void DisplayProcedure()                                    /* Bildschirm-Prozedur        */
{
  do{                                                      /* SemRequest blockieren, bis */
    ErrorCode = DOSSEMREQUEST(SemHandle,                   /* ein Tastendruck die Tastatur- */
                          Timeout);                        /* Prozedur dazu veranlasst,  */
    printf("%c key was pressed, press q to quit,\n",KeyStructure.char_code);  /* SemClear auszugeben        */
  }while(Keystructure.char_code !=0x71);
  return;
}                                                          /* Ende der Bildschirm-Prozedur */
/********************************************************************************/

void far KeyboardProcedure()                               /* Tastatur-Prozedur          */
{
  for(;;)?                                                 /* unbedingte Schleife: wartet */
    ErrorCode = KBDCHARIN(KeyStructurePointer,             /* auf ein Zeichen und        */
                IOWait = 0,
                KbdHandle = 0);
    ErrorCode = DOSSEMCLEAR(SemHandle);                    /* signalisiert es dann über  */
  }                                                        /* SemClear der Bildschirm-Proz. */
}                                                          /* Ende der Tastatur-Prozedur  */
/********************************************************************************/
```

Abbildung 14. Mehrere Threads (Teil 2) - Main-Prozedur

OS/2-Funktionsaufrufe

Wir gehen davon aus, daß es nicht mehr nötig ist, sich mit den Variablen-Deklarationen für die restlichen Programmbeispiele aufzuhalten. Wenden wir uns also den Definitionen der OS/2-Funktionsaufrufe zu. In unserem Beispiel (Abbildung 12 bis 14) sind fünf neue OS/2-Funktionsaufrufe enthalten.

DosSemSet

Dieser Funktionsaufruf setzt eine Semaphore. Er hat einen Parameter.

SemHandle ist ein Doppelwort-Wert, dessen Bedeutung sich ändert, je nachdem, ob er sich auf eine System-Semaphore oder auf eine RAM-Semaphore bezieht. Bei einer System-Semaphore wird *SemHandle* auf Anordnung von *DosCreateSem* oder *DosOpenSem* zurückgegeben. Bei einer RAM-Semaphore enthält *SemHandle* die Adresse der Semaphore im Hauptspeicher (Far-Pointer auf die Semaphore).

Die Funktion setzt die Semaphore unabhängig davon, ob sie vorher besetzt oder frei war. Im Programmbeispiel wird sie verwendet, um die Semaphore zu initialisieren.

DosSemClear

DosSemClear löscht die Semaphore und gibt alle Threads frei, die durch die Semaphore blockiert waren.

In diesem Funktionsaufruf gibt es einen Parameter.

SemHandle (siehe *DosSemSet*).

Diese Funktion löscht die Semaphore unabhängig davon, ob sie vorher besetzt oder frei war. Sie wird in *DosSemRequest*, *DosSemSetWait*, *DosSemWait* und *DosMuxSemWait* verwendet, um den gemeinsamen Zugriff auf Ressourcen und die Signalgabe zu unterstützen.

DosSemRequest

Dieser Funktionsaufruf besetzt eine Semaphore. Mit "besetzen" ist gemeint, daß die Funktion eine Semaphore von *frei* auf *besetzt* ändert. Im Programmbeispiel wird *DosSemRequest* mit einer nicht-exklusiven Semaphore (Zählsemaphore) für die Signalabgabe benutzt. Ist die Semaphore besetzt, wenn diese Funktion darauf zugreift, geht der anfordernde Thread in eine Warteposition, bis die Semaphore frei ist. Der anfordernde Thread kann eine Zeitspanne (*timeout*) festlegen, nach der die Wartezeit abgebrochen und der Thread zum aufrufenden Programm zurückgeschickt wird.

Für die Funktion *DosSemRequest* gibt es zwei Parameter.

SemHandle (siehe *DosSemSet*).

Timeout ist ein Doppelwort-Wert, der die maximale Anzahl Millisekunden angibt, die der Thread auf die Semaphore warten soll. Der Aufrufer kann eine unbegrenzte Zeitspanne vereinbaren, indem er den Parameter auf minus 1 setzt.

Diese Funktion kann auch mit System-Semaphoren benutzt werden, um eine Abfolge bei der Verwendung einer Ressource zu vereinbaren. Als Teil dieser Einrichtung zur seriellen Ressourcenverwaltung können exklusive System-Semaphoren erstellt werden. Das bedeutet, wenn ein Thread eine Semaphore besetzt, kann diese von keinem anderen Thread auf frei gesetzt oder in einen anderen Zustand versetzt werden. Wird eine exklusive Semaphore mehrfach durch *DosSemRequest* aufgerufen, zählt das Betriebssystem diese Aufrufe. Die Semaphore bleibt solange besetzt, bis sie entsprechend oft mit *DosSemClear* freigegeben wurde. Im Abschnitt über Semaphoren in Kapitel 3 wird die Verwendung von exklusiven Semaphoren ausführlicher behandelt.

DosCreateThread

DosCreateThread erstellt einen eigenen Ausführungsthread für den laufenden Prozeß.

Für diese Funktion gibt es drei Parameter.

PgmAddress Far-Pointer auf die Adresse des Programms, das unter dem neuen Thread die Kontrolle erhält.

ThreadIDWord ist ein Far-Pointer auf die Adresse eines Wortes, in dem *DosCreateThread* eine Nummer zur Identifikation des neuen Threads einbaut. Mit Hilfe dieser Nummer kann der Thread durch bestimmte andere Funktionsaufrufe (z.B. *DosSuspendThread*, *DosResumeThread*) gesteuert werden.

NewThreadStack ist ein Far-Pointer auf die Adresse vom Ende des Stacks des neuen Threads. Der Programmierer muß jedem neuen Thread in einem Prozeß Stack-Raum zuteilen. Die Minimalgröße für einen Stack hängt von den OS/2-Funktionsaufrufen ab, die von dem Thread gemacht werden. Es empfiehlt sich, mindestens 2 KB für den Stack zur Verfügung zu stellen.

Das System erstellt eine neue ausführbare Einheit (Thread) und ruft die im Parameter *PgmAddress* angegebene Adresse auf. Auf die Ressourcen des Elternprozesses kann vom neuen Thread und von allen anderen Threads eines Prozesses gleichzeitig zugegriffen werden.

KbdCharIn

Wenn *KbdCharIn* von der Tastatur ein Zeichen empfängt, gibt es eine Reihe von Informationen zurück. Auf diese Informationen kann man in Form eines Datensatzes zugreifen.

Für den Funktionsaufruf gibt es drei Parameter.

CharData Far-Pointer auf die Adresse des Puffers, in dem der Datensatz für das Zeichen abgelegt werden soll. Für jedes Zeichen wird eine ausführliche Information zurückgegeben. Der Datensatz beinhaltet folgende Informationen:

- ASCII Code des Zeichens
- Scan-Code der gedrückten Taste
- Statusinformation über den Status eines Zeichens
- Reserviertes Feld für den Shift-Status *National Language Support*
- Shift-Status-Feld für alle Shift-Tasten
- Zeitpunkt des Tastendrucks

IOWait bestimmt, ob auf ein Zeichen gewartet werden soll (*IOWait* = 0) oder sofort wieder zurückgekehrt werden soll, wenn kein Zeichen verfügbar ist (*IOWait* = 1).

KbdHandle bestimmt entweder die Standard-Tastatur oder eine logische Tastatur.

Jedesmal, wenn ein Zeichen eintrifft oder sich der Shift-Status der Tastatur ändert, wird ein Datensatz mit Zeichen zurückgegeben. Eingabedaten von der Tastatur können auch von einem Tastatur-Monitor modifiziert werden, bevor die Daten die Anwendung erreichen.

Beschreibung des Programmbeispiels mit mehreren Threads

Wie dieses Programm zeigt, ist es ganz einfach, in einer OS/2-Anwendung einen unabhängigen Thread zu erzeugen. Da eine RAM-Semaphore verwendet wird, um die Arbeit der zwei Threads zu synchronisieren, wurde diese Semaphore explizit als *besetzt* initialisiert, bevor der zweite Thread gestartet wurde. Dann folgt der Aufruf der Funktion *DosCreateThread*. Obwohl es sich um ein C-Programm für das Speichermodell *Small* handelt, muß hier nur der Name der Funktion *KeyboardProcedure* angegeben werden, weil diese als Far-Prozedur deklariert wurde.

Nach der Rückkehr vom Aufruf *DosCreateThread* wird mit der C-Standard-Ausgabefunktion *printf* eine Statusmeldung angezeigt. Dann wird die Bildschirm-Prozedur *DisplayProcedure* aufgerufen. Sie geht sofort in Wartestellung, da sie die Semaphore anfordert, die vorher auf *besetzt* initialisiert worden war. Wenn die Semaphore frei ist, wird mit der Funktion *printf* eine Nachricht angezeigt, die besagt, daß eine Taste gedrückt worden ist. Die *WHILE*-Bedingung wird geprüft, um festzustellen, ob das gedrückte Zeichen ein "q" (Hexadezimal 71) war. War es kein "q", bleibt die Prozedur in der Schleife und gibt wieder *DosSemRequest* aus. Andernfalls wird zur Prozedur *main* zurückgekehrt, eine Beendigungsnachricht angezeigt und der Prozeß beendet.

Die Tastatur-Prozedur ist eine einfache Funktion, die eine unbedingte FOR-Schleife mit zwei OS/2-Funktionsaufrufen enthält. Der erste Aufruf ist die *KbdCharIn*-Funktion mit dem gesetzten Parameter *IOWait*, der auf ein Zeichen wartet. Wenn das Zeichen ankommt, wird *KbdCharIn* beendet und die Funktion *DosSemClear* ausgegeben, womit ein Signal für die Bildschirm-Prozedur gegeben wird.

Multitasking - Zwei Prozesse mit mehreren Threads

Das vorhergehende Beispiel macht deutlich, daß in einer Anwendung mühelos mehrere Threads benutzt werden können, um den Vorteil der gleichzeitigen Verarbeitung zu nutzen. Außerdem läßt sich durch die Verwendung mehrerer

Threads die Programmstruktur vereinfachen, indem man die Programmfunktionen in einzelne ausführbare Prozesse verteilt. Bei der Arbeit mit mehreren Threads in einem Prozeß ist es wichtig zu wissen, daß Threads in einer sehr engen Beziehung zueinander stehen. Diese Eigenschaft der Threads vereinfacht einerseits ihren Gebrauch, andererseits kann sie aber auch dem modularen Programmentwurf abträglich sein. Da in einem Prozeß alle Threads gleiche Zugriffsrechte auf die Ressourcen haben, kann ein Fehler in einem Thread zur Zerstörung von Daten in einem anderen Thread führen oder dessen Ausführung sonst in irgendeiner Weise stören.

Es ist eines der Grundprinzipien strukturierter Programmierung, daß der Umfang von Daten- und Ressourcenrechten unabhängiger Funktionen begrenzt sein soll. Ziel dieses Prinzips ist, die Komplexität einer umfangreichen Anwendung zu verringern, indem man sie in unabhängige Module aufgliedert. Die Entwicklung und Wartung einer solchen Anwendung werden dadurch vereinfacht. Durch die Verwendung von OS/2-Prozessen kann der Umfang von Daten- und Ressourcenrechten bei der Programmierung einer OS/2-Anwendung begrenzt werden.

Lassen Sie uns das vorhergehende Beispiel ausbauen, indem wir unsere hypothetische Anwendung erweitern. Angenommen, es soll eine Datenbank geführt werden, um verschiedene Ereignisse zu protokollieren. Im letzten Beispiel war das überwachte Ereignis ein Tastendruck durch den Anwender. Nehmen wir an, daß dies nur eines von mehreren verschiedenen Ereignissen ist, die in der Datenbank protokolliert werden sollen, und daß die Integrität der Datenbank unser Hauptanliegen ist.

Wir haben eine Anwendung definiert, die logisch in zwei unabhängige Module geteilt werden kann. Das eine Modul ist für die Überwachung eines Ereignisses zuständig (in einer realen Anwendung gäbe es natürlich nicht nur ein Modul zur Ereignisüberwachung). Ein anderes Modul kümmert sich um die Protokollierung des Ereignisses in der Datenbank. Die OS/2-Anwendung realisiert diese Module als Prozesse und verwendet zur Kommunikation zwischen den Modulen einen Prozeßkommunikations-Mechanismus (*InterProcess Communication Mechanism/IPC*). Dieses Beispiel zeigt einen IPC-Mechanismus, der Nachrichtendaten mit Hilfe des OS/2-Pipe-Mechanismus transportiert.

Die Trennung von Überwachung und Protokollierung des Ereignisses vereinfacht die Anwendung: Ein Problem wird auf zwei kleinere Probleme verteilt (nach dem Motto "Teile und Siege"). Die Ausführung dieser Anwendung in der OS/2-Multitasking-Umgebung ist von Vorteil, weil die Prozesse gleichzeitig laufen können. Außerdem sind die Daten des Protokollierungsprozesses besser geschützt, da der Überwachungsprozeß keinen Zugriff auf die Daten und Ressourcen (Dateien) dieses Datenbank-Prozesses hat. Die Interaktion zwischen den beiden Prozessen beschränkt sich auf den genau definierten IPC-Pipe-Mechanismus. So erleichtert es OS/2, die Prinzipien strukturierter Programmierung anzuwenden. Mit Hilfe einer exakt definierten IPC-Schnittstelle können Anwendungen nach einem modularen Konzept mit geringst möglicher

Abhängigkeit zwischen den Modulen entworfen werden. Schließlich zeigt unser Beispiel mit verschiedenen Prozessen: Wenn ein Thread des Überwachungsprozesses Ereignisüberwachung unnormal endet, besteht keine Gefahr, daß auch der Datenbank-Prozeß vorzeitig abgebrochen wird.

Es gibt einen weiteren wichtigen Punkt zu unserem hypothetischen Programmbeispiel. Um das Programm zu vereinfachen und seine typische Arbeitsweise zu verdeutlichen, simulieren wir, daß Datensätze in eine Datenbankdatei geschrieben werden, indem wir sie in einem Fenster auf dem Bildschirm ausgeben.

In Abbildung 15 wird der logische Aufbau dieser Anwendung mit mehreren Prozessen und Threads vorgeführt.

Die Abbildungen 16 bis 25 enthalten den Quellcode des Beispiels mit mehreren Prozessen.

```
Prozeß 1
--------


    Thread 1
    -------------


    Hauptprogramm (main)
            Bildschirmfenster für diesen Prozeß initialisieren
            Pipe erstellen
            Prozeß 2 (DosExecPgm) starten
            Semaphore für "Warten auf ein Zeichen" setzen
            Thread 2 für die Tastatur-Prozedur starten
            Bildschirm-Prozedur aufrufen
            Prozeß beenden

    Bildschirm-Prozedur
            Bis "q" eingegeben wird
                    Warten bis Semaphore frei ist, dann setzen
                    Dem Zeichen ein neues Darstellungsattribut zuweisen
                    Das Zeichen/Attribut anzeigen
                    Protokoll-Meldung in die Pipe schreiben
            Zurück zum Hauptprogramm


    Thread 2
    -------------


    Tastatur-Prozedur
    Endlos-Schleife
            Auf eingehendes Zeichen warten
            Zeichen anzeigen mit gewechseltem Attribut
            Semaphore freigeben

Prozeß 2
--------


    Thread 1
    -------------


    Hauptprogramm (main)
            Bildschirmfenster für diesen Prozeß initialisieren
            Bis eine Meldung mit einem "q" empfangen wird
                    Meldung aus der Pipe lesen
                    Meldung mit Datum und Uhrzeit verknüpfen
                    In die Datenbank (Bildschirm) schreiben
            Prozeß beenden


    Thread 2
    -------------
    Prozedur für Datum und Uhrzeit
            Datum und Uhrzeit holen
            Zeichenketten mit Datum und Uhrzeit bilden
            Zeichenketten mit Datum und Uhrzeit anzeigen
            Eine Sekunde warten
```

Abbildung 15. Logik des Progammbeispiels - Zwei Prozesse mit mehreren Threads

```
/**********************************************************************************/
/* Mehrere Prozesse mit mehreren Threads - Prozeß 1                              */
/**********************************************************************************/


#include (doscall.h)                                     /* OS/2-API-Deklarationen     */
#include (stdio.h)
#include (string.h)                                      /* C-String-Funktionen        */


/* Allgemeine Variablen *********************************************************/

   unsigned          ErrorCode = 0;                      /* Rückkehrcode v. OS/2-Aufrufen */


/* Variablen für Semaphoren-Funktionen *****************************************/

   unsigned long     RamSemaphore;                       /* Speicher für Ram-Semaphore  */
   unsigned long far *SemHandle = &RamSemaphore;         /* Pointer auf Ram-Semaphore   */
   unsigned long     Timeout = -1;                       /* timeout auf unendlich setzen */


/* KbdCharIn-Variablen *********************************************************/

   struct KeyData    KeyStructure;                       /* Key-Sruktur - in doscall.h  */
                                                         /* definiert                   */
   struct KeyData far *KeyStructurePointer = &KeyStructure;   /* Pointer auf Key-Struktur */


/* VioScrollUp-Variablen ******************************************************/

   unsigned          TopRow;                             /* obere linke Ecke            */
   unsigned          LeftCol;
   unsigned          BotRow;                             /* untere rechte Ecke          */
   unsigned          RightCol;
   unsigned          NumLines;                           /* Anzahl Zeilen zu rollen     */
   char              FillChar[2] = {0x20,0x1F};          /* zu benutzendes Füllzeichen  */
   unsigned          VioHandle = 0;                      /* reserviert                  */

   char              NewFillChar[2] = {0x00,0x0F};       /* weiteres Füllzeichen        */


/* VioWrtCharStrAtt-Variablen für Prompts und Meldungen **********************/

   char far          *CharStr;                           /* Auszugebender String        */
   unsigned          VioLength;                          /* Länge des Strings           */
   unsigned          Row;                                /* Startposition: Zeile        */
   unsigned          Column;                             /* Startposition: Spalte       */
   char far          *Attribute;                         /* Darstellungsattribut        */


/* DosExit-Variablen *********************************************************/

   unsigned          ActionCode=1;                       /* Alle Threads beenden        */
   unsigned          ResultCode=0;                       /* Ergebnis für DosWait        */
```

Abbildung 16. Mehrere Prozesse: Prozeß 1 (Teil 1) - Deklarationen

Abbildung 17:

```c
/* Zeichendefinitionen für Bildschirmfenster ****************************************/

    char far *Thread1Window[12] = {".---.",        /* Tabelle mit Strings, um das   */
                                    ". | .",        /* Bildschirmfenster für den     */
                                    ". | .",        /* ersten Thread zu umrahmen     */
                                    ". | .",
                                    ". | .",
                                    ". | .",
                                    ". | .",
                                    ". | .",
                                    ". | .",
                                    ". | .",
                                    ". | .",
                                    ".---."};

    char far *Thread2Window[3] = {".---.",          /* Tabelle mit Strings, um das   */
                                  ". | .",           /* Bildschirmfenster für den     */
                                  ".---."};          /* zweiten Thread zu umrahmen    */

    int               RowCounter = 0;               /* Variablen für die Schleife,   */
    int               Window1Length = 12;           /* in der die Tabellen ausge-    */
    int               Window2Length = 3;            /* geben werden                  */

/* DosExecPgm-Variablen *************************************************************/

    char              ObjNameBuf[64];               /* Puffer für Objektnamen        */
    char              ArgumentString[64];           /* Puffer für Argument-String    */
    struct ResultCodes ReturnCodes;                 /* Ergebnis von DosExecPgm       */
    char              ProgramName[] = "proc2.exe";  /* Programmname                  */

    char far          *ObjNameBufPointer = ObjNameBuf;   /* Pointer auf Obj.namen-Puffer */
    unsigned          ObjNameLength = 64;                /* Länge des Obj.namen-Puffers  */
    unsigned          ExecFlags = 1;                     /* asynchron ausführen          */
    char far          *ArgPointer = ArgumentString;      /* Pointer auf Argument-String  */
    char far          *EnvPointer = 0x0000;              /* Pointer auf Umgebungs-Strings */
    struct ResultCodes far *ReturnCodesAddress = &ReturnCodes;  /* Pointer auf Ret.Code-Struktur */
    char far          *PgmPointer = ProgramName;         /* Pointer auf Namen des auszu- */
                                                         /* führenden Programms          */

/* DosMakePipe-Variablen ***********************************************************/

    unsigned          ReadHandle;                   /* zurückgeg. Pipe-Read-Kennung  */
    unsigned          WriteHandle;                  /* zurückgeg. Pipe-Write-Kenng.  */
    unsigned          PipeSize;                     /* angeforderte Pipe-Größe       */


/* DosWrite-Variablen **************************************************************/

    unsigned          BufferLength = 2;             /* Länge des Ausgabepuffers      */
    unsigned          BytesWritten;                 /* Anzahl Bytes ausgegeben       */
```

```
/* String-Variablen für allgemeine String-Verarbeitung ******************************************/

     int                StringIndex;
     int                Arg1Index;
     int                Radix = 10;
     char               HandleString[8];
     char               *HandleStringPointer;


/***********************************************************************************************/


     void               DisplayProcedure();              /* Funktionsdeklarationen    */
     void far           KeyboardProcedure();
```

Abbildung 17. Mehrere Prozesse: Prozeß 1 (Teil 2) - Deklarationen

Abbildung 18:

```
main()                                                   /* Anfang der C-Main-Routine    */
{
/* DosCreateThread-Variablen ********************************************************************/

     unsigned           ThreadIDWord;                    /* ID des neuen Threads         */
     unsigned char      NewThreadStack[100];             /* Stack des neuen Threads      */

/* Anfang des ausführbaren Programms **********************************************************/

     ErrorCode = VIOSCROLLUP(TopRow = 0,                 /* Bildschirm löschen           */
                    LeftCol = 0,
                    BotRow = -1,
                    RightCol = -1,
                    NumLines = -1,
                    (char far *)FillChar,
                    VioHandle = 0);
```

```
ErrorCode = VIOCHARSTR(CharStr = 'OS/2 (TM) Standard Edition',       /* Bildschirm-Überschrift        */
                       VioLength = strlen(CharStr),
                       Row = 1,
                       Column = 27,
                       VioHandle = 0);


ErrorCode = VIOCHARSTR(CharStr = 'Multiple Processes/Threads Example',  /* Programmnamen einsetzen      */
                       VioLength = strlen(CharStr),
                       Row = 3,
                       Column = 22,
                       VioHandle = 0);


ErrorCode = VIOCHARSTR(CharStr = '(Press q to Quit',                 /* Eingabe für Beenden anzeigen */
                       VioLength = strlen(CharStr),
                       Row = 23
                       Column = 30,
                       VioHandle = 0);


ErrorCode = VIOCHARSTRATT(CharStr = 'PROCESS 1',               $/     /* Bildschirmbereich für        */
                          VioLength = strlen(CharStr),                /* Thread 1 betiteln            */
                          Row = 5
                          Column = 16,
                          Attribute = '\034',
                          VioHandle = 0);


for(RowCounter = 0; RowCounter ( Window1Length; RowCounter++)         /* Fenster für Thread 1 anzeigen */

    ErrorCode = VIOCHARSTRATT(Thread1Window[RowCounter],
                          VioLength = strlen(Thread1Window[RowCounter]),
                          Row = 7 + RowCounter,
                          Column = 19,
                          Attribute = '\034',
                          VioHandle = 0);


for(RowCounter = 0; RowCounter ( Window1Length; RowCounter++)         /* Fenster für Thread 2 anzeigen */

    ErrorCode = VIOCHARSTRATT(Thread2Window[RowCounter],
                          VioLength = strlen(Thread2Window[RowCounter]),
                          Row = 20 + RowCounter,
                          Column = 19,
                          Attribute = '\034',
                          VioHandle = 0);


ErrorCode = VIOSETCURPOS(Row = 21,                                   /* Cursor in das Fenster von    */

                         Column = 20,                               /* Thread 2 stellen             */
                         VioHandle = 0);
```

Abbildung 18. Mehrere Prozesse: Prozeß 1 (Teil 3) - Den Bildschirm initialisieren

```
ErrorCode = DOSMAKEPIPE((unsigned far *)&ReadHandle,            /* Erstellen der Pipe, die an     */
                        (unsigned far *)&WriteHandle,           /* Prozeß 2 vererbt wird          */
                        PipeSize = 16);

for(StringIndex = 0; StringIndex <= strlen(PgmPointer); StringIndex++)  /* Namen des Kindprozesses in     */
   ArgumentString[StringIndex] = ProgramName[StringIndex];      /* den ersten Argument-String     */
                                                                /* stellen                        */

Arg1Index = StringIndex;

HandleStringPointer = itoa(ReadHandle,HandleString,Radix);      /* ReadHandle in einen String     */
                                                                /* konvertieren                   */
for(StringIndex = 0; StringIndex <= strlen(HandleStringPointer); StringIndex++)
   ArgumentString[Arg1Index + StringIndex] = HandleString[StringIndex];  /* aus dem ReadHandle-String das  */
                                                                /* zweite Argument machen         */


ErrorCode = DOSEXECPGM(ObjNameBufPointer,                       /* Prozeß 2 ausführen             */
                       ObjNameLength,
                       ExecFlags,
                       ArgPointer,
                       EnvPointer,
                       ReturnCodesAddress,
                       PgmPointer);


ErrorCode = DOSSEMSET(SemHandle);                               /* Semaphore "besetzt" initial.   */


ErrorCode = DOSCREATETHREAD(KeyboardProcedure,                  /* Thread 2 für die Tastatur-     */
                           (unsigned far *)&ThreadIDWord,       /* Prozedur erstellen             */
                           (unsigned char far *)&NewThreadStack[98]);


DisplayProcedure();                                             /* Bildschirm-Prozedur mit        */
                                                                /* Thread 1 aufrufen              */


ErrorCode = VIOSETCURPOS(Row = 24,                              /* Cursor bewegen vor Beendigung  */
                         Column = 0,
                         VioHandle);


printf("Issuing DosExit with ActionCode set to terminate all threads.");  /* Beendigungs-Status-Meldung     */
                                                                /* anzeigen                       */
DOSEXIT(ActionCode = 1,                                         /* OS/2 die Beendigung anzeigen   */
        ResultCode = 0);


}                                                               /* Ende der C-Main-Routine        */
/**********************************************************************************************************/
```

Abbildung 19. Mehrere Prozesse: Prozeß 1 (Teil 4) - Rest der Funktion main

```
void DisplayProcedure()                                  /* Bildschirm-Prozedur - wird  */
{                                                        /* von Thread 1 ausgeführt     */
  do{
    ErrorCode = DOSSEMREQUEST(SemHandle,                 /* blockiert bei SemRequest bis */
                          Timeout);                      /* ein Tastendruck in Thread 2  */
                                                         /* SemClear bewirkt             */

    NewFillChar[0] = FillChar[0];
    if (NewFillChar[1] > 0x70) NewFillChar[1] OxOF;      /* nächstes Bildschirmattribut  */
    else NewFillChar[1] = NewFillChar[1] + 0x10;         /* bestimmen                    */

    ErrorCode = VIOSCROLLUP(TopRow=8,                    /* neues Zeichen und Attribut   */
                          LeftCol=20,                    /* anzeigen                     */
                          BotRow=17,
                          RightCol=20,
                          NumLines=-1,
                          (char far *)NewFillChar,
                          VioHandle = 0);

    ErrorCode = DOSWRITE(WriteHandle,                    /* Zeichen und Attribut in die  */
                          (char far *)NewFillChar,       /* Pipe schreiben zur Weitergabe */
                          BufferLength,                  /* an Prozeß 2                  */
                          (unsigned far *)&BytesWritten);

                                                         /* solange wiederholen bis "q"  */
  }while(KeyStructure.char_code != 0x71);                /* eingegeben wird              */
  return;
}                                                        /* Ende der Bildschirm-Prozedur */
/*********************************************************************************************/


void far KeyboardProcedure()                             /* Tastatur-Prozedur            */
{

  int ToggleSwitch = 0;                                  /* unbedingte Schleife - wartet */
  for(;;){                                               /* auf ein Zeichen u. signali-  */
    ErrorCode = KBDCHARID(KeyStructurePointer,0,0);      /* siert es über SemClear der   */
                                                         /* Bildschirm-Prozedur          */

    FillChar[0] = KeyStructure.char_code;
    if(ToggleSwitch = 0){
      FillChar[1] = OxOF;                                /* ToggleSwitch wechselt zw.    */
      ErrorCode = VIOSCROLLUP(21,20,21,20,1,(char far *)FillChar,0);  /* normaler und inverser Anzeige */
      ToggleSwitch = 0;                                  /* um zu verdeutlichen, daß     */
    }                                                    /* Thread 2 die Tastatureingaben */
    else{                                                /* liest                        */
      FillChar[1] = OxOF;
      ErrorCode = VIOSCROLLUP(21,20,21,20,1,(char far *)FillChar,0);  /* Dieser Thread wird dadurch */
      ToggleSwitch = 0;                                  /* beendet, daß Thread 1 DosExit */
    }                                                    /* mit ActionCode auf 1 gesetzt */
                                                         /* ausgibt                      */
    ErrorCode = DOSSEMCLEAR(SemHandle);
  }
}                                                        /* Ende der Tastatur-Prozedur   */
/*********************************************************************************************/
```

Abbildung 20. Mehrere Prozesse: Prozeß 1 (Teil 5) - Bildschirm- und Tastaturfunktionen

Abbildung 21:

```
/*****************************************************************************/
/* Mehrere Prozesse mit mehreren Threads - Prozeß 2                          */
/*****************************************************************************/


#include (doscall.h)                           /* OS/2-API-Deklarationen      */
#include (stdio.h)                             /* C-Standard-I/O-Bibliothek   */
#include (string.h)                            /* C-String-Funktionen         */


/* Zeichendefinition für das Bildschirmfenster *****************************/

    char far *Proc2Window[12]= {               /* Tabelle mit Strings, um das */
                                               /* Bildschirmfenster für den   */
                                               /* zweiten Prozeß zu umrahmen  */















    int         RowCounter = 0;                /* Variablen der for-Schleife  */
    int         WindowLength = 12;


/* Allgemeine Variablen im gesamten Programm ******************************/

    unsigned    ErrorCode;                     /* Rückkehrcode v. OS/2-Funkt.- */
                                               /* Aufrufen                     */

/* VioWriteCharStrAtt-Variablen für Text-Prompts und Meldungen ************/

    char far    *CharStr;                      /* Auszugebender String         */
    unsigned    VioLength;                     /* Länge des Strings            */
    unsigned    Row;                           /* Startposition: Zeile         */
    unsigned    Column;                        /* Startposition: Spalte        */
    char far    *Attribute;                    /* Darstellungsattribut         */
    unsigned    VioHandle = 0;                 /* reserviert                   */


/* VioScrollUp-Variablen **************************************************/

    unsigned    TopRow;                        /* obere linke Ecke             */
    unsigned    LeftCol;
    unsigned    BotRow;                        /* untere rechte Ecke           */
    unsigned    RightCol;
    unsigned    NumLines;                      /* Anzahl Zeilen zu rollen      */
    char        FillChar[2] = {0x20,0x1F};     /* zu benutzendes Füllzeichen   */
```

```c
/* DosRead-Variablen ******************************************************************************/

    unsigned         ReadHandle;                              /* Dateikennung(Pipe-Lese-Kenn.) */
    char             CharacterCell[2];                        /* Eingabepuffer                 */
    unsigned         BufferLength = 2;                        /* Länge des Eingabepuffers       */
    unsigned         BytesRead;                               /* Anz. Bytes gelesen - Rückgabe */

    /* DosGetDateTime-Variablen ********************************************************************/

struct DateTime      CurDateTime;                             /* Datenstruktur: Datum und Zeit */
struct DateTime far *CurDateTimePointer = &CurDateTime;       /* Zeiger auf die Datenstruktur  */
```

Abbildung 21. Mehrere Prozesse: Prozeß 2 (Teil 1) - Deklarationen

```c
/* DosSleep-Variablen *****************************************************************************/

    unsigned long    TimeInterval;                            /* Dauer der Sleep-Zeit           */

/* String-Variablen *******************************************************************************/

    char             TimeHour[3];                             /* String-Variablen zum Aufbauen */
    char             *TimeHourPointer = TimeHour;             /* des Uhrzeit-Strings            */
    char             TimeMinutes[3];
    char             *TimeMinutesPointer = TimeMinutes;
    char             TimeSeconds[3];
    char             *TimeSecondsPointer = TimeSeconds;
    char             Time[9] = "  :  :  \0";
    char             *TimePointer = Time;

    char             DateDay[3];                              /* String-Variablen zum Aufbauen */
    char             *DateDayPointer = DateDay;               /* des Datums-Strings             */
    char             DateMonth[3];
    char             *DateMonthPointer = DateMonth;
    char             DateYear[3];
    char             *DateYearPointer = DateYear;
    char             Date[9] = "  /  /  \0";
    char             *DatePointer = Date;

    char             LogString[20];                           /* Ausgabe-String für den         */
    char             *LogStringPointer = LogString;           /* Thread zur Protokollierung    */
                                                              /* des Ereignisses               */
    int              Radix = 10;                              /* von der itoa-Funktion benutzt */

/* DosExit-Variablen ******************************************************************************/

    unsigned         ActionCode = 1;                          /* Alle Threads beenden           */
    unsigned         ResultCode = 0;                          /* Ergebnis für DosWait           */

/************************************************************************************************/

    void far         DateTimeProcedure();                     /* Funktions-Deklarationen        */
    void             BuildTimeString();
    void             BuildDateString();

/************************************************************************************************/
```

Abbildung 22. Mehrere Prozesse: Prozeß 2 (Teil 2) - Deklarationen

Abbildung 23:

```
main(argc, argv, envp)                                    /* Anfang der C-Main-Routine    */
int argc;                                                 /* Zähler für Argument-Strings  */
char *argv[ ];                                            /* Tabelle argv enthält Argu-   */
char *envp[ ];                                            /* ment-Strings                 */
                                                          /* envp enthält Umgebungs-Strings*/
{
/* DosCreateThread-Variable ***************************************************************/

    unsigned            ThreadIDWord;                     /* ID des neuen Threads         */
    unsigned char       NewThreadStack[1002];             /* Stack des neuen Threads      */


/* Anfang des ausführbaren Programms *****************************************************/

    ErrorCode = VIOCHARSTRATT(CharStr = "PROCESS 2",      /* Bildschirmbereich für        */
                        VioLength = strlen(CharStr),      /* Prozeß 2 betiteln            */
                        Row = 5
                        Column = 55,
                        Attribute = "\032",
                        VioHandle = 0);


    for(RowCounter = 0; RowCounter < WindowLength; RowCounter++)   /* Fenster für Prozeß 2 anzeigen */
       ErrorCode = VIOCHARSTRATT(Proc2Window[RowCounter],
                        VioLength = strlen(Proc2Window[RowCounter]),
                        Row = 7 + RowCounter,
                        Column = 48,
                        Attribute = "\032",
                        VioHandle = 0);


    ErrorCode = DOSCREATETHREAD(DateTimeProcedure,        /* Thread 2 für die Datums- und */
                        (unsigned far *)&ThreadIDWord,    /* Uhrzeit-Prozedur erstellen   */
                        (unsigned char far *)&NewThreadStack[1000]);


    ReadHandle = atoi(argv[1]);                           /* Lesekennung der Pipe aus dem */
                                                          /* zweiten Argument holen       */
    do{
                                                          /* Anfang der Schleife, in der  */
      ErrorCode = DOSREAD(ReadHandle,                     /* laufend Zeichen aus der Pipe */
                        (char far *)CharacterCell,         /* gelesen werden, bis ein "q"  */
                        BufferLength,                      /* gefunden wird                */
                        (unsigned far *)&BytesRead);


      ErrorCode = VIOSCROLLUP(TopRow=10,                  /* Fenster mit dem neuen        */
                        LeftCol=49,                        /* Attribut scrollen            */
                        BotRow=17,
                        RightCol=69,
                        NumLines=1,
                        (char far *)FillChar,
                        VioHandle = 0);
```

```
LogString[0] = CharacterCell[0];                                      /* Protokoll-String erstellen    */
LogString[1] = 0x00;
LogStringPointer = strcat(LogStringPointer," ");
LogStringPointer = strcat(LogStringPointer,TimePointer);
LogStringPointer = strcat(LogStringPointer," ");
LogStringPointer = strcat(LogStringPointer,DatePointer);

ErrorCode = VIOCHARSTRATT(char far *)LogStringPointer,                 /* Protokoll-String anzeigen     */
                    VioLength = strlen(LogStringPointer),
                    Row = 17,
                    Column = 49,
                    Attribute = &CharacterCell[1],
                       VioHandle);


   }
   while(CharacterCell[0] != 0x71);                                    /* auf "q" abprüfen              */

   DOSEXIT(ActionCode,                                                 /* OS/2 die Beendigung anzeigen */
          ResultCode);
}
/*****************************************************************************************************/
```

Abbildung 23. Mehrere Prozesse: Prozeß 2 (Teil 3) - Funktion main

Abbildung 24:

```
void far DateTimeProcedure()
{
  for(;;){                                                            /* unbedingte Schleife starten   */

    ErrorCode = DOSGETDATETIME(CurDateTimePointer);                   /* Datum und Uhrzeit holen       */

    BuildTimeString();                                                /* BuildTimeString aufrufen      */

    ErrorCode = VIOWRTCHARSTRATT(TimePointer,                         /* Uhrzeit-String anzeigen       */
                          VioLength = strlen(TimePointer),
                          Row = 8,
                          Column = 51,
                          Attribute = "\032",
                          VioHandle);
    BuildDateString();                                                /* BuildDateString aufrufen      */

    ErrorCode = VIOWTRCHARSTRATT(DatePointer,                         /* Datums-String anzeigen        */
                          VioLength = strlen(DatePointer),
                          Row = 8,
                          Column = 60,
                          Attribute = "\032",
                          VioHandle);

    ErrorCode = DOSSLEEP (TimeInterval = 1000);                       /* ungefähr eine Sekunde warten  */

  }                                                                   /* dieser Thread endet, wenn der */
                                                                      /* Prozeß beendet wird           */
```

```c
/*******************************************************************************/

void BuildTimeString()                                      /* Funtion zur Aufbereitung der  */
                                                            /* Uhrzeit für Bildschirmausgabe */

{
  TimeHourPointer = itoa(CurDateTime.hour,TimeHour,Radix);  /* Stunde formatieren            */
  if(strlen(TimeHourPointer) == 1){
     TimePointer[0] = 0x30;
     TimePointer[1] = TimeHourPointer[0];
  }
  else{
     TimePointer[0] = TimeHourPointer[0];
     TimePointer[1] = TimeHourPointer[1];
  }


  TimeMinutesPointer = itoa(CurDateTime.minutes,TimeMinutes,Radix);  /* Minuten formatieren   */
  if(strlen(TimeMinutesPointer) == 1){
     TimePointer[3] = 0x30;
     TimePointer[4] = TimeMinutesPointer[0];
  }
  else{
     TimePointer[3] = TimeMinutesPointer[0];
     TimePointer[4] = TimeMinutesPointer[1];
  }


  TimeSecondsPointer = itoa(CurDateTime.seconds,TimeSeconds,Radix);  /* Sekunden formatieren  */
  if(strlen(TimeSecondsPointer) == 1){
     TimePointer[6] = 0x30;
     TimePointer[7] = TimeSecondsPointer[0];
  }
  else{
     TimePointer[6] = TimeSecondsPointer[0];
     TimePointer[7] = TimeSecondsPointer[1];
  }
}
/*******************************************************************************/
```

Abbildung 24. Mehrere Prozesse: Prozeß 2 (Teil 3) - DateTimeProcedure und BuildTimeString

Abbildung 25:

```c
void BuildDateString()                                      /* Funtion zur Aufbereitung des  */
                                                            /* Datums für Bildschirmausgabe  */

{
  DateMonthPointer = itoa(CurDateTime.month,DateMonth,Radix);  /* Monat formatieren          */
  if(strlen(DateMonthPointer) == 1){
     DatePointer[0] = 0x30;
     DatePointer[1] = DateMonthPointer[0];
```

```
else{
   DatePointer[0] = DateMonthPointer[0];
   DatePointer[1] = DateMonthPointer[1];
}

DateDayPointer = itoa(CurDateTime.day,DateDay,Radix);              /* Tag formatieren          */
if(strlen(DateDayPointer) == 1){
   DatePointer[3] = 0x30;
   DatePointer[4] = DateDayPointer[0];
}
else{
   DatePointer[3] = DateDayPointer[0];
   DatePointer[4] = DateDayPointer[1];
}

DateYearPointer = itoa(CurDateDate.year,DateYear,Radix);           /* Jahr formatieren         */
DatePointer[6] = DateYearPointer[2];
DatePointer[7] = DateYearPointer[3];
}
/**********************************************************************************************/
```

Abbildung 25. Mehrere Prozesse: Prozeß 2 (Teil 4) - BuildDateString

OS/2-Funktionsaufrufe

Das in den Abbildungen 15 bis 25 abgebildete Beispiel mit mehreren Prozessen verwendet acht neue OS/2-Funktionsaufrufe.

VioScrollUp

VioScrollUp rollt einen Bereich des Bildschirm-Puffers nach oben.

Für diesen Funktionsaufruf gibt es sieben Parameter.

TopRow Wortwert, der die oberste Zeile des zu rollenden Bereichs enthält.

LeftCol Wortwert, der die am weitesten links gelegene Spalte des zu rollenden Bereichs enthält.

BotRow Wortwert, der die unterste Zeile des zu rollenden Bereichs enthält.

RightCol Wortwert, der die am weitesten rechts gelegene Spalte des zu rollenden Bereichs enthält.

Lines Wortwert, der die Anzahl der nach oben zu rollenden Zeilen enthält. Der Wert gibt die Anzahl der Zeilen an, die am unteren Rand des festgelegten Bereichs eingefügt werden.

Cell Far-Pointer auf die Adresse einer Struktur, die das Zeichen und Attribut für die eingefügten Zeilen enthält.

VioHandle Wortwert, ist für spätere Verwendung reserviert und muß auf Null gesetzt sein.

Die Zeilen- und Spaltennummern auf dem Bildschirm beginnen mit Null.

Außer zum Rollen dient diese Funktion auch als schnelle und bequeme Einrichtung zum Bildschirmlöschen.

VioWrtCharStr und *VioWrtCharStrAtt*

Diese Funktionsaufrufe schreiben eine Zeichenkette auf die Anzeige. Mit *VioWrtCharStr* nehmen die Zeichen in der Kette die Darstellungsattribute der Zeichen an, die sie ersetzen. *VioWrtCharStrAtt* hat einen zusätzlichen Parameter, mit dem ein einzelnes Darstellungsattribut für die Anzeige vereinbart werden kann.

Für diese Funktionsaufrufe gibt es fünf bzw. sechs Parameter.

CharStr Far-Pointer auf die Zeichenkette, die auf dem Bildschirm ausgegeben werden soll.

Length Wortwert, der die Länge der Zeichenkette in Bytes enthält.

Row Wortwert, der die Nummer der Zeile (Basis Null) enthält, in die das erste Zeichen der Kette geschrieben werden soll.

Column Wortwert, der die Nummer der Spalte (Basis Null) enthält, in die das erste Zeichen der Kette geschrieben werden soll.

Attribute (Nur bei *VioWrtCharStrAtt*) Far-Pointer auf das für alle Zeichen der Kette zu verwendende Attribut.

VioHandle Wortwert, ist für spätere Verwendung reserviert und muß auf Null gesetzt sein.

Ist die Kette länger als die aktuelle Zeile, wird in die nächste Zeile gewechselt, solange, bis der untere Bildschirmrand erreicht ist. Dort wird die Funktion abgebrochen.

VioSetCurPos

VioSetCurPos legt die Position des Cursors fest.

Für diesen Funktionsaufruf gibt es drei Parameter.

Row Wortwert, der die Nummer der Zeile (Basis Null) enthält, in die der Cursor plaziert werden soll.

Column Wortwert, der die Nummer der Spalte (Basis Null) enthält, in die der Cursor plaziert werden soll.

VioHandle Wortwert, ist für spätere Verwendung reserviert und muß auf Null gesetzt sein.

DosMakePipe

DosMakePipe erstellt eine Pipe zur Kommunikation zwischen Prozessen.

Für diesen Funktionsaufruf gibt es drei Parameter.

ReadHandle Far-Pointer auf die Adresse eines Wortes, in dem die Dateikennung (*Handle*) zum Lesen der Pipe abgelegt ist. Diese Dateikennung wird bei nachfolgenden *DosRead*-Aufrufen zum Lesen von Daten aus der Pipe verwendet.

WriteHandle Far-Pointer auf die Adresse eines Wortes, in dem die Dateikennung zum Schreiben in die Pipe abgelegt ist. Diese Dateikennung wird bei nachfolgenden *DosWrite*-Aufrufen gebraucht, um Daten in die Pipe zu schreiben.

Pipesize Wort, das die Anzahl der Bytes enthält, die das System für Daten in der Pipe reservieren soll.

DosWrite

DosWrite ist der Funktionsaufruf der Dateiverwaltung, mit dem Daten in eine Datei geschrieben werden. Diese Funktion ist auch auf Pipes und Einheiten anwendbar, die die Dateisystem-Schnittstelle unterstützen (z.B. *DosWrite* für LPT1, wobei LPT1 der reservierte Name für Drucker Nummer 1 ist).

Die Funktion übergibt die angegebene Anzahl von Bytes aus dem Ausgabe-Puffer der Datei/Pipe/Einheit und kehrt dann zum Aufrufer zurück.

Für diesen Funktionsaufruf gibt es vier Parameter.

FileHandle Wortwert, der entweder die Datei- oder Einheitenkennung enthält, die man durch die Funktion *DosOpen* erhält, oder die Dateikennung zum Schreiben in die Pipe, die vom Funktionsaufruf *DosMakePipe* zurückgegeben wird.

BufferArea Far-Pointer auf den Ausgabe-Puffer des Aufrufers.

BufferLength Wort, das die Anzahl der Bytes enthält, die aus dem Puffer geschrieben werden sollen.

BytesWritten Far-Pointer auf die Adresse eines Wortes, in dem die Anzahl der tatsächlich geschriebenen Bytes zurückgegeben wird.

Die Funktion *DosWrite* wird nicht durchgeführt, wenn eine Datei oder eine Einheit nur zum Lesen eröffnet wurde.

DosRead

DosRead ist der Funktionsaufruf des Dateisystems zum Lesen von Daten aus einer Datei. Diese Funktion ist auch für Pipes und Einheiten anwendbar, die die Dateisystem-Schnittstelle unterstützen (z.B. *DosRead* von COM1, wobei

COM1 der reservierte Name für die serielle Schnittstelle 1 ist). Die Funktion übergibt die angegebene Anzahl von Bytes der Datei/Pipe/Einheit an den Eingabe-Puffer, um dann zum Aufrufer zurückzukehren.

Für diesen Funktionsaufruf gibt es vier Parameter.

FileHandle Wortwert, der entweder die Datei- oder Einheitenkennung enthält, die man durch die Funktion *DosOpen* erhält, oder die Dateikennung zum Lesen aus der Pipe, die vom Funktionsaufruf *DosMakePipe* zurückgegeben wird.

BufferArea Far-Pointer auf den Eingabe-Puffer des Aufrufers.

BufferLength Wort, das die Anzahl der Bytes enthält, die in den Puffer gelesen werden sollen.

BytesRead Far-Pointer auf die Adresse eines Wortes, in dem die Anzahl der tatsächlich gelesenen Bytes zurückgegeben wird.

Da die Anzahl der angeforderten Bytes nicht unbedingt tatsächlich gelesen wird, muß das Programm beim Beenden des Funktionsaufrufs immer *BufferLength* und *BytesRead* miteinander vergleichen.

DosExecPgm

Mit dieser Funktion kann ein Programm ein anderes Programm als Kindprozeß ausführen. Die Ausführung der beiden Programme kann synchron oder voneinander unabhängig stattfinden. Sollen die zwei Prozesse unabhängig laufen, dann kann der neue Prozeß in der gleichen oder in einer anderen Sitzung laufen.

Für diesen Funktionsaufruf gibt es sieben Parameter.

ObjNameBuf Far-Pointer auf die Adresse eines Puffers, in den Informationen zurückgegeben werden, wenn die Funktion *DosExecPgm* fehlschlägt. Der Name des Objekts, das den Aufruffehler verursachte, wird in den Puffer geschrieben.

ObjNameBufL Wort, das die Länge von *ObjNameBuf* in Bytes enthält.

ExecFlags Wort, das einen der Ausführungsmodi angibt. Dieses Kennzeichen zeigt an, wie der Prozeß laufen soll:(1) synchron oder asynchron vom Elternprozeß; (2) mit oder ohne Speichern des Beendigungsergebniscodes; (3) mit Ablaufverfolgung wie bei einem Debugger oder (4) als unabhängiger Prozeß im Hintergrund, oder ob er (5) nur in Erwartung einer Aktion durch den *Session Manager* in den Hauptspeicher geladen werden soll.

ArgPointer Far-Pointer auf den Anfang zweier Argument-Strings, die dem neuen Prozeß übergeben werden. Diese Strings werden als Befehlsparameter benutzt. Als Konvention des OS/2-Befehlszeilen-Interpreters ist der erste String der Programmname, der zweite enthält alle zusätzlichen Zeichen, die in die Befehlszeile eingegeben werden.

EnvPointer Far-Pointer auf Zeichenketten mit Konfigurationsinformationen, die dem Programm übergeben werden.

ReturnCodes Far-Pointer auf die Adresse eines Doppelwortes für Informationen, die vom Aufruf zurückgegeben werden. Bei asynchronen Prozessen enthält das erste Wort den Programmnamen des Kindprozesses. Bei synchronen Prozessen enthält das erste Wort einen Systembeendigungscode, das zweite Wort den *ResultCode*, der vom letzten Thread des Kindprozesses, der ein *DosExit* ausgegeben hatte, spezifiziert wurde.

PgmPointer Far-Pointer auf eine Zeichenkette, die den Dateinamen des auszuführenden Programms enthält.

Wenn die beiden Prozesse synchron ausgeführt werden, bedeutet das, daß der Thread, der *DosExecPgm* ausgibt, in Warteposition geht, bis der Kindprozeß beendet ist. Ein unabhängig laufender Kindprozeß, ist dafür vorgesehen, daß er ohne Ein-/Ausgaben über die Tastatur oder den Bildschirm im Hintergrund läuft. Einzige Ausnahme ist der Funktionsaufruf *VioPopUp* zur Behandlung von Fehlersituationen. Ein asynchron laufender Kindprozeß muß die Restriktionen befolgen, die für zwei Prozesse innerhalb einer Sitzung gelten. Dazu gehört die gemeinsame Nutzung der Tastatur- und Bildschirm-Ressourcen für diese Sitzung.

Das Betriebssystem entwirft eine *Lokale Deskriptortabelle (LDT)*, um einem neuen Prozeß seinen eigenen Adreßraum zuzuteilen. Vererbbare Ressourcen, die vom Elternprozeß eröffnet wurden, wie z.B. bestimmte Dateikennungen und Pipes, werden dem Kindprozeß zugängig gemacht. In unserem Beispiel erbt der Kindprozeß die Lese-Dateikennung der Pipe.

DosSleep

Diese Funktion gibt die CPU für den Rest der laufenden Zeitscheibe frei und beläßt den Thread für eine bestimmte Zeitspanne in Warteposition.

Für diesen Funktionsaufruf gibt es einen Parameter.

TimeInterval Doppelwort, das die Zeitspanne in Millisekunden angibt, bis zu der der Thread wieder anlaufen soll.

Zeitwerte sind aufgerundet zu Vielfachen des Scheduler-Zeitintervalls, und sie werden innerhalb von ein oder zwei Zeitintervallen als abgelaufen erkannt, je nachdem, ob andere Threads im System ausgeführt werden.

Beschreibung des Programmbeispiels mit mehreren Prozessen

Wie aus der Programmlogik in Abbildung 15 ersichtlich, ist der Elternprozeß (Prozeß 1) dem Prozeß im vorhergehenden Beispiel sehr ähnlich. Um den visuellen Charakter des Programms zu betonen, wurde die Bildschirm-Ein-/Ausgabe erweitert. Zu diesen Erweiterungen gehört die Verwendung von Farbe. Das Programm nimmt an, die Anzeige befände sich in einem mit dem 80x25 Farb-Text-Modus des IBM Farb-Grafik-Adapters kompatiblen Modus. Die Programmlogik zeigt, daß jeder der vier Threads in einen bestimmten

Bereich des Bildschirms schreibt. Deshalb besteht ein beträchtlicher Teil des Programmtextes aus Deklarationen und logischen Abläufen zur Bildschirmverwaltung.

Genau wie im letzten Beispiel, ist Thread 1 von Prozeß 1 hauptsächlich dafür verantwortlich, daß alles weitere gestartet wird und dann die Bildschirm-Prozedur ausgeführt wird. In der *Main*-Prozedur von Prozeß 1 wird, bevor Prozeß 2 gestartet wird, eine Pipe erstellt. Somit kann Prozeß 2 die Pipe erben. Nachdem Thread 2 zur Ausführung der Tastatur-Prozedur gestartet wurde, ruft Thread 1 die Bildschirm-Prozedur auf. In diesem Beispiel wurde die Bildschirm-Prozedur betont. Thread 1, der die Bildschirm-Prozedur ausführt, besitzt ein langes Fenster, in dem er die zuletzt empfangenen Tastatur-Eingaben durchrollen kann. Mit jedem neuen Zeichen bestimmt der Anzeige-Thread ein neues Anzeige-Attribut. Diese Zeichen-Attribut-Kombination erstellt die Meldung, die protokolliert werden soll. Zur Aufzeichnung der Ereignismeldung schreibt Thread 1 die Zeichen-Attribut-Kombination in die von Prozeß 2 geerbte Pipe. Thread 1 bleibt in der Schleife. Er wartet auf die Semaphore und zeigt dann die neu ankommenden Zeichen an, bis das Zeichen "q" eintrifft. Anschließend kehrt er von der Bildschirm-Prozedur zurück. Die letzte Aktion von Thread 1 ist die ordnungsgemäße Beendigung von Prozeß 1, damit Thread 2 ebenfalls beendet werden kann.

Der restliche Teil von Prozeß 1, die Tastatur-Prozedur, wird von Thread 2 ausgeführt und ähnelt dem vorhergehenden Beispiel mit mehreren Threads. Wie bereits erwähnt, liegt der Hauptunterschied darin, daß beide Threads zur Visualisierung des Multitasking-Betriebs Daten auf dem Bildschirm ausgeben. Thread 2 schaltet bei der Ausführung der Tastatur-Prozedur von Prozeß 1 einfach zwischen normaler und inverser Darstellung hin und her und zeigt damit an, daß er aktiv ist.

In Abbildung 15 unten sieht man, daß Thread 1 von Prozeß 2 in der *Main*-Prozedur bleibt. Nachdem er den Bildschirm initialisiert hat, geht er in eine Schleife, die Nachrichten aus der Pipe liest, die Nachricht mit Datum und Uhrzeit versieht und das Protokollieren der Nachricht durch Ausgabe auf dem Bildschirm simuliert. Dieser Vorgang wird so lange fortgesetzt, bis das Zeichen "q" - der Hinweis zur Beendigung des Prozesses - aus der Pipe gelesen wird.

Thread 2 ist dafür verantwortlich, daß eine Zeichenkette mit aktuellem Datum und Uhrzeit gepflegt wird. Mit dieser Kette wird nicht nur die Protokollmeldung eingerichtet, sondern auch die Zeichenkette mit Datum und Uhrzeit ungefähr einmal pro Sekunde auf dem Bildschirm ausgegeben, um zu zeigen, daß dieser Thread arbeitet.

Die Abbildungen 16 und 17 stellen die Deklarationen für Prozeß 1 dar. In Abbildung 18 ist die erste ausführbare Anweisung der *Main*-Funktion ein Aufruf der OS/2-Routine *VioScrollUp*, um den Bildschirm zu löschen. Mit den nachfolgenden Aufrufen *VioWrtCharStr* und *VioWrtCharStrAtt* wird der Bildschirm beschriftet und das farbige "Thread-Fenster" gezeichnet. Die Fenster von Prozeß 1 benutzen das Farbattribut hellrot (oktal 034), die Fenster von Prozeß 2 (Protokoll-Prozeß) das Farbattribut hellgrün. Die Fenster-Boxen werden mit Bereichen von String-Konstanzen gezeichnet. Diese Bereiche werden mit FOR-Schleifen auf dem Bildschirm ausgegeben. Mit *VioSetCurPos* wird der Cursor in dem Fenster positioniert, das die Aktivität des Threads der Tastatur-Prozedur anzeigt.

Ist der Bildschirm für Prozeß 1 initialisiert, bereitet sich das Programm darauf vor, den Kindprozeß von Abbildung 19 zu erzeugen. Der erste Schritt ist die Zuordnung einer Pipe mit *DosMakePipe*. Der Kindprozeß erbt das Zugriffs-recht auf diese Pipe, und mit einem Argument-String wird ihm die Dateiken-nung für Lesezugriff übergeben. Aus früheren API-Beschreibungen ist bereits bekannt, daß der Elternprozeß beim Aufruf von *DosExecPgm* über einen Pointer-Parameter ein Argument-String an den Kindprozeß weitergibt. Es ist vereinbart, daß der erste String im Argument-String den Programmnamen ent-hält. Deshalb ist der Programmname der erste String, der in den Argument-String kopiert wird. Nachdem die Lese-Dateikennung der Pipe mit Hilfe der Funktion *itoa* (*integer to ASCII*) in einen String konvertiert wurde, wird dieser zum Argument-String hinzugefügt. Jetzt kann der zweite Prozeß mit *DosExecPgm* gestartet werden. Der Wert von *ExecFlag* beim Aufruf von *DosExecPgm* legt fest, daß Prozeß 2 asynchron zu Prozeß 1 ausgeführt werden soll. Deshalb erhält Prozeß 1 die Kontrolle zurück, sobald Prozeß 2 angelaufen ist. Der Rest von Prozeß 1 ist dem Beispiel zur Verwendung mehrerer Threads sehr ähnlich. Prozeß 1 erzeugt einen zweiten Thread, um die Tastatur-Prozedur auszuführen und ruft die Bildschirm-Prozedur mit dem ersten Thread auf.

Abbildung 20 enthält die Bildschirm- und die Tastatur-Prozedur. Ihre grund-legende Logik ist aus dem vorhergehenden Beispiel unverändert übernommen worden. Der Aufruf von *DosWrite* wurde hinzugefügt, um jedes Zeichen (ASCII-Wert und Darstellungsattribut) in die Pipe zu schreiben. Beiden Proze-duren wurden Bildschirmfunktionen hinzugefügt, so daß die Ausführung der beiden Threads am Bildschirm verfolgt werden kann.

Die Abbildungen 21 und 22 enthalten die Deklarationen für den zweiten Prozeß. In Abbildung 23 sieht man, wie Prozeß 2 (unser Protokoll-Prozeß) startet, indem er seinen Teil des Bildschirms mit der gleichen Technik wie Prozeß 1 initialisiert. Dieser Prozeß erzeugt einen zweiten Thread, um die Pro-zedur *DateTime* auszuführen. Nach dem Aufruf der Funktion *DosCreateThread* erhält Thread 1 die Dateikennung zum Lesen der Pipe aus dem Argument-String, der vom ersten Prozeß übergeben wurde. Der Thread läuft dann in eine Schleife, in der ein Zeichen aus der Pipe gelesen, im dazugehörigen Bild-schirmfenster gerollt und ein neuer String (mit Datum und Uhrzeit) ausgegeben wird. Thread 1 überwacht auch, ob ein Buchstabe "q" durch die Pipe kommt, um gegebenenfalls zu veranlassen, daß der Prozeß mit allen Threads beendet wird.

Abbildung 24 zeigt die Prozedur *DateTime*, die von Thread 2 ausgeführt wird und in der eine Zeichenkette mit Datum und Uhrzeit gepflegt und im oberen

Teil des Bildschirmfensters von Prozeß 2 angezeigt wird. Die Prozedur *DateTime* ruft die OS/2-Funktion *DosGetDateTime* und weitere Funktionen auf, die Datum und Uhrzeit in Zeichenketten umformatieren, die auf dem Bildschirm ausgegeben werden können. Dieser Thread benutzt auch die Funktion *DosSleep*, um seine Ausführung anzuhalten und etwa eine Sekunde lang in Wartestellung zu gehen. Thread 2 wird beendet, wenn der erste Thread die Funktion *DosExit* aufruft, wobei *ActionCode* auf 1 gesetzt ist.

Die Funktionen *BuildTimeString* (Abbildung 24) und *BuildDateString* (Abbildung 25) dienen hauptsächlich zur Manipulation von Zeichenketten, die Uhrzeit und Datum in das gebräuchliche Format bringen. In Kapitel 7 über fortgeschrittene Programmiertechniken wird gezeigt, wie diese beiden Funktionen in eine Bibliothek für dynamisches Linken eingebaut werden können, und wie dadurch verschiedene Ausführungen der Funktionen unterstützt werden können, ohne ein Anwendungsprogramm, das die Funktionen benutzt, ändern zu müssen.

Abbildung 26 zeigt den Bildschirmaufbau für das Programmbeispiel mit mehreren Prozessen.

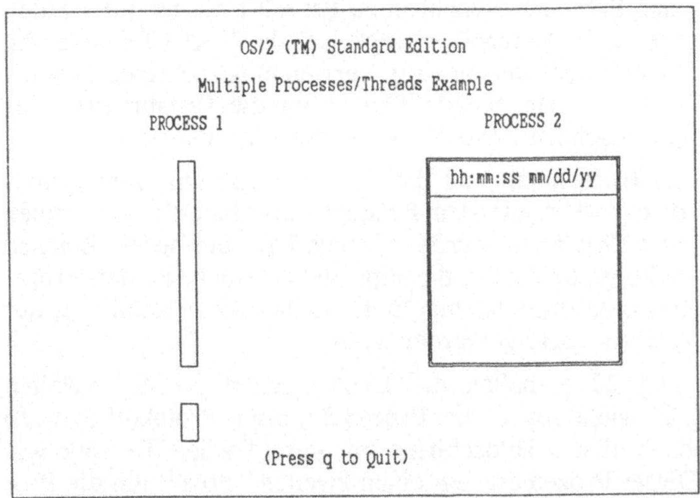

Abbildung 26. Mehrere Prozesse: Bildschirmdarstellung

Speicherüberbelegung

Zum Abschluß dieses Kapitels soll noch ein Programmbeispiel folgen, das die Fähigkeit von OS/2 zur Speicherüberbelegung illustriert. Eine hypothetische

Anwendung in diesem Ablauf könnte z.B. eine sehr große Kalkulationstabelle sein. Der Anwender kann dabei selbst festlegen, wieviel Speicherplatz die Anwendung anfordern soll. Es kann sogar mehr Hauptspeicher angefordert werden, als das System zur Verfügung stellt. Das Programm simuliert, daß die Tabellenkalkulation auf Daten aus allen angeforderten Segmenten zugreift.

Beim Aufruf dieses Programms aus der Befehlszeile wird auch die Anzahl von 64-KB-Segmenten angegeben, die es belegen soll. Sobald die Datensegmente zugeordnet sind, wird nacheinander auf jedes einzelne Segment zugegriffen, wobei man sich z.B. die Neuberechnung einer großen Kalkulationstabelle vorstellen könnte. Wenn man das Programm dazu gebracht hat, eine Speicherüberbelegung zu verursachen, kann man beobachten, daß das Indikatorlämpchen des Festplattenlaufwerks blinkt. Dies zeigt, daß die Speicherverwaltung von OS/2 die Datensegmente zwischen Hauptspeicher und Platte aus- und einlagert, wobei sie nach dem *Least Recently Used*-Prinzip vorgeht, das bereits in Kapitel 2 über die Speicherverwaltung von OS/2 besprochen wurde.

Folgendes ist zu beachten: Wenn das Beispiel funktionieren soll, muß Swapping im System aktiviert sein. Das ist standarmäßig der Fall, wenn ein Swap-Pfad auf der Platte existiert und nicht in CONFIG.SYS durch eine Anweisung MEMMAN = NOSWAP außer Kraft gesetzt wurde. Wenn der Swap-Pfad auf eine Diskette verweist, ist Swapping standardmäßig außer Kraft gesetzt. Um es zu aktivieren, muß dann in CONFIG.SYS für die Speicherverwaltung MEMMAN = SWAP angegeben werden. In der Regel ist Swapping mit Disketten aber nicht zu empfehlen.

Jetzt zum Anwendungsbeispiel: Abbildung 27 enthält die Programmlogik und die Abbildungen 28 und 29 den Quellcode für das Programm mit Hauptspeicherüberbelegung.

```
Größe des zuzuweisenden Hauptspeichers holen (Argument aus der Befehlszeile)
Segmente zuweisen
Aktuellen Segment-Pointer einstellen
Endlos-Schleife
      Aktuelles Segment ansprechen
      Nummer des aktuellen Segments anzeigen
      Segment-Pointer erhöhen (mit Umlauf)
Schleifenende
Prozeß beenden
```

Abbildung 27. Logik des Programmbeispiels - Speicherverwaltung

```c
/***********************************************************************************/
/* Programmbeispiel zur HauptspeicherÜberbelegung                                  */
/***********************************************************************************/


#include <doscall.h>                                      /* OS/2-API-Deklarationen        */
#include <stdio.h>                                        /* C-Standard-I/O-Bibliothek     */
#include <string.h>                                       /* C-String-Funktionen           */


/* Allgemeine Variablen ************************************************************/

    unsigned          ErrorCode = 0;                      /* Rückkehrcode v. OS/2-Funkt.-  */
                                                          /* Aufrufen                      */

    unsigned far      *SelectorTable[256];                /* Tabelle mit far-Pointern      */

    int               SegmentCount = 0;                   /* Schleifen-Variablen           */
    int               TableIndex = 0;
    int               MaxIndex = 0;

    unsigned long     PointerBuilder;                     /* z. Erstellung e. far-Pointers */

    unsigned          FakeDataValue;                      /* um neues Segment anzusprechen */

/* DosAllocSeg-Variablen **********************************************************/

    unsigned          Size = 0;                           /* d.h. Größe = 64KB             */
    unsigned          Selector;                           /* zurückgegebener Sektor        */
    unsigned          AllocFlags = 0;                     /* nicht teilbar oder entfernbar */

/* DosExit-Variablen **************************************************************/

    unsigned          ActionCode = 1;                     /* alle Threads beenden          */
    unsigned          ResultCode = 0;                     /* Ergebnis für DosWait          */

/***********************************************************************************/
```

Abbildung 28. Speicherüberbelegung (Teil 1) - Deklarationen

```c
main(argc, argv, envp)                                   /* Anfang der C-Main-Routine     */
int argc;                                                /* Zähler für Argument-Strings   */
char *argv[ ];                                           /* Tabelle argv enthält Argu-    */
char *envp[ ];                                           /* ment-Strings                  */
                                                         /* envp enthält Umgebungs-Strings*/

{

  SegmentCount = atoi(argv[1]);                          /* Anzahl zuzuweisende Segmente  */
                                                         /* aus der Befehlseingabe holen  */
  printf("Number of 64K Segments to allocate is %d\n",SegmentCount);   /* und am Bildschirm ausgeben   */

  do {                                                   /* Schleife: Segmentzuweisung    */

    ErrorCode = DOSALLOCSEG(Size,                        /* ein 64K-Segment zuweisen      */
                            (unsigned far *)&Selector,
                            AllocFlags);
    if (ErrorCode == 0)
      printf("Successfully allocated segment %d\n",TableIndex+1);   /* Statusmeldung ausgeben    */
    PointerBuilder = Selector;
    SelectorTable[TableIndex] = PointerBuilder << 16;    /* Selektor in Pointertabelle    */
    ++TableIndex;
    --SegmentCount;
    }
  while (SegmentCount > 0);                              /* Ende der Zuweisungsschleife    */


  MaxIndex = TableIndex - 1;
  TableIndex = 0;

  for(;;) {                                              /* unbedingte Schleife, um alle  */
    FakeDataValue        = *SelectorTable[TableIndex];   /* Segmente anzusprechen         */
    printf("Just accessed segment %d \n",TableIndex+1);
    ++TableIndex;
    if (TableIndex > MaxIndex)
      TableIndex = 0;
  }

  DOSEXIT(ActionCode,                                    /* OS/2 die Beendigung anzeigen  */
       ResultCode);
}
/*****************************************************************************************/
```

Abbildung 29. Speicherüberbelegung (Teil 2) - Main-Funktion

OS/2-Funktionsaufrufe

Das Beispiel zur Hauptspeicherüberbelegung benutzt eine neue OS/2-Funktion:

DosAllocSeg

DosAllocSeg ordnet dem aufrufenden Prozeß ein Hauptspeichersegment zu.

Für den Aufruf gibt es drei Parameter:

Size Wortwert, der die Größe des zuzuordnenden Hauptspeichersegments fest-legt. Die Größe kann zwischen Null und 65536 liegen, wobei Null die Zuord-nung eines 64-KB-Segments bedeutet.

Selector Far-Pointer auf ein Wort, in dem ein Selektor steht. Dieser Selektor gilt für die LDT des aufrufenden Prozesses und ermöglicht den Zugriff auf den zugeordneten Haußtspeicherbereich.

Flags Wort mit einem Wert, der anzeigt, ob das Speichersegment mit Hilfe der Funktionen *DosGiveSeg* und *DosGetSeg* zur gemeinsamen Nutzung zugelassen werden kann, und ob das Segment bei Hauptspeicher-Engpässen abgegeben werden kann.

Standardmäßig kann der Hauptspeicherbereich, der mit *DosAllocSeg* zugeord-net wird, verschoben und ausgelagert werden.

Beschreibung des Programmbeispiels mit Speicherüberbelegung

Der erste Schritt unseres Programms erfordert, daß bekanntgegeben wird, wie-viel Hauptspeicherplatz belegt werden soll. In C werden Parameter aus der Befehlszeile an das Programm in einer Zeichenkette mit dem Namen *argv.* übergeben. Die Anzahl von 64-KB-Segmenten, die belegt werden sollen, wird mit Hilfe der *atoi-(ASCII to integer)*-Funktion aus dem ersten Aufrufparameter (argv[1]) bestimmt. Das Programm gibt dann eine Statusmeldung aus, um dem Benutzer anzuzeigen, daß die Anzahl von Segmenten, die er dem Programm zuordnen will, tatsächlich korrekt ist.

Dann läuft das Programm in eine Schleife, in der 64-KB-Segmente belegt wer-den. Die Funktion *DosAllocSeg* wird aufgerufen - und zwar mit *Size = 0*, um die Größe der Segmente auf 64 KB festzulegen. Nach erfolgreicher Beendigung der Funktion wird eine Meldung ausgegeben. Als nächstes soll der zurückge-gebene Selektor-Wert des Segments benutzt werden, um einen Eintrag in eine Tabelle mit Pointern für jedes Segment zu machen. Es kann etwas schwierig werden, mit dem zurückgegebenen Selektor einen Far-Pointer für C zu erstel-len. Man kann verschiedene Techniken dazu verwenden; in unserem Beispiel wird eine Verschiebungstechnik verwendet. Die 16 Bit große, vorzeichenlose Ganzzahl *Selector* wird einer 32 Bit großen, vorzeichenlosen Ganzzahl-Variable namens *PointerBuilder* zugeordnet. *PointerBuilder* wird dann um 16 Bit nach links verschoben und einem 32 Bit großen Pointer zugeordnet. Dadurch wird ein Far-Pointer auf das erste Byte im Segment gewonnen. Diese Vorgehensweise provoziert zwar zwangsläufig eine Compiler-Warnung wegen "Zuweisung an unterschiedliche Datentypen", aber sie liefert das gewünschte Ergebnis.

Nachdem die gewünschte Anzahl von Segmenten belegt und eine Tabelle mit Pointern zur Adressierung der Segmente angelegt ist, durchläuft das Programm eine unbedingte Schleife, die nacheinander auf jedes Segment zugreift. Wenn dieses Beispielprogramm angewiesen wird, nur so viele Segmente zu belegen, wie im verfügbaren Hauptspeicher Platz finden, kann man beobachten, daß es relativ schnell und ohne Plattenzugriffe abläuft. Wird es andererseits so aufgerufen, daß eine Überbelegung des Hauptspeichers eintritt, so wird man vermehrte Plattenzugriffe feststellen und das Programm wird deutlich verlangsamt ablaufen.

Wenn das Programm übersetzt und gebunden wird und das ausführbare Objekt den Namen *allocmem.exe* erhält, wie in unserem Beispiel, kann es aus der Befehlszeile mit

allocmem 32

aufgerufen werden, um zu erreichen, daß mehr als 2 MB Hauptspeicher belegt werden.

Abhängig von der Hauptspeichergröße Ihres Systems sollten Sie das Programm mindestens zweimal aufrufen: einmal mit genügend freiem Arbeitsspeicher, um die angeforderte Belegung auszuführen und ein zweites Mal so, daß genügend Segmente belegt werden müssen, um das System zur Hauptspeicherüberbelegung durch Ein- und Auslagern zu veranlassen.

KAPITEL 5

Ein-/Ausgabeeinrichtungen für Anwenderprogramme

Die Hardware-Technologie wird ständig verbessert, und dabei ist es wichtig, daß diese Verbesserungen von den Anwenderprogrammen auch genutzt werden können. OS/2 stellt für die verschiedenen Systemeinheiten eine breite Palette von Anwendungsprogrammierschnittstellen (APIs) sowie eine ganze Reihe funktioneller Ein-/Ausgabemechanismen zur Verfügung.

Welche Vorteile bringt OS/2 nun eigentlich für Anwenderprogramme und Subsysteme? Diese Frage läßt sich am einfachsten durch einen Vergleich mit MS-DOS beantworten. MS-DOS ist ein Singletasking-System. Eine DOS-Anwendung - als Einzelanwendung - kann immer davon ausgehen, daß ihr alle Systemeinheiten sowie ein uneingeschränktes Betätigungsfeld zur Verfügung stehen. Abbildung 30 zeigt die Schnittstellen und Mechanismen, über die eine DOS-Anwendung auf Systemeinheiten zugreifen kann. Eine DOS-Anwendung kann Systemeinheiten durch IN- und OUT-Anweisungen an die entsprechenden Ein-/Ausgabe-Ports direkt steuern. Das ist sehr nützlich, macht die Anwendung aber von den Charakteristiken der jeweiligen Einheit abhängig. Das bedeutet, eine Anwendung ist nicht mehr ablauffähig, sobald die Ein-/Ausgabeeinheit ausgetauscht oder geändert wird.

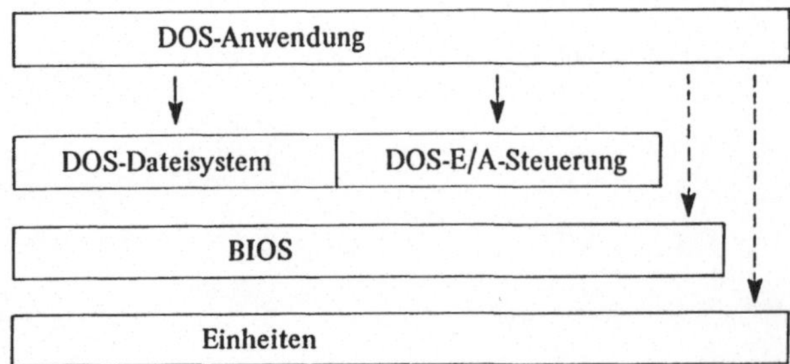

Abbildung 30. Anwendungsschnittstellen für Ein-/Ausgabe unter MS-DOS

Hinzu kommt, daß Probleme entstehen können, wenn in einer MS-DOS-Umgebung die Einheitensteuerung des Anwenderprogramms mit einem TRS-Programm (*Terminate-And-Stay-Resident*) in Konflikt gerät. Um dieses Problem zu umgehen, kann eine DOS-Anwendung andere Ein-/Ausgabeschnittstellen verwenden: DOS-Dateisystem, DOS-Ein-/Ausgabesteuerung (IOCtl) und das BIOS. Diese Schnittstellen haben den Vorteil, daß sie eine Anwendung einheitenunabhängig machen, doch bleibt weiterhin auch für diese Schnittstellen die Gefahr, mit TRS-Programmen in Konflikt zu geraten. Tritt tatsächlich ein solches Problem auf, ist meist kaum feststellbar, welches Programm den Ärger verursacht hat.

Die Ein-/Ausgabemöglichkeiten von OS/2 dagegen machen OS/2-Anwendungen flexibel und diszipliniert. Flexibilität bedeutet, frei zu sein in der Wahl der Mittel, zu denen folgende zählen:

- OS/2-Schnittstellen für Dateisystem
- OS/2-Schnittstellen für Ein-/-Ausgabesteuerung (IOCtl)
- OS/2-Schnittstellen für Bildschirm, Tastatur und Maus
- OS/2-Mechanismus für Zeicheneinheiten-Monitor
- OS/2-Mechanismus für IOPL-Codesegment

Das Dateisystem unterstützt die Ein-/Ausgabe unterschiedlicher Systemeinheiten, von Dateien über Tastaturen bis hin zu Pipes. IOCtl unterstützt einheitenspezifische Steuerfunktionen sehr vieler Einheiten. Die Subsystemschnittstellen

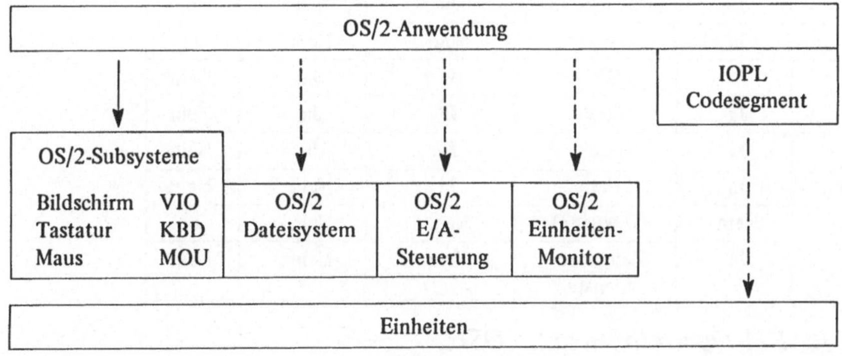

Abbildung 31. Anwendungsschnittstellen für Ein-/Ausgaben unter OS/2

unterstützen die Anwendungen im Umgang mit den Konsoleinheiten (Bildschirm, Tastatur und Maus), und das IOPL-Codesegment ermöglicht die direkte Ein-/Ausgabe über den E/A-Port einer Einheit. Diese vielseitigen Möglichkeiten bedeuten eine wesentliche Verbesserung gegenüber den E/A-Möglichkeiten in MS-DOS. Abbildung 31 zeigt die von OS/2 zur Verfügung gestellten E/A-Einheiten.

Diszipliniertes Ein-/Ausgabeverhalten ist im Multitasking-System unbedingt wichtig, da die Betriebsmittel (Ressourcen) von vielen Anwendungen gleichzeitig benutzt werden sollen. Es müssen also bestimmte Regeln beachtet werden, damit alle Anwendungen friedlich nebeneinander existieren können. Die OS/2-Schnittstellen und -Mechanismen unterstützen diese Zugriffsregeln, wann immer möglich. In einigen Fällen kann eine Anwendung auch selbst steuern, wie andere Anwendungen eine von ihr besetzte Systemeinheit mitbenutzen können. Über das Dateisystem kann eine Anwendung z.B. festlegen, wie eine Datei von mehreren Benutzern geteilt werden soll. Bei E/A-Einheiten, die von den Anwendungen direkt bearbeitet werden, müssen alle Konventionen eingehalten werden - obgleich es sich um eine gemeinsam benutzte Einheit handelt. Für den Bildschirm - ein Gerät mit häufigen, direkten Ein-/Ausgabeoperationen - hat OS/2 ein Ein-/Ausgabeprotokoll vorgesehen, das über mehrere Subsystemschnittstellen verfügt. Diese Schnittstellen ermöglichen einer Anwendung z.B., den Bildschirmadapter direkt zu bearbeiten - und trotzdem den Bildschirm mit anderen Anwendungen zu teilen.

Allg. gebräuchliche Einheiten	E/A-Schnittstellen/Mechanismen				
	Datei-system	Subsystem	E/A-Steuerung	Monitor	IOPL
Festplatte	Ja	Dateisystem	Ja	Nein	Nein
Diskette	Ja	Dateisystem	Ja	Nein	Nein
Bildschirm	Ja	VIO	Nein	Nein	Ja
Tastatur	Ja	KBD	Ja	Ja	Nein
Maus	Ja	MOU	Ja	Ja	Nein
Drucker	Ja	Spooler	Ja	Ja	Nein
Asyn. Komm.	Ja	Nein	Ja	Nein	Nein
Summer	Nein	(DosBeep)	Nein	Nein	Ja
Uhr	Ja	Zeitgeber-dienste	Nein	Nein	Nein

Abbildung 32. E/A-Operationen unter OS/2.

Die meisten Ein-/Ausgabeeinrichtungen von OS/2 sind mit Basisfunktionen ausgestattet, die vom Betriebssystem und den Einheitentreibern unterstützt werden. Abbildung 32 veranschaulicht die Nützlichkeit verschiedener Ein-/Ausgabeschnittstellen und -mechanismen von OS/2 für einige der gängigsten

Ein-/Ausgabeeinheiten. Anwendungs- und Subsystemprogrammierer können diese Basisfunktionen durch zusätzliche Systemerweiterungen den indivduellen Anforderungen noch weiter anpassen.

Ein-/Ausgaben des Dateisystems

Das Dateisystem ist eine wichtige Komponente im Ein-/Ausgabesystem von OS/2. Es bietet Anwenderprogrammen folgende Möglichkeiten:

- Zugriff auf viele unterschiedliche Einheiten
- Zugriff auf diese Einheiten teilen oder beschränken
- Umleitung der Ein-/Ausgaben von einer Einheit zur anderen

Darüber hinaus sind noch folgende Vorteile zu erwähnen, die allerdings außerhalb der Möglichkeiten liegen, die OS/2-Dateisystem-Schnittstellen bieten können:

- Datenträgerkompatibilität mit MS-DOS.

  Zugriff auf und Benutzung von Dateien sieht im OS/2-Dateisystem ähnlich aus wie im DOS-Dateisystem. Die Datenträger beider Systeme sind kompatibel, das bedeutet, *eine in DOS erstellte Datei kann auch in der OS/2-Umgebung laufen; analog dazu kann eine OS/2-Datei auch in der DOS-Umgebung eingesetzt werden.* Das ist eine wichtige Voraussetzung für die Kompatibilität der Systeme und den Einsatz von DOS-Anwendungen in OS/2.

- Residenter Teilhabermechanismus.

  Ein wesentlicher Unterschied zwischen den Dateisystemen von OS/2 und MS-DOS ist der, daß OS/2 über ein sogenanntes Teilhabersystem verfügt. Das OS/2-Dateisystem unterstützt automatisch die gemeinsame Benutzung von Dateien. Mit anderen Worten, *die gemeinsame Benutzung von Dateien ist eine integrierte Funktion des OS/2-Dateisystems.* In MS-DOS muß erst das Programm SHARE.EXE installiert werden, damit das DOS-Dateisystem die gemeinsame Benutzung einer Datei durch mehrere Teilhaber zuläßt. OS/2 bietet dagegen *jederzeit* die Möglichkeit, den Zugriff mehrerer Teilhaber auf eine Datei zu steuern. Im DOS-Dateisystem kann die gemeinsame Benutzung ermöglicht werden oder auch nicht, abhängig davon, ob der Benutzer das SHARE.EXE-Programm installiert hat oder nicht.

- Kennsatzverwaltung für auswechselbare Datenträger.

  Ein weiterer wichtiger Unterschied zwischen den beiden Dateisystemen - MS-DOS und OS/2 - besteht in der Möglichkeit, auswechselbare Datenträger (Disketten) verwalten zu können. *Das OS/2-Dateisystem überwacht die Identität der Disketten, um die Integrität der Dateidaten zu gewährleisten.* Wenn der Benutzer z.B. eine Diskette aus dem Laufwerk nimmt - bevor ein Programm beendet ist - kann OS/2 den Benutzer auffordern, diese Diskette wieder ins Laufwerk einzulegen. Da in einer Multitasking-Umgebung mit umfangreicher Datei-E/A gerechnet werden muß, ist es wichtig, daß mit Hilfe einer Kennsatzverwaltung jederzeit festgestellt werden kann, welche Datenträger (Disketten) gerade in Benutzung sind.

Gewöhnlich stellt man sich das Dateisystem als Ein-/Ausgabemechanismus für Dateien vor. Diese Vorstellung trifft aber nicht ganz zu, da das Dateisystem auch zur Ein-/Ausgabe für andere Einheiten benutzt werden kann - z.B zur Ein-/Ausgabe über Drucker oder asynchrone Kommunikationsleitungen. Das Dateisystem erkennt automatisch alle Standardzeicheneinheiten. Es gibt aber noch andere Datenträger, die ebenfalls vom Dateisystem unterstützt werden. Dazu gehören u.a. Pipes, die eine Art Pseudo-Datenträger für Prozeßkommunikation darstellen, oder eine ganz besondere Art von Datenträgerverwaltung - ein logisches Platten-/Diskettenlaufwerk. Wir werden den Einsatz des Dateisystems im Zusammenhang mit diesen besonderen Datenträgern noch genauer untersuchen.

Datenträger

Ein Datenträger ist im Grunde nichts anderes als eine Speichereinrichtung für Daten, und zwar gewöhnlich eine Diskette oder Festplatte. Das Dateisystem ist das Subsystem, das diese Datenträger verwaltet und dabei steuert, welche Daten wo auf einem Datenträger gespeichert werden. Es bestimmt genau, wie ein Datenträger zur Aufname von Daten vorbereitet, d.h. formatiert sein muß. Beide Dateisysteme, sowohl in OS/2 als auch in MS-DOS, verwalten die Daten auf dem Datenträger mit Hilfe eines Algorithmus aus der FAT (File Allocation Table / Dateizuordnungstabelle). Bevor eine Diskette/Festplatte zur Datenspeicherung eingesetzt werden kann, muß sie formatiert werden. Die Formatierung einer Diskette erfolgt ganz einfach über das FORMAT-Hilfsprogramm, während eine Festplatte vor der Formatierung erst partitioniert werden muß (mit einer FDISK-Utility).

Das Betriebssystem weist jeder Datenträgereinheit einen oder mehrere Laufwerksnamen zu. Dieser Laufwerksname besteht aus einem Buchstaben, der als Datenträgername zur Identifizierung eines logischen Laufwerks eingesetzt wird. Bei Diskettenlaufwerken kann das Dateisystem bis zu zwei Laufwerksnamen zuordnen. Wenn ein System nur mit einem Diskettenlaufwerk arbeitet, weist das Dateisystem die Laufwerksnamen "a:" und "b:" zu, als Namen für zwei logische Laufwerke. Der Benutzer erhält damit die Möglichkeit, mit zwei Disketten arbeiten zu können, obwohl ihm nur ein Diskettenlaufwerk zur Verfügung steht. Verfügt ein System über zwei Diskettenlaufwerke, teilt das Dateisystem jedem der beiden Laufwerke einen eigenen Namen (Buchstaben) zu. Datenträger, wie z.B. Festplatten, werden in mehrere *Partitionen* aufgeteilt, wobei jede Partition einen individuellen Datenträger darstellt, eine sogenannte *logische Platte*.

Der einzige Berührungspunkt zwischen Anwendung und Datenträgereinheit ist der Laufwerksname. Anwendungen arbeiten in erster Linie mit Dateien und nicht mit Datenträgern. Eine Datei besteht aus einer begrenzten Anzahl von

Daten, die auf einem Datenträger gespeichert sind. Die Anwendung benutzt also einen Laufwerksnamen zur Auswahl eines logischen Datenträgers und einen Dateinamen zur Identifikation bestimmter Daten. Das Dateisystem sucht dann aufgrund dieser Informationen die Daten auf dem entsprechenden Datenträger.

Um die Kompatibilität von OS/2 und MS-DOS zu gewährleisten, muß der Aufbau der Dateinamen in beiden Systemen übereinstimmen, d.h., die Konventionen für Dateinamen müssen eingehalten werden. In OS/2 besteht ein Dateiname aus einem Zeichenstring, optional gefolgt von einem Punkt und einer Erweiterung:

- Der Zeichenstring besteht aus 1 bis 8 Bytes (Zeichen).

- Die optionale Erweiterung besteht aus 1 bis 3 Bytes (Zeichen).

- Die Zeichen bestehen aus beliebigen ASCII-Zeichen, wobei Leerzeichen vor und in dem Namen nicht erlaubt sind. ASCII-Werte unter 20 Hexadezimal sind nicht zulässig. Sonderzeichen wie < > + = : | ; , . " \ / [ ] sind unzulässig.

Dateinamen, die über das 8.3-Format hinausgehen, werden in OS/2 nicht abgeschnitten, sondern rufen eine Fehlermeldung hervor. In der DOS-Umgebung von OS/2 dagegen werden solche Namen einfach auf das 8.3-Format gekürzt, damit die Dateikompatibilität mit MS-DOS erhalten bleibt. Die Zeichen ? und * werden - wie in MS-DOS - als globale Zeichenindikatoren eingesetzt. Dabei dient das Fragezeichen (?) auch in OS/2 als *Joker (Wildcard)* für ein einzelnes Zeichen, Sternchen (*) als Joker für einen Zeichenstring.

Das Protokoll für Dateieingabe/-ausgabe arbeitet auch in OS/2 mit einer Zugriffskennung. Diese Zugriffskennung besteht aus einem 16-Bit-Wert, den das Dateisystem zur Indentifizierung von Dateiinformationen benutzt. Eine Anwendung muß also folgendes unternehmen:

1. Verbindung zu einer bestehenden (OPEN) oder einer neuen (CREATE) Datei herstellen, um eine Zugriffskennung zu empfangen.

2. Mit dieser Zugriffskennung Daten aus einer Datei lesen oder in eine Datei schreiben.

3. Dateiverbindung beenden (CLOSE) und die Zugriffskennung freigeben.

Um eine Datei über das OS/2-Dateisytem zu öffnen oder zu erstellen, wird ein Eingabeparameter benötigt, ähnlich dem in MS-DOS. In Abbildung 33 ist eine Zusammenstellung aller Eingabeparameter und ihrer Aktivitäten dargestellt. In OS/2 liefert ein Anwendungsprozeß einen Zeiger auf einen ASCII-Zeichenstring, der Laufwerk (optional), Verzeichnispfad (optional), Dateiname und ein Byte von 00h spezifiziert. Wenn diese Teile alle im String enthalten sind, stellt der String einen "vollständigen" Dateinamen dar. Sobald versucht wird, eine Datei zu öffnen, spezifiziert der Anwendungsprozeß einen Zugriffsmodus, aus dem das Dateisystem erkennt, welche Art von Operation der Anwendungsprozeß für die Datei vorsieht (Lesezugriff, Schreibzugriff, Lese-/Schreibzugriff).

Gleichzeitg informiert der Anwendungsprozeß über den vorgesehenen Gemeinschaftsmodus, das heißt, welche Aktivitäten der Prozeß anderen Prozessen für diese Datei erlaubt (kein gleichzeitiger Zugriff, gleichzeitiger Lesezugriff, gleichzeitiger Schreibzugriff, gleichzeitiger Schreib-/Lesezugriff). In Abbildung 34 werden die Auswirkungen der verschiedenen Zugriffsarten bei gemeinsamer Dateibenutzung gezeigt. Alle Dateiattribute wie *nur Lesen, verborgen, System, archiviert*, oder ob der Name ein *Unterverzeichnis* bezeichnet, werden bereits beim Anlegen einer Datei spezifiziert.

Parameter		Beschreibung			
Name	Dateiname				
Öffnen-FLAG	Existiert			Existiert nicht	
	Öffnen	Ersetzen	Unzulässig	Erstellen	Unzulässig
Öffnen-Modus	Vererbung WriteThrough Fehlermeldung L, S, L/S kL, kS, kLS, LS			Vererbung WriteThrough Fehlermeldung L, S, L/S kL, kS, kLS, LS	
Dateigröße		Größe		Größe	
Datei-Attribut		Lesen Verborgen System Archiv Verzeichnis		Lesen Verborgen System Archiv Verzeichnis	

Zugriffs-Modus

L   = Lesen
S   = Schreiben
L/S = Lesen/Schreiben

Gemeinsamer Modus

kL = kein Lesen
kS = kein Schreiben
kLS = kein Lesen/Schreiben
LS = Lesen/Schreiben

Abbildung 33. DosOpen-Parameter für Dateiverwaltung.

Die Dateikennung, die nach dem Öffnen oder Erstellen einer Datei zurückgegeben wird, dient als Schlüssel für die Ein-/Ausgabeoperationen. Zur Erinnerung, der Anwendungsprozeß ist eine Programmeinheit, die über Betriebsmittel (Ressourcen) verfügt - und zu diesen Betriebsmitteln gehört auch die Dateikennung. Das bedeutet also, daß alle Threads dieses Anwendungsprozesses mit derselben

Zugriffskennung Ein-/Ausgabeoperationen für diese Datei durchführen können. Wenn aber alle Threads dieselbe Zugriffskennung benutzen, muß verhindert werden, daß sich die einzelnen Threads bei der Ein-/Ausgabe gegenseitig behindern.

Gemeinsamer Zugreifer	Beabsichtigter Zugreifer		
	Lesen	Schreiben	Lesen/Schreiben
kein Lesen	ein L-Zugreifer viele S-Zugreifer	kein L-Zugreifer viele S-Zugreifer	ein L-Zugreifer viele S-Zugreifer
kein Schreiben	viele L-Zugreifer kein S-Zugreifer	viele L-Zugreifer ein S-Zugreifer	viele L-Zugreifer ein S-Zugreifer
kein L/S	ein L-Zugreifer kein S-Zugreifer	kein L-Zugreifer ein S-Zugreifer	ein L-Zugreifer ein S-Zugreifer
L/S	viele L-Zugreifer viele S-Zugreifer	viele L-Zugreifer viele S-Zugreifer	viele L-Zugreifer viele S-Zugreifer

Abbildung 34. Auswirkung von Dateizugriff im Gemeinschaftsmodus.

Die Dateieingabe/-ausgabe erfolgt mit Hilfe der Zugriffskennung. Das Dateisystem unterhält einen Lese-/Schreibzeiger - einen sogenannten *I/O-Pointer* - der auf die gewünschte Datei zeigt. Dieser Zeiger wird beim Öffnen oder Erstellen einer Datei auf das erste Byte in der Datei gesetzt. Die Ein- oder Ausgabe-Datenströme können automatisch in Sequenzen erfolgen, da das Dateisystem den aktuellen I/O-Pointer jeweils in die letzte Position der vorausgegangenen Ein-/Ausgabeanforderung bewegt. Datenströme können aber auch in beliebigen Sequenzen ein- oder ausgegeben werden, wenn man die Zeigerposition des aktuellen I/O-Pointers innerhalb der Datei ändert (man bezeichnet dies auch als *logisches Suchen*). Für asynchrone Ein-/Ausgaben gibt es zwei Möglichkeiten: entweder durch Aufruf der asynchronen Such- oder Schreibfunktion im Dateisystem oder mit Hilfe eines Threads, der für die Ein-/Ausgabe zuständig ist - während die anderen Threads desselben Prozesses andere Aktivitäten durchführen.

Im Multitasking-System, mit vielen parallelen Ein-/Ausgabeoperationen, kann das Dateisystem nicht garantieren, daß die wartenden Ein-/Ausgabeanforderungen in einer bestimmten Reihenfolge abgearbeitet werden. Wenn sich beispielsweise der Puffer einer Anwendung in einem ausgelagerten Speichersegment befindet, werden - falls möglich - erst die anderen Threads desselben Prozesses und deren Ein-/Ausgabeanforderungen, ausgeführt. Darüber hinaus nimmt der Plattentreiber einige Optimierungen vor, indem er die eingehenden Anforderungen nach Sektornummern sortiert. Dadurch soll erreicht werden, daß weniger Zeit durch das Lokalisieren von Daten verlorengeht. Wenn es sich bei den angeforderten Daten um Daten handelt, die in einer bestimmten Reihenfolge in der Datei aktualisiert werden müssen, darf der Anwendungsprozeß diese Daten nicht gleichzeitig mit anderen Datenströmen anfordern. In diesem Fall ist es besser, wenn der Prozeß einen gesonderten Thread nur für Ein-/Ausgaben abstellt.

Nachdem ein Prozeß alle Dateieingaben/-ausgaben beendet hat, schließt er die Datei (Zugriffskennung) und beendet damit die Verbindung zwischen Prozeß und Datei. Das Dateisystem aktualisiert die Verzeichnisangaben und löscht alle Informationen zu dieser Datei aus den internen Puffern. Falls eine Datei unfreiwillig beendet wird, schließt das Betriebssystem automatisch alle Zugriffskennungen, die ein Prozeß für diese Datei besitzt.

Beim Öffnen oder Anlegen einer Datei kann ein Prozeß spezifizieren, ob seine Kindprozesse die Zugriffskennung für diese Datei erben sollen. Sobald der Elternprozeß einen Kindprozeß startet, wird dem Kindprozeß für jede erbbare Zugriffskennung des Elternprozesses eine Kopie übergeben. Wenn ein Kindprozeß nun mit einer geerbten Zugriffskennung eine Ein-/Ausgabeoperation durchführt, wird der Elternprozeß davon insoweit betroffen (und natürlich auch umgekehrt), als der I/O-Pointer in der Datei aufgrund der Ein-/Ausgabe des Kindprozesses - mit einer der beiden Zugriffskennungen - aktualisiert wird. Diese beiden Zugriffskennungen können unabhängig voneinander wieder geschlossen werden. Der Kindprozeß kann also seine Zugriffskennung schließen, während der Elternprozeß mit seiner (derselben) Zugriffskennung weiterarbeitet.

Das Erben von Zugriffskennungen bildet die Grundvoraussetzung für das Umleiten von Ein-/Ausgaben. Dabei steuert ein Elternprozeß das Ein-/Ausgabemedium - z.B. eine Datei -, für die vom Elternprozeß entweder eine neue Zugriffskennung geöffnet oder die bereits existierende Kennung zugeteilt wird. Anschließend wird dann ein Kindprozeß gestartet, der die geerbte Zugriffskennung für Ein-/Ausgabeoperationen an dem jeweiligen Objekt (hier Datei) einsetzt. Der Kindprozeß kümmert sich dabei nicht um die Identität des Objekts.

Das System erlaubt insgesamt maximal 255 Dateikennungen. Einem Anwendungsprozeß werden standardmäßig 20 Kennungen zugeteilt. Diese Anzahl kann für Systemaufrufe erhöht werden, vorausgesetzt, daß durch andere Anwendungsprozesse nicht zu viele Kennungen aktiviert sind.

Zeicheneinheiten

Das OS/2-Dateisystem kann - wie auch MS-DOS - Daten über Zeicheneinheiten ein- oder ausgeben. Eine Zeicheneinheit hat wenig Ähnlichkeit mit einem Dateisystem. Sowie Daten einmal gelesen oder empfangen wurden, können sie nicht mehr geändert werden. Werden diese Daten neu gelesen, werden die bereits zuvor gelesenen Daten dadurch nicht geändert; die von einer Zeicheneinheit wiedergelesenen Daten sind im allgemeinen nicht dieselben, wie die zuvor gelesenen. Eine Anwendung muß die Datenbytes daher in einer bestimmten

Reihenfolge handhaben. Zeicheneinheiten sind jeweils mit individuellen Merkmalen ausgestattet. Die einen dienen nur als Eingabeeinheiten (z.B. Tastatur), das heißt, man kann von diesen Geräten Daten nur lesen. Die anderen dienen als Ausgabeeinheiten (z.B. Drucker), das heißt, man kann auf diese Einheiten nur schreiben. Es gibt noch eine dritte Art von Zeicheneinheiten, die sowohl zum Lesen als auch zum Schreiben dienen, die seriellen Kommunikationseinrichtungen.

Der Zugriff auf Zeicheneinheiten erfolgt unter OS/2 ähnlich wie unter MS-DOS. Das Ein-/Ausgabeprotokoll zur Benutzung des Dateisystems basiert auf dem Zugriff über eine Einheitenkennung. Diese Einheitenkennung gleicht der Dateikennung. Sie besteht aus einem 16-Bit-Wert, den das Dateisystem zur Identifizierung von Einheiteninformationen verwendet. Eine Anwendung muß folgendermaßen vorgehen:

1. Mit einem Einheitennamen die Zeicheneinheit öffnen, um eine Zugriffskennung zu erhalten.

2. Mit der Zugriffskennung von der Einheit lesen oder auf die Einheit schreiben.

3. Mit der Zugriffskennung die Einheit schließen.

Wie zu erwarten, ist ein Einheitenname in OS/2 genauso aufgebaut wie in MS-DOS und wird von der entsprechenden Zugriffskennung bereitgestellt. Der Name besteht aus einem ASCII-String, der ähnliche Merkmale aufweist wie ein Dateiname:

■   Der String besteht aus 1 bis 8 Bytes (Zeichen).

■   Die Zeichen sind ASCII-Zeichen, wobei Leerräume vor und im String nicht zulässig sind. ASCII-Werte unter 20h sind nicht zulässig. Zeichen wie > < + = : | , . " \ / [ ] sind nicht möglich.

Für einige Zeicheneinheiten installiert OS/2 automatisch Einheitentreiber und stellt diese Einheiten allen Anwendungen für Ein-/Ausgabeoperationen gleichermaßen zur Verfügung. Es handelt sich hierbei um folgende Einheiten (und Namen):

CON	Konsoleinheiten (Bildschirm und Tastatur)
KBDS	Tastatur.
LPT1, LPT2, LPT3	Erster, zweiter und dritter Paralleldrucker.
NUL	Attrappe.
PRN	Anderer Name für den ersten Paralleldrucker
SCREENS	Bildschirm:.

Obgleich der direkte Zugriff auf Konsole, Bildschirm und Tastatur über das OS/2-Dateisystem durchaus möglich ist, erfolgt der Zugriff normalerweise über die Bildschirm- und Tastatur-Subsysteme.

Um mit dem Dateisystem andere Zeicheneinheiten ansteuern zu können, müssen die entsprechenden Einheitentreiber mit dem Befehl DEVICE= in der Konfigurationsdatei CONFIG.SYS installiert werden.

Wenn eine Anwendung eine Zeicheneinheit öffnen will, gibt sie statt des Dateinamens den Einheitennamen an - ohne Pfad für Laufwerk und Verzeichnis. Die Anwendung selbst ist nicht in der Lage, eine Zeicheneinheit zu erstellen. Zeicheneinheiten werden während der Installation von einem Einheitentreiber definiert. Der Name einer Zeicheneinheit hat im Systemaufruf OPEN grundsätzlich Vorrag vor einem Dateinamen (in OS/2 und MS-DOS), das bedeutet, eine Datei darf nicht denselben Namen haben wie eine Zeicheneinheit. Der Zugriffsmodus für die Zeicheneinheit wird vom Anwendungsprozeß festgelegt. Der Anwendungsprozeß spezifiziert also, welche Art E/A-Operationen er auf der Zeicheneinheit ausführen will (nur Lesen, nur Schreiben, Lesen/Schreiben). Auch die Art des Zugriffs mit anderen Prozessen (kein gemeinsamer Zugriff, gemeinsamer Lesezugriff, gemeinsamer Schreibzugriff, kein gemeinsamer Lesezugriff oder gemeinsamer Lese-/Schreibzugriff) wird vom Anwendungsprozeß spezifiziert. In Abbildung 34 oben zeigen wir die Auswirkungen der gemeinsamen Benutzung von Zeicheneinheiten.

Dieser beachtliche Spielraum bei der gemeinsamen Benutzung von Dateien ist ein ganz wesentlicher Vorteil von OS/2 gegenüber MS-DOS. Ein weiterer, interessanter Vorteil ist der, daß Einheitentreiber ausdrücklich für gemeinsame Benutzung konfiguriert werden können.

Der Systemaufruf OPEN gibt eine Zugriffskennung zurück, die das Dateisystem zur Einheitenidentifizierung benutzt. In Abbildung 35 sind alle Parameter zum Öffnen einer Zeicheneinheit aufgeführt. Eine Einheitenkennung ist, ebenso wie eine Dateikennung, Besitz eines Prozesses. Alle Threads des besitzenden Prozesses können daher mit dieser Zugriffskennung E/A-Operationen über die entsprechende Einheit durchführen. Wie für die Dateikennung kann der Prozeß auch für die Einheitenkennung bestimmen, ob seine Kindprozesse die Kennung erben sollen. Anders ausgedrückt, ein Kindprozeß kann von jeder erbbaren Zugriffskennung des Elternprozesses eine Kopie erhalten. Damit erhält der Kindprozeß die Möglichkeit, E/A-Operationen vorzunehmen, ohne die entsprechende Einheit öffnen zu müssen. Eltern- und Kindprozeß müssen dabei allerdings ihre Ein-/Ausgaben koordinieren, da die Daten von Zeicheneinheiten so beschaffen sind, daß sie nur einmal geschrieben und/oder gelesen werden. Die beiden Einheitenkennungen können unabhängig voneinander wieder geschlossen werden. Der Kindprozeß kann also seine Zugriffskennung schließen, während der Elternprozeß mit seiner Kennung weiterarbeitet - und umgekehrt.

Parameter	Beschreibung
Name	Name der E/A-Einheit
Öffnen-FLAG	Vorhanden
	Öffnen
Öffnen-Modus	Vererbung Fehlermeldungen L, S, L/S kL, kS, kL/S, L/S

Zugriffs-Modus	Geteilter Modus
L = Lesen	kL = kein Lesen
S = Schreiben	kS = kein Schreiben
L/S = Lesen/Schreiben	kL/S = kein Lesen/Schreiben
	L/S = Lesen/Schreiben

Abbildung 35. DosOpen-Parameter für Zeicheneinheiten.

Die Einheitenkennung kann also in den Lese- und Schreibaufrufen für E/A-Operationen verwendet werden. Eine Anwendung gibt dann beispielsweise die Anweisung, eine bestimmte Anzahl von Bytes an die Einheit zu übertragen. Anders als MS-DOS, das eine Anforderung von mehreren Bytes als Einzelbytes an den Einheitentreiber übergibt, schickt OS/2 die gesamte Anzahl der Bytes direkt an den Einheitentreiber. Auch für die asynchrone Einheiten-E/A sind zwei Möglichkeiten vorgesehen. Der Anwendungsprozeß kann entweder mit einem Funktionsaufruf über das Dateisystem asynchrones Lesen oder Schreiben anfordern oder mit Hilfe eines eigens für Ein-/Ausgaben abgestellten Threads - während die anderen Threads desselben Prozesses andere Aktivitäten vornehmen.

Die Einheitenkennung kann gegebenenfalls auch in anderen kennungsorientierten Systemaufrufen verwendet werden. Die Reihenfolge der Bytes bei der Ein-/Ausgabe kann hier von einer Anwendung nicht einfach durch Änderung der aktuellen I/O-Pointer-Position geändert werden, da der I/O-Pointer nur für Dateien bestimmt ist. Der Anwendung bleibt aber die Möglichkeit, eine Einheitenkennung zu kopieren.

Wie bei der Datei-E/A kann das Dateisystem auch hier nicht garantieren, in welcher Reihenfolge die anstehenden Ein-/Ausgabeanforderungen eines Prozesses verarbeitet werden. Wenn sich z.B. der Anwendungspuffer in einem ausgelagerten Segment befindet, werden die Ein-/Ausgabeanforderungen anderer Threads zuerst bedient. Müssen von einem Prozeß angeforderte Daten in einer bestimmten Reihenfolge an die Zeicheneinheit gesendet bzw. von ihr empfangen werden, sollte der Prozeß nicht mehrere Ein-/Ausgabeanforderungen parallel vornehmen. In diesem Fall empfiehlt es sich, daß ein gesonderter Thread nur zum Lesen und/oder Schreiben für eine bestimmte Einheit abgestellt wird, damit nicht mehrere Threads Lese-/Schreiboperationen über dieselbe Einheit vornehmen.

Wenn eine Anwendung ihre Ein-/Ausgaben für eine bestimmte Einheit beendet hat, schließt sie die Zugriffskennung und beendet damit die Verbindung zwischen Einheit und Prozeß. Falls eine Anwendung unprogrammgemäß beendet wird, schließt das Betriebssystem alle Zugriffskennungen, die im Besitz des entsprechenden Prozesses sind.

Die vom System maximal erlaubte Anzahl von Dateikennungen schließt die Einheitenkennungen ein. Einem Anwendungsprozeß werden standardmäßig 20 Zugriffskennungen zugeteilt. Diese Anzahl kann für Systemaufrufe erhöht werden, vorausgesetzt, daß durch andere Anwendungsprozesse nicht bereits zu viele Kennungen aktiviert sind.

Standardeinheiten

Einige Zeicheneinheiten werden vom Dateisystem automatisch erkannt. Diese Einheiten gelten als Standardeingabeeinheit (INPUT), Standardausgabeeinheit (OUTPUT) und Standardfehlereinheit (ERROR). Standardeinheiten haben vordefinierte Einheitenkennungen, die allen Anwendungsprozessen zur Verfügung stehen. Im wesentlichen handelt es sich dabei um kopierte Einheitenkennungen für Konsoleinheiten. Eine Anwendung kann aus einer Tastatur entweder mit der Standardkennung INPUT lesen oder mit den Standardkennungen OUTPUT oder ERROR auf den Bildschirm schreiben. Der Unterschied zwischen den Standardkennungen OUTPUT und ERROR ist der, daß ERROR nicht umgeleitet werden kann. Die Standardkennungen INPUT und OUTPUT können beide über die Befehlszeile umgeleitet werden - auch vom Endbenutzer. Wenn ein Prozeß dem Benutzer eine Meldung anzeigen will, die einige Aktivitäten notwendig macht (und daher z.B. nicht an eine Datei umgeleitet werden soll), schreibt er die Meldung mit Hilfe der Standardkennung ERROR direkt auf den Bildschirm.

Wie bei den anderen Ein-/Ausgabeeinheiten kann die Kennung für Standardeinheiten auch in anderen Unterfunktionen verwendet werden, z.B. für Systemaufrufe mit *DosRead, DosWrite, DosReadAsync, DosWriteAsync, DosClose* und *DosDupHandle*.

Das OS/2-Dateisystem unterstützt nicht die Standardeinheiten AUXILIARY und PRINTER, zwei Standardeinheiten, die vom DOS-Dateisystem erkannt werden.

Pipes

Die Pipe ist ein Pseudo-Dateiträger, der verwandten Prozessen ermöglicht, über Dateieingaben/-ausgaben miteinander zu kommunizieren (siehe hierzu den Abschnitt über Prozeßkommunikation in Kapitel 3). Eine Pipe ist keine Speichereinheit, sondern existiert nur als Datenstruktur im Hauptspeicher.

Zur Ein-/Ausgabe über Pipes sind kennungsorientierte Funktionsaufrufe erforderlich. Erinnern wir uns noch einmal, eine Anwendung erstellt eine Pipe über einen speziellen Systemaufruf (*DosMakePipe*), der als Ergebnis zwei Pipe-Treiber zurückgibt, einen zum Lesen aus der Pipe und einen zum Schreiben in die Pipe. Wenn ein Elternprozeß einen Kindprozeß startet, erbt der Kindprozeß diese beiden Kennungen. Die Pipe-Kennungen können dann für Pipe-Ein-/Ausgaben in den Lese- und Schreibaufrufen an das System eingesetzt werden. Nachdem ein Prozeß seine Ein-/Ausgabeoperationen beendet hat, wird die Verbindung mit der Pipe durch Schließen der Pipe-Kennung wieder beendet.

Da die Pipe-Kennungen vom Dateisystem eingesetzt werden, erfolgt ihre Zuteilung aus demselben Pool wie Datei- und Einheitenkennungen. Wie viele Kennungen ein Prozeß jeweils für sich beanspruchen kann, hängt von der Anzahl der von anderen Prozessen bereits besetzten Datei- und Einheitenkennungen ab.

Logische Festplatten-/Disketteneinheiten

Eine logische Festplatte/n-/Disketteneinheit ist dem Anwender im allgemeinen als Laufwerksname (Buchstabe) bekannt. Der Begriff *logische Festplatten-/Disketteneinheit* ist lediglich eine andere Bezeichnung für eine Partition auf einer Festplatte oder Diskette.

Bei jeder Datei-E/A greift eine Anwendung normalerweise auf eine logische Festplatten-/Disketteneinheit zu, da sich eine Datei grundsätzlich auf einem Datenträger befindet, der durch einen Laufwerksbuchstaben gekennzeichnet ist. Eine solche logische Festplatten-/Disketteneinheit kann jedoch erst Daten aufnehmen, nachdem sie entsprechend formatiert wurde.

Um eine noch nicht initialisierte Partition auf einer Festplatte oder Diskette zu formatieren, muß eine Systemanwendung erst Zugriff auf die logische Einheit erhalten, und zwar über das OS/2-Dateisystem. Der Name einer logischen Einheit ähnelt einem Dateinamen, der allerdings nur aus einer Laufwerksangabe (Laufwerksbezeichnung, Doppelpunkt) besteht. Der Systemaufruf OPEN gibt eine besondere Einheitenkennung als Ergebnis zurück. Diese Kennung wird im Systemaufruf *DosDevIOCtl* verwendet (siehe hierzu die Befehle für IOCtl Kategorie 8), um die logische Einheit zu initialisieren. Nachdem die Systemanwendung die logische Einheit formatiert hat, schließt sie diese spezielle Einheitenkennung wieder. In Abbildung 36 sind alle Parameter gezeigt, die im Systemaufruf eine logische Festplatten-/Disketteneinheit öffnen.

Parameter	Beschreibung
Name	Logische Festplatte/Diskette
Öffnen-FLAG	Vorhanden
	Öffnen
Öffnen-Modus	DASD direkt öffnen

Abbildung 36. DosOpen-Parameter für logische Platteneinheit.

Allgemein verwendbare Schnittstellen

Diese Schnittstellen (Systemfunktionen) sind nicht nur für Dateien, sondern auch für eine ganze Menge anderer Objekte - von Ein-/Ausgabeeinheiten bis hin zu Pipes - verwendbar.

DosClose CLOSEschließt die spezifizierte Kennung für Datei oder Einheit (Zeicheneinheit, Pipe, Standardeinheit oder logische Festplatten-/Disketteneinheit) und beendet die Verbindung zwischen Prozeß und Objekt. Bei einer Datei aktualisiert das Dateisystem den Eintrag im Dateiverzeichnis und leert alle für die Dateieingabe/-ausgabe benutzten Puffer. Bei Zeicheneinheiten unterrichtet das Betriebssystem gegebenenfalls den Einheitentreiber von der Beendigung.

DosDupHandle gibt eine Kopie der ursprünglichen Kennung (Datei, Pipe, Zeicheneinheit, Standardein-/ausgabeeinheit oder logisches Disketten-/Festplattenlaufwerk in der vom Prozeß spezifizierten Art zurück. Für die zurückgegebene Kennung kann das Dateisystem entweder eine neue oder eine für den Prozeß breeits vorhandene Kennung erstellen. Wenn der Prozeß das Dateisystem zwingt, die bereits existierende Kennung des entsprechenden Objekts zu kopieren, schließt das Dateisystem erst die vorhandene Kennung, bevor es diese für das Zielobjekt neu definiert. Bei jeder Ein-/Ausgabe mit einer kopierten Dateikennung muß der I/O-Pointer der Datei für alle Kopien dieser Kennung aktualisiert werden. Wenn jedoch eine CLOSE-Funktion eine kopierte Kennung verwendet (Datei, Pipe oder Zeicheneinheit), wirkt sich dies nur auf die entsprechende Kennung aus - nicht auf die anderen Kopien, die weiterhin aktiviert bleiben.

DosOpen gibt eine Kennung für Datei, Ein-/Ausgabeeinheit oder logisches Disketten-/Festplattenlaufwerk zurück. Für eine Datei legt die Anwendung folgende Merkmale fest:

■ Dateiname

■ Art der Aktivität (Open Flag-Parameter)

    ● Wenn die Datei existiert, kann die Anwendung bestimmen, ob die Anforderung unberücksichtigt bleibt, die Datei geöffnet oder ersetzt wird.

- Wenn die Datei nicht existiert, kann die Anwendung bestimmen, ob die Anforderung unberücksichtigt bleibt oder die Datei angelegt wird.

■ Dateigröße für eine CREATE- oder REPLACE-Aktivität

■ Dateiattribute für eine CREATE- oder REPLACE-Aktivität (nur Lesezugriff, verborgen, System, Verzeichnis oder Archiv). Die spezifizierten Attribute müssen mit den Attributen der Verzeichniseinträge für die Datei übereinstimmen, damit eine existierende Datei ersetzt werden kann; eine Datei mit nur Lesezugriff ist nicht austauschbar.

■ Modus der Aktivität (Parameter für Öffnungsmodus)

- Benutzung der Dateisystempuffer mit den Dateidaten (Write-Through-Markierung). Die Puffer des Dateisystems werden zum Abfangen von Dateidaten verwendet, die über eine Ein-/Ausgabeoperation angefordert werden. Die Datei-E/A-Anforderung kann also zum Aufrufer zurückkehren, noch bevor alle Dateidaten auf das entsprechende Medium (Datenträger) geschrieben sind. Die Anwendung teilt dem Dateisystem einfach mit, daß die Dateidaten bei jeder E/A-Anforderung an das Laufwerk geschickt werden sollen. Wenn die E/A-Anforderung zum Aufrufer zurückkehrt, residieren alle Daten auf dem Datenträger. Die Behandlung von Datenträgerfehlern (Unzulässigkeitsmarkierung) Datenträgerfehler können entweder durch eine Betriebssystem-Routine für kritische Fehler an den Operator gemeldet werden oder direkt an die Anwendung mit einem Fehlercode, der die Steuerung an die Anwendung übergibt.

- Vererbbarkeit von Zugriffskennungen (Erbmarkierung). Bestimmte Merkmale können von Kindprozessen nicht übernommen werden, wie z.B. die Write-Through- und Fehlermarkierungen.

- Die von der Anwendung gewünschte Zugriffsart: Lesezugriff, Schreibzugriff oder Lese-/Schreibzugriff.

- Umfang der gemeinsamen Benutzung mit anderen Anwendungen (Modus für gemeinsamen Zugriff): kein gemeinsamer Lesezugriff, kein gemeinsamer Schreibzugriff, kein Lese- und/oder Schreibzugriff,gemeinsamer Lese-/Schreibzugriff.

Für eine Zeicheneinheit legt die Anwendung folgende Merkmale fest:

■ Einheitennamen

■ Art der Aktivität zum Öffnen (OPEN) der Einheit (Parameter für Öffnungsmarkierung/*Open Flag*)

■ Modus der Aktivität (Parameter für Öffnungsmodus)

   ● Vererbarkeit der zurückgegebenen Zugriffskennung (Erbmarkierung)

   ● Behandlung von Datenträgerfehlern (Unzulässigkeitsmarkierung). Datenträgerfehler können entweder durch eine Betriebssystem-Routine für kritische Fehler an den Operator gemeldet werden oder direkt an die Anwendung mit einem Fehlercode, der die Steuerung an die Anwendung übergibt.

   ● Die von der Anwendung gewünschte Zugriffsart (Zugriffsmodus): Lesezugriff, Schreibzugriff oder Lese-/Schreibzugriff.

   ● Umfang der gemeinsamen Benutzung mit anderen Anwendungen (Modus für gemeinsamen Zugriff): kein gemeinsamer Lesezugriff, kein gemeinsamer Schreibzugriff, kein Lese- und/oder Schreibzugriff, gemeinsamer Lese-/Schreibzugriff. Das Dateisystem unterstützt den in den Einheitentreibern konfigurierten Zugriffsmodus. Wenn der Einheitentreiber keine gemeinsamen Zugriffsmodi vorsieht, richtet sich das Dateisystem danach.

Für ein logisches Disketten-/Festplattenlaufwerk übergibt die Anwendung folgende Merkmale:

■ Laufwerksspezifikation

■ Art der Aktivität zum Öffnen (OPEN) der Einheit (Parameter für Öffnungsmarkierung)

■ Modus der Aktivität (Parameter für Öffnungsmodus)

   ● Einheitenart des Datenträgers (DASD-Öffnungsmarkierung)

DosQFHandState gibt die Statusinformationen für die Kennung (Datei, Zeicheneinheit, Standard-E/A-Einheit, logisches Disketten-/Festplattenlaufwerk oder Pipe) zurück. Der Anwendungsprozeß kann damit folgendes bestimmen:

■ Ob die Kennung ein logisches Disketten-/Festplattenlaufwerk darstellt.

■ Ob die Kennung vererbbar ist.

■ Ob der zurückgegebene Wert einer Schreibanforderung anzeigt, daß Daten an einen Datenträger übergeben wurden, oder in den Puffern des Dateisystems untergebracht sein können oder nicht.

■ Ob kritische Fehler bei der Datei-E/A vom Betriebssystem bearbeitet oder direkt an den Anwendungsprozeß gemeldet werden sollen.

■ Welche Zugriffsarten für das Objekt zugelassen sind.

■ Welcher gemeinsame Zugriff für das Objekt zugelassen ist.

DosQHandType gibt den Typ der spezifizierten Kennung als Dateikennung, Pipe-Kennung oder Kennung für Zeicheneinheit zurück. Handelt es sich um die Kennung für eine Zeicheneinheit, wird als Gerätetyp Tastatur, Bildschirm oder ähnliches angegeben. Wenn es sich um ein logisches Disketten-/Festplattenlaufwerk handelt, wird eine Dateikennung gekennzeichnet.

DosRead liest die angegebene Anzahl Bytes aus einer von der Kennung identifizieren Datei, Pipe oder Zeicheneinheit. Wenn der Zugriffsmodus für die Datei keinen Lesezugriff vorsieht, werden die Daten nicht gelesen. Ist Lesezugriff zugelassen, muß die Anzahl der tatsächlich übergebenen Bytes genau geprüft werden, da die angeforderte Anzahl eventuell nicht verfügbar ist. Wenn z.B. die tatsächlich übergebene Anzahl an Bytes für eine Datei-E/A-Anforderung gleich Null ist, bedeutet dies, daß der Anwendungsprozeß versucht hat, über die eigentliche Dateigröße hinaus zu lesen. Der I/O-Pointer für Datei-E/A wird in die nächste Ein-/Ausgabeposition gesetzt, das bedeutet, in die Position, in der er vor der Anforderung stand, plus der Länge der zurückgegebenen Daten.

DosReadAsync liest die angegebene Anzahl an Bytes asynchron aus einer von der Kennung gekennzeichneten Datei, Pipe oder Ein-/Ausgabeeinheit. Der Anwendungsprozeß übergibt zusätzlich zu den regulären *DosRead*-Parametern eine RAM-Semaphore und einen Antwortcode-Puffer. Bevor *DosReadAsync* aufgerufen wird, muß der Anwendungsprozeß erst die Semaphore initialisieren (*DosSemSet*). Nachdem das Dateisystem die Operation beendet und den I/O-Pointer aktualisiert hat, löscht es den Inhalt der RAM-Semaphore. Es kann vorkommen, daß ein Anwendungsprozeß auf die RAM-Semaphore warten muß. Erst wenn der Anwendungsprozeß im Besitz der RAM-Semaphore ist, kann er den Antwortcode und die Anzahl der übergebenen Bytes feststellen.

DosSetFHandState setzt die Statusinformationen für die Zugriffskennung (Datei, Ein-/Ausgabeeinheit, Standardeinheit, logisches Disketten-/Festplattenlaufwerk oder Pipe). Der Anwendungsprozeß kann folgendes festlegen:

- Vererbbarkeit einer Kennung

- Schreibanforderung an eine Datei, Daten an einen Datenträger zu übergeben, bevor die Anforderung zum Anwendungsprozeß zurückkehrt

- Handhabung kritischer Fehler durch das Betriebssystem oder Meldung direkt an den Anwendungsprozeß

DosSetMaxFH setzt die maximal mögliche Anzahl an Zugriffskennungen für einen Anwendungsprozeß fest. Die Öffnungskennungen eines Anwendungsprozesses bleiben dabei unberücksichtigt.

DosWrite schreibt die angegebene Anzahl Bytes in die von der Kennung gekennzeichnete Datei, Pipe oder Zeicheneinheit. Wenn es sich um eine Datei nur mit Lesezugriff handelt oder der Zugriffsmodus Schreibzugriff nicht einschließt, kann es passieren, daß auf dem Datenträger nicht ausreichend Platz für die Daten vorhanden ist. Der I/O-Pointer für Dateieingabe/-ausgabe wird in die nächste Ein-/Ausgabeposition gesetzt, das heißt in die Position, in der er vor der Ein-/Ausgabeanforderung stand, zuzüglich Länge der angeforderten Daten. Bei Datenanforderungen, die mehrere Sektoren umfassen (wobei ein Sektor 512 Byte belegt), kann das Dateisystem nicht im voraus bestimmen, in welcher Reihenfolge die Sektoren auf den Datenträger übertragen werden sollen. Wenn für eine Anwendung eine größere Datenmenge in bestimmter Reihenfolge geschrieben werden muß, sollte der Anwendungsprozeß mehrere E/A-Anforderungen mit gesetzter Write-Through-Markierung erteilen, damit die Daten an den Datenträger übergeben werden, bevor die Schreibanforderung zum Anwendungsprozeß zurückkehrt.

DosWriteAsync schreibt die spezifizierte Anzahl Bytes asynchron in eine von der Zugriffskennung gekennzeichnete Datei, Pipe oder Zeicheneinheit. Der Anwendungsprozeß übergibt zusätzlich zu den regulären *DosWrite*-Parametern eine RAM-Semaphore und einen Puffer für den Antwortcode. Bevor *DosWriteAsync* aktiviert wird, muß der Anwendungsprozeß erst die RAM-Semaphore initialisieren *(DosSemSet)*. Nachdem das Dateisystem seine Operation beendet und den I/O-Pointer aktualisiert hat, löscht es den Inhalt der RAM-Semaphore. Es kann vorkommen, daß ein Anwendungsprozeß nicht sofort Zugriff auf die RAM-Semaphore erhält *(DosSemWait)*. Erst nachdem der Anwendungsprozeß im Besitz der Semaphore ist, kann er den Antwortcode und die Anzahl der geschriebenen Bytes feststellen.

Dateigebundene Schnittstellen

Man unterscheidet im Dateisystem zwei Arten von Dateischnittstellen: namenorientierte Schnittstellen und zugrifforientierte Schnittstellen. Die namenorientierten Schnittstellen erfordern einen ASCII-String, der mit einem OOh-Byte (auch ASCIINULL-String genannt) endet, während zugrifforientierte Schnittstellen mit einer Dateikennung arbeiten.

Namenorientierte Schnittstellen

Namenorientierte Schnittstellen werden für Dateien verwendet, die geöffnet aber auch geschlossen sein können. Einige Aktivitäten setzen allerdings voraus, daß die entsprechende Datei nicht benutzt wird.

DosDelete löscht die spezifizierte Datei aus dem angegebenen Verzeichnispfad. Ist kein Verzeichnispfad angegeben, wird die Datei aus dem aktuellen Verzeichnis gelöscht. Dateien mit nur Lesezugriff können nicht gelöscht werden (dazu müßte erst das Dateiattribut geändert werden). Auch Dateien, die bereits von einem anderen Anwendungsprozeß geöffnet wurden, können nicht gelöscht werden, da die Funktion DELETE ein exklusives Benutzerrecht an der Datei voraussetzt.

DosFindClose schließt den Suchschlüssel eines Verzeichnisses, um den Suchvorgang für einen Dateinamen oder eine Gruppe von Dateinamen zu beenden. Der Funktionsaufruf *DosFindFirst* initiiert den Suchvorgang durch ein Verzeichnis.

DosFindFirst findet die erste Datei, die mit dem spezifizierten Dateinamen im spezifizierten Verzeichnis übereinstimmt. Ist kein Verzeichnis angegeben, sucht die Funktion die Datei im aktuellen Verzeichnis und übergibt einen Suchschlüssel für dieses Verzeichnis. *DosFindNext* setzt die Suche im Verzeichnis fort. Der Anwendungsprozeß spezifiziert einen vorgegebenen Suchschlüssel (0001h), der jederzeit für einen Suchvorgang oder zur Anforderung eines Verzeichnisschlüssels verwendet werden kann. Wird ein Suchschlüssel spezifiziert, der bereits einem anderen Suchvorgang zugewiesen wurde, muß der entsprechende Verzeichnisschlüssel zuerst geschlossen werden, um anschließend dem neuen Suchvorgang zugeordnet werden zu können. Der Anwendungsprozeß gibt einen Dateinamen an, der sowohl globale Zeichen als auch Dateiattribute (normal, verborgen, System usw.) enthalten kann. Das Suchergebnis wird in einem von der Anwendung spezifizierten Puffer hinterlegt.

DosFindNext findet die nächste Datei, die mit dem Dateinamen im Zielverzeichnis übereinstimmt, das durch den von *DosFindFirst* zurückgegebenen Verzeichnisschlüssel gekennzeichnet wird. Der Anwendungsprozeß ermittelt so lange mit *DosFindNext* weitere Verzeichnisschlüssel, bis keine weiteren Dateiübereinstimmungen mehr gefunden werden. Die Informationen über eine gefundene Datei werden in einem von der Anwendung spezifizierten Puffer hinterlegt.

DosMove bewegt eine Datei in ein anderes Verzeichnis und/oder eine andere Datei. Der Anwendungsprozeß spezifiziert den aktuellen Pfadnamen/Dateinamen und den Namen des/r Zielverzeichnisses/Zieldatei. Wird eine Laufwerksbezeichnung gekennzeichnet, muß das Laufwerk für Quelldateien und Zieldateien übereinstimmen. Das bedeutet, eine Datei kann in ein anderes Verzeichnis desselben Laufwerks verlagert und neu benannt werden, aber nicht auf ein anderes Laufwerk übertragen werden.

DosQFileMode übergibt die im Dateinamen angegebene Einstellung der Dateiattribute. Dabei handelt es sich um folgende Attribute: nur Lesezugriff, verborgen, System, Unterverzeichnis und Archiv.

DosSearchPath sucht den spezifizierten Verzeichnispfad nach dem spezifizierten Dateinamen ab. Der Anwendungsprozeß kennzeichnet den Suchpfad folgendermaßen:

- ASCII-String aus mehreren Verzeichnispfaden, der durch ein Semikolon getrennt und durch ein 00h-Byte beendet wird.

- ASCII-String aus dem Namen einer Variablen, der den Suchpfad in der Anwendungsumgebung enthält.

Die Verzeichnispfade werden in derselben Reihenfolge ermittelt, in der sie im Suchpfad erscheinen. Sobald eine Dateiübereinstimmung gefunden ist, wird der Verzeichnisname einschließlich Laufwerksbezeichnung an einen vom Anwendungsprozeß spezifizierten Puffer übergeben. Der entsprechende Dateiname wird an den Verzeichnispfad angehängt, auch dann, wenn der Name globale Zeichen enthält. Damit wird der Anwendung ermöglicht, ein Verzeichnis mit einer oder mehreren Dateiübereinstimmungen ausfindig zu machen und den entsprechenden Verzeichnis-/Datei-String ohne Änderung an *DosFindFirst* zu übergeben.

DosSetFileMode setzt die im Dateinamen gekennzeichneten Dateiattribute. Diese Attribute können jederzeit geändert werden und sind: nur Lesezugriff, verborgen, System und Archiv.

Zugrifforientierte Schnittstellen

Die zugrifforientierten Schnittstellen setzen voraus, daß die Eingabedatei geöffnet ist.

Reset leert den vom Dateisystem für die spezifizierte Dateikennung benutzten Puffer. Das Dateisystem aktualisiert den Verzeichniseintrag für die Datei mit denselben Informationen, als wäre die Datei geschlossen. Die Datei bleibt jedoch geöffnet.

Der Anwendungsprozeß kann auch eine globale Dateikennung (FFFFh) spezifizieren, die die Dateisystem-Puffer für *alle* geöffneten Dateien des Anwendungsprozesses leert.

DosChgFilePtr bewegt den I/O-Pointer der durch die Dateikennung spezifizierten Datei. Der Anwendungsprozeß bestimmt dabei Art und Distanz der Zeigerbewegung. Der I/O-Pointer kann folgendermaßen bewegt werden:

- Vom Dateianfang um eine angegebene Distanz
- Von der aktuellen Zeigerposition um eine angegebene Distanz
- Vom Dateiende um eine angegebene Distanz

DosFileLock sperrt/entriegelt ausschließlich einen bestimmten Bereich von Bytes in der von der Dateikennung gekennzeichneten, offenen Datei. Der Anwendungsprozeß bestimmt die Bereichslänge sowie den Zielbereich als Offsetwert vom Dateianfang. Er kann sowohl einen gesperrten als auch einen nicht gesperrten Bereich als Parameter angeben, um einen einzigen Systemaufruf zu aktivieren. Wenn beide Funktionen - gesperrt und nicht gesperrt - angefordert werden, rangiert *Nicht Gesperrt* vor *Gesperrt*. Ein gesperrter Bereich, der über das Dateiende hinaus reicht, ist gültig - bewirkt also keine Fehlermeldung.

Mit dem Mechanismus der Bereichsperrung und Wiederaufhebung der Sperrung kann anderen Prozessen vorübergehend der Zugriff auf einen bestimmten Bereich in der geöffneten Datei verwehrt werden. Wenn ein Prozeß also verhindern will, daß ein anderer Prozeß zur selben Zeit in einen bestimmten Dateibereich schreibt - oder aus einem bestimmten Dateibereich liest, während er in diesen Bereich schreibt - kann er vorübergehend den hier beschriebenen Sperrmechanismus anwenden.

Sperrungen für eine geschlossene Datei hebt das Dateisystem nacheinander auf. Die Reihenfolge, in der dies geschieht, ist nicht vorgegeben. Wenn beispielsweise eine Dateikennung kopiert wird, die Zugriff auf einen gesperrten Bereich hat, erhält auch das Duplikat Zugriff auf den entsprechenden Bereich. Wenn dagegen ein Kindprozeß eine solche Dateikennung erbt, ist die geerbte Dateikennung für Zugriff auf den gesperrten Bereich *wirkungslos*.

DosNewSize ändert die Größe einer Datei, die durch eine Dateikennung gekennzeichnet ist. Der Anwendungsprozeß gibt die neue Dateigröße durch Addition oder Subtraktion eines bestimmten Wertes an. Diese Größenänderung wird erst beim Schließen der Datei im entsprechenden Verzeichniseintrag vermerkt. Bei Vergrößerung der Datei wird der zusätzliche Platz nach Möglichkeit aus dem angrenzenden Laufwerksbereich zugeteilt (und nicht gestückelt). Die Daten im neuen Teil bleiben undefiniert. Gleichgültig, ob eine Datei verkleinert oder vergrößert wird, sie wird auf keinen Fall in die neue Position kopiert. Einer Datei mit nur Lesezugriff kann keine neue Größe zugewiesen werden.

DosQFileInfo gibt als Ergebnis Informationen über eine Datei zurück, die durch eine Dateikennung gekennzeichnet ist. Folgende Informationen können an den Anwendungsprozeß übergeben werden:

- Datum und Uhrzeit der Erstellung
- Datum und Uhrzeit des ersten Zugriffs
- Datum und Uhrzeit des letzten Schreibzugriffs
- Umfang der Daten (Bytes)
- Gesamtumfang der zugeordneten Datei (Bytes)
- Dateiattribute

DosSetFileInfo setzt bestimmte Informationen über die gekennzeichnete (Dateikennung) Datei, nachdem die Datei für Schreibzugriff geöffnet wurde. Folgende Dateiinformationen können anschließend vom Anwendungsprozeß geändert werden:

- Datum und Uhrzeit der Erstellung

- Datum und Uhrzeit des ersten Zugriffs

- Datum und Uhrzeit des letzten Schreibzugriffs

Verzeichnisgebundene Schnittstellen

Über diese Schnittstellen können die Anwendungen die verschiedenen Verzeichnisse verwalten.

DosChDir ändert den aktuellen Verzeichnispfad des Anwendungsprozesses zum spezifizierten Verzeichnispfad. Wenn ein Teil des angegebenen Pfades nicht vorhanden ist, wird der Verzeichnispfad nicht geändert.

DosMkDir legt ein spezifiziertes Unterverzeichnis an. Wenn irgendein Teil des angegebenen Pfades nicht vorhanden ist, wird kein Unterverzeichnis angelegt.

DosQCurDir übergibt für das spezifizierte Laufwerk den Verzeichnispfadnamen des Anwendungsprozesses.

DosQCurDisk übergibt sowohl das aktuelle Standardlaufwerk als auch ein Bitverzeichnis, das anzeigt, welche der 26 möglichen Laufwerksbezeichnungen zur Zeit des Systemaufrufs logischen Disketten-/Festplattenlaufwerken zugeordnet sind.

DosRmDir entfernt ein im spezifizierten Verzeichnispfad angegebenes Unterverzeichnis. Wie in MS-DOS kann auch in OS/2 kein Unterverzeichnis entfernt werden, das irgendeine Datei - auch verborgene Datei - enthält, oder wenn es sich um das aktuelle Verzeichnis oder das Hauptverzeichnis handelt. Das letzte Verzeichnis im Pfadnamen stellt jeweils das entfernte Verzeichnis dar.

Schnittstellen für Dateieinrichtungen

Über diese Schnittstellen können Informationen über die Dateieinrichtungen verwaltet werden:

DosQFsInfo gibt die spezifizierte Informationsebene für Dateisysteminformationen des durch eine Laufwerksnummer angegebenen logischen Disketten-/Festplattenlaufwerks zurück. Die erste Informationsebene für Dateisysteminformationen betrifft das logische Laufwerk:

- Anzahl der Sektoren pro zugeordneter Einheit
- Anzahl der zugeordneten Einheiten
- Verfügbare Zuordnungseinheiten
- Bytes pro Sektor

Die zweite Informationsebene für Dateisysteminformationen betrifft den Datenträger-Header:

- Datum und Uhrzeit der Erstellung
- Länge des Datenträgernamens
- ASCII-String mit Datenträgernamen

DosQVerify gibt die Einstellung des Modus *Write-With-Verify* (Schreiben mit Überprüfung) für die vom Prozeß ausgeführte Datei- bzw. Einheiten-E/A zurück. Der Anwendungprozeß benutzt diesen Modus, um sicherzustellen, daß kritische Daten fehlerfrei in die entsprechende Einheit geschrieben werden.

DosSelectDisk bestimmt das vom Anwendungsprozeß spezifizierte Laufwerk als Standardlaufwerk.

DosSetFsInfo setzt die spezifizierte Dateisystem-Informationsebene für das von einer Laufwerksnummer angegebene logische Disketten-/Festplattenlaufwerk. Die Dateisysteminformation der ersten Informationsebene befaßt sich mit dem logischen Laufwerk und kann durch einen Anwendungsprozeß nicht geändert werden. Die zweite Informationsebene befaßt sich mit dem Datenträger-Header. Nur der String des Datenträger-Headers sowie die Stringlänge können hier vom

Anwendungsprozeß abgeändert werden, jedoch nur, wenn der Datenträger für Schreibzugriff geöffnet wurde.

DosSetVerify setzt den Modus *Write-With-Verify* für alle vom Anwendungsprozeß ausgeführten E/A-Operationen. Der Anwendungsprozeß benutzt diesen Modus, um sicherzustellen, daß alle kritischen Daten fehlerfrei an die Einheiten übergeben werden.

Subsysteme der Zeichen-E/A-Einheiten

Unter einem Subsystem versteht man in OS/2 eine Gruppe von Dienstleistungen, die von einer bestimmten Einheit ausgehen. Ein E/A-Subsystem kann ganz unterschiedlich aussehen, doch letztlich unterscheidet man drei Grundkonzepte:

- *Einheitentreiber*, der Anwendungs-E/A für seine Einheit über die regulären Systemschnittstellen unterstützt.

- *Bibliothek für dynamisches Linken*, die über eigene Schnittstellen Anwendungs-E/A unterstützt.

- *Prozeß*, der die Ein-/Ausgaben anderer Prozesse über eine Prozeß-kommunikations-Schnittstelle unterstützt.

Ein E/A-Subsystem kann aber auch eine Kombination aus allen drei Konzepten sein.

Die Standardversion von OS/2 verfügt über drei E/A-Subsysteme, die die Konsoleinheiten Bildschirm, Tastatur und Maus erweitern. Jedes dieser drei Subsysteme besteht aus einer Bibliothek für dynamisches Linken, die Anwendungsschnittstellen und einen Einheitentreiber enthält. Die E/A-Subsysteme sind folgendermaßen gekennzeichnet:

- VIO, Bildschirm-E/A-Subsystem

- KBD, Tastatur-E/A-Subsystem

- MOU, Maus-E/A-Subsysteme

VIO: Bildschirm-E/A

Das VIO-Subsystem besteht aus einer Bibliothek für dynamisches Linken, deren Schnittstellen durch "VIO" (video/Bildschirm) gekennzeichnet sind, sowie einem Bildschirmtreiber, der vom Betriebssystem automatisch installiert wird. Die VIO-Schnittstellen liefern textorientierte Funktionen, die den textorientierten Funktionen der BIOS-Int-10h-Bildschirmschnittstelle der DOS-Umgebung entsprechen. Das VIO-Subsystem bietet für Bildschirm-E/A zwei Methoden an: Ein-/Ausgabe entweder über einen logischen Bildschirm-Puffer oder über den physikalischen Bildschirm-Puffer.

Wie wir bereits wissen, wird bei jedem Sitzungsbeginn ein logischer Bildschirm-Puffer erstellt, der von allen Anwendungsprozessen dieser Sitzung gemeinsam benutzt wird. Jede Sitzung verfügt über ihren eigenen Bildschirm-Puffer. Dieser logische Puffer wird mit dem physikalischen Bildschirm-Puffer (Bildschirm) verknüpft, sobald die Sitzung in den Vordergrund geholt wird (siehe Abbildung 37). Dies geschieht immer dann, wenn der Benutzer die Sitzung einschaltet, d.h. die Sitzung aufruft. Beim Umschalten von einer Sitzung in eine andere speichert das VIO-Subsystem den Bildschirminhalt der letzten Sitzung und zeigt den Bildschirminhalt der neuen Sitzung. Über den logischen Bildschirm-Puffer kann ein Hintergrund-Prozeß weiterhin Bildschirm-E/A vornehmen. Der Inhalt des logischen Puffers kann allerdings erst dann angesehen werden, wenn der Prozeß wieder in den Vordergrund geholt wird. Es gibt eine einzige Ausnahme, in der Bildschirm-E/A eines Hintergrund-Prozesses kurzzeitig Vordergrund-Informationen zeigen kann: Ein Hintergrund-Prozeß kann eine kurzfristige Vordergrund-Sitzung - eine sogenannte "Pop-Up-Sitzung" - veranlassen, Informationen über ein kritisches Ereignis anzuzeigen und einen Dialog mit dem Benutzer ermöglichen.

Ein Anwendungsprozeß muß bei der Bildschirm-E/A nicht notwendigerweise mit einem logischen Bildschirm-Puffer arbeiten. Der Prozeß kann auch versuchen, über das Bildschirm-Subsystem auf den physikalischen Bildschirm-Puffer zuzugreifen. Da sich jedoch alle Sitzungen den physikalischen Puffer teilen, muß der Prozeß beim direkten Zugriff bestimmte Regeln einhalten. Damit die Ein-/Ausgabe des Prozesses mit den anderen Sitzungen (Vordergrund und Hintergrund) koordiniert werden kann, muß der physikalische Puffer beispielsweise vom Anwendungsprozeß gesperrt und wieder freigegeben werden. Ferner muß der Anwendungsprozeß die asynchrone Notifikation einer Sitzungsumschaltung anmelden: Wenn die Sitzung mit dem besagten Anwen-

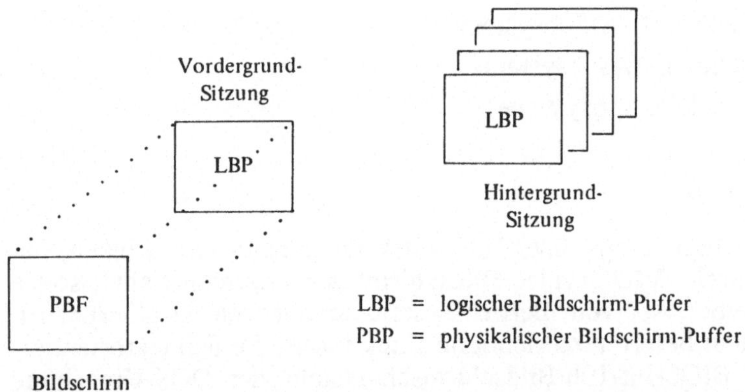

Abbildung 37. Verknüpfung von Vordergrund- und Hintergrund-Bildschirm

dungsprozeß vom Benutzer in den Hintergrund geschaltet wird, wird der Prozeß aufgefordert, seinen Bildschirminhalt zu speichern. Sobald der Benutzer diese Sitzung wieder in den Vordergrund holt, wird der Prozeß aufgefordert, seinen Bildschirminhalt wieder zu aktivieren.

Die Entscheidung, welcher Bildschirm-Puffer der jeweils geeignete ist, hängt von der Art der Ein-/Ausgabe ab. Bei den meisten VIO-Schnittstellen handelt es sich um textorientierte Schnittstellen. Eine textverarbeitende Anwendung sollte daher den logischen Bildschirm-Puffer verwenden, den sie sogar direkt manipulieren kann. Für Grafik-Anwendungen muß die Anwendung den physikalischen Bildschirm-Puffer direkt ansprechen; die E/A-Geschwindigkeit ist in diesem Fall kein kritischer Faktor. Die VIO-Schnittstellen sind so ausgelegt, daß eine Anwendung den direkten Kontakt mit der Hardware der Multitasking-Umgebung vermeiden kann. Darüber hinaus bietet sich der logische Bildschirm-Puffer als Brücke zu den Fenster- und Grafikeinrichtungen des *Presentation Managers* der OS/2-Standardversion an.

Die VIO-Schnittstellen können folgendermaßen unterteilt werden:

- Zeichen-E/A
- Cursorsteuerung
- Bildschirmrollen
- Bildschirmsteuerung
- Fensterverwaltung (Pop-Up)
- Verwaltung des logischen Bildschirm-Puffers
- Verwaltung des physikalischen Bildschirm-Puffers
- Funktionsersetzung

VIO: Zeichen-E/A

Eine Anwendung kann Bildschirm-E/A in Form von Zeichen oder ihrer Attribute (Farbe, Dichte usw.) vornehmen. Ein Zeichen gemeinsam mit seinem Attribut wird *Zeichenzelle* genannt.

VioReadCellStr liest ab der angegebenen Position aus dem Bildschirm-Puffer einen String aus Zeichenzellen. Ist der String am Ende einer Zeile noch nicht beendet, setzt READ den Lesevorgang in der nächsten Zeile fort. Reicht der String über das Ende des Bildschirms hinaus, beendet READ den Lesevorgang am Bildschirmende, und die Stringlänge wird auf die im Anwendungs-Puffer benutzte Anzahl Bytes festgelegt.

VioReadCharStr liest ab der angegebenen Position einen Zeichenstring aus dem Bildschirm-Puffer. Wenn der String am Ende einer Zeile noch nicht beendet ist, setzt READ den Lesevorgang in der nächsten Zeile fort. Reicht der String über das Ende des Bildschirms hinaus, beendet READ den Lesevorgang am Bildschirmende, und die Stringlänge wird auf die im Anwendungs-Puffer benutzte Anzahl Bytes festgelegt.

VioWrtCellStr schreibt ab der angegebenen Position einen String aus Zeichenzellen in den Bildschirm-Puffer. Wenn der String am Ende einer Zeile noch nicht beendet ist, setzt WRITE den Schreibvorgang in der nächsten Zeile fort. Am Bildschirmende bricht WRITE den Schreibvorgang ab.

VioWrtCharStr schreibt ab der angegebenen Position einen Zeichenstring in den Bildschirm-Puffer und benutzt dabei die vorgegebenen Attribute. Wenn der String am Ende einer Zeile noch nicht beendet ist, setzt WRITE den Schreibvorgang in der nächsten Zeile fort. Am Bildschirmende bricht WRITE den Schreibvorgang ab.

VioWrtCharStrAtt schreibt ab der angegebenen Position einen Zeichenstring in den Bildschirm-Puffer und benutzt dabei das angegebene Attribut für alle Zeichen. Wenn der String am Ende einer Zeile noch nicht beendet ist, setzt WRITE den Schreibvorgang in der nächsten Zeile fort. Am Bildschirmende bricht WRITE den Schreibvorgang ab.

VioWrtNAttr schreibt ab der angegebenen Position ein Attribut in spezifizierter Anzahl in den Bildschirm-Puffer. Wenn die spezifizierte Anzahl über das Zeilenende hinausreicht, setzt WRITE den Schreibvorgang in der nächsten Zeile fort. Am Bildschirmende bricht WRITE den Schreibvorgang ab.

VioWrtNCell schreibt ab der angegebenen Position eine Zeichenzelle in spezifizierter Anzahl in den Bildschirm-Puffer. Wenn der Schreibvorgang am Zeilenende noch nicht beendet ist, setzt WRITE ihn in der nächsten Zeile fort. Am Bildschirmende bricht WRITE den Schreibvorgang ab.

VioWrtNChar schreibt ab der angegebenen Position ein Zeichen in spezifizierter Anzahl in den Bildschirm-Puffer. Wenn der Schreibvorgang am Zeilenende noch nicht beendet ist, setzt WRITE den Schreibvorgang in der nächsten Zeile fort. Am Bildschirmende bricht WRITE den Schreibvorgang ab.

VioWrtTTy schreibt ab der aktuellen Cursorposition einen Zeichenstring in den Bildschirm-Puffer und setzt den Cursor hinter das letzte Stringzeichen (Stringende plus 1). Wenn der Schreibvorgang am Zeilenende noch nicht beendet ist, setzt WRITE den Schreibvorgang in der nächsten Zeile fort. Reicht der Schreibvorgang über das Bildschirmende hinaus, wird der Bildschirminhalt nach oben geschoben und der Schreibvorgang fortgesetzt. Bestimmte Zeichen werden als Befehle behandelt, z.B. die Zeichen für Wagenrücklauf, Zeilenvorschub, Rücktaste, Tabulator und Summer. Falls aktiviert, hängt die Zeichenbehandlung auch vom ANSI-Standard (*American National Standard Institute*) ab. Man nennt diese Behandlungsmethode von Bildschirmzeichen TTY-Modus.

VIO: Cursorsteuerung

Position und Form des Cursors können von der Anwendung gesteuert werden. Der Cursor dient im allgemeinen zur Positionierung von Zeichen, die über die Tastatur eingegeben werden.

VioGetCurPos gibt die aktuelle Zeile und Spalte der Cursorposition zurück.

VioGetCurType gibt die aktuelle Höhe, Breite und das Attribut des Cursors zurück.

VioSetCurPos setzt die spezifizierte Zeile und Spalte als Cursorposition.

VioSetCurType setzt Höhe, Breite und Attribut des Cursors.

VIO: Bildschirmrollen

Eine Anwendung kann durch Aufwärts- und Abwärtsrollen rechteckige Bildschirmausschnitte oder Bildschirm-Puffer manipulieren.

VioScrollDn rollt Bildschirmtext innerhalb eines rechteckigen Bereichs um die angegebene Anzahl von Zeilen nach unten. Zeigt die Anzahl der gerollten Zeilen unter Verwendung der spezifizierten Zeichenzelle am oberen Rand des Rollbereichs an.

VioScrollLf rollt Bildschirmtext innerhalb eines rechteckigen Bereichs um die angegebene Anzahl von Spalten nach links. Zeigt die Anzahl der gerollten Spalten unter Verwendung der spezifizierten Zeichenzelle am rechten Rand des Rollbereichs an.

VioScrollRt rollt Bildschirmtext innerhalb eines rechteckigen Bereichs um die angegebene Anzahl von Spalten nach rechts. Zeigt die Anzahl der gerollten Spalten unter Verwendung der spezifizierten Zeichenzelle am linken Rand des Rollbereichs an.

VioScrollUp rollt Bildschirmtext innerhalb eines rechteckigen Bereichs um die angegebene Anzahl von Zeilen nach oben. Zeigt die Anzahl der gerollten Zeilen unter Verwendung der spezifizierten Zeichenzelle am unteren Rand des Rollbereichs an.

VIO: Bildschirmsteuerung

Über eine Vielzahl von Schnittstellen kann eine Anwendung den Bildschirm-Modus, Treiberinformationen sowie die Zeichensatz-Tabelle für unterschiedliche Anzeigen und Adapter aktivieren. Zusätzlich kann noch der ANSI-erweiterte Bildschirm- und Tastatur-Modus aktiviert werden, der Teil des VIO-Subsystems ist. (In der DOS-Umgebung muß für den ANSI-erweiterten Bildschirm- und Tastatur-Modus der ANSI-SYS-Treiber mit Hilfe von CONFIG.SYS gewählt werden.) Der ANSI-Modus definiert besondere Steuerzeichen-Sequenzen zum Positionieren des Cursors, Löschen von Bildschirmtext, Setzen des Modus für Bildschirm-E/A und zur Neudefinition von Tastaturzeichen.

VioGetAnsi gibt den aktuellen Status des ANSI-erweiterten Bildschirm- und Tastatur-Modus zurück.

VioGetConfig gibt als Wert die Art der Bildschirmanzeige sowie die Speicher-größe des Bildschirmadapters zurück. Zur Identifizierung der Bildschirmkonfi-guration werden vom VIO-Subsystem einige Tests durchgeführt. Da es nicht möglich ist, die Bildschirmkonfiguration exakt zu identifizieren - weil die Schaltereinstellungen des Bildschirms eventuell nicht mit der tatsächlichen In-stallation übereinstimmen oder ein Bildschirm vielleicht nicht an den Adapter angeschlossen ist - spiegelt die zurückgegebene Information lediglich die vom E/A-Subsystem vermutete Arbeitsumgebung wieder.

VioGetCp gibt als Wert die ID (Schriftsatz) der aktuellen Zeichensatz-Tabelle zurück.

VioGetFont gibt als Wert den aktuellen Schriftsatz (Zeichensatz-Tabelle) oder einen im ROM des Bildschirmadapters spezifizierten Schriftsatz zurück.

VioGetMode gibt als Wert den Bildschirm-Modus zurück, ausgedrückt in Typ des Modus, Anzahl der Farben, Textzeilen und -spalten sowie verti-kale/horizontale Auflösung. Zu den unterschiedlichen Modi zählen u.a der monochrom-kompatible Modus, Text-Modus sowie Grafik-Modus. Die Anzahl der Farben wird in Zweierschritten ausgedrückt, d.h. 1 bedeutet zwei Farben, 2 bedeutet vier Farben usw. Der Wert für Textspalten und -zeilen kennzeichnet die Auflösung der Zeichen im Text-Modus, der Wert für die vertikale und hori-zontale Auflösung die Anzahl der Bildschirm-Pixel.

VioGetState gibt als Wert die aktuellen Einstellungen der Farbpaletten-Regi-ster, Grenzfarben sowie der Blinker- und Hintergrundintensität.

VioSetAnsi aktiviert oder deaktiviert den erweiterten ANSI-Bildschirm- und -Tastatur-Modus..

VioSetCp legt die Zeichensatz-Tabelle, oder den Schriftsatz, entsprechend der übergebenen ID fest.

VioSetFont lädt den vom Anwendungprozeß bestimmten Schriftsatz, oder die Zeichensatz-Tabelle, in den Bildschirmadapter. Der Schriftsatz muß mit dem aktuellen Bildschirm-Modus kompatibel sein und kann nur über Adapter einge-spielt werden, die auswechselbare Schriftsätze unterstützen.

VioSetMode setzt den Anzeige-Modus: Modus-Art, Farben, Textzeilen/-spalten sowie horizontale/vertikale Auflösung. Die verschiedenen Modus-Arten sind u.a. monochrom-kompatibler Modus, Text-Modus und Grafik-Modus, mit ein- oder ausgeschaltetem Farbeneinschuß. Die Farben sind als Zahlen in Zweier-schritten ausgedrückt, d.h., die Zahl 1 bedeutet zwei Farben, die Zahl 2 vier Farben usw. Der Wert für Textspalten und -zeilen kennzeichnet die Auflösung der Zeichen im Text-Modus, der Wert für horizontale/vertikale Auflösung die Anzahl der Bildschirm-Pixel. In diesem Modus werden Art und Position des Eingabe-Cursors initialisiert.

VioSetState setzt Farbpaletten-Register, Grenzfarben und Intensität von Blinker und Hintergrund.

VIO: Pop-Up

Ein Hintergrund-Prozeß kann vorübergehend ein Fenster, ein sogenanntes *Pop-Up*, über die aktuelle Bildschirmanzeige des Vordergrund-Prozesses legen. Damit verschafft sich der Hintergrund-Prozeß die Möglichkeit, den Benutzer von einem kritischen Ereignis in Kenntnis zu setzen und gegebenenfalls einen Dialog mit ihm herbeizuführen. *VioEndPopUp* hebt vorübergehend den Besitz am Vordergrund-Bildschirmpuffer auf.

VioPopUp fordert einen vorübergehenden Vordergrund-Puffer an. Falls keiner verfügbar ist, gibt die Funktion eine Fehlermeldung zurück oder wartet, bis ein Puffer zur Verfügung steht, abhängig davon, was der Anwendungsprozeß für diesen Fall bestimmt hat. Sobald der Antwortcode von *VioPopUp* Erfolg hat, kann der Anwendungsprozeß seine Ein-/Ausgabe über eine der Zeicheneinheiten (Bildschirm, Tastatur, Maus) vornehmen. Alle zu diesem Zeitpunkt vom Prozeß in Anspruch genommenen VIO-Dienste werden an den temporären Vordergrund-Puffer übergeben, bis der Prozeß mit *VioEndPopUp* die Sitzung beendet. Da nur jeweils eine Pop-Up-Sitzung zur Zeit stattfinden kann, muß die Anwendung eventuell auf eine freie Sitzung warten. Solange eine Pop-Up-Sitzung läuft, darf der Benutzer diese Sitzung nicht umschalten, und alle Bildschirmaufrufe von den Prozessen der offiziellen Vordergrund-Sitzung bleiben solange blockiert. Wenn die Pop-Up-Sitzung allerdings von einem Prozeß der Vordergrund-Sitzung aktiviert wird, sind natürlich nur die Bildschirmaufrufe der anderen Sitzungs-Prozesse vorübergehend unterbunden. Der Prozeß, der im Besitz der Pop-Up-Sitzung ist, darf während dieser Zeit nicht auf den physikalischen Bildschirm-Puffer zugreifen.

VIO: Verwaltung des logischen Bildschirm-Puffers

Anwendungen können den logischen Bildschirm-Puffer direkt bearbeiten, ohne Auswirkung auf das aktuelle Bild auf dem Bildschirm, und den physikalischen Bildschirm-Puffer aus dem logischen Bildschirm-Puffer aktualisieren.

VioGetBuf empfängt LDT-Adressierung (Selektor und Offset) für einen logischen Bildschirm-Puffer sowie die Puffer-Länge, die vom Anzeige-Modus abhängig ist.

VioShowBuf aktualisiert den physikalischen Bildschirm-Puffer aus dem logischen Bildschirm-Puffer, wenn sich der entsprechende Anwendungsprozeß im Vordergrund befindet. Solange sich der Anwendungsprozeß im Hintergrund befindet, hat diese Funktion keine Wirkung.

VIO: Verwaltung des physikalischen Bildschirm-Puffers

Da die OS/2-Standardversion 1.0 keinen Grafik-Modus unterstützt, werden eine Reihe von Bildschirmdiensten angeboten, über die der Anwender seine eigenen Bildschirmgrafiken implementieren kann.

Das Protokoll für Grafik-E/A sieht folgendermaßen aus:

1. Zugriff auf den physikalischen Bildschirm-Puffer erhalten
2. Modus für Grafiken setzen (mit *VIOSetMode*)
3. Physikalischen Bildschirm-Puffer für E/A sperren
4. Auf den physikalischen Bildschirm-Puffer zugreifen
5. Physikalischen Bildschirm-Puffer wieder freigeben

Eine Grafikanwendung muß einen Thread zur Speicherung der Bildschirmanzeige bereitstellen, da die Sitzungen vom Bediener weggeschaltet werden können. Wenn eine Anwendung beabsichtigt, die Register des Bildschirmadapters direkt zu verwalten, muß sie einen weiteren Thread bereitstellen, der den Bildschirm-Modus sowie die Register des Bildschirmadapters speichert.

VioGetPhysBuf erhält LDT-Adressierung für den physikalischen Bildschirm-Puffer. Der Anwendungsprozeß kennzeichnet den physikalischen Bildschirm-Puffer als Adresse aus einem 32-Bit-Wert und der Puffergröße. Gültige Pufferadressen bewegen sich im Bereich von A0000h bis BFFFFh. Als Antwort erhält der Anwendungsprozeß einen oder mehrere Selektoren zurück, über die er dann auf den physikalischen Bildschirm-Puffer zugreifen kann. Jeder Selektor erlaubt den Zugriff auf bis zu 64 KB. Wieviele Selektoren ein Anwendungsprozeß zurückerhält, hängt also von der Größe des benötigten Puffers ab. Handelt es sich um mehr als 64 KB, greift der erste Selektor auf die ersten 64 KB zu, der zweite auf die nächsten 64 KB usw. Der letzte Selektor greift auf den noch verbleibenden Pufferraum zu. Der Anwendungsprozeß kann *nur* als Vordergrund-Sitzung den physikalischen Bildschirm-Puffer adressieren. Zur Koordinierung seiner E/A-Aktivitäten muß der Prozeß *VioScrLock* und *VioScrUnLock* verwenden.

VioModeUndo storniert den von einem anderen Thread des aktuellen Anwendungsprozesses angeforderten *VioModeWaite*-Aufruf. Zwei Stornierungsmöglichkeiten sind hierfür vorgesehen: entweder übergibt *VioModeWait* an den anderen Thread eine Fehlermeldung, oder es beendet den anderen Thread. Der Anwendungsprozeß kann dabei optional seinen Besitz an *VioModeWait* aufrechterhalten - obgleich er seinen aktuellen *VioModeWait*-Aufruf storniert hat. Siehe weitere Einzelheiten hierzu unter *VioModeWait*.

VioModeWait wartet auf eine Benachrichtigung, um den Bildschirm-Modus, Bildschirmstatus und die Register des Bildschirmadapters wieder einzusetzen. Der Prozeß einer Grafikanwendung muß *nur* dann einen eigenen Thread für den *VioModeWait*-Aufruf abstellen, wenn er direkt in die Register des Bildschirmadapters schreibt, um die alten Bildschirmmerkmale nach einem vorübergehenden Pop-Up (aufgrund eines kritischen Fehlers oder durch eine Hintergrund-Sitzung) wiederherzustellen. Bei einer Grafikanwendung ist dies nicht erforderlich, da das VIO-Subsystem den Pop-Up-Bereich speichert. Nachdem ein Thread *VioModeWait* aufgerufen hat, wartet er auf den Antwortcode, der von ihm geprüft werden muß. Wenn der Antwortcode keine Fehlermeldung enthält, aktiviert der Thread wieder den ursprünglichen Bildschirm-Modus, den

Bildschirmstatus und die Register des Bildschirm-Puffers. Der *VioModeWait*-Thread sollte unbedingt andere Systemaufrufe oder die Möglichkeit kritischer Fehler vermeiden, da diese leicht zu einem Systemzusammenbruch führen können. Nachdem der Thread die alten Bildschirmmerkmale wiederhergestellt hat, kann er erneut *VioModeWait* aufrufen, um für den nächsten Fall bereit zu sein. Pro Sitzung kann also nur ein Prozeß *VioModeWait* aufrufen, da der aufrufende Prozeß den Bildschirmstatus für seine Zwecke verändern wird und gleichzeitig die Möglichkeit hat, über *VioModeUndo* seine *VioModeWait*-Anforderung zu stornieren.

VioSavRedrawUndo storniert die von einem anderen Thread desselben Anwendungsprozesses aufgerufene *VioSavRedrawWait*-Anforderung. Die Stronierung erfolgt entweder durch eine Fehlermeldung als Antwort an den anderen Thread oder durch Beendigung des anderen Threads. Der Anwendungsprozeß kann optional seinen Besitz an *VioSavRedrawWait* aufrechterhalten, obgleich er den aktuellen Aufruf von *VioSavRedrawWait* storniert hat. Siehe weitere Einzelheiten unter *VioSavRedrawWait*.

VioSavRedrawWait wartet auf eine Benachrichtigung, um den physikalischen Bildschirm-Puffer zu speichern oder wiederherzustellen. Der Prozeß einer Grafikanwendung muß für *VioSavRedrawWait* einen eigenen Thread bereitstellen, um bei einer Sitzungsumschaltung die Bildschirmanzeige speichern bzw. wiederherstellen zu können. Nachdem der Thread *VioSavRedrawWait* aufgerufen hat, wartet er auf die Anwort. Der Thread muß den Antwortcode prüfen, um eine mögliche Fehlermeldung zu erkennen. Liegt keine Fehlermeldung vor, führt der Thread den zurückgegebenen Code aus, d.h., er speichert den physikalischen Bildschirm-Puffer, Bildschirm-Modus und/oder sonstige Bildschirmmerkmale oder holt sie wieder zurück. Der *VioSavRedrawWait*-Thread sollte andere Systemaufrufe oder sonstige kritische Fehlermöglichkeiten vermeiden, da diese leicht zum Systemzusammenbruch führen können. Der *VioSavRedrawWait*-Thread sperrt (*VioScrLock)* den physikalischen Bildschirm-Puffer beim Zugriff nicht, da ihm dieser bereits durch den Session-Manager des OS/2 zugeteilt wurde. Nachdem der Thread seine Aktivität ausgeführt hat (Speichern oder Wiederherstellen der Bildschirmmerkmale), kann er erneut *VioSavRedrawWait* aufrufen und auf den nächsten Fall warten. Nur jeweils ein Prozeß jeder Sitzung kann *VioSavRedrawWait* aufrufen, da der Aufrufer den Bildschirmstatus seinen Bedürfnissen entsprechend ändern wird, und *VioSavRedrawUndo* diesem Prozeß ermöglicht, seine *VioSavRedrawWait*-Anforderung zu stornieren.

VioScrLock fordert den Besitz am physikalischen Bildschirm-Puffer an. Für den Fall, daß der Bildschirm-Puffer nicht sofort verfügbar ist, bestimmt der Anwendungsprozeß, ob er auf den Puffer warten, oder ob er den Antwortcode von *VioScrLock* sofort übernehmen will. Die Anwendung prüft das zurückgegebene Resultat seines Aufrufs, um festzustellen, ob der Anwendungsprozeß den Bildschirm-Puffer übernehmen kann. In zwei Situationen wird einem Anwendungsprozeß der Besitz am physikalischen Bildschirm-Puffer verweigert:

wenn seine Sitzung in den Hintergrund geschaltet oder der Bildschirm-Puffer im Besitz eines anderen Prozesses ist. Sobald der Prozeß im Besitz des Puffers ist, kann er Ein-/Ausgaben vornehmen. Wichtig ist dabei, daß der Prozeß so schnell wie möglich den Besitz am physikalischen Bildschirm-Puffer mit *VioScrUnLock* übernehmen kann, damit der Bediener zwischen den verschiedenen Sitzungen hin und her schalten kann. Solange der physikalische Bildschirm-Puffer gesperrt ist, können die Sitzungen nicht umgeschaltet werden. Wenn der Bediener während der Sperrung versucht, in eine andere Sitzung umzuschalten, belegt das Betriebssystem die Puffersperrung mit einem Zeitlimit. Wurde die Puffersperrung nach Ablauf dieses Zeitlimits nicht durch den Besitzer-Prozeß aufgehoben, setzt das Betriebssystem diesen Prozeß in den Hintergrund und nimmt die Sitzungsumschaltung wieder auf. Der so in den Hintergrund geschobene Prozeß kann erst dann seine Ausführung fortsetzen, wenn seine Sitzung vom Bediener wieder in den Vordergrund geschaltet wird.

VioScrUnLock hebt den Besitz am physikalischen Bildschirm-Puffer auf.

VIO: Funktionsersetzung

Die VIO-Schnittstellen können von einer Anwendung oder einem anderen Bildschirm-Subsystem selektiv unterbunden werden, um die Funktionen dieser Schnittstellen zu ersetzen oder zu erweitern. Wie bei jedem Subsystem, kann auch ein anderes Bildschirm-Subsystem die VIO-Schnittstellen durch Ergänzung weiterer Schnittstellen ausbauen.

VioDeRegister entfernt ein Bildschirm-Subsystem, das bereits in einer Sitzung registriert wurde. *VioRegister* kann nur von dem Anwendungsprozeß aufgerufen werden, der auch *VioDeRegister* aufgerufen hat.

VioRegister registriert ein Bildschirm-Subsystem in einer Sitzung. Dabei kann nur jeweils ein Bildschirm-Subsystem für eine Sitzung registriert werden. Das registrierte Subsystem muß dabei genau angeben, welche VIO-Dienste es während seiner Registratur abfangen will. Wenn dann ein Anwendungsprozeß derselben Sitzung einen abgefangenen VIO-Dienst aufruft, aktiviert das VIO-Subsystem das registrierte Bildschirm-Subsystem. Beim Aufruf einer abgefangenen VIO-Funktion kann das registrierte Subsystem entscheiden, ob es statt der geänderten VIO-Funktionen die VIO-Basisfunktionen in Anspruch nehmen will, indem es den Fehlercode -1(FFFFh) als Wert zurückgibt. Das VIO-Subsystem ruft daraufhin die VIO-Basisfunktion auf.

KBD: Tastatur-E/A

Das KBD-Subsystem besteht aus einer Bibliothek für dynamisches Linken, deren Schnittstellen (Funktionen) alle durch "KBD" (*keyboard*/Tastatur)) gekennzeichnet sind, sowie einem Tastaturtreiber, der automatisch vom Betriebssystem installiert wird. Die KBD-Schnittstellen verfügen über eine Reihe von Einrichtungen, die den Funktionen der Tastaturschnittstellen des BIOS-Int-16h in MS-DOS vergleichbar sind. Die KBD-Schnittstellen erlauben einer Anwendung über einen Zeichendatensatz den Scan-Code einer Tastensequenz sowie die entsprechenden ASCII-Zeichen für diesen Scan-Code zu empfangen oder einen String aus ASCII-Zeichen. Der Zeichendatensatz ist in Abbildung 38 erklärt.

0	ASCII-Zeichen-code	Scan-Code	Zeichen-satz
3	NLS Shift-status	Status der Shift-Taste	
6	Zeitpunkt der Zeicheneingabe		

ASCII-Zeichencode des übersetzten Scan-Codes.

Scan-Code für die gedrückte(n) Taste(n).

Zeichensatz bestimmt die Art des Zeichens:

* Endgültiges Zeichen
* Zwischenzeichen (NLS-Unterstützung)
* Kein Zeichen, nur Umschalttaste(n) (Shift)

NLS-Shift-Status ist reserviert (00h).

Shift-Status zeigt den Status folgender Tasten:

SysReg-Taste	Rechte ALT-Taste	Einfügen
GROSS (CapsLock)	Linke ALT-Taste	Rechte Shift-Taste
NUM (NumLock)	Rechte Ctrl-Taste	Linke Shift-Taste
ABBR (ScrollLock)	Linke Ctrl-Taste	

Die Zeichen-Zeitangabe erfolgt in Millisekunden, seit IPL.

Abbildung 38. Tastatur-Datensatz.

Die über eine Tastatur eingegebenen Daten werden in einem Puffer gespeichert, der vom KBD-Subsystem verwaltet wird. Wie in MS-DOS können auch hier nur so viele Tastendrucke eingegeben werden, wie der Tastatur-Puffer aufnehmen kann. Weitere Tastendrucke sind nicht zulässig. Mit anderen Worten, der Eingabe-Puffer hat eine festgelegte Größe, die nicht überschrieben werden sollte, da alle Daten, die nicht mehr in den Puffer passen, getilgt werden (wie in MS-DOS ertönt ein Signal). Da die Tastatur Teil der Konsole ist, können nur Vordergrund-Sitzungen Tastendrucke empfangen.

Erinnern wir uns, sobald eine Sitzung gestartet wird, wird ein logischer Tastatur-Puffer erstellt, der von allen Prozessen dieser Sitzung gemeinsam benutzt wird. Jede Sitzung verfügt dabei über einen eigenen Tastatur-Puffer. Der Tastatur-Puffer wird immer dann mit der Tastatur verknüpft, wenn die zugehörige Sitzung in den Vordergrund rückt, das heißt, wenn der Bediener in diese Sitzung umschaltet. Sobald also der Bediener von einer Sitzung in eine andere schaltet, verbindet das KBD-Subsystem die Tastatur mit dem logischen Tastatur-Puffer der neuen Sitzung. Der logische Tastatur-Puffer einer Hintergrund-Sitzung erlaubt den Hintergrund-Prozessen ihre Tastatur-E/A fortzusetzen. Die eingegebenen Tastendrucke einer Hintergrund-Sitzung werden aber erst dann in den logischen Tastatur-Puffer gespeist, wenn die Hintergrund-Sitzung in den Vordergrund geschaltet wird. Es gibt eine Ausnahme, in der eine Vordergrund-Tastatur von einer Hintergrund-Sitzung vorübergehend für Ein-/Ausgabezwecke verwendet werden kann: die Hintergrund-Sitzung ruft eine vorübergehende Vordergrund-"Sitzung", eine sogenannte *Pop-Up-Sitzung* auf, um mit dem Bediener kurzfristig einen Dialog führen zu können.

Obgleich jeder Sitzung ein logischer Tastatur-Puffer zugeteilt wird, kann ein Anwendungsprozeß wählen, ob er diesen oder einen anderen verwenden möchte. Auf den vorgegebenen Tastatur-Puffer greift die Anwendung mit der vorgegebenen KBD-Tastaturkennung (0000h) im KBD-Funktionsaufruf zu. Wenn allerdings innerhalb einer Sitzung mehrere Prozesse mit derselben Konsole arbeiten (Tastatur, Bildschirm und/oder Maus) wird ein Anwendungsprozeß nicht den vorgegebenen Tastatur-Puffer verwenden, sondern einen sekundären Tastatur-Puffer. Dieser Puffer ermöglicht dem Prozeß, seine Ein-/Ausgaben von Ein-/Ausgabeaktivitäten der anderen Sitzungsprozesse zu isolieren. Um eine sekundäre logische Tastatur zu aktivieren, muß der Anwendungsprozeß diese Tastatur erst mit dem Funktionsaufruf *KbdOpen* initialisieren und erhält dann eine entsprechende KBD-Kennung. Anschließend kann der Prozeß durch *KbdGetFocus* diese sekundäre Tastatur mit der physikalischen Tastatur verbinden. Mit Hilfe der KBD-Kennung wird dann die Ein-/Ausgabeoperation über die physikalische Tastatur vorgenommen. Die Verbindung kann mit *KbdFreeFocus* wieder aufgehoben und anderen Prozessen überlassen werden. *KbdClose* beendet die Verbindung mit der logischen Tastatur.

Die KBD-Kennungen sind *nicht* erbbar wie Dateikennungen.

Die KBD-Schnittstellen sind folgendermaßen unterteilt:

- Zeichen-E/A.
- Einheitensteuerung.
- Verwaltung der logischen Tastatur.
- Funktionsersetzung.

KBD: Zeichen-E/A

Tastatur-E/A-Operationen einer Anwendung werden entweder über die vorgegebene KBD-Einheitenkennung oder eine KBD-Einheitenkennung für eine andere logische Tastatur vorgenommen sowie durch Einlesen (READ) eines Datensatzes oder Zeichenstrings aus dem FIFO-Eingabe-Puffer der Tastatur.

KbdCharIn liest einen durch die KBD-Tastaturkennung gekennzeichneten Datensatz aus dem logischen Tastatur-Puffer (vorgegebener oder anderer) in den vom Anwendungsprozeß spezifizierten Puffer. Der Anwendungsprozeß muß dabei festlegen, ob er auf die Verfügbarkeit eines Zeichens warten will oder ob die Funktion sofort zum Aufrufer zurückkehren soll, wenn das Zeichen nicht verfügbar ist. Die Funktion gibt nur dann einen Tastatur-Datensatz zurück, wenn die logische Tastatur gerade mit der physikalischen Tastatur verbunden ist. Im allgemeinen ist immer die vorgegebene logische Tastatur der aktuellen Sitzung mit der physikalischen Tastatur verbunden, es sei denn, für die Sitzung wurde ausdrücklich eine andere logische Tastatur spezifiziert.

KbdFlushBuffer löscht den Inhalt des durch die KBD-Tastaturkennung gekennzeichneten logischen Tastatur-Puffers (vorgegebener oder anderer). Dies kann nur geschehen, solange der Puffer mit der physikalischen Tastatur verbunden ist. Im allgemeinen ist immer die vorgegebene logische Tastatur der aktuellen Sitzung mit der physikalischen Tastatur verbunden, es sei denn, für die Sitzung wurde ausdrücklich eine andere logische Tastatur spezifiziert.

KbdPeek gibt als Wert einen Tastatur-Datensatz aus der von der KBD-Tastaturkennung gekennzeichneten logischen Tastatur zurück, ohne sie dabei aus dem Puffer zu entfernen. Dies kann nur geschehen, solange die logische Tastatur mit der physikalischen Tastatur verbunden ist. Im allgmeinen ist immer die vorgegebene logische Tastatur der aktuellen Sitzung mit der physikalischen Tastatur verbunden, es sei denn, für die Sitzung wurde ausdrücklich eine andere logische Tastatur spezifiziert.

KbdStringIn gibt als Wert die spezifizierte Anzahl an ASCII-Zeichen (nur Zeichencode) aus dem durch die KBD-Tastaturkennung indentifizierten logischen Tastatur-Puffer zurück. Die maximale Anzahl an Zeichen (Bytes) beträgt 255. Der Anwendungsprozeß muß angeben, ob er warten will oder nicht:

WAIT Im Modus für Binäreingabe (*Binary Input Mode*) wartet der Anwendungsprozeß bis die gewünschte Anzahl an Zeichen verfügbar ist. Im Modus für ASCII-Eingabe (*ASCII Input Mode*) wartet der Anwendungsprozeß bis zum nächsten Zeilenumbruch (Carriage Return).

NO WAIT Im Modus für Binäreingabe empfängt der Anwendungsprozeß soviele Zeichen, wie von den angeforderten Zeichen verfügbar sind. Wenn keine Zeichen zur Verfügung stehen, *kehrt KbdStringIn* sofort zum aufrufenden Prozeß zurück. Im Modus für ASCII-Eingabe (*ASCII Input Mode*) wird die Option **NO WAIT** nicht unterstützt.

Tastatur-Zeichen werden nur dann zurückgegeben, wenn die logische Tastatur gerade mit der physikalischen Tastatur verbunden ist. Im allgemeinen ist die vorgegebene logische Tastatur der aktuellen Sitzung mit der phsysikalischen Tastatur verbunden, es sei denn, für die Sitzung wurde ausdrücklich eine andere logische Tastatur spezifiziert.

KbdXlate übersetzt den Scan-Code und die in einem Tastatur-Datensatz gefundenen Umschaltzeichen (SHIFT) in ASCII-Zeichencode. Die Übersetzung richtet sich nach der Zeichensatz-Tabelle, die durch die KBD-Tastaturkennung für die entsprechende logische Tastatur gekennzeichnet wurde. Das übersetzte Zeichen wird in einem Übersetzungszeichensatz in dem vom Anwendungsprozeß spezifizierten Puffer abgelegt. Nach Beendigung des Übersetzungsvorgangs werden entsprechende Übersetzungsmarkierungen (FLAGs) gesetzt. Der Übersetzungsvorgang kann - abhängig von bestimmten Zeichenkombinationen - tatsächlich mehrere Aufrufe erfordern.

KBD: Einheitensteuerung

Einer Anwendung steht eine Reihe von Schnittstellen zur Verfügung, über die sie Tastaturinformationen erhalten und bestimmen kann.

KbdGetCP gibt als Wert die ID der Zeichensatz-Tabelle zur Übersetzung des Scan-Codes in ASCII-Zeichen für die durch die KBD-Tastaturkennung gekennzeichnete logische Tastatur zurück.

KbdGetStatus gibt als Wert die Tastatur-Merkmale für die durch die KBD-Tastaturkennung gekennzeichnete logische Tastatur zurück. Die Einheiteninformationen werden in einem Puffer abgelegt, der vom Anwendungsprozeß spezifiziert wird. Es geht dabei um folgende Informationen:

- Eingabe-Modus

  Der Eingabe-Modus kann entweder binäre Eingabe oder ASCII-Eingabe vorsehen. Im Modus für ASCII-Eingabe werden alle über die Tastatur eingegebenen Zeichen mit bestimmten "Steuer"-Zeichen versehen, die eine besondere Verarbeitung bewirken. Im Modus für Binäreingabe werden die über die Tastatur eingegebenen Zeichen nicht übersetzt.

- Zwischenzeichen-Markierung

  Die Zwischenzeichen-Markierung (FLAG) kann vom Anwendungsprozeß gesetzt werden, um anzuzeigen, daß der Prozeß alle zum Aufbau eines Zeichens unmittelbar einzugegebenden Zeichen einer Zeichensequenz empfangen will. Diese Markierung ist sinnvoll für Sprachen, in denen ein Zeichen aus verschiedenen Tastendrucken zusammengesetzt wird.

■ Status der Umschalttasten

Der Status der Umschalttasten zeigt an, ob eine der Umschalttasten gedrückt wurde. Mit CapsLock beispielsweise wird der Status auf EIN gesetzt, beim erneuten Drücken dieser Taste wird der Status wieder auf AUS gesetzt. Zu den Umschalttasten zählen die Tasten SysReq, CapsLock, NumLock, ScrollLock, Alt, Enter und Shift.

■ Echo-Modus

Der Echo-Modus zeigt an, ob Tastaturzeichen an die Standard-Ausgabeeinheit gesendet werden sollen.

■ Definitionszeichen für Zeilenumbruch.

Das Definitionszeichen für Zeilenumbruch zeigt an, welches Zeichen - ASCII oder erweiterter ASCII-Code - den Zeilenumbruch bzw. das CarriageReturn-Zeichen spezifiziert.

KbdSetCP setzt die von der Zeichensatz-ID bestimmte Zeichensatz-Tabelle, die für die Übersetzung des Scan-Codes in ASCII-Code benutzt wird, für die von der KBD-Tastaturkennung gekennzeichnete logische Tastatur. Aus dem logischen Tastatur-Puffer werden dabei alle Zeichen gelöscht, die mit der vorausgegangenen Zeichensatz-Tabelle übersetzt wurden.

KbdSetCustXt richtet für die von der KBD-Tastaturkennung gekennzeichnete logische Tastatur die Zeichensatz-Tabelle für die Übersetzungstabelle ein, die von der Anwendung dafür bereitgestellt wurde. Aus dem logischen Tastatur-Puffer werden dabei alle Zeichen gelöscht, die mit der vorausgegangenen Zeichensatz-Tabelle übersetzt wurden.

KbdSetStatus setzt die Tastaturmerkmale für die von der KBD-Tastaturkennung identfizierte logische Tastatur. Die Einheiteninformationen werden an einen von der Anwendung spezifizierten Puffer übergeben. Zu den Einheiteninformationen zählen der Eingabe-Modus, die Zwischenzeichen-Markierung, der Status der Umschalttasten, der Echo-Modus und die Zeichendefinition für Zeilenumbruch, wie in ***KbdGetStatus*** beschrieben.

KBD: Verwaltung der logischen Tastatur

Eine Anwendung hat die Möglichkeit, auch eine andere logische Tastatur zu verwenden als die für die entsprechende Sitzung vorgegebene logische Tastatur.

KbdClose schließt die durch die KBD-Tastaturkennung gekennzeichnete logische Tastatur (vorgegebene oder andere). Die logische Tastatur kann von einem Prozeß geschlossen werden und trotzdem weiterhin der Sitzung zur Verfügung stehen. Eine sekundäre logische Tastatur wird, falls erforderlich, von der physikalischen Tastatur getrennt und vor dem Schließen gelöscht.

KbdFreeFocus trennt die durch die KBD-Tastaturkennung gekennzeichnete logische Tastatur von der physikalischen Tastatur. Wenn keine weiteren Anforderungen auf eine Verbindung mit der physikalischen Tastatur (*Focus*) warten, kehrt diese zur vorgegebenen logischen Tastatur zurück.

KbdGetFocus verbindet die durch die KBD-Tastaturkennung gekennzeichnete logische Tastatur mit der physikalischen Tastatur. Der Anwendungsprozeß spezifiziert dabei, ob er auf die Verfügbarkeit des physikalischen Tastatur-Puffers warten will oder ob die Anforderung sofort zum aufrufenden Prozeß zurückkehren soll, wenn der physikalische Puffer bereits besetzt ist.

KbdOpen gibt als Wert eine KBD-Tastaturkennung für eine sekundäre logische Tastatur zurück. Der sekundären logischen Tastatur wird die vorgegebene Zeichensatz-Tabelle zugeordnet.

KBD: Funktionsersetzung

Eine Anwendung, oder ein anderes Tastatur-Subsystem, kann die KBD-Schnittstellen abfangen, um die KBD-Funktionen zu ersetzen oder zu erweitern. Wie bei allen anderen Subsystemen, können die KBD-Schnittstellen natürlich auch von anderen Tastatur-Subsystemen durch Ergänzung weiterer Schnittstellen erweitert werden.

KbdDeRegister entfernt ein registriertes Subsystem aus der entsprechenden Sitzung. *KbdRegister* kann nur von dem Anwendungsprozeß aufgerufen werden, der auch *KbdDeRegister* in der Sitzung aktiviert hat.

KbdRegister registriert ein Tastatur-Subsystem in einer Sitzung. Es kann nur jeweils ein Tastatur-Subsystem in einer Sitzung registriert werden. Das registrierte Subsystem muß angeben, welche KBD-E/A-Funktionen es während seiner Registrierung abfangen will. Versucht während dieser Zeit ein Anwendungsprozeß derselben Sitzung eine unterbundene KBD-Funktion aufzurufen, aktiviert das KBD-E/A-Subsystem das registrierte Tastatur-Subsystem. Bei einer unterbundenen KBD-Funktion kann das registrierte Subsystem durch Übergabe des Fehlercodes -1(FFFFh) wieder die Basis-KBD-Funktionen aktivieren.

KbdSynch erlaubt einem registrierten Tastatur-Subsystem seinen Zugriff auf die physikalische Tastatur zu synchronisieren. Mit Hilfe dieser Funktion können die Aktivitäten der Tastatur-Subsysteme mit dem Tastaturtreiber koordiniert werden.

MOU: Maus-E/A

Das MOU-Subsystem besteht aus einer Bibliothek für dynamisches Linken, deren Schnittstellen alle durch "MOU" (*mouse*) gekennzeichnet sind, sowie zwei Einheitentreibern, einem für die Maus und einem für den Mauszeiger. Die Treiber müssen mit Hilfe der DEVICE-Anweisungen in der CONFIG.SYS-Datei ausgewählt werden. Das MOU-Subsystem erlaubt einer Anwendung festzulegen, wie der Mauszeiger gesteuert und welche Maus-Eingabedaten im Eingabe-Puffer gespeichert werden sollen, sowie die Mausverwaltung zu bestimmen. Der Datensatz zur Spezifikation der Mausmerkmale ist in Abbildung 39 unten beschrieben.

0	Ereignis	Zeitpunkt des Ereignisses
6	Y-Achse	X-Achse

Ereignis beschreibt die Art des (der) aufgezeichneten Ereignisse(s).

> Taste (1, 2 oder 3) drücken / keine Mausbewegung
> Taste (1, 2, oder 3) drücken / Mausbewegung
> Keine Taste drücken / Mausbewegung
> Keine Taste drücken / keine Mausbewegung

Zeitangabe des Ereignisses erfolgt in Millisekunden, seit IPL.

Y-Achse bedeutet vertikale Position des Mauszeigers.

X-Achse bedeutet horizontale Position des Mauszeigers.

Abbildung 39. Maus-Datensatz

Alle Mauseingaben werden in einem Puffer gespeichert, der vom MOU-E/A-Subsystem unterstützt wird. Mausdaten werden in Form von Ereignissen empfangen, die durch das Drücken einer oder mehrerer Maustasten bei gleichzeitiger (oder ohne) Bewegung des Mauszeigers auf dem Bildschirm hervorgerufen werden. Mausbewegungen werden in Koordinaten (Zeile/Spalte) oder *Mickeys* ausgedrückt. Der Begriff "*Mickey*" bezeichnet die relative Einheit einer Mausbewegung. Die Einheit für eine Mausbewegung kann von der Anwendung selbst festgelegt werden. Die Standardmethode sieht die Angabe von Mausbewegungen in Form von Koordinaten vor, ausgedrückt in Zeichen oder Pixel-Offsets - abhängig vom Bildschirm-Modus. Die Koordinatenwerte beziehen sich auf die linke obere Bildschirmecke, mit dem Ausgangspunkt 0/0 für die X- und Y-Achse. Wenn mit Mickeys gearbeitet wird, stellen die X- und Y-Werte jeweils den relativen Wert zur aktuellen Mauszeigerposition dar. Negative Mickey-Werte bezeichnen eine Mausbewegung in Richtung linke obere Bildschirmhälfte. Wenn der Benutzer mit der Maus arbeitet und dabei den Maus-Puffer mit Daten füllt, gehen Mausbewegungen und/oder -tastendrucke in den bereits gefüllten Puffer nicht verloren, sondern überschreiben einfach die "ältesten" Daten im Maus-Puffer. Mit anderen Worten: Obgleich der Eingabe-Puffer nur über eine bestimmte Länge verfügt, bewahrt er - als sogenannter *circular* (Kreis-)Puffer - die aktuellsten Mausereignisse auf. Da die Maus Teil der Konsole ist, können nur Vordergund-Sitzungen Mausdaten empfangen.

Erinnern wir uns: sobald eine Sitzung gestartet wird, wird ein logischer Maus-Puffer erstellt, den alle Anwendungsprozesse derselben Sitzung gemeinsam benutzen. Jede Sitzung verfügt also über ihren eigenen logischen Maus-Puffer. Der logische Maus-Puffer der jeweils aktuellen Sitzung ist mit der Maus verbunden. Sobald der Bediener also von einer Sitzung in eine andere schaltet, verbindet das MOU-Subsystem automatisch den logischen Puffer der neuen Sitzung mit der Maus. Der logische Puffer einer Hintergund-Sitzung ermöglicht seinen Prozessen, mit der Maus-E/A fortzufahren. Diese Daten werden allerdings erst im logischen Puffer der Hintergrund-Sitzung gespeichert, sobald diese Sitzung in den Vordergrund geschaltet wird. Es gibt eine Ausnahme für vorübergende Maus-E/A einer Hintergrund-Sitzung über die Vordergrund-Maus: die Hintergrund-Sitzung kann eine temporäre Vordergrund-"Sitzung", eine sogenannte *Pop-Up-Sitzung*, zur kurzfristigen Dialogführung mit dem Bediener aufrufen.

Das Protokoll für Maus-E/A gleicht dem anderer Ein-/Ausgabeeinheiten. Der Anwendungsprozeß öffnet mit *MouOpen* die Maus und initialisiert gleichzeitig die logische Maus. Mit der von *MouOpen* zurückgegebenen Mauskennung führt der Anwendungsprozeß dann seine Ein-/Ausgabeoperationen über die Maus durch. Nach Beendigung der Ein-/Ausgaben hebt der Prozeß mit Hilfe von *MouClose* die Verbindung mit der logischen Maus wieder auf. Um die verschiedenen Mausereignisse handhaben zu können, muß der Anwendungsprozeß die Annahme der Ereignisse steuern. Wenn z.B. ein Anwendungsprozeß durch den Aufruf von *MouSetEventMask* anzeigt, daß *nur* Ereignisse der Taste 1 gespeichert werden sollen, werden nur diese gespeichert. Abbildung 40 unten zeigt eine Aufstellung der Bedieneraktivitäten mit den entsprechenden Mausereignissen.

Die MOU-Schnittstellen können folgendermaßen unterteilt werden:

- Daten-E/A
- Cusorsteuerung
- Einheitensteuerung
- Funktionsersetzung

MOU: Daten-E/A

Eine Anwendung nimmt Ein-/Ausgaben über eine Maus mit Hilfe einer Mauskennung und durch Lesen von Datensätzen aus dem FIFO-Eingabepuffer der Maus vor.

MouClose schließt die durch die MOU-Kennung gekennzeichnete Maus.

MouFlushQue löscht den Puffer der durch die MOU-Kennung gekennzeichneten Maus.

MouGetNumQueEl gibt als Wert die Anzahl der vorhandenen Datensätze im aktuellen Maus-Puffer sowie die maximal mögliche Anzahl von Datensätzen für den Maus-Puffer der durch die MOU-Kennung gekennzeichneten Maus zurück.

Bedieneraktivität	Art des Mausereignisses
Taste gedrückt	Taste 1 gedrückt Keine Bewegung
Taste 1 noch gedrückt Mausbewegung	Taste 1 gedrückt Bewegung
Taste 1 losgelassen Maus steht still	Keine Taste gedrückt Keine Bewegung
Taste 2 gedrückt	Kein Ereignis
Taste 2 noch gedrückt Mausbewegung	Kein Ereignis
Taste 2 noch gedrückt Maus noch in Bewegung Taste 1 gedrückt	Taste 1 gedrückt Taste 2 gedrückt Bewegung
Taste 1 losgelassen Taste 2 losgelassen Maus noch in Bewegung	Keine Taste gedrückt Bewegung
Maus steht still	Kein Ereignis (kein Durchgang mit Taste 1)

Abbildung 40. Mausereignisse aufgrund bestimmter Bediener-Aktivitäten.

MouOpen öffnet die Maus für einen Anwendungsprozeß und gibt als Wert die MOU-Kennung zurück.

MouReadEventQue liest einen Datensatz aus dem Puffer der durch die MOU-Kennung identfizierten Maus. Der Anwendungsprozeß muß angeben, ob er warten will, bis ein Datensatzes verfügbar ist, oder ob *MouReadEventQue* sofort wieder zum aufrufenden Prozeß zurückkehren soll, wenn kein Datensatz abrufbar ist. Siehe hierzu Abbildung 39.

MOU: Steuerung des Mauszeigers

Eine Anwendung kann Darstellung und Position des Mauszeigers sowie den Bildschirmbereich für den Zeiger bestimmen.

MouDrawPtr holt den Bildschirmbereich für den Zeiger der durch die MOU-Kennung gekennzeichneten Maus wieder zurück. Aufgrund dieser Funktion wird der vorher nicht gültige Bildschirmbereich für den Mauszeiger zugelassen. Mit *MouRemovePtr* wird der für den Mauszeiger ungültige Bereich gesetzt.

MouGetPrtPos gibt als Wert die horizontale/vertikale Position des Zeigers der durch die Mauskennung gekennzeichneten Maus zurück.

MouGetPtrShape gibt als Wert eine Kopie der Mauszeigerdarstellung für die durch die MOU-Kennung gekennzeichnete Maus zurück. Der Standard-Modus für Textbildschirm ist invertierte Darstellung, bei der das auf den Bildschirm geholte Zeichen sichtbar bleibt. Der Standard-Modus für Grafikbildschirm ist ein Pfeil. Der Anwendungsprozeß kann die Mauszeigerdarstellung mit *MouSetPtrShape* ändern.

MouRemovePtr setzt den gültigen Bildschirmbereich für den Zeiger der durch die MOU-Kennung gekennzeichneten Maus. Der Anwendungsprozeß definiert einen rechteckigen Bereich, der nicht für den Mauszeiger bestimmt ist. Taucht der Zeiger in diesem ungültigen Bereich auf, wird er entfernt. Mit *MouDrawPtr* wird der für den Mauszeiger ungültige Bereich wieder aufgehoben.

MouSetPtrPos setzt die horizontale/vertikale Position des Zeigers der durch die MOU-Kennung gekennzeichneten Maus.

MouSetPtrShape setzt die Mauszeigerdarstellung für die durch die MOU-Kennung idenditifzierte Maus. Der Anwendungsprozeß muß dabei die AND- und XOR-Bitmasken für die Zeigerform sowie Breite, Höhe und Ausgangsposition des Mauszeigers spezifizieren.

MOU: Einheitensteuerung

Eine Anwendung kann über eine Vielzahl von Schnittstellen Mausinformationen aus dem Mauseingabe-Puffer erhalten oder in ihn setzen. Ferner kann ein Anwendungsprozeß selbst steuern, welche Mausereignisse gemeldet werden sollen, und wo der Mauszeiger dargestellt wird.

MouGetDevStatus gibt als Wert den Status der durch die MOU-Kennung gekennzeichneten Maus zur Zeit des Aufrufs zurück. Folgende Merkmale können als Statusinformationen zurückgegeben werden:

- Ob die Mauszeigerposition in Koordinaten oder Mickeys angezeigt wird.
- Ob der Anwendungsprozeß für den Mauszeiger auf dem Bildschirm zuständig ist.
- Ob der Mauszeiger in den aktuellen Bildschirm-Modus bewegt werden kann.
- Ob der Mausereignis-Puffer gerade geleert wird.
- Ob gerade ein Lesezugriff (READ) auf den Mausereignis-Puffer vorliegt.
- Ob der Mausereignis-Puffer gerade E/A-Aktivitäten ausführt.

MouGetEventMask gibt als Wert die in einem Maus-Datensatz gemeldeten Ereignisarten für die durch die MOU-Kennung gekennzeichnete Maus zurück. Die Maustasten-Identifikation erfolgt als logische Zahl, von links nach rechts gelesen. Folgende Ereignisarten sind möglich:

- Meldung Taste 1 Drücken/Loslassen
- Meldung Taste 1 Drücken/Loslassen mit Mausbewegung
- Meldung Taste 2 Drücken/Loslassen
- Meldung Taste 2 Drücken/Loslassen mit Mausbewegung
- Meldung Taste 3 Drücken/Loslassen
- Meldung Taste 3 Drücken/Loslassen mit Mausbewegung
- Meldung Mausbewegung ohne Drücken/Loslassen-Ereignis

MouGetHotKey kennzeichnet die Maustasten der durch die MOU-Kennung identifizierten Maus, die mit der Tastatursequenz der sogenannten System-*HotKeys* übereinstimmt. Hot Keys werden für das gesamte System definiert, das bedeutet, sie haben für alle Sitzungen dieselbe Wirkung. Über die Hot Keys kann der Bediener den OS/2-Programm-Selektor aktivieren, der eine Liste aller startbereiten Programme und eine Liste aller zur Zeit aktivierten Sitzungen zeigt sowie das Umschalten von einer Sitzung zur anderen ermöglicht. Der Hot Key einer Maus kann aus einer oder mehreren Tasten bestehen, die gleichzeitig gedrückt werden müssen.

MouGetNumButtons gibt die Anzahl der Tasten für die durch die MOU-Kennung gekennzeichnete Maus zurück.

MouGetNumMickeys gibt die Anzahl der Mickeys pro Zentimeter für die durch die MOU-Kennung gekennzeichnete Maus zurück.

MouGetScaleFact gibt die Skalierungsfaktoren für die horizontale/vertikale Mausbewegung der durch die MOU-Kennung gekennzeichneten Maus zurück. Der Skalierungfaktor ist ein Wert, der sich aus der Anzahl derMickeys pro Mausbewegung um 8 Pixel ergibt. Der horizontale Standardwert beträgt 16 Mickeys pro 8 Pixel.

MouSetDevStatus setzt den Status der durch die MOU-Kennung identifzierten Maus. Folgende Informationen können gesetzt werden:

- Ob die Mauszeigerposition in Koordinaten oder Mickeys angegeben werden soll.
- Ob der Anwendungsprozeß die Zuständigkeit für den Mauszeiger auf dem Bildschirm übernehmen will.

MouSetEventMask setzt die in einem Mausdatensatz zu meldenden Ereignisarten für die durch die MOU-Kennung gekennzeichnete Maus. Die Tastenidentifikation erfolgt als logische Zahl, von links nach rechts gelesen. Folgende Ereignisarten können gemeldet werden:

- Meldung Taste 1 Drücken/Loslassen
- Meldung Taste 1 Drücken/Loslassen mit Mausbewegung

- Meldung Taste 2 Drücken/Loslassen
- Meldung Taste 2 Drücken/Loslassen mit Mausbewegung
- Meldung Taste 3 Drücken/Loslassen
- Meldung Taste 3 Drücken/Loslassen mit Mausbewegung
- Meldung Mausbewegung ohne Drücken-/Loslassen-Ereignis

MouSetScaleFact setzt die Skalierungsfaktoren für horizontale/vertikale Maus-zeigerbewegung der durch die MOU-Kennung gekennzeichneten Maus. Der Skalierungsfaktor ist ein Wert, der durch die Anzahl von Mickeys pro Mausbewegung um 8 Pixel bestimmt wird.

MOU: Funktionsersetzung

Eine Anwendung oder ein anderes Maus-Subsystem kann die MOU-Schnitt-stellen abfangen, um deren Funktionen zu ersetzen oder zu erweitern. Wie bei jedem anderen Subsystem auch, kann ein anderes Maus-Subsystem natürlich auch durch Ergänzung weiterer Schnittstellen die Maus-Schnittstellen noch aus-bauen.

MouDeRegister entfernt ein Subsystem aus einer Sitzung. Nur der Anwen-dungsprozeß, der das Subsystem durch *MouRegister* in der Sitzung registriert hat, kann es aus der Sitzung wieder entfernen.

MouRegister registriert ein Maus-Subsystem in der aktuellen Sitzung. Es kann nur jeweils ein Subsystem in einer Sitzung registriert werden. Das registrierte Maus-Subsystem muß angeben, welche MOU-E/A-Funktionen es während sei-ner Registratur abfangen will. Wenn dann ein Prozeß derselben Sitzung eine abgefangene MOU-Funktion aufruft, aktiviert das MOU-E/A-Subsystem das registrierte Maus-Subsystem. Das registrierte Maus-Subsystem kann aber auch statt der geänderten Funktion die Basisfunktion wählen, durch Rückgabe des Spezial-Fehlercodes -1(FFFFh). Das MOU-Subsystem aktiviert daraufhin die MOU-Basisfunktion.

MouSynch erlaubt einem registrierten Maus-Subsystem, den Zugriff auf die physikalische Maus zu synchronisieren.

E/A-Kontrolle (IOCt)

Zusätzlich zum Dateisystem und zu anderen Subsystem-Schnittstellen kann eine Anwendung mit Hilfe der E/A-Steuerung - auch *IOCtl-Schnittstelle* genannt - eine E/A-Einheit und ihre Operationen überwachen. Einfach ausgedrückt die-nen IOCtl-Schnittstellen zur Überwachung der Parameter für E/A-Einheiten und deren Treiber. Da die IOCtl-Schnittstelle eng an den Einheitentyp gebun-den ist, werden die IOCtl-Befehle nach Einheit und entsprechenden Unterfunktionen aufgeteilt. In Abbildung 41 sind die zur Zeit vom OS/2 unterstützten Einheiten, in Kategorien unterteilt, aufgelistet.

In OS/2 erfolgt eine IOCtl-Anforderung über die Systemfunktion *DosDevIOCtl*. Bevor eine Anwendung aber eine IOCtl-Anforderung aufrufen kann, muß sie erst die entsprechende E/A-Einheit öffnen, damit ihr eine Dateisystem-Kennung übergeben wird. Bei Zeicheneinheiten gibt die Anwendung im OPEN-Aufruf an das Dateisystem einfach den Namen der Einheit an. Wenn es sich um eine Blockeinheit handelt, muß die Anwendung im OPEN-Aufruf die Laufwerksbezeichnung als Einheitennamen angeben und OPEN als "DASD-Öffnen" markieren. Nachdem der Anwendung eine Einheitenkennung übergeben wurde, kann diese einen IOCtl-Befehl für die durch die Kennung spezifizierte Einheit erteilen. Das Betriebssystem übergibt die IOCtl-Anforderung dann an den Einheitentreiber der Zieleinheit.

Hex	Einheiten-Kategorie
01	Serielle Einheitensteuerung
03	Steuerung des Mauszeigers
04	Tastatursteuerung
05	Druckersteuerung
07	Maussteuerung
08	Steuerung der logischen Festplatte/Diskette
09	Steuerung der physikalischen Festplatte
0A	Steuerung des Einheiten-Monitors
0B	Allgemeine Steuerung

Abbildung 41. IOCtl-Kategorien

Es ist nicht unbedingt erforderlich, daß OS/2-Anwendungen für den Zugriff auf eine Einheit eine IOCtl-Anforderung ausgeben. Bei den bisher definierten Kategorien reicht es durchaus, wenn eine Anwendung die IOCtls für serielle E/A-Einheiten oder Drucker berücksichtigt, wenn sie solche Einheiten einsetzt. Die Anwendung kann, wie bei Tastatur-, Maus- und Mauszeiger-IOCtls auch, Tastatur und Maus (und die Mauszeiger-Einrichtung der Maus) über die KBD- bzw. MOU-E/A-Subsysteme steuern. Ein Tastatur- bzw. Maus-Subsystem muß dabei aber auf jeden Fall die IOCtls für diese Einheiten mit berücksichtigen. Eine Systemanwendung, die den Datenträger einer Blockeinheit formatiert oder partitioniert, muß mit den IOCtls des logischen Festplatten-/Diskettenlaufwerks bzw. den IOCtls der physikalischen Festplatte arbeiten. Die IOCtls für Einheitenüberwachung (Monitor) und allgemeine Steuerung werden in der Regel nur vom Betriebssystem und anderen Systemkomponenten benutzt.

Weitere IOCtl-Kategorien und Unterfunktionen können von Anwendungen oder Subsystemen definiert werden, die einen Einheitentreiber zur Verfügung stellen. Eine IOCtl-Kategorie besteht aus einem Byte-Feld, in dem das ranghöchste Bit (Bit 7) maßgeblich ist. Wenn Bit 7 gesetzt ist, bedeutet dies, daß die Kategorie von einer Anwendung definiert wurde. Ist Bit 7 nicht besetzt, wurde die Kategorie vom Betriebssystem definiert. In Abbildung 42 ist ein Diagramm für die Definition eines Kategorie-Codes dargestellt. IOCtl-Unterfunktionen bestehen ebenfalls aus einem Byte-Feld, in dem die drei ranghöchsten Bits kennzeichnend sind, obwohl eines dieser drei Bits optional ist. Bit 7 definiert, wie mit der Anforderung umzugehen ist, falls die Einheit oder der Einheitentreiber die spezifizierte Unterfunktion nicht unterstützt. Bit 6 gibt an, ob die Funktion zur Verarbeitung an den Einheitentreiber übergeben werden soll. Bit 5 ist optional und organisiert lediglich die Codes der Unterfunktionen. In Abbildung 42 finden Sie die Zahlendefinitionen für die Unterfunktionen.

KATEGORIEN-CODE   UNTERFUNKTION

7	6	5	4	3	2	1	0		7	6	5	4	3	2	1	0
U	*	*	*	*	*	*	*		I	D	G	*	*	*	*	*

U	=	1	Anwenderdefiniert (USER)
		0	Systemdefiniert
I	=	1	IGNORE-Befehl (ignorieren) falls von der Einheit nicht unterstützt
		0	Fehler zurückgeben, falls von der Einheit nicht unterstützt
D	=	1	an Einheitentreiber (DEVICE DRIVER) senden
		0	ans Betriebssystem senden
G	=	1	Daten von einer Einheit holen (GET) (optional)
		0	Daten an eine Einheit senden (optional)
*	=	1	Definierbar
		0	

Abbildung 42. Definition der IOCtl-Kategorie und Unterfunktion

Zur Definition einer neuen Kategorie setzt eine Anwendung - oder ein Subsystem - also einfach das ranghöchste Bit und kann dann die verbleibenden Bits beliebig für die Kategorieangabe (Nummer) benutzen. Zur Definition einer Unterfunktion setzt eine Anwendung - oder ein Subsystem - einfach die zwei ranghöchsten Bits und kann die verbleibenden Bits für die Unterfunktionsangabe (Nummer) benutzen.

Überwachungsmechanismus für Zeichen-E/A

Mit diesem Mechanismus können OS/2-Anwendungen oder -Subsysteme den Datenstrom einer Einheit abfangen (siehe Abbildung 43). Die Anwendung kann auf folgendem Wege einige oder alle Daten ändern oder für ihre Zwecke verwenden:

- Bei einer Eingabeeinheit, bevor die Daten im Einheiten-Puffer gespeichert und von anderen Anwendungen gelesen werden.

- Bei einer Ausgabeeinheit, bevor die von anderen Anwendungen geschriebenen Daten an die Ausgabeeinheit gesendet werden.

Eine DOS-Anwendung geht anders vor: sie fängt den Hardware-Interrupt bzw. BIOS-Interrupt ab, um festzustellen, wann ein Datenstrom eine Einheit passiert.

Eine Anwendung, die den Datenstrom einer Einheit abfängt, übernimmt dabei im Grunde eine Dienstleistung für andere Anwendungen. Die Ein-/Ausgabeüberwachung stellt einen Mechanismus dar, den eine Anwendung *als transparente Dienstleistung für andere Anwendungen* anbietet. Andere Anwendungen müssen diese Dienste nicht in Anspruch nehmen und daher auch nicht geändert werden. Sie führen ihre E/A-Aktivitäten weiterhin wie gehabt durch.

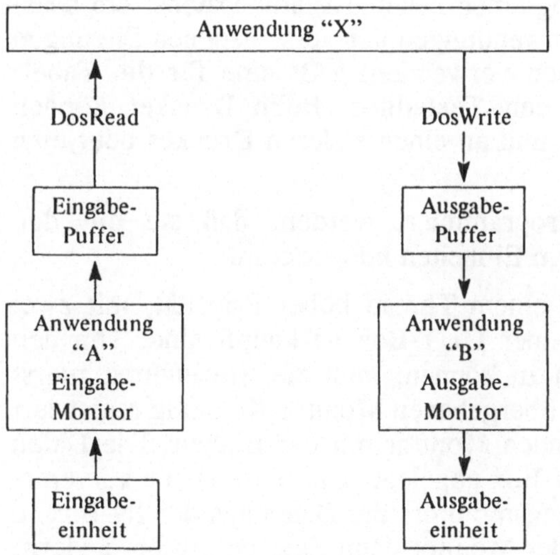

Abbildung 43. Datenstrom überwachter Ein-/Ausgabedaten

Der Überwachungsmechanismus für Dateneingabe/-ausgabe hängt vom entsprechenden Einheitentreiber ab: der Einheitentreiber definiert nicht nur durch sich selbst die Art des Datenstroms, sondern muß diesen auch aktiv zum Monitor umleiten. Erstens: die Definition des Datenstroms ist für das Zusammenwirken von Einheit (hier Monitor) und System wichtig, d.h., wie Anwendungen ihre Ein-/Ausgaben zur/von der Einheit vornehmen. Der Datenstrom kann z.B. sitzungsweise über Tastatur oder Maus ein-/ausgegeben werden oder systemüberspannend über den Drucker. Das bedeutet, die Überwachung wirkt sich für die Ein-/Ausgaben anderer Anwendungen nur im Umfang des Datenstroms auf diese Einheit aus. Die Überwachung eines Sitzungs-Datenstroms kann sich daher nur auf Anwendungen dieser Sitzung auswirken, während sich die Überwachung eines systemüberspanndenden Datenstroms auf Anwendungen aller Sitzungen auswirken kann. Zweitens: Die Wiederumleitung des Datenstroms zum Monitor (Überwachung) durch den Einheitentreiber ist deshalb von Bedeutung, weil der Monitor selbst den Datenstrom nicht steuern kann. Das bedeutet, der Monitor kann nur für Einheiten verwendet werden, deren Einheitentreiber eine Überwachung unterstützen.

OS/2 stellt drei Einheitentreiber zur Verfügung, die eine Überwachung ihrer zugehörigen Datenströme unterstützen: Tastatur, Maus und Drucker. Sowohl Tastatur-Treiber als auch Maus-Treiber definieren Datenströme für Sitzungen. Der Drucker-Treiber dagegen definiert Datenströme systemüberspannend für eine Einheit. Beispiel: Eine Anwendung, die Tastatureingaben überwacht, verknüpft normalerweise eine Tastensequenz mit der nächsten. Anders ausgedrückt, ein oder mehrere Tastendrucke können als Abkürzung für eine längere Tastensequenz dienen. Da jede Sitzung einen neuen Tastatur-Datenstrom bearbeitet, könnte der Bediener für die Anwendungen der verschiedenen Sitzungen maßgeschneiderte Tastatur-Definitionen verwenden: z.B. eine für die Tabellenkalkulation und eine andere für den Texteditor. Beim Drucker können Druckdaten vom Monitor abgefangen und an einen anderen Drucker oder eine andere Einheit umgeleitet werden.

Einheitentreiber können auch so programmiert werden, daß sie mit den Anwendungsmonitoren der zugehörigen Einheiten kooperieren.

Ein Anwendungsmonitor besteht aus einem Thread hoher Priorität, mit zwei Puffern, die mit einer IN-Box und einer OUT-Box verknüpft sind. Um den Überwachungsmechanismus einsetzen zu können, muß die Anwendung zuerst die E/A-Einheit öffnen. Mit Hilfe der übergebenen Monitor-Kennung registriert die Anwendung dann den entsprechenden Monitor mit der Einheit. Die Daten aus der E/A-Einheit werden in der IN-Box abgelegt. Um diese Daten zu verarbeiten, liest der Thread des Anwendungsmonitors die Daten aus der IN-Box in einen privaten Puffer ein. Dort kann der Monitor dann Zeichen prüfen, ändern, einfügen und/oder löschen. Soll irgendein Zeichen an die Einheit zurückgegeben werden, schreibt der Monitor dieses Zeichen in den OUT-Puffer. Von dort wird das Zeichen dann wieder an den Datenstrom der Ein-/Ausgabeeinheit übergeben. Soll die Überwachung beendet werden, schließt die Anwendung den Überwachungsmechanismus mit Hilfe der Monitor-Kennung.

Ein Anwendungsmonitor muß nicht der einzige Überwachungsmechanismus für den Datenstrom einer Einheit sein. Die Existenz weiterer Monitore ist für einen einzelnen Monitor transparent. Wenn ein Monitor registriert wird, kann er sich Positionspräferenzen gegenüber anderen Monitoren einräumen (erster, letzter, nicht beachten), auf der Basis "Wer zuerst kommt malt zuerst". Mit anderen Worten, der erste Monitor, der für die erste Position registriert wird, steht an der Spitze der Liste, der zweite an zweiter Position usw. Oder, der erste Monitor, der für die letzte Position registriert wird, steht am Ende der Liste, der nächste an vorletzter Stelle usw. Monitore, die ohne Positionspräferenz registriert werden, werden vor den für letzte Position registrierten Monitoren plaziert.

Die zur Überwachung von Datenströmen bereitgestellten Schnittstellen sind nachfolgend in logischer Verarbeitungsreihenfolge aufgeführt.

DosMonOpen öffnet den Monitor der Zeicheneinheit entsprechend seiner Position in der Monitor-Liste. Der Monitor ist für einen bestimmten Datenstrom der durch die Einheitenkennung gekennzeichneten Einheit registriert. Ein Anwendungsprozeß kann für jeden Datenstrom einer Einheit einen eigenen Monitor registrieren. Dabei verwendet er dieselbe Monitor-Kennung, die dann jeweils einen anderen Datenstrom kennzeichnet. Wenn eine Einheit mit Sitzungs-Datenströmen arbeitet, kann die Anwendung für jede Sitzung einen eigenen Monitor registrieren.

DosMonRead liest einen Datensatz aus dem IN-Puffer in den durch die Monitor-Kennung spezifizierten privaten Arbeitsbereich. Für den Fall, daß keine Daten unmittelbar verfügbar sind, muß der Monitor anzeigen, ob er warten will, oder ob READ sofort zum Aufrufer zurückkehren soll.

DosMonWrite schreibt einen Datensatz aus dem spezifizierten privaten Arbeitsbereich in den OUT-Puffer.

DosMonClose schließt die durch die Monitor-Kennung spezifizierte Einheit und beendet die Verbindung mit seinem Datenstrom.

Direkte Hardware-E/A

OS/2 stellt einen Mechanismus bereit - mit Hilfe von IOPL-Codesegmenten - der OS/2-Anwendungen oder -Subsystemen direkte Ein-/Ausgaben über eine Einheit ermöglicht. Das bedeutet, Anwendungen oder Subsysteme können einen Einheitenadapter programmieren, der Einheiten-E/A ohne Einheitentreiber oder Steuerschnittstellen (IOCtrls) zuläßt.

Es kommt gelegentlich vor, daß eine Anwendung oder ein Subsystem eine Einheit direkt steuern muß - die direkte Steuerung ist schneller. Außerdem, bei OS/2-Anwendungen und -Subsystemen müssen nur solche Segmente im Arbeitsspeicher residieren, die auch tatsächlich benutzt werden; Segmente mit Routinen zur Steuerung von Einheiten müssen also erst in den Arbeitsspeicher geladen werden, wenn sie aufgerufen werden. In MS-DOS gibt es keine Beschränkungen für den direkten Zugriff auf Einheiten, obgleich diese Tatsache sehr leicht zu Problemen zwischen den *Terminate-And-Stay-Resident (TRS)*-Programmen führen kann, die alle darauf lauern, Zugriff auf dieselbe Einheit zu erhalten. In OS/2 kann eine Anwendung nur unter bestimmten Bedingungen direkt auf eine Einheit zugreifen. Diese Bedingungen sind aus zwei Gründen erforderlich. Erstens: der Schutzmechanismus des 80286-Mikroprozessors macht Beschränkungen für die verschiedenen Schutzebenen notwendig. Zweitens: In einer Multitasking-Umgebung muß der gemeinsame Zugriff vieler Anwendungen auf ein und dieselbe Einheit durch eindeutige Regeln gesteuert werden, um Probleme zu vermeiden.

Der Schutzmechanismus der 80286 erlaubt der Anwendungsebene beispielsweise nicht, Hardware-Interrupts zu bedienen. Hardware-Interrupts müssen jeweils in der entsprechenden Schutzebene bearbeitet werden. Da der Prozessor den Übergang von einer Schutzebene in die andere nicht zuläßt, kann ein Anwendungscode (Anwendungsebene) keinen Hardware-Interrupt (Systemebene) bedienen. Daraus ergibt sich, daß nur ein Einheitentreiber einen Hardware-Interrupt verwalten kann, da er mit dem richtigen Privileg (Schutzebene) ausgestattet ist. Eine nicht interrupt-gesteuerte Einheit ist folglich die beste Voraussetzung für direkte Ein-/Ausgaben in OS/2. Der Bildschirmadapter ist beispielsweise eine solche Einheit, bei der Ein-/Ausgaben durch Mapping über den Bildschirm-Puffer gesteuert und die Adapterregister über die E/A-Ports direkt adressiert werden können.

Zur direkten Einheitensteuerung müssen E/A-Anweisungen, wie z.B. IN, INS, OUT, OUTS, CLI und STI, erteilt werden. IN/INS und OUT/OUTS empfangen bzw. senden Daten vom/zum E/A-Port. CLI und STI schalten Hardware-Interrupts ein bzw. aus. Der 80286-Prozessor erlaubt solche Anweisungen jedoch nur in der IOPL-Ebene oder bei ähnlichem Privileg. Da Anwendungen in der Anwendungsebene laufen, können sie normalerweise keine E/A-Anweisungen ausführen. OS/2 ermöglicht daher Anwendungen oder Subsystemen in einer höheren Ebene direkte Ein-/Ausgabe vorzunehmen. Damit der Schutz der Daten weiterhin gewährleistet bleibt, stattet das Betriebssystem nicht alle Segmente einer Anwendung oder eines Subsystems mit dem höheren Privileg (IOPL) aus. Nur entsprechend markierte Segmente erhalten IOPL. Daher muß die Anwendung - oder das Subsystem - alle Routinen, die mit E/A-Anweisungen arbeiten, in einem oder mehreren Extra-Segmenten unterbringen und diese beim Linken der Codesegmente entsprechend mit IOPL markieren.

Durch die Tatsache, daß Systemdienste nicht von IOPL-Codesegmenten ausgeführt werden können, bleibt der Schutz der einzelnen Schutzebenen weiter gewahrt. Doch eine IOPL-Markierung allein reicht nicht aus. Bevor die Anwendung oder das Subsystem eine Routine im IOPL-Code-Segment aufrufen kann, muß sie sich erst über einen Systemaufruf die Erlaubnis einholen, entweder den E/A-Port benutzen zu dürfen und den Status des Hardware-Interrupts zu verändern *(DosPortAccess)*, oder nur den Status des Hardware-Interrupts verändern zu dürfen *(DosCLIAccess)*.

Es gibt einen weiteren wichtigen Aspekt zum IOPL. Da IOPL Manipulation des vom Prozessor bereitgestellten Schutzmechanismus bedeutet, kann der Benutzer diese Option selbst steuern. Er muß in der CONFIG.SYS-Datei einen IOPL-Schlüssel bestimmen, um in den Anwendungen und Subsystem-Segmenten IOPL betreiben zu können. Damit kann der Anwender den Schutz und die Sicherheit seiner Systemkonfiguration sicherstellen und verhindern, daß Anwendungen oder Subsysteme ohne sein Wissen die System-Umgebung verändern.

KAPITEL 6

Interrupt-gesteuerte Einheitenverwaltung

Ein wichtiges Merkmal des PC ist, daß er auf Aktivitäten des Endbenutzers unmittelbar reagiert. Diese Aktivitäten bestehen in erster Linie aus Ein-/Ausgabeoperationen des Benutzers bzw. seiner Anwendungen zur Datenmanipulation. In MS-DOS folgen diese Ein-/Ausgaben einer Abruf-Systematik (*polling*) zur Einheitenverwaltung, bei der eine Ein-/Ausgabeoperation erst beendet sein muß, bevor der Benutzer mit seinen Aktivitäten fortfahren kann. In OS/2 dagegen sind alle Ein-/Ausgabeoperationen in ein interrupt-gesteuertes Geräteschema integriert, dessen Wirkungsweise sowohl für den Benutzer als auch für seine Anwendungen durchschaubar ist. Bei der interrupt-gesteuerten Einheitenverwaltung können E/A-Operationen parallel zu anderen Aktivitäten durchgeführt werden. Die Antwortzeiten werden dadurch wesentlich kürzer, was den Multitasking-Betrieb so effizient macht.

Warum aber ist interrupt-gesteuerte Einheitenverwaltung so wichtig für das System? Um diese Frage beantworten zu können, müssen wir erst einmal etwas mehr über Einheitenverwaltung im *Polling* (Abrufbetrieb) wissen und verstehen.

Erinnern wir uns: Die Singletasking-Umgebung in MS-DOS stellt keinen Mechanismus bereit, der einer Anwendung mitteilt, daß ihre E/A-Anforderung ausgeführt ist. Die DOS-Anwendung (und damit der DOS-Benutzer) muß ihre Aktivitäten serialisieren, d.h. nacheinander vornehmen, und bestimmt damit die Grundvoraussetzung für die E/A-Verwaltung unter MS-DOS: *Polling*. Anders ausgedrückt, ein Programm, das eine E/A-Anforderung an ein Gerät ausgibt, beschreibt eine Anweisungschleife, um die Statusänderung eines Anzeigers zu prüfen. Solange dieser Anzeiger seinen Status nicht geändert hat, muß das Programm seine Schleife wiederholen. Der Anzeiger kann entweder das Ergebnis eines geänderten Wertes an einem der beiden E/A-Geräteanschlüsse darstellen oder das Ergebnis eines Hardware-Interrupts. Im Falle eines Hardware-Interrupts wird eine Interrupt-Kennung aktiviert, die den Status des in der Programmschleife geprüften Anzeigers ändert.

Warum ist es wichtig zu wissen, wann eine E/A-Operation beendet ist? Ein Grund ist, daß Fehler schneller erkannt und bearbeitet werden können. Wenn eine E/A-Operation erfolglos verläuft, kann die DOS-Anwendung sie entweder wiederholen oder dem Bediener mitteilen, daß die Operation abgebrochen werden muß. Eine erfolgreiche E/A-Operation bedeutet, daß die DOS-Anwendung zur nächsten Aktivität übergehen kann. Ein weiterer Grund ist die Möglichkeit einer effektiveren Speicherausnutzung. Denn, nachdem die E/A-Operation ausgeführt ist, weiß die Anwendung, daß der entsprechende E/A-Puffer nun für neue E/A-Aktivitäten zur Verfügung steht.

Eine DOS-Anwendung muß sich nicht um die Polling-Verwaltung kümmern. Bei DOS-Anwendungen, die Systemschnittstellen für E/A-Operationen benutzen, übernimmt es die Systemschnittstelle, den Anzeigerstatus für die E/A-Operation festzustellen. Eine DOS-Anwendung, die jedoch direkt auf ein Gerät zugreift, muß die E/A-Abrufe selbst verwalten. In MS-DOS ist die Einheitenverwaltung in jedem Fall von zyklischen Abrufen abhängig.

Anders in OS/2. Hier unterliegt die interrupt-gesteuerte Einheitenverwaltung keinen derartigen E/A-Beschränkungen, sondern stellt vielmehr einen Mechanismus bereit, der den E/A-Anforderer von der Beendigung seiner E/A-Operation in Kenntnis setzt. Während eine Einheit die E/A-Operation ausführt, kann gleichzeitig eine andere Aktivität ausgeführt werden. Es können aber auch unterschiedliche E/A-Operationen parallel vorgenommen werden: Platten-E/A, Drucker-E/A, Maus-E/A und Bildschirm-E/A können alle zur selben Zeit stattfinden. Die bereitgestellten Betriebsmittel können für mehrere verschiedene Anwendungen gleichzeitig wirkungsvoll eingesetzt werden. Dasselbe gilt auch für eine Einzelanwendung - mit mehreren Prozessen und Threads - die ihre eigenen Aktivitäten mit ihren E/A-Anforderungen überlagern kann.

Ein weiterer Vorteil der interrupt-gesteuerten Einheitenverwaltung in einer Multitasking-Umgebung ist die optimale Ausnutzung sogenannter intelligenter Einheiten. Da bestimmte Aufgaben von der CPU an die lokalen Prozessoren dieser Einheiten weitergegeben werden, kann die CPU in der Zwischenzeit andere, anwendungsspezifische Aktivitäten durchführen. OS/2 ist damit für Weiterentwicklungen auf dem Gerätesektor bestens gerüstet.

Das Grundschema der interrupt-gesteuerten Einheitenverwaltung bildet die Verknüpfung des Betriebssystems mit dem Programm, das das Gerät steuert - hier ein Einheitentreiber. Der Thread des Einheitentreibers, der von einer Einheit eine Ein-/Ausgabeoperation anfordert, übergibt die restliche Wartezeit an die CPU. In der Zwischenzeit können andere Threads Ein-/Ausgaben anfordern. Sobald die Einheit die Operation beendet hat, sendet sie einen Hardware-Interrupt an das System. Dieser Interrupt unterbricht den gerade aktiven Thread und veranlaßt, daß die Interrupt-Kennung des Einheitentreibers aktiviert wird. Die Interrupt-Kennung setzt die Interrupt-Bedingung des Geräts wieder ein und teilt dem Betriebssystem mit, daß der auf die E/A-Anforderung wartende Einheitentreiber-Thread jetzt ablaufbereit ist. Nachdem die Interrupt-Kennung wieder geschlossen ist, kann das System die anderen Threads, ihrer Priorität entsprechend, abarbeiten - beginnend beim Thread der höchsten Priorität. Diese Möglichkeit, ablaufbereite Threads entsprechend ihrer Priorität abzuarbeiten, ist besonders für zeitkritische Anwendungsprozesse, die einen Gerätestatus unterstützen müssen, von großer Bedeutung. Die Datenkommunikation ist. Ein gutes Beispiel hierfür ist die Datenkommunikation, bei der bestimmte Aktivitäten unbedingt erforderlich sind, um eine Kommunikationsverbindung aufrechtzuerhalten. Während seiner Ausführung, gibt der Einheitentreiber-Thread den Beendigungs-Code an die aufrufende Anwendung zurück.

Die interrupt-gesteuerte Einheitenverwaltung unterstützt also auf wirkungsvolle Weise die Multitasking-Umgebung des Betriebssystems. Außerdem ermöglicht sie ein schnelleres Reagieren auf den Gerätestatus, da das Gerät einen Hardware-Interrupt sendet, um auf sich aufmerksam zu machen.

Eine Anwendung könnte zwar unter OS/2 weiterhin Ein-/Ausgabe im Abrufbetrieb (Polling) vornehmen. Doch unnötiges Wiederholen von Programmschleifen bedeutet unnütze Vergeudung der verfügbaren Verarbeitungszeit. Empfehlenswerter ist es, wenn Anwendungen mit Hilfe einer Zeitgeberfunktion wie *DosTimerStart* oder *DosSleep* die Beendigung einer Einheiten-E/A überprüfen.

Die Bedeutung der Einheitentreiber

Die interrupt-gesteuerte Einheiten-Verwaltung in OS/2 ist nur durch den Einsatz von Einheitentreibern möglich, da nur sie Interrupts verwalten können. Anwendungen oder Subsysteme, die eine interrupt-gesteuerte Einheit verwalten, müssen entweder einen eigenen Einheitentreiber oder einen für das Gerät bereits vorhandenen Treiber verwenden.

Der Einheitentreiber in OS/2 weist ähnliche Merkmale auf wie der Einheitentreiber in MS-DOS. Ein Einheitentreiber ist ein Programm, das den Datenfluß von und zu einem Gerät steuert. Dieses Programm stellt keine in sich geschlossene Einheit dar, wie beispielsweise ein Anwendungsprozeß, sondern ist eher einer Subroutine vergleichbar. Das Betriebssystem fordert den Einheitentreiber auf, bestimmte Aktivitäten aufgrund einer E/A-Anforderung vorzunehmen. Im Grunde kann man den Einheitentreiber als verlängerten Arm des Betriebssystems bezeichnen.

Anwendungs-E/A-Anforderungen sind in OS/2 aus zwei verschiedenen Umgebungen möglich: zum einen aus der neuen OS/2-Anwendungsumgebung des 80286-Protected-Mode, zum anderen aus der DOS-Anwendungsumgebung des 80286-Real-Mode. Das Betriebssystem muß also entweder einen OS/2-Einheitentreiber für E/A-Anforderungen im Protected Mode oder im Real Mode aktivieren, je nachdem welcher Modus sich gerade im Vordergrund befindet (siehe hierzu Abbildung 44). Hardware-Interrupts sind

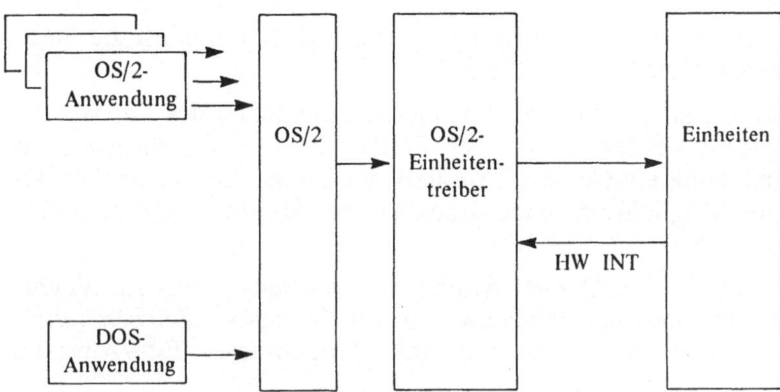

Abbildung 44. Position eines Einheitentreibers innerhalb des Systems

aber nicht notwendigerweise vom aktivierten Modus abhängig, sondern können auch modus-unabhängig initiiert werden. Das bedeutet, der OS/2-Einheitentreiber ist bimodal einsetzbar, sowohl im Protected Mode als auch im Real Mode des 80286.

Im Protected Mode läuft der OS/2-Einheitentreiber in der Systemebene, d.h. in Schutzebene 0. Damit ist der OS/2-Einheitentreiber automatisch mit IOPL (E/A-Privileg) ausgestattet und kann die Ports des E/A-Geräts mit E/A-Anweisungen wie IN und OUT direkt adressieren. Der Einheitentreiber hat zudem die Möglichkeit, den FLAG-Status eines Hardware-Interrupts zu manipulieren, d.h. Hardware-Interrupts nach Wunsch ein- oder auszuschalten. *OS/2-Anwendungen können zwar über bestimmte Routinen eines IOPL-Code-Segments auf E/A-Ports zugreifen, doch nur die OS/2-Einheitentreiber sind in der Lage, Hardware-Interrupts zu verwalten.*

Ein Einheitentreiber wird in OS/2 genauso installiert wie in MS-DOS, nämlich durch DEVICE = in der CONFIG.SYS-Datei. Während der Initialisierung des Betriebssystems wird die Konfigurationsdatei CONFIG.SYS überprüft, die durch DEVICE = spezifizierte Datei geladen und das Treiberprogramm von OS/2 aufgefordert, sich selbst zu initialisieren.

OS/2 stellt eine ganze Reihe von Einheitentreibern zur Verfügung. Einige von ihnen werden automatisch konfiguriert und geladen, wie z.B. die Einheitentreiber für Bildschirm, Tastatur, Drucker, Festplatten/Disketten-Laufwerk und Uhr; andere müssen ausdrücklich mit DEVICE = in der CONFIG.SYS-Datei installiert werden, wie z.B. die Treiber für Maus, asynchrone Kommunikation und virtuelles Laufwerk. Durch die automatische Installation einiger Einheitentreiber stellt OS/2 sicher, daß eine Systemkonfiguration zumindest die Standardtreiber und Standardfunktionen enthält.

Durch die Installation weiterer Treiber können die Funktionen des Betriebssystems weiter ausgebaut werden. Ein neuer Treiber kann einen vorhandenen Treiber ersetzen und damit ein Gerät mit zusätzlichen Funktionen ausstatten. Es besteht aber auch die Möglichkeit, einen neuen Treiber für ein zusätzliches Gerät zu installieren.

Wie in MS-DOS stellt auch OS/2 zwei Arten von Einheitentreibern zur Verfügung: Treiber für Einheiten mit zeichenweiser Ein-/Ausgabe (*Zeicheneinheitentreiber*) und Treiber für Einheiten mit blockweiser Ein-/Ausgabe (*Blockeinheit*).

Bei einer Zeicheneinheit erfolgt die Ein-/Ausgabe zeichenweise - d.h. jeweils Zeichen um Zeichen - und zwar gewöhnlich durch Programm-E/A (IN- und OUT-Anweisungen an die E/A-Ports). Dabei ist die Reihenfolge der Zeichen von Bedeutung. Der Treiber greift nicht willkürlich auf die Daten zu. Entsprechend wichtig ist auch die Reihenfolge der Datenanforderung: Der Treiber bearbeitet die Anforderungen in der Reihenfolge, in der sie ihn erreichen. Einer der Hauptgründe, warum die Reihenfolge der Zeichen bei Zeicheneinheiten so wichtig ist, liegt darin, daß diese E/A-Einheiten über keinen Zwischenspeicher für die durchlaufenden Daten verfügen. Ein einmal eingelesenes oder geschriebenes Zeichen kann nicht ungeschehen gemacht werden. Bei einer Zeicheneinheit handelt es sich um eine namenidentifizierte Einheit. Das bedeutet, Zeicheneinheiten können von den Anwendungen wie Dateien behandelt und E/A-Operationen über die entsprechenden Dateisystem-Aufrufe behandelt werden. Beispiele für E/A-Einheiten mit Namenidentifikation sind Drucker (LPT1, LPT2), Tastatur (KBD) und asynchrone Kommunikation (COM1, COM2).

Bei einer Blockeinheit erfolgt die Dateneingabe/-ausgabe blockweise, gewöhnlich durch DMA (*direct memory access*/direkter Speicherzugriff). Ein Datenblock wird normalerweise als Sektor adressiert, der 512 Bytes groß ist. Der Blockeinheitentreiber kann jederzeit auf jeden Sektor zugreifen. Bei einer Blockeinheit müssen die Ein-/Ausgaben in/aus Sektoren nicht in der Reihenfolge der physikalischen Sektorenposition erfolgen. Das bedeutet, der Blockeinheitentreiber kann die Bearbeitungsreihenfolge der E/A-Anforderungen ändern und damit die Ausführungseffizienz einer Einheit optimieren. Dabei hat er beispielsweise die Möglichkeit, die E/A-Anforderungen nach relativen Sektorzahlen abzuarbeiten, um unnötige Wartezeit beim Suchen eines Sektors zu vermeiden. Die Reihenfolge der Sektoren spielt bei einer Blockeinheit keine Rolle, da es sich bei Blockeinheiten um Speichereinheiten handelt, die die von ihr empfangenen Daten zwischenspeichern. Eine Blockeinheit kann durch einen Namen - einen Laufwerksbuchstaben - gekennzeichnet werden. Im allgemeinen wird eine Anwendung eine Blockeinheit aber nicht direkt adressieren, sondern ihre Ein-/Ausgaben über eine Datei vornehmen, die als abstrakte Darstellung der Sektordaten anzusehen ist. Mit der Laufwerksangabe kennzeichnet die Anwendung, auf welcher Blockeinheit die Datei untergebracht ist.

Das Dateisystem übersetzt die an den Blockeinheitentreiber gesandte Datei-E/A-Anforderung in eine Sektor-E/A-Anforderung. Festplatten, Diskettenlaufwerke und virtuelle Laufwerke sind Beispiele für Blockeinheiten. Ihre Namen lauten z.B. "a:" oder "b:".

Einheitentreiber und Anwendungs-E/A

Einheitentreiber verwalten ihre Einheiten in Absprache mit den Anwendungseingaben/-ausgaben. Die OS/2-Anwendungen führen ihre Ein-/Ausgaben in erster Linie über die Schnittstellen des Dateisystems aus, d.h. mit IOCtl, Sybsystemen und Zeichen-E/A-Überwachung.

OS/2-Anwendungen benutzen die Dateisystem-Schnittstellen für Ein-/Ausgaben über namengebundene Einheiten und verwenden dabei gewöhnlich nur Blockeinheitentreiber. Über die Dateisystem-Schnittstellen können Anwendungen Gerätedaten im logischen Format untersuchen. Das logische Format einer Blockeinheit ist eine Datei, die auch als Zeichen-String behandelt werden kann. Die Dateieingabe/-ausgabe erfolgt durch Angabe der relativen Position des ersten Bytes in der Datei sowie der Anzahl der zu übertragenden Bytes. Der Blockeinheitentreiber versteht E/A-Anforderungen jedoch nur in Form von Sektorangaben. Welche Sektoren seines Geräts aber die Anwendungsdaten enthalten, kann der Blockeinheitentreiber nicht feststellen. Daher ordnet das Dateisystem die Byte-Bezüge der E/A-Anforderung den der Datei entsprechenden Sektoren zu. Aufgrund dieser E/A-Anforderung kann das Dateisystem dann einen oder mehrere sektorbezogene E/A-Anforderungen an den Blockeinheitentreiber senden. Der Blockeinheitentreiber überträgt daraufhin die spezifizierten Sektoren.

Eine Anwendung, die über die Schnittstellen des Dateisystems Ein-/Ausgabeoperationen vornimmt, öffnet (OPEN) als erstes die Datei, liest (READ) aus der Datei oder schreibt (WRITE) in die Datei und schließt (CLOSE) sie am Ende wieder. Als Antwort auf die Verbindungsanforderung (Datei Öffnen) kann das Dateisystem den Blockeinheitentreiber auffordern, Sektoren mit Verzeichnis- und anderen Steuerinformationen vom Gerät zu lesen. Das Dateisystem kann darüber hinaus den Blockeinheitentreiber anweisen, Sektoren auf das Gerät zu schreiben, um so interne Dateisystem-Puffer zu leeren. Abbildung 45 zeigt ein Beispiel hierzu. Aufgrund der Anwendungs-E/A (Lesen/READ und Schreiben/WRITE) weist das Dateisystem den Blockeinheitentreiber an, Sektoren zu lesen und zu schreiben. Nach Beendigung der Verbindung kann das Dateisystem dem Blockeinheitentreiber auftragen, Sektoren mit aktualisierten Verzeichnisinformationen und anderen Steuerinformationen auf die Einheit zu schreiben. Der Blockeinheitentreiber erfährt auf diese Weise nie, wie die Anwendungsanforderung exakt aussieht. Er wird nur aufgrund der E/A-Anforderungen des Dateisystems für eine Anwendung aktiv.

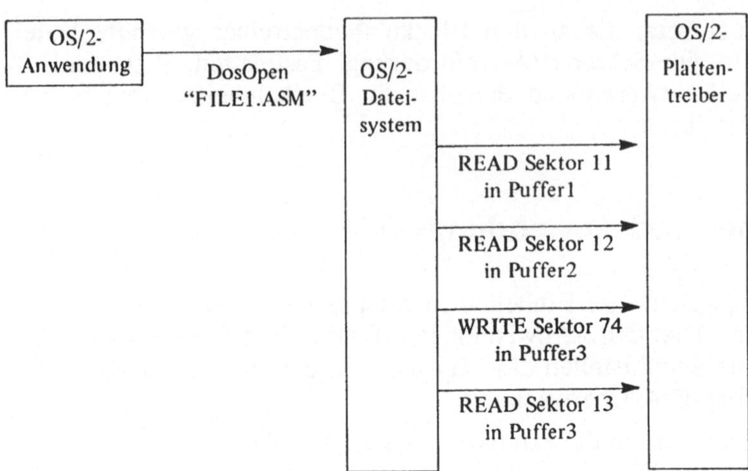

Abbildung 45. E/A aus der Sicht eines Blockeinheitentreibers.

Einige Dateisystem-Schnittstellen, wie z. B. die Funktionen OPEN, CLOSE, READ und WRITE können auch für Ein-/Ausgabe über Zeicheneinheiten benutzt werden, da es sich bei Zeicheneinheiten um Objekte handelt, die mit einem Namen versehen sind. Eine Anwendung betrachtet die Daten einer Zeicheneinheit weiterhin als logisches Format, ähnlich dem einer Blockeinheit: als Zeichenstring (oder Bytes). Die Anwendung gibt für ihre E/A-Operationen den Anfang eines Datenstrings sowie Anzahl der insgesamt zu übertragenden Bytes an. Der Einheitentreiber kann die E/A-Anforderung der Anwendung ohne Zwischenträger befriedigen. Das Dateisystem sendet die E/A-Anforderung ohne weitere Nachrichten direkt an den Zeicheneinheitentreiber .

Eine Anwendung, die ihre Ein-/Ausgaben über die Schnittstellen des Dateisystems vornimmt, öffnet (OPEN) als erstes die E/A-Einheit mit Hilfe des entsprechenden Einheitennamens, liest (READ) von der Einheit oder schreibt (WRITE) auf die Einheit und schließt (CLOSE) diese am Ende wieder. Als Antwort auf die Anwendungsanforderung, eine Verbindung mit der Einheit herzustellen (diese zu öffnen), kann das Dateisystem den entsprechenden Einheitentreiber anweisen, diese Verbindung herzustellen. Anschließend kann der Zeicheneinheitentreiber dann die entsprechende Einheit für den Zugriff vorbereiten, indem er beispielsweise eine bestimmte Anfangeinstellung setzt. Aufgrund der E/A-Anforderungen (READs und WRITEs) durch die Anwendung gibt das Dateisystem dem Zeicheneinheitentreiber die entsprechenden READ- und WRITE-Anweisungen. In Abbildung 46 ist ein Beispiel hierzu gezeigt. Am Ende der Verbindung (CLOSE) zwischen Anwendung und Einheitentreiber kann das Dateisystem den Treiber anweisen, die Kennung, und damit die Verbindung, wieder zu schließen (CLOSE). Der Treiber der Zeicheneinheit beendet dann die Geräteeingabe/-ausgabe und setzt die internen Variablen wieder zurück. Der Zeicheneinheitentreiber kann also, anders als der Blockeinheitentreiber, die Art der Anwendungsanforderung erkennen. Die Aufgabe des Dateisystems ist hier vor allem, die E/A-Anforderung der Anwendung zum Zeicheneinheitentreiber zu leiten.

Die IOCtl-Schnittstelle, auch als *E/A-Steuerungsschnittstelle* bekannt, dient dazu, gerätespezifische Befehle für die Gerätesteuerung zu senden. Die IOCtl-Schnittstelle kann sowohl mit Zeichen- als auch mit Blockeinheitentreibern kommunizieren. Wenn eine Anwendung eine IOCtl-Anforderung ausgibt, sendet das Betriebssystem diese Anforderung direkt an den Einheitentreiber der Zieleinheit.

Eine Anwendung, die eine IOCtl-Schnittstelle benutzt, öffnet (OPEN) zuerst die Einheit mit Hilfe des entsprechenden Namens, erteilt IOCtl-Anforderung(en) und schließt (CLOSE) die Einheit wieder über die Dateisystem-Schnittstelle. OPEN und CLOSE sorgen für die Verbindung zwischen Anwendung und E/A-Einheit und werden vom Dateisystem geräteabhängig verwaltet. Die IOCtl-Anforderung wird anschließend an den für die Verbindung zuständigen Einheitentreiber übergeben. Sowohl Block- als auch Zeicheneinheitentreiber empfangen den von der Anwendung generierten IOCtl-Befehl direkt.

Die E/A-Subsystemschnittstellen werden für E/A-Dienste benutzt, die für bestimmte Einheitenarten zugeschnitten sind. E/A-Subsysteme in OS/2 mit gerätespezifischen Schnittstellen für solche Zeicheneinheiten sind VIO (Bildschirm), KBD (Tastatur) und MOU (Maus). Das Dateisystem kann als E/A-Subsystem für Blockeinheiten angesehen werden. Die Schnittstellen des E/A-Subsystem erlauben der Anwendung, die Daten einer Zeicheneinheit im logischen, gerätespezifischen Format zu betrachten. Bildschirmdaten können also als Zeichen und Zeichenattribute oder als logische Bildschirm-Puffer behandelt werden, Tastatur- und Mausdaten als Datensätze mit Informationen über die entsprechende Einheit. Wenn eine Anwendung Ein-/Ausgaben über ein Subsystem anfordert, kann das Subsystem zur Bearbeitung dieser Anforderung IOPL-Routinen, Dateisystem-Schnittstellen oder IOCtl-Anforderungen aktivieren. Zur Bearbeitung von E/A-Anforderungen entweder über Dateisystem-Schnittstellen oder über die IOCtl-Schnittstelle wird das Subsystem Anforderungen für den entsprechenden Einheitentreiber erzeugen. Das Subsystem kann zusätzlich noch eine oder mehrere Anforderungen für den Einheitentreiber generieren, um die Anwendungsanforderung bewältigen zu können.

Die Monitorschnittstelle der Zeicheneinheit wird zur Kontrolle des Datenstroms von oder zu einer Zeicheneinheit benutzt und ist nur für Zeicheneinheitentreiber möglich, die eine solche Überwachung unterstützen. Von den Standard-Zeicheneinheitentreibern des OS/2 unterstützen nur die Treiber für Tastatur, Drucker und Maus eine solche Überwachung. Der Anwendungsmonitor führt keine E/A-Operationen aus, sondern dient lediglich als Kanal für den Datenstrom. Der Anwendungsmonitor hat die Möglichkeit, die Gerätedaten zu filtern und Zeichen aus dem Datenstrom zu benutzen oder zu ersetzen. Der Einheitentreiber sendet lediglich die vom Gerät empfangenen Daten an den Monitor, bevor er sie an den eigentlichen Bestimmungsort weiterleitet.

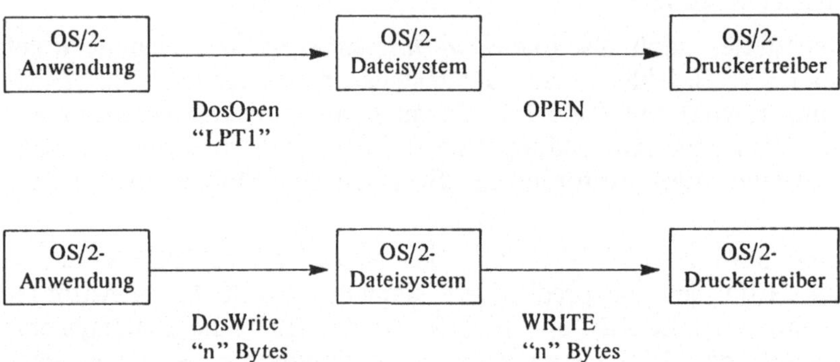

Abbildung 46. E/A aus der Sicht eines Zeicheneinheitentreibers

Die unterschiedlichen Arten der Anwendungs-E/A und die tatsächliche Ausführung des Treibers dabei tatsächlich auszuführen hat, hängt von der Art der Systemkomponente ab, die für die entsprechende Anwendungsschnittstelle verantwortlich ist. Die Systemkomponente kann mehrere Anforderungen an Einheitentreiber senden, um die E/A-Anforderung der Anwendung auszuführen. Für den Einheitentreiber ist dabei die exakte E/A-Anforderung der Anwendung nicht klar ersichtlich. Nur ein Treiber, der sehr eng mit einem Subsystem oder einer Anwendungsschnittstelle verbunden ist, kann die Situation der aufrufenden Anwendung exakt erkennen. Für Blockeinheitentreiber stellt sich dieses Problem nicht; das Dateisystem übernimmt die Verbindung der Anwendung mit dem Einheitentreiber. Ein Zeicheneinheitentreiber dagegen muß meist selbst die Verbindung zwischen Anwendung und E/A-Einheit herstellen, vor allem dann, wenn kein Subsystem (z.B. Dateisystem) als Mittler zur Verfügung steht. Der Zeicheneinheitentreiber hat in diesem Fall aber die Möglichkeit, das Dateisystem über den Header (Dateianfangs-Etikett) der E/A-Einheit anweisen, ihm mitzuteilen, wann eine Anwendung die Verbindung zu einer Zeicheneinheit herstellt bzw. beendet. Das bedeutet: Wenn die Anwendung die Einheit öffnet (OPEN), sendet das Dateisystem einen OPEN-Befehl an den Einheitentreiber, wenn sie die Verbindung beendet, sendet das Dateisystem einen CLOSE-Befehl an den Treiber. Auf diese Weise kann der Zeicheneinheitentreiber von ihm empfangene, aufeinanderfolgende E/A-Anforderungen (READ- und WRITE-Befehle) einer bestimmten Anwendungsverbindung zuschreiben. Der Zeicheneinheitentreiber muß eventuell auch bei jeder neuen Verbindung

(OPEN) zwischen Anwendung und E/A-Einheit den Status der Einheit neu setzen.

Systemkomponenten - z.B. Dateisystem - übergeben ihre Anweisungen über eine sogenannte *Anforderungspake-Schnittstelle* an den Treiber. Die Systemkomponente ruft den Treiber auf, indem sie einen Zeiger auf ein Anforderungspaket setzt. Dieses Anforderungspaket bildet eine Datenstruktur (siehe Abbildung 47), die mit einem Header (Länge) beginnt, der Informationen für alle Anforderungen an den Einheitentreiber enthält. Diesem Feld folgt ein variabler Bereich für Informationen, die jeweils eine bestimmte Anforderung betreffen.

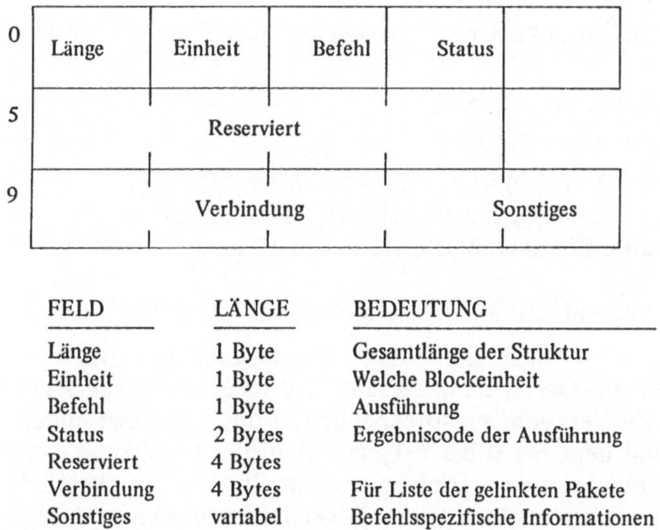

FELD	LÄNGE	BEDEUTUNG
Länge	1 Byte	Gesamtlänge der Struktur
Einheit	1 Byte	Welche Blockeinheit
Befehl	1 Byte	Ausführung
Status	2 Bytes	Ergebniscode der Ausführung
Reserviert	4 Bytes	
Verbindung	4 Bytes	Für Liste der gelinkten Pakete
Sonstiges	variabel	Befehlsspezifische Informationen

Abbildung 47. Datenstruktur eines Anforderungspakets.

Im Header des Anforderungspakets sind fünf wichtige Felder untergebracht: Länge, Einheit, Befehl, Status und Verbindung. Das Feld **Länge** sagt dem Treiber, wie groß das Anforderungspaket tatsächlich ist. Da die Länge variabel ist, ändert sich auch die Größe der Datenstruktur von Anforderung zu Anforderung. Das Feld **Einheit** gilt nur für Blockeinheitentreiber und gibt an, welche Blockeinheit die Zieleinheit der jeweiligen Anforderung ist. Das Feld **Befehl** informiert den Treiber über die gewünschte Ausführung. In das Feld **Status** wird nach Beendigung der Ausführung vom Einheitentreiber ein Return-Code gesetzt. Im Feld **Verbindung** kann der Treiber die verbundenen Anforderungspakete auflisten. Es kann für den Treiber durchaus wichtig sein, bei starker

Frequentierung der angesprochenen E/A-Einheit eine Liste aller unerledigten Verbindungen zu unterhalten.

Befehle für Blockeinheiten

Folgende Befehle können eine Blockeinheit empfangen:

- **Initialize** (Initialisieren)
- **Media Check** (Datenträger prüfen)
- **Build BIOS Parameter Block** (BIOS-Parameterblock aufbauen)
- **Read** (Lesen)
- **Write** (Schreiben)
- **Write With Verify** (Schreiben und Prüfen)
- **Removable Media Support** (Unterstützung austauschbarer Datenträger)
- **Generic IOCtl** (Generisches IOCtl)
- **Reset Media** (Datenträger löschen)
- **Get Logical Drive Map** (Logische Laufwerk-Map holen)
- **Set Logical Drive Map** (Logische Laufwerk-Map setzen)
- **Query Partitionable Fixed Disk** (Partitionierbare Festplatte abfragen)
- **Get Fixed Disk/Logical Units** (Festplatte/logische Einheiten lesen)

In den Anforderungspaketen für diese Einheitentreiber:Befehle gibt das Feld **Einheit** die Zielblockeinheit an. Der Wert in diesem Feld ist ein relativer Wert, bezogen auf die Gesamtzahl der vom entsprechenden Einheitentreiber unterstützten Blockeinheiten, und liegt bei 0 bis $n-1$, wobei n die Anzahl der vom Einheitentreiber unterstützten logischen Einheiten darstellt. Ein Blockeinheitentreiber, der vier Einheiten unterstützt (zwei Diskettenlaufwerke und eine Festplatte mit zwei Partitionen), findet beipsielsweise im Feld **Einheit** einen Wert von 0 bis 3.

Bei Blockeinheiten verwendet das Betriebssystem auch das Konzept, durch *Mapping* den physikalischen Einheiten logische Einheiten zuzuordnen. Wenn beispielsweise ein einziges Diskettenlaufwerk mit den beiden Laufwerksbuchstaben "a:" und "b:" arbeitet, wird die physikalische Einheit jeweils nur auf *eine* der beiden logischen Einheiten gesetzt. Wenn, auf der anderen Seite, eine Festplatte partitioniert wird, wird die physikalische Einheit auf mehrere logische Einheiten verteilt, und jeder dieser Einheit wird ein eindeutiger Laufwerksname zugeteilt.

Als Antwort auf den *Initialize*-Befehl richtet der Blockeinheitentreiber seine Einheiten ein und spezifiziert im Anforderungspaket die Anzahl der von ihm unterstützten logischen Einheiten. Wenn z.B. nur ein einziges Diskettenlaufwerk vorhanden ist, gibt der Blockeinheitentreiber als Wert die Zahl 2 zurück und zeigt damit an, daß er die Laufwerke "a:" und "b:" unterstützt.

Zusätzlich gibt er ein Feld mit BIOS-Parameterblöcken zurück, um den Typ der von ihm unterstützten Blockeinheiten mitzuteilen. Ein BIOS-Parameterblock (BPB) beschreibt alle Merkmale der Blockeinheit, einschließlich Anzahl der Köpfe, Spuren und Sektoren pro Spur. Dieser Befehl wird dem Blockeinheitentreiber erteilt, wenn seine Programmdatei geladen wird, während DEVICE= in der CONFIG.SYS-Datei läuft. Eventuell vorhandene Argumente werden dem Blockeinheitentreiber übergeben.

Den Befehl *Media Check* benutzt das Dateisystem in erster Linie, um festzustellen, ob sich der Datenträger der entsprechenden Einheit geändert hat. Der Blockeinheitentreiber muß angeben, ob eine Änderung vorliegt oder nicht. Einige Blockeinheiten sind allerdings nicht in der Lage festzustellen, ob der Benutzer den Datenträger geändert hat. In diesem Fall teilt der Treiber mit, daß er nicht sicher ist, welcher Datenträger verwendet wird. Der genaue Zeitpunkt dieser Feststellung muß vom Treiber mitgeteilt werden. Ein Treiber, der sich über eine Datenträgeränderung nicht sicher ist, verfolgt normalerweise das Zeitintervall zwischen den E/A-Anforderungen an die fragliche Einheit. Wenn dieses Intervall lang genug ist, um in der Zwischenzeit einen Datenträger zu wechseln, weiß der Treiber, daß der Datenträger geändert sein *kann*.

Mit dem Befehl *Build BIOS Parameter Block* teilt das Dateisystem dem Blockeinheitentreiber mit, daß der Datenträger geändert wurde oder geändert worden sein könnte. Bei diesem Befehl muß der Blockeinheitentreiber den Datenträger der entsprechenden Einheit identifizieren und als Wert den BIOS-Parameterblock sowie den Datenträgerdeskriptor zurückgeben.

Die Befehle *ReadWrite* und *Write With Verify* weisen den Blockeinheitentreiber an, eine bestimmte Anzahl von Sektoren - beginnend beim gekennzeichneten Sektor - zwischen dem vom Dateisystem spezifizierten Puffer und dem Datenträger der Einheit zu übertragen. Nachdem der Treiber diesen Befehl ausgeführt hat, gibt er die von ihm tatsächlich übertragene Anzahl an Sektoren zurück. Wenn der Treiber allerdings feststellt, daß der Datenträger geändert oder eventuell geändert wurde, gibt er so lange die Fehlermeldung "Uncertain Media" an den E/A-Anforderer und alle weiteren E/A-Anforderungen für diese Einheit zurück, bis das Dateisystem die Einheit entsprechend neu gesetzt hat (siehe *Reset Media*).

Der Befehl *Removable Media Support* wird erzeugt, wenn eine Anwendung mit Hilfe von IOCtl anfragt, ob es sich bei der Blockeinheit um einen auswechselbaren oder nicht auswechselbaren Datenträger (d.h. Festplatte oder Diskette) handelt. Als Antwort setzt der Treiber im Anforderungspaket einen Anzeiger.

Der Befehl *Generic IOCtl* wird als Antwort auf eine IOCtl-Anforderung der Anwendung (DosDevIOCtl-Aufruf oder Aufruf von Int 21h Generic IOCtl) gesendet. Der Blockeinheitentreiber prüft die Kategorie der Funktion und den Code der Unterfunktion, um die gewünschte Aktivität festzustellen. Es gibt zwei Kategorien, die speziell für Blockeinheiten vorgesehen sind: Kategorie 8 für die Steuerung der logischen Platteneinheit und Kategorie 9 für die Steuerung der physikalischen Platteneinheit. Der Unterschied zwischen den beiden Kategorien ist der, daß die IOCtl-Befehle der Kategorie 8 für logische Einheiten (oder eine Partition auf einer Festplatte) gelten, während die IOCtl-Befehle der Kategorie 9 für physikalische, partitionierbare Einheiten gelten. Nachfolgend finden Sie eine kurze Beschreibung der generischen IOCtl-Unterfunktionen, die von einem Blockeinheitentreiber empfangen werden können. Es gibt darüber hinaus noch weitere Unterfunktionen, die nicht an den Treiber weitergeleitet werden, sondern vom Betriebssystem abgefangen werden. Diese Funktionen können im Rahmen dieses Buches nicht näher erläutert werden.

KATEGORIE		**BESCHREIBUNG**

8 Steuerung der logischen Platteneinheit

43h/63h   Einheitenparameter setzen/holen.

Weist den Treiber an, den BIOS-Parameterblock entweder für die Blockeinheit oder für den Datenträger in der Blockeinheit zu setzen oder zu holen.

44h/64h   Schreib-/Lesespur.

Weist den Treiber an, für Sektoren auf einer Spur E/A-Operationen auszuführen und dazu die im Anforderungspaket übergebene Spurtabelle zu verwenden.

45h/65h   Formatierung und Prüfung/Prüfspur.

Weist den Einheitentreiber an, die Spur einzurichten und/oder die Spureinteilung entsprechend der im Anforderungspaket übergebenen Spurtabelle zu prüfen.

9 Steuerung der physikalischen Platte

44h/64h   Schreiben/Lesen physikalische Spur.

Weist den Treiber an, Ein-/Ausgaben für Sektoren einer Spur mit Hilfe der vom Anforderungspaket übergebenen Spurtabelle vorzunehmen. Die Spezifikation der Spur bezieht sich auf den Anfang der physikalischen und nicht der logischen Einheit.

63h   Parameter der physikalischen Einheit holen.

Weist den Treiber an, Informationen über die physikalische Einheit zu liefern.

65h   Physikalische Spur prüfen.

Weist den Treiber an, die Spur zu prüfen, die in der vom Anforderungspaket übergebenen Spurtabelle spezifiziert ist. Die Spezifikation der Spur bezieht sich auf den Anfang der physikalischen und nicht der logischen Einheit.

Mit dem Befehl *Reset Media* bestätigt das Dateisystem den Fehlercode "Uncertain Media", den der Blockeinheitentreiber bei vorausgegangener/n Anforderung/en an die Blockeinheit zurückgegeben hat. Dieser Befehl bedeutet für den Einheitentreiber, daß er für den entsprechenden Datenträger nicht länger eine Fehlermeldung zurückgeben muß.

Mit den Befehlen *Get Logical Drive Map* und *Set Logical Drive Map* teilt das System dem Blockeinheitentreiber mit, für eine physikalische Einheit eine logische Einheit zu wählen. Diese beiden Befehle werden vor allem bei Konfigurationen mit nur einem Diskettenlaufwerk erteilt, um mit den beiden Laufwerksbezeichnungen "a:" und "b:" arbeiten zu können - ein Beispiel für die Zuordnung von zwei logischen Einheiten für nur eine physikalische Einheit. Damit können Treiber und System über ein einziges Laufwerk Datenträger mit unterschiedlichen Formaten unterstützen. Beispiel: ***Get Logical Drive Map*** fragt den Blockeinheitentreiber, für welche logische Einheit die physikalische Einheit eingerichtet ist. ***Set Logical Device Map*** dagegen weist den Blockeinheitentreiber an, die physikalische Einheit für eine bestimmte logische Einheit einzurichten.

Mit dem Befehl ***Query Partitionable Fixed Disk*** kennzeichnet das System die Anzahl der vom Blockeinheitentreiber gesteuerten, partitionierbaren Blockeinheiten (d.h. die Anzahl der Partitionen auf der Festplatte). Der Treiber muß die Anzahl im Anforderungspaket angeben. Dabei geht es nur um die Anzahl der tatsächlich vorhandenen Festplatten, nicht um die Anzahl der Partitionen auf den Festplatten.

Mit dem Befehl ***Get Fixed Disk/Logical Unit*** identifiziert das System die logischen Einheiten (*Units*) auf einer bestimmten Blockeinheit, mit anderen Worten, wieviele Partitionen auf einer Festplatte vorhanden sind. Der Blockeinheitentreiber gibt im Anforderungspaket als Wert eine Bitstruktur (*bit map*) zurück. Die Bitstruktur gibt die vom Blockeinheitentreiber gesteuerten logischen Einheiten wieder. Der Treiber muß dabei die Bitstruktur der logischen Einheit entsprechend setzen. Wenn ein Treiber beispielsweise zwei Diskettenlaufwerke und eine Festplatte unterstützt, und die Festplatte in vier Partitionen (oder Laufwerke) aufgeteilt ist, zeigt die vom Treiber zurückgegebene Bitstruktur für die Festplatte die Einheiten 2 bis 5 an.

Befehle für Zeicheneinheiten

Folgende Befehle kann eine Zeicheneinheit empfangen:

- **Initialize** (Initialisieren)
- **Read** (Lesen)
- **Peek (Nondestructive Read No Wait)** Lesen ohne Entfernen, kein Warten)
- **Input Status** (Eingabe-Status)
- **Input Flush** (Eingabe-Abschluß)
- **Write** (Schreiben)
- **Output Status** (Ausgabe-Status)
- **Output Flush** (Ausgabe-Flush-Abschluß)
- **Device Open** (Einheit öffnen)
- **Device Close** (Einheit schließen)
- **Generic IOCtl** (Generisches IOCtl)
- **DeInstall** (Deinstallieren)

Im Anforderungspaket für diese Befehle ist kein Feld für die Spezifikation der angesprochenen Einheit vorgesehen. Der Grund dafür ist, daß der Zeicheneinheitentreiber bei der Unterscheidung seiner Einheiten anders vorgeht als der Blockeinheitentreiber. Der Zeicheneinheitentreiber definiert für jede seiner Einheiten eine spezielle Datenstruktur, einen Header. Jeder Header muß eine eigene Einsprungadresse für den Treiber enthalten. Der Treiber wird von einem Anforderungspaket an der Einsprungadresse aktiviert.

Der Befehl *Initialize* weist den Zeicheneinheitentreiber an, seine Einheit für spätere Ein-/Ausgaben vorzubereiten. Dieser Befehl geht an den Zeicheneinheitentreiber, während seine Programmdatei geladen wird. Dies gilt auch für DEVICE=, während CONFIG.SYS läuft. Eventuell vorhandene Argumente in DEVICE= werden dem Zeicheneinheitentreiber übergeben.

Die Befehle *Read* und *Write* weisen den Zeicheneinheitentreiber an, eine bestimmte Anzahl von Bytes zwischen dem vom der Anwendung spezifizierten Puffer und dem Einheiten-Puffer zu transportieren. Nachdem der Treiber diesen Befehl ausgeführt hat, muß er die von ihm tatsächlich übertragene Anzahl von Bytes angeben.

Der Befehl *Peek* (*Nondestructive Read No Wait*) weist den Zeicheneinheitentreiber an, eine Kopie des ersten Bytes (Zeichen) im Einheiten-Puffer an das Dateisystem zurückzugeben, ohne dabei das Byte aus dem Puffer zu entfernen. Ist kein Byte im Puffer zu finden, gibt der Treiber einfach einen Anzeiger zurück, der mitteilt, daß der Puffer leer ist. Der *Peek*-Befehl ermöglicht dem Dateisystem, ohne *Read*-Aufforderung jeweils um ein Zeichen im Puffer vorauszuschauen, um festzustellen, ob weitere Daten ankommen.

Die Befehle *Input Status* und *Output Status* fordern vom Treiber die E/A-Bedingungen einer bestimmten Zeicheneinheit an. *Input Status* prüft, ob im Einheiten-Puffer Zeichen gespeichert sind - d.h., ob Zeichen gelesen werden können. *Output Status* prüft, ob die Einheit aktiv ist - d.h., ob gerade auf die Einheit geschrieben wird.

Die Befehle *Input Flush* und *Output Flush* weisen den Treiber an, alle anstehenden E/A-Anforderungen für eine Einheit zu stornieren oder zu beenden. *Flush*-Befehle werden im allgemeinen erteilt, um die Warteschlange für eine bestimmte Einheit zu löschen, aber auch, um sämtliche Daten aus den Puffern eines Treibers zu entfernen.

Die Befehle *Device Open* und *Device Close* teilen dem Einheitentreiber Beginn und Ende der Verbindung mit einer Einheit mit. Der Treiber kann auf diese Weise den Zugriff einer Anwendung auf eine seiner Einheiten verfolgen. Der Treiber könnte beispielsweise gezwungen sein, den Zugriff auf eine Einheit zu serialisieren, damit jeweils nur ein Anwendungsprozeß zur selben Zeit Ein-/Ausgabeoperationen über diese Einheit ausführen kann. Oder, der Treiber kann eine Zugriffszählung vornehmen und für jedes *Open* die Zählung erhöhen, für jedes *Close* die Zählung verringern. Aufgrund der so erhaltenen Werte (d.h.

immer wenn der Wert gleich Null wird) kann der Treiber dann die Einheit in einen bestimmten Zustand setzen oder ihre Puffer löschen.

Der Befehl *Generic IOCtl* wird als Antwort auf die IOCtl-Anforderung einer Anwendung (Aufruf von *DosDevIOCtl* oder *Int-21-Generic-IOCtl*) an den Zeicheneinheitentreiber zurückgegeben. Der Treiber prüft daraufhin die Kategorie der Funktion und Unterfunktion, um festzustellen, welche Aktivität verlangt wird. In Abbildung 48 finden Sie eine Aufstellung der IOCtl-Kategorien für Zeicheneinheitentreiber.

Kategorien-Code	Beschreibung	Zeicheneinheitentreiber
01h	Asynchr. Einheit	Asynchr. Kommunikation
04h	Tastatur	Tastatur
05h	Drucker	Drucker
07h	Maus	Maus
03h	Mauszeiger	Mauszeiger
0Ah	Zeicheneinheiten-Monitor	beliebig

Abbildung 48. IOCtl-Kategorien für Zeicheneinheitentreiber

Jede Kategorie enthält einheitenspezifische Unterfunktionen. Die Kategorie für asynchrone Einheiten ermöglicht einer Anwendung, unter anderem die Leitungsmerkmale (z.B. Stop-, Paritäts- und Datenbits), Modemsteuersignale und Datenflußsteuerung (sofort übertragen, XON, XOFF) zu verwalten. Die Tastatur-Kategorie erlaubt einer Anwendung, die Tastatur-Parameter zu steuern, einschließlich Übersetzungstabelle, Umschaltstatus und Eingabe-Modus. In der Drucker-Kategorie sind Unterfunktionen zur Steuerung der Druckart (Zeilen und Zeichen pro Zoll) sowie Angaben über Schriftarten untergebracht. Die Maus-Kategorie enthält Unterfunktionen zur Steuerung des Mauszeigers und zur Anforderung von Mausinformationen. Die Mauszeiger-Kategorie ist mit der Maus-Kategorie eng verknüpft und stellt in erster Linie Informationen über den Mauszeiger zur Verfügung. In der Kategorie für Zeicheneinheiten-Monitor werden bestimmte Befehle an einen Treiber gesendet, der für seine Einheit einen Monitor (überwachung) unterstützt.

Der Befehl *DeInstall* fordert den Zeicheneinheitentreiber auf, die entsprechende Einheit nicht länger zu unterstützen. Der Treiber kann dieser Aufforderung nachkommen oder auch nicht. Wenn er der Aufforderung nachkommt, muß er alle Ressourcen - z.B. physikalischen Speicher oder Hardware-Interrupts - die er für diese Einheit ausgegeben hat, freigeben. Der *DeInstall*-Befehl kann nur während der Initialisierung des Systems erteilt werden und zeigt an, daß ein neu geladener Zeicheneinheitentreiber einen bereits vorher geladenen Treiber ersetzen will. Das bedeutet, ein neu geladener Treiber beabsichtigt eine

Einheit zu unterstützen, die bereits von einem anderen Treiber initialisiert wurde. Der alte Treiber wird also aufgefordert, die Unterstützung für die fragliche Einheit aufzugeben. Sobald der alte Treiber *DeInstall* aufruft, wird der neue Treiber angewiesen, nun seinerseits die Einheit zu initialisieren. Kommt der neue Treiber dieser Aufforderung nicht nach, wird er gelöscht, da der alte Treiber in diesem Fall seinen Besitz an der Einheit aufrechterhält.

Systemdienste für Einheitentreiber

Nicht alle Aktivitäten des OS/2-Einheitentreibers sind nur zur Steuerung der entsprechenden Einheit bestimmt. Wie wir bereits an anderer Stelle festgestellt haben, bearbeiten die Einheitentreiber gemeinsam mit dem Betriebssystem die Anwendereingaben/-ausgaben aus zwei verschiedenen Umgebungen, dem Real Mode und dem Protected Mode. Außerdem unterstützen die Treiber auch die Multitasking-Umgebung des Betriebssystems. Um die Zusammenarbeit mit dem Betriebssystem zu erleichtern, stellt das System den Treibern eine Reihe von Systemdiensten zur Verfügung. Das Betriebssystem stellt darüber hinaus für einige allgemeine Treiberfunktionen Systemdienste bereit, die es z.B. unnötig machen, daß diese Funktionen in jeden Treiber kopiert werden müssen. Man nennt diese Systemdienste Treiber-Hilfsroutinen oder auch *DevHlp*-Funktionen.

Ein Einheitentreiber emfpängt mit dem Anforderungspaket zur Initialisierung einen Zeiger für die *DevHlp*-Funktion. Diesen Zeiger muß der Treiber speichern, um ihn jederezit für den Funktionsaufruf bereit zu haben. Es handelt sich hier um einen besonderen Zeiger, der in jedem Fall gültig ist, ungeachtet in welchem Modus die CPU sich befindet (Real oder Protected). Das bedeutet, der Treiber kann jederzeit ohne Rücksicht auf den Modus die *DevHlp*-Funktion aufrufen. Um einen bestimmten *DevHlp*-Dienst zu aktivieren, übergibt der Treiber an die vom *DevHlp*-Dienst spezifizierten Register Funktions-Argumente, lädt den entsprechenden Funktions-Code in das DL-Register und erteilt mit Hilfe des Zeigers einen *Far Call* an die *DevHlp*-Funktion. Die *DevHlp*-Schnittstelle kann zwar jederzeit aufgerufen werden, die einzelnen *DevHlp*-Funktionen dagegen sind von Situation und Umgebung der Treiberoperation abhängig und damit nicht jederzeit verfügbar. Die unterschiedlichen Situationen besprechen wir in diesem Kapitel im Abschnitt *Unterschiedliche Situationen für Treiberkomponenten*.

Die einzelnen *DevHlp*-Funktionen können folgendermaßen unterteilt werden:

- Prozeßverwaltung
- Semaphorenverwaltung
- Verwaltung von Warteschlangen
- Speicherverwaltung
- Interrupt-Verwaltung
- Zeitgeberdienste

- Monitorverwaltung für Zeicheneinheiten
- Verwaltung des *Advanced BIOS*

Zur Vereinfachung werden wir in der nachfolgenden Beschreibung für *DevHlp*-Funktionen statt des Funktionscodes einen aussagekräftigen Namen verwenden.

DevHlp:Prozeßverwaltung

Die *DevHlp*-Dienste für Prozeßverwaltung versorgen den Einheitentreiber mit prozeßbezogenen Informationen, verwalten seinen Prozeßzeit-Thread, melden bestimmte Prozeßereignisse an das Betriebssystem und haben Zugriff auf globale Informationen. Zu diesen Diensten zählen *Block* und *Run*, *Yield* und *TCYield, Done, SendEvent, BIOSCritSection* sowie *GetDOSVar*.

Mit *Block* und *Run* kann der Einheitentreiber einen Thread stoppen bzw. starten. Ein Einheitentreiber wird normalerweise einen Thread stoppen (*Block*), der auf ein bestimmtes Ereignis warten muß, bevor er die im Anforderungspaket (das aufgrund einer bestimmten Anwendungsanforderung erzeugt wurde) spezifizierte Aufgabe ausführen kann. Mit anderen Worten, der Treiber gibt die CPU frei, während der Thread auf den Ablauf eines Zeitintervalls oder auf einen Interrupt wartet. Sobald das Ereignis dann eingetreten ist, kann der Treiber den Thread wieder starten (*Run*), d.h., er macht ihn wieder ablaufbereit und damit für die CPU ansprechbar.

Mit *Yield* und *TCYield* kann der Einheitentreiber die Ausführung seines Threads - unter bestimmten Voraussetzungen - vorübergehend unterbrechen. *Yield* veranlaßt den Thread, die CPU kurzfristig einem anderen Thread derselben Schutzebene, doch mit zeitkritischer Priorität, zu überlassen. Ein Treiber-Thread verliert also die CPU nur dann an einen anderen Thread mit derselben Priorität, wenn dieser seine Aufgabe unbedingt sofort ausführen muß. Benötigt der Treiber mehr Zeit als vorgesehen (mehr als drei Millisekunden), bevor er seinen Thread stoppen (*Block*) oder zum Betriebssystem zurückkehren kann, sollte er die CPU durch periodische *Yields* und *TCYields* ansprechen.

Mit *Done* kann der Treiber anzeigen, daß die während eines Interrupts durch ein Anforderungspaket aufgerufene Aktivität beendet ist. *Done* ist jedoch nur dann notwendig, wenn der Treiber während der Bearbeitung des Anforderungspakets den gerade ausgeführten Thread nicht stoppt. Mit *SendEvent* informiert der Treiber das Betriebssystem über ein besonderes, systembezogenes Ereignis, z.B. Drücken von CTRL-BREAK oder einer Tastensequenz zum Umschalten einer Sitzung. *SendEvent* unterstützt zur Zeit nur anwenderorientierte Eingabegeräte wie Tastatur und Maus.

Mit *BIOSCritSection* kann der Treiber die Ein-/Ausgaben seiner Einheit in der DOS-Umgebung unterstützen. Der Treiber markiert damit einen kritischen Ausführungsbereich im ROM-BIOS und verhindert dadurch, daß der Bediener die DOS-Umgebung wegschaltet. Wenn eine DOS-Anwendung eine E/A-Anforderung an das BIOS schickt und das BIOS den Einheitenstatus ändert, muß das BIOS diese Operation im bekannten Einheitenstatus zu Ende führen können. Mit *BIOSCritSection* markiert der Treiber daher den Eingang und Ausgang von BIOS und teilt OS/2 mit, wann die DOS-Umgebung weggeschaltet werden kann.

Mit *GetDOSVar* verschafft sich der Treiber den Zugriff auf ein globales und ein prozeßbezogenes Informationssegment. Im globalen Segment sind Informationen über Systemdatum und -zeit und über das Laufwerk, aus dem das System geladen wurde (Boot-Laufwerk), enthalten. Im lokalen Informationssegment sind Prozeß-ID, aktuelle Schutzebene sowie Sitzungskennzahl untergebracht.

DevHlp:Semaphorenverwaltung

Die *DevHlp*-Dienste für Semaphorenverwaltung ermöglichen einem Treiber sowohl RAM- als auch System-Semaphoren zur Kommunikation zwischen den einzelnen Treiberkomponenten sowie zwischen Treiber und Anwendung zu benutzen. Zu den *DevHlp*-Funktionen für Semaphorenverwaltung zählen *SemHandle, SemRequest* und *SemClear*. Die zuständige Semaphore wird durch einen Schlüssel bzw. eine Semaphoren-Kennung gekennzeichnet. Bei RAM-Semaphoren bildet deren Adresse (Selektor:Offset oder Segment:Offset) die Kennung. Die Kennung für System-Semaphoren muß durch *SemHandle* angefordert werden; daraufhin wird dann die Semaphoren-Kennung für die Anwendungsebene übergeben. Sobald der Treiber eine Kennung empfangen hat, kann er mit *SemRequest* und *SemClear* sowohl RAM- als auch System-Semaphoren verwalten. Mit *SemRequest* wird eine Semaphore aufgerufen, mit *SemClear* wieder gelöscht. Normalerweise verwendet der Treiber eine RAM-Semaphore für interne Aktivitäten und eine System-Semaphore, um mit dem Anwenderprogramm Ereignisse abzuhandeln.

Verwaltung einer Anforderungsschlange

Die *DevHlp*-Funktionen für die Verwaltung von Anforderungswarteschlangen ermöglichen dem Einheitentreiber, eine gebundene Liste aus Anforderungspaketen zu verwalten. Es handelt sich dabei um die Dienste *Append, Remove, AddSorted, RemoveSpecific, Alloc* und *Free*. Treiber, die viele anstehende E/A-Anforderungen für ihre Einheit steuern müssen, verfolgen die einzelnen Anforderungspakete gewöhnlich über eine Warteschlange. Mit Hilfe des Link-Felds im Anforderungspaket werden die einzelnen Anforderungen miteinander verknüpft und in einer Link-Liste verwaltet. Auf diese Weise kann ein Treiber leicht mehrere Warteschlangen pro E/A-Einheit gleichzeitig steuern. *Append* (manchmal auch als *PushReqPacket* bezeichnet) setzt jedes neue Anforderungspaket jeweils ans Ende der entsprechenden Warteschlange, während *Remove* (manchmal auch als *PullReqPacket* bezeichnet) jeweils das Anforderungspaket vom Anfang der Warteschlange abruft. *AddSorted* (oder *SortReqPacket*) fügt ein Anforderungspaket in der vom entsprechenden Sektor-

feld spezifierten Position in der Warteschlange ein, und vereinfacht damit für
den Blockeinheitentreiber die Organisation der Anforderungen. *RemoveSpecific*
(oder *PullParticular*) entfernt ein bestimmtes Anforderungspaket aus der
Warteschlange, unabhängig von seiner Position innerhalb der Schlange. Mit
Hilfe von *Alloc* und *Free* kann der Treiber ein leeres Anforderungspaket in die
Schlange einfügen bzw. aus der Schlange entfernen. Ein solches Paket kann
vom Treiber ausgefüllt und zur Verfolgung der ans BIOS gerichteten E/A-
Anforderungen oder zur Verfolgung der einzelnen Ausführungsschritte einer
E/A-Anforderung an eine mehrstufige E/A-Einheit verwendet werden.

Verwaltung einer Zeichenschlange

Die *DevHlps* zur Verwaltung von Zeichenschlangen ermöglichen dem Treiber,
einen einfachen Puffer für Zeichen-E/A zu unterhalten. Es handelt sich hier um
die Dienste *Init, Read, Write* und *Flush*. Diese Dienste basieren auf der Voraussetzung, daß Zeichendaten jeweils aus einem Byte bestehen. *Init* setzt als erstes den Puffer ein, bevor die anderen Verwaltungdienste für Zeichenschlangen
aufgerufen werden können. Mit *Read* und *Write* kann jeweils ein Zeichen in
den Puffer eingefügt bzw. aus dem Puffer entfernt werden. *Flush* setzt wieder
den Anfangsstatus (leer) des Puffers ein.

Speicherverwaltung

Die *DevHlps* für Speicherverwaltung ermöglichen dem Treiber, die Adressier-
barkeit des Speichers während der Ausführungs- und Interrupt-Zeiten zu verwalten. Es geht hierbei um folgende Dienste:

- **AllocPhys** und **FreePhys**
- **PhysToVirt**
- **Lock** und **Unlock**
- **VirtToPhys**
- **UnPhysToVirt**
- **PhysToUVirt**
- **VerifyAccess**
- **AllocGDTSelector**
- **PhysToGDTSelector**
- **RealToProt** und **ProtToReal**

AllocFree und *FreePhys* ermöglichen dem Treiber, einen festen (nicht löschbaren, nicht auslagerbaren) Arbeitsspeicherraum zuzuteilen. Für diesen Speicherraum muß ein entsprechend großer Bereich im Arbeitsspeicher zur Verfügung
stehen. Der Treiber kann für diesen Speicherraum mehr als 64 KB anfordern,
und darüber hinaus festlegen, daß dieser Speicherraum oberhalb der 1-MB-
Grenze oder unterhalb der 640-KB-Grenze liegen soll. Die Position dieses

Speicherraums kann für die Performance wichtig sein, vor allem wenn der Treiber beabsichtigt, während der Interrupt-Zeiten auf diesen Raum zuzugreifen. Da es sich hier um physikalischen Speicherraum und nicht um virtuelle Speichersegmente handelt, erhält der Treiber statt Selektor:Offset oder Segment:Offset eine 32-Bit-Arbeitsspeicheradresse zurück. Dieser Arbeitsspeicherraum kann unter keinen Umständen verschoben oder ausgelagert werden. Wenn der Treiber auf diesen Raum zugreifen will, muß er erst mit *PhysToVirt* die 32-Bit-Adresse in eine virtuelle Adresse umwandeln. *PhysToVirt* erzeugt eine logische Adresse (Selektor:Offset oder Segment:Offset), die sich nach dem aktuellen Modus der CPU richtet. Liegt die Arbeitsspeicheradresse über der 1-MB-Grenze, während sich die CPU gerade im Real Mode befindet, richtet *PhysToVirt* die Umgebung so ein, daß der Treiber mit der logischen Adresse auf den entsprechenden Arbeitsspeicherraum zugreifen kann.

Mit *Lock* und *Unlock* kann der Treiber das auslagerbare oder verschiebbare Segment eines Anwendungsprozesses in ein fixiertes (nicht auslagerbares und nicht verschiebbares) Segment ändern und umgekehrt. Der Treiber kann ein Segment fixieren, auf das er entweder mit DMA oder während eines Interrupts zugreifen will.

Nachdem der Treiber das entsprechende Segment gesperrt hat, wandelt er mit Hilfe von *VirtToPhys* die logische Adresse (Selektor:Offset oder Segment:Offset) in eine physikalische 32-Bit-Adresse um. Während eines Interrupts ändert er dann die 32-Bit-Adresse mit *PhysToVirt* kurzfristig in eine logische Adresse (Segment:Offset oder Selektor:Offset) und greift über diese Adresse auf das Segment zu. Anschließend beendet der Treiber mit *UnPhysToVirt* die Aktivität. Um auf Speicherplatz Zugriff zu nehmen, der nur über einen Adapter adressierbar ist (gewöhnlich im BIOS-Bereich - 640 KB bis 1 MB oder außerhalb des regulären Systemspeichers liegt), kann der Treiber mit *PhysToUVirt* einen LDT-Eintrag für diesen Speicherraum vornehmen.

Mit *VerifyAccess* prüft der Treiber, ob der Zugriff auf ein bestimmtes Segment zulässig ist. *AllocGDTSelector* wird während der Initialisierung durch den Treiber aufgerufen und ermöglicht dem Treiber die Zuteilung einer Gruppe von GDT-Selektoren zur eigenen Nutzung. Mit *PhysToGDTSelector* setzt der Treiber einen seiner GDT-Selektoren für einen bestimmten Speicherraum. Dieser Speicherraum wird als 32-Bit-Adresse identifiziert. Der zugehörige GDT-Deskriptor wird mit den entsprechenden Informationen eingetragen und bleibt solange gültig, bis ein neuer *PhysToGDTSelector*-Aufruf für diesen Selektor erfolgt. Um die GDT-Selektoren auch während der Interrupt-Zeit einsetzen zu können, muß der Treiber als erstes den aktuellen Modus der CPU feststellen. Falls sich der Prozessor im Real Mode befindet, muß der Treiber mit *RealToProt* die CPU in den Protected Mode umschalten. Im Protected Mode kann der Treiber dann die GDT-Selektoren zur Datenbearbeitung einsetzen. Wird der Prozessor-Modus während eines Interrupts umgeschaltet, muß der Treiber den Modus anschließend mit *ProtToReal* wieder in den Real Mode zurückschalten.

Durch *DevHlp*-Funktionen erzeugte Selektoren verweisen nicht auf normale Speichersegmente der Anwenderebene. Denn, Speichersegmente der Anwenderebene können im Rahmen der allgemeinen Systemaktivitäten ausgelagert und gelöscht werden, was für Speichersegmente oder -selektoren, die eigens für Treiberzwecke erstellt werden, nicht gilt. Die Selektoren und Segmente der Treiberebene sind daher nur zur privaten Verwendung der Treiber bestimmt und können nicht aufgrund eines Systemaufrufs übergeben werden. Mit anderen Worten: der Treiber verwendet diese Selektoren/Segmente nur für Daten.

Interrupt-Verwaltung

Die *DevHlp*-Funktionen für Interrupt-Verwaltung ermöglichen dem Treiber, die unterschiedlichen Interrupts zu verwalten. Zu diesen Diensten zählen *SetIRQ* und *UnSetIRQ, SetSWVector* und *EOI*. Mit *SetIRQ* und *UnSetIRQ* kann der Treiber die Interrupt-Kennung für einen Hardware-Interrupt anmelden und wieder streichen. *SetSWVector* erlaubt dem Treiber, eine Interrupt-Kennung zum Abfangen eines Software-Interrupts in der DOS-Umgebung zu registrieren. *EOI* zeigt den Controllern eines Hardware-Interrupts das Ende eines Interrupts (*End-Of-Interrupt*) an.

Zeitgeberdienste

Die *DevHlps* für Zeitgeberdienste ermöglichen dem Treiber eine Zeitverwaltung. Zu diesen Diensten zählen *SetTimer, ResetTimer* und *TickCount*. Mit *SetTimer* setzt der Treiber den Eingangspunkt für eine Zeitgeber-Routine, die bei jedem Zeittakt aktiviert werden muß. Mit *ResetTimer* wird die Zeitgeber-Routine wieder entfernt. *TickCount* setzt fest, wie viele Takteinheiten abgewartet werden müssen, bevor die Zeitgeber-Routine aufgerufen wird.

Monitorverwaltung für Zeicheneinheiten

Die *DevHlps* für Monitorverwaltung ermöglichen dem Treiber, seine Datenströme gemeinsam mit den Monitoren der Anwenderebene zu bearbeiten. Zu diesen Diensten zählen *Create, Register* und *DeRegister, Write* und *Flush*. Mit *Create* wird eine Monitorliste für eine bestimmte Einheit initialisiert, in die mit *Register* die Monitore der Anwenderebene eingetragen bzw. mit *DeRegister* aus der Liste enfernt werden. *Write* schickt die Daten einer Einheit an die in der Liste aufgeführten Anwendungsmonitore für diese Einheit. *Flush* weist die Anwendungsmonitore an, alle Daten zu löschen und die internen Statusinformationen wieder einzusetzen.

Verwaltung des Advanced BIOS

Die *DevHlp*-Funktionen des Advanced BIOS ermöglichen dem Treiber, die Dienste des Advanced BIOS in Anspruch zu nehmen, falls dieses von der Hardware unterstützt wird - hier Personal System/2 oder PS/2 Modell 50, 60 oder 80. Zu den *DevHlps* des Advanced BIOS zählen *GetLIDEntry* und *FreeLIDEntry, ABIOSCall* und *ABIOSCommonEntry*. Mit *GetLIDEntry* holt sich der Treiber eine Logische ID für die vom Advanced BIOS unterstützte Einheit. Die Logische ID muß gesetzt werden, bevor eine Advanced-BIOS-Funktion aufgerufen werden kann. *ABIOSCall* und *ABIOSCommonEntry* errichten den notwendigen Stack-Frame und rufen die entsprechende Advanced-BIOS-Funktion auf.

Unterschiedliche Situationen für Treiberkomponenten

Der OS/2-Einheitentreiber besteht aus einer oder mehreren Komponenten, die gemeinsam die Ein-/Ausgaben ihrer Einheit steuern. Die beiden wichtigsten Komponenten sind die Strategie-Routine, die permanent im Treiber vorhanden ist, und die Routine für den Hardware-Interrupt, die zum Erzeugen eines Hardware-Interrupts erforderlich wird. Es gibt noch zwei weitere Komponenten, die aber nur von Fall zu Fall vom Treiber benötigt werden: die Zeitgeber-Routine und die Routine für einen Software-Interrupt. In Abbildung 49 ist die Beziehung zwischen Treiber-Routinen und System in OS/2 dargestellt.

Die Strategie-Routine

Die Strategie-Routine ist die wichtigste Komponente eines OS/2-Treibers. Sie verwaltet die von den Anwendungen erteilten E/A-Anforderungen, was bedeutet, daß sie alle Anforderungspakete empfängt, die das Betriebssystem an den Treiber übergibt. Das Betriebssystem legt in einem Feld, das im Einheiten-Header des Treibers definiert ist, den Eingangspunkt für die Strategie-Routine fest. Dadurch erhält das Betriebssystem die Möglichkeit, den Treiber über das INIT-Anforderungspaket anzuweisen, während seiner Installation durch das System diese Routine zu initialisieren.

Da die Strategie-Routine vom Betriebssystem aufgerufen wird, kann sie sowohl DOS-Anforderungspakete aus der OS/2-DOS-Umgebung empfangen als auch Anforderungspakete, die von den E/A-Anforderungen mehrerer Anwendungen in der OS/2-Umgebung stammen. Das bedeutet, daß die Strategie-Routine in beiden Modi ausführbar ist, in Real Mode und in Protected Mode. Diese bimodale Eigenschaft der OS/2-Treiber bestimmt die Ausführungsart der Strategie-Routine. Die Auswirkung dieser Bimodalität wird im Abschnitt *Bimodalität* in diesem Kapitel näher erläutert.

Die Strategie-Routine verarbeitet ein Anforderungspaket während der Prozeß-Zeit, das bedeutet, die Routine nimmt die Ausführung unter dem Thread des Anwendungsprozesses -vor, der die E/A-Anforderung ausgegeben hat - und zwar auf dem Stack des aufrufenden Threads. Da die Strategie-Routine vom System-Kernel aufgerufen wird, beschreibt der Begriff *Kernel-Modus* ganz klar den Ausführungskontext. Wichtigstes Merkmal des Kernel-Modus ist, daß eine Task-Umschaltung den Thread der Strategie-Routine von seiner Ausführung nicht abhalten kann. Mit anderen Worten, der Thread der Strategie-Routine beendet seine Ausführung nur auf eigene Veranlassung durch *Block*s oder *Yield*s oder durch den Versuch, ein nicht residentes Systemspeicher-Segment

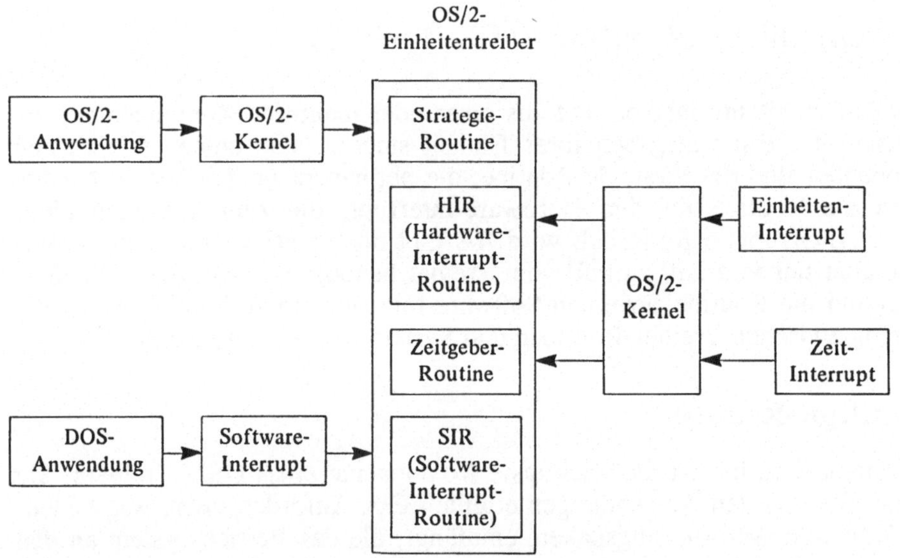

Abbildung 49. Komponenten eines OS/2-Einheitentreibers

zu adressieren. Eine Fehlermeldung "Not-Present" (nicht resident) bewirkt, daß das System das entsprechende Segment von der Platte wieder in den System-speicher transportiert. Während dieser Zeit kann dann ein anderer Thread bear-beitet werden. Der Treiber erhält somit die Möglichkeit, selbst zu entscheiden, wann er die CPU freigeben will. Ein äußerst wichtiger Umstand, da während dieser Zeit der Status der Einheit geändert werden kann. Statusänderungen müssen grundsätzlich entweder kurzfristig sein oder bis zum Ende andauern, damit die Einheit im bekannten Status belassen wird. Die Ausführungen einer Strategie-Routine dagegen können durch Hardware-Interrupts unterbrochen werden. Wenn also die Strategie-Routine gemeinsam mit der Hardware-Interrupt-Routine (oder Zeitgeber-Routine) eines Treibers auf Datenstrukturen zugreifen will, muß sie ihre Aktivitäten mit den InterruptZeit-Komponenten entsprechend koordinieren.

Die Strategie-Routine arbeitet mit *Far Call* und *Far Return*. Das Betriebssystem gibt einen *Far Call* an die Strategie-Routine, die nach Beendigung der Operation mit einem *Far Return* antwortet. Beim Aufruf der Strategie-Routine erhält diese automatisch Zugriff auf das Datensegment (im DS-Register) sowie einen Stack(im SS-Register) des Einheitentreibers, gleichgültig in welchem Modus die CPU gerade ausführt. Der Inhalt der Register muß von der Strategie-Routine nicht gespeichert und verfolgt werden; das Betriebssystem kümmert sich um den entsprechenden Registerinhalt für den Anforderungs-Thread.

Das nachfolgende Beispiel zeigt den Ablauf einer Strategie-Routine:

1. Das Betriebssystem aktiviert die Strategie-Routine durch einen Zeiger (ES:BX) auf ein Anforderungspaket.Die Strategie-Routine wird als Thread eines Anwendungsprozesses aktiv, der eine Systemfunktion aufgerufen hat, und benutzt dabei einen vom Aufrufer bereitgestellten Stack. Die Routine darf auf das Datensegment (im DS-Register) des Einheitentreibers Zugriff nehmen. Im Protected Mode nimmt die Strategie-Routine ihre Ausführungen in der Schutzebene 0 - der Systemebene - vor und ist somit automatisch mit IOPL (E/A-Privileg) ausgestattet.

2. Die Strategie-Routine prüft die Gültigkeit des Anforderungspakets.

3. Wenn die angeforderte Funktion

■ sofort abgewickelt werden kann (z.B. Statusprüfung), führt die Routine sie gleich aus.

■ an den Treiber übergeben werden muß, setzt sie das Anforderungspaket entweder in eine Warteschlange, weil der Treiber gerade anderweitig aktiv ist, oder übergibt die Anforderung direkt an den gerade passiven Treiber.

4. Nachdem die aufgerufene Funktion ausgeführt ist, setzt sie den festgestellten Status in das Anforderungspaket und schickt dieses an den Aufrufer - den Kernel des Betriebssystems - zurück.

5. Wenn die angeforderte Funktion noch aussteht (sich in der Warteschlange befindet), blockiert die Routine ihren Thread und wartet. Sobald das erwartete Ereignis eintritt, aktiviert die Hardware-Interrupt-Routine den Thread der Strategie-Routine.

6. Sowie die Strategie-Routine den Thread blockiert, gibt sie die CPU frei. Das Betriebssystem wird daraufhin einen anderen Thread vorschicken, der seinerseits eine Systemfunktion aufrufen kann. Die Strategie-Routine kann über ihre Einsprungadresse wieder neu aufgerufen werden.

Die Hardware-Interrupt-Routine

Diese Routine ist eine sehr wichtige Komponente des OS/2-Einheitentreibers, da sie die *einzige* Komponente im System ist, die einen Hardware-Interrupt erzeugen kann. Für jeden Hardware-Interrupt ist eine Hardware-Interrupt-Routine erforderlich. Der Einheitentreiber notiert die Einsprungadresse der Routine mit Hilfe von *DevHlpSetIRQ*. Bei jeder Interrupt-Anforderung ruft das Betriebssystem dann diese Hardware-Interrupt-Routine auf.

Da der Einheitentreiber seine Ausführungen asynchron zu den übrigen Systemausführungen vornimmt, kann er jederzeit einen Hardware-Interrupt erzeugen, unabhängig vom aktiven Anwendungsprozeß und Modus der CPU. Während beispielsweise eine DOS-Anwendung im Vordergrund aktiv ist, können die E/A-Operationen einer OS/2-Anwendung im Hintergrund weitergeführt werden. Die E/A-Einheit signalisiert dem Anwendungsprozeß im Protected Mode das Ende seiner E/A-Operation, indem sie im Real Mode einen Hardware-Interrupt erzeugt. Oder, eine DOS-Vordergrundsitzung kann ihre E/A-Operationen ausführen, während im Hintergrund eine OS/2-Anwendung läuft. Die E/A-Einheit signalisiert dann die Beendigung der E/A-Operationen im Real Mode, indem sie im Protected Mode einen Hardware-Interrupt erzeugt. Da sowohl im Real Mode als auch im Protected Mode Hardware-Interrupts möglich sind, ist die Hardware-Interrupt-Routine in beiden Modi (bimodal) einsetzbar.

Hardware-Interrupts werden während der Interrupt-Zeit bearbeitet. Das bedeutet, daß die Ausführung einer Hardware-Interrupt-Routine unter einem Interrupt-Zeit-Thread erfolgt. Dieser Thread gehört - anders als der Prozeßzeit-Thread - zu keinem Anwendungsprozeß. Er nimmt seine Ausführungen vielmehr auf einem besonderen Interrupt-Zeit-Stack vor, der vom Betriebssystem bereitgestellt wird. Im sogenannten *Interrupt-Modus* hat ein Interrupt-Zeit-Thread Vorrang vor einem Prozeßzeit-Thread, das bedeutet, daß beim Umschalten ein Prozeßzeit-Thread einen Interrupt-Zeit-Thread nicht unterbrechen kann. Die für die Hardware-Interrupt-Routine benötigte Zeit sollte also möglichst gering gehalten werden. Interrupt-Zeit-Operationen erfolgen zu Lasten von Prozeßzeit-Operationen: Während ein Interrupt-Zeit-Thread nur von Hardware mit höherem Privileg unterbrochen werden kann, kann er die Bedienung von Interrupt-Anforderungen durch Hardware mit niedrigerem Privileg zu seinen Gunsten aufschieben. Daher ist es für den gesamten Interrupt-Betrieb ungeheuer wichtig, daß die Interrupt-Zeiten so niedrig wie möglich gehalten werden. Die Hardware-Interrupt-Routine entscheidet selbst - wie auch die Strategie-Routine -, wann sie die CPU freigeben will, d.h., wann sie den Anzeiger *End-Of-Interrupt* (Ende-der-Unterbrechung) an den Controller des Hardware-Interrupts übergeben und damit ihre Ausführung beenden will. Statusänderungen der Einheit bleiben so der Routine bekannt und werden von ihr aufrechterhalten. Da die Hardware-Interrupt-Routine vom System-Kernel aufgerufen wird, erfolgt der Aufruf als *Far Call* bzw. *Far Return*. Das Betriebssystem gibt einen *Far Call* an die Hardware-Interrupt-Routine, den diese durch einen *Far Return* beantwortet. Die Routine erhält automatisch Zugriff auf das Datensegment (im DS-Register) des Einheitentreibers und auf einen Stack (im SS-Register), gleichgültig in welchem Modus sich die CPU gerade befindet. Die Hardware-Interrupt-Routine muß den Registerinhalt nicht speichern und verfolgen; diese Aufgabe übernimmt das Betriebssystem.

Folgende Operationen nimmt die HIR (Hardware-Interrupt-Routine) vor:

1. Das Betriebssystem ruft die HIR auf, sobald ein Hardware-Interrupt angefordert wird. Die HIR führt einen besonderen Thread aus, der zu keinem Anwendungsprozeß gehört. Die Routine benutzt einen besonderen Stack, der vom Betriebssystem bereitgestellt wird. Sie erhält automatisch das Zugriffsrecht auf das Datensegement (im DS-Register) des Einheitentreibers. Im Protected Mode erfolgen die Ausführungen der HIR in der Schutzebene 0 - in der Systemebene - mit IOPL.

2. Die HIR prüft die Gültigkeit des angeforderten Interrupts.

   Ein Interrrupt kann entweder aufgrund einer entsprechenden Anforderung an die Einheit oder aufgrund eines falschen Ereignisses, das nichts mit der Anforderung zu tun hat, erzeugt werden. In beiden Fällen muß die HIR die Ausgangssituation an der entsprechenden Einheit wiederherstellen.

3. Handelt es sich beim Interrupt um das Ergebnis eines früheren Befehls an die Einheit, prüft die HIR, ob die angeforderte Funktion beendet ist.

   ■ Wurde die angeforderte Funktion bereits beendet, setzt die HIR im Anforderungspaket den entsprechenden Status und aktiviert den wartenden Thread in der Strategie-Routine.

   ■ Wenn die angeforderte Funktion bisher noch nicht beendet ist (sich z.B. noch mitten in einer mehrstufigen Operation befindet), startet die HIR den nächsten Ausführungsschritt.

   Sobald der letzte Schritt ausgeführt ist, aktiviert die HIR den Thread in der Strategie-Routine.

4. Nachdem die im Anforderungspaket gekennzeichnete Funktion ausgeführt ist, kann die HIR die nächste Anforderung an die Einheit schikken.

   Die HIR kann sich aus der von der Strategie-Routine angelegten Warteschlange die nächste Anforderung holen.

5. Wenn die HIR ihre Aktivitäten für einen bestimmten Hardware-Interupt beendet hat, kehrt sie zum Aufrufer - System-Kernel - zurück

Die HIR kann nun jederzeit wieder über ihre Einsprungadresse aufgerufen werden, *nachdem sie End-Of-Interrupt (EOI)* an den entsprechenden Controller gesendet hat. EOI teilt der Hardware mit, daß nun ein weiterer, wartender Hardware-Interrupt von der CPU bedient werden kann. Dieser wartende Interrupt kann in der Zeit zwischen EOI-Meldung und Rückkehr zur CPU über die Einsprungadresse der HIR zum Controller gelangt sein. Man spricht dabei von Interrupt-"Verschachtelung".

Die Zeitgeber-Routine

Bei dieser Routine handelt es sich um eine optionale Komponente des OS/2-Einheitentreibers, die in erster Linie zur Steuerung der Zeitmessung dient. Die Zeitgeber-Routine entspricht dem BIOS-Int-1Ch-Zeitgeber der DOS-Umgebung. Im Gegensatz zum System-Zeitgeber wird diese Routine jedoch mit der Echtzeituhr CMOS abgestimmt. Da die Zeitgeber-Routine durch einen Hardware-Interrupt gesteuert wird, könnte ein Einheitentreiber mit Hilfe einer Zeitgeber-Routine den Zeitpunkt feststellen, an dem er eine nicht interrupt-gesteuerte Einheit abrufen kann. Der Treiber muß dabei die genaue Einsprungadresse für die Zeitgeber-Routine aufzeichnen, und zwar entweder mit *DevHlp-TickCount,* das die Anzahl der Zeittakte angibt, die verstreichen müssen, bevor die Zeitgeber-Routine aktiviert wird, oder mit *DevHlp-SetTimer*, bei dem ein Zeitintervall einem Zeittakt entspricht. Das Betriebssystem ruft daraufhin die Zeitgeber-Routine jeweils nach Ablauf des entsprechenden Zeitintervalls auf.

Da die Echtzeituhr CMOS asynchron mit den anderen Systemausführungen arbeitet, wird sie Hardware-Interrupts (Zeittakte) ohne Rücksicht auf den aktuellen Modus der CPU erzeugen. Da Hardware-Interrupts modus-unabhängig sind, ist die Zeitgeber-Routine des Einheitentreibers sowohl im Real Mode als auch im Protected Mode einsetzbar. (Siehe hierzu auch den Abschnitt *Bimodalität* in diesem Kapitel.)

Die Zeitgeber-Routine nimmt ihre Ausführung - wie die HIR auch - während der Interrupt-Zeit vor, und zwar unter einem Interrupt-Zeit-Thread im *Interrupt-Modus*. Auch hier gilt wieder, daß die Ausführungszeit möglichst gering gehalten werden muß. Im Gegensatz zur HIR gibt die Zeitgeber-Routine keine *End-Of-Interrupt*-Meldung aus; der Taktgeber wird vom System verwaltet.

Da die Zeitgeber-Routine vom Betriebssystem aufgerufen wird, handelt es sich um *Far Calls* und *Far Returns*. Das System gibt einen *Far Call* an die Routine, die ihrerseits mit einem *Far Return* anwortet. Beim Einsprung hat die Zeitgeber-Routine automatisch Zugriff auf das Datensegment (im DS-Register) des Einheitentreibers und auf einen Stack (im SS-Register), gleichgültig in welchem Modus sich die CPU gerade befindet. Der Inhalt der Register muß von der Zeitgeber-Routine selbst gespeichert und verfolgt werden, da sich das Betriebssystem - anders als bei der HIR - bei dieser Komponente nicht darum kümmert.

Folgende Operationen fallen bei der Zeitgeber-Routine an.

1.   Das Betriebssystem ruft bei einem Takt-Interrupt die Zeitgeber-Routine auf.

     Die Routine nimmt ihre Ausführung als Thread vor, der zu keinem Anwendungsprozeß gehört und benutzt dazu einen besonderen Interrupt-Zeit-Stack, der vom Betriebssystem bereitgestellt wird. Die Routine hat Zugriffsrecht auf das Datensegment des Treibers. Im Protected Mode laufen die Ausführungen der Zeitgeber-Routine in der Schutzebene 0, der Systemebene.

2.   Die Zeitgeber-Routine kann:

- einen Taktablauf prüfen

- E/A für nicht unterbrechbare Einheiten steuern. Falls erforderlich, kann die Zeitgeber-Routine einen Thread aktivieren, der von der Strategie-Routine blockiert wurde.

3. Nachdem die Routine das Ereignis des entsprechenden Zeitintervalls (ein oder mehrere Takte, wie in der Einsprungadresse spezifiziert) verarbeitet hat, kehrt sie zum Aufrufer - Systemkernel - zurück.

Die Zeitgeber-Routine meldet dem Hardware-Cotroller kein *End-Of-Interrupt* (EOI). Der Zeitgeber befindet sich im Besitz des Zeitgebertreibers.

Die Software-Interrupt-Routine

Die Software-Interrupt-Routine (SIR) ist eine optionale Komponente des OS/2-Einheitentreibers und ausschließlich für die DOS-Umgebung bestimmt. Die SIR fängt den Software-Interrupt ab, der von einer DOS-Anwendung angefordert wurde. Der Einheitentreiber muß mit Hilfe von *DevHlp-SetVector* (auch als *SetROMVector* bekannt) unter Angabe des gewünschten Software-Interrupts die Einsprungadresse für die SIR registrieren. Immer wenn die DOS-Ausführungsumgebung im Vordergrund residiert, kann die DOS-Anwendung den entsprechenden Software-Interrupt anfordern, der daraufhin die SIR des Einheitentreibers direkt aktiviert.

Software-Interrupts sind nur in der DOS-Umgebung möglich, was bedeutet, daß die Software-Interrupt-Routine nur im Real Mode ausführbar ist. Die einzige Komponente eines OS/2-Einheitentreibers, die *nicht* bimodal ist.

Da die SIR vom Software-Interrupt direkt aufgerufen wird, erfolgt ihre Ausführung in Prozeßzeit, quasi als Programmerweiterung im sogenannten *Benutzer-Modus*. Die SIR gilt als Teil einer DOS-Anwendung und kann als solche bei Taskumschaltungen die CPU an OS/2-Hintergrundsitzungen verlieren. Daher muß gut überlegt werden, ob die SIR unbedingt Zugriff auf Datenstrukturen nehmen muß, die auch von anderen Treiberkomponenten benutzt werden. Ein Bespiel: Die SIR könnte während der Aktualisierung einer Datenstruktur die CPU an einen Hintergrund-Prozeß verlieren, der eine E/A-Operation vornimmt, durch die die Strategie-Routine des Treibers aktiviert wird und ihrerseits die entsprechende Datenstruktur aktualisiert. Zudem kann die SIR nicht nur durch Taskumschaltungen unterbrochen werden, sondern auch durch Hardware-Interrupts. Das alles bedeutet ganz einfach, daß die SIR nur mit äußerster Vorsicht auf Datenstrukturen zugreifen darf, die auch von den Interrupt-Zeit-Komponenten (Hardware-Interrupt-Routine und Zeitgeber-Routine) des Einheitentreibers bearbeitet werden.

Typische Aufgabe der Software-Interrupt-Routine ist das Abfangen eines ROM-BIOS-Interrupts. Der ROM-BIOS-Interrupt soll einer DOS-Anwendung den Zugriff auf die vom entsprechenden Treiber gesteuerte Einheit ermöglichen.

Der Treiber verfolgt alle BIOS-Aktivitäten sehr genau, u.a. deshalb, weil ihm der Status seiner Einheit immer bekannt sein muß. Um die E/A-Anforderung des OS/2-Hintergrundprozesses zu bearbeiten, muß der OS/2-Treiber daher beim Zugriff auf seine Einheit die eigenen Aktivitäten mit den BIOS-Aktivitäten koordinieren, das bedeutet, er muß die Zugriffe serialisieren. Ein anderer Grund für sein Interesse am BIOS ist der, daß er verhindern möchte, daß eine BIOS-Aktivität vorzeitig beendet wird. Auch hier geht es wieder darum, daß der Treiber den Status seiner Einheit kennen will. Es bleibt das Problem, daß der Bediener die DOS-Anwendung jederzeit vom Vordergrund in den Hintergrund schalten (Hot Key) und damit die DOS-Ausführung unterbrechen kann. Wenn der Bediener während eines BIOS-Software-Interrupts über die Hot Keys in eine andere Anwendung umschaltet, kann die BIOS-Aktivität nicht zuende geführt werden. Das kann unangenehme Auswirkungen haben, wenn BIOS z.B. gerade damit beschäftigt war, den Status der Einheit zu ändern. Um dies zu verhindern, kann die Software-Interrupt-Routine (SIR) des Einheitentreibers durch *DevHlp-BIOSCritSection* einen kritischen BIOS-Bereich markieren und damit vorübergehend das Wegschalten der DOS-Anwendung verhindern.

Da die SIR *nicht* vom Betriebssystem sondern vom Software-Interrupt direkt aufgerufen wird, arbeitet sie mit INTERRUPT, INTERRUPT RETURN (IRET). Bei einer DOS-Anwendung aktiviert also der Interrupt die Interrupt-Routine über einen Interrupt-Stack-Frame auf dem DOS-Anwendungs-Stack und gibt bei Beendigung des Interrupts IRET zurück. Während des Einsprungs muß sich die Interrupt-Routine Zugriff auf das Datensegment des Treibers verschaffen. Den Inhalt der entsprechenden Register muß die SIR selbst speichern und verfolgen.

Eine Software-Interrupt-Routine nimmt folgende Aktivitäten vor:

1.   Die SIR wird von einem Software-Interrupt aufgerufen, der von einer DOS-Anwendung angefordert wurde.

     Die SIR läuft als Erweiterung der DOS-Anwendung und benutzt den Aufrufer-Stack. Den Zugriff auf das Datensegment des Treibers verschafft sie sich, indem sie einen bereits im voraus gespeicherten Wert in das DS-Segmentregister setzt.

     Die SIR kann nur in Real Mode laufen.

2.   Die SIR prüft die Gültigkeit der angeforderten Funktion.

3.   Wenn die angeforderte Funktion gültig ist,

     ■   und die Einheit zur Zeit nicht belegt ist, ruft die Routine *DevHlp BIOSCritSection* auf, um einen kritischen Bereich zu markieren und beauftragt BIOS, die gewünschte Funktion auszuführen. Durch wiederholtes Aufrufen von *DevHlp BIOSCritSection* verläßt die Routine den kritischen Bereich wieder.

     ■   und die Einheit bereits besetzt ist, markiert die Routine das Warten einer BIOS-Ein-/Ausgabe und wartet mit Hilfe von *DevHlp SemRequest* auf eine RAM-Semaphore. Sobald die Semaphore frei wird (aufgrund eines *DevHlp SemClear* der

Strategie-Routine oder SIR) kann die BIOS-E/A die oben beschriebenen Aktivitäten vornehmen.

4. Die SIR erteilt einen IRET (Interrupt-Return) und kehrt zur DOS-Anwendung zurück.

Während der Ausführung könnte die Interrupt-Routine durch Hintergrund-Sitzungen des Protected Mode (Zeitscheiben) unterbrochen werden. Dasselbe gilt für den Fall, daß der Bediener die DOS-Anwendung in den Hintergrund schaltet, weil die DOS-Anwendung nicht durch *DevHlp BIOSCritSection* davor geschützt ist. Wenn die Routine nach einer Unterbrechung wieder aktiviert wird, erfolgt die Aktivierung nur dann an der Einsprungadresse, wenn die Routine vorher zur DOS-Anwendung zurückgekehrt war.

Bimodalität

Alle OS/2-Einheitentreiber sind bimodal, d. h. drei von vier Treiberkomponenten können sowohl in Real Mode als auch in Protected Mode laufen. Unter *bimodal* - oder auch *gemischter Modus* - versteht man die Fähigkeit, unabhängig vom aktuellen Modus der CPU Aufgaben ausführen zu können. Diese Fähigkeit besitzen nur die OS/2-Einheitentreiber (und der System-Kernel). (Nicht zu verwechseln mit der Familienanwendung, die für die OS/2-API geschrieben und dann in spezielle "Familien"-Verzeichnisse eingebunden wird, um sowohl unter OS/2 als auch MS-DOS laufen zu können. Die Familienanwendung kann nur in dem CPU-Modus ausgeführt werden, in dem sie geladen wurde.)

Um im Protected Mode laufen zu können, müssen die bimodalen Komponenten des Einheitentreibers folgende Regeln des 80286-Prozessors einhalten:

- keine Segmentarithmetik mit den Segmentregistern

- Unabhängigkeit von "zyklischen" Offsets

- kein Zugriff über ein Segmentende hinaus

- nur gültige Selektorwerte in die Segmentregister

- kein Schreibzugriff auf ein Code-Segment

- Code und Daten nicht in dasselbe Segment

- Unabhängigkeit von der Ausführungsgeschwindigkeit

Wenn diese Regeln eingehalten werden, sind die bimodalen Komponenten des Treibers auch in Real Mode ausführbar, da der Real Mode für die Ausführung keine Beschränkungen auferlegt.

Das größte Problem im Real Mode bereitet die Adressierung von Speicherplatz oberhalb der 1-MB-Grenze. Wie wir wissen, arbeitet die Speicheradressierung in Real Mode nur mit 20 Bits, das bedeutet, der höchste adressierbare Speicherplatz liegt bei FFFFh oder - im Format Segment:Offset - bei FOOO:FFF (also 1 MB). Um Speicherplatz oberhalb der 1-MB-Grenze zu adressieren, müssen die bimodalen Komponenten des Treibers also folgende Anstrengungen unternehmen:

1. Die Strategie-Routine muß beim Empfang eines E/A-Anforderungspakets sicherstellen, daß es sich bei der Datensegment-Adresse des Anwendungs-Puffers, die im Anforderungspaket angegebenen ist, um einen gesperrten (fixierten), also nicht auslagerbaren oder löschbaren Puffer handelt. Die Adressen in READ- und WRITE-Anforderungen werden bereits vom Dateisystem gesperrt, müssen also nicht mehr vom Treiber gesperrt werden. Adressen, die in einer IOCtl-Anforderung übergeben werden, müssen noch gesperrt werden: Die Strategie-Routine muß mit *DevHlp Lock* im Speicher fixiert werden. Da Speicheradressen während Interrupt-Zeiten nicht fixiert werden können, kann also nur die Strategie-Routine derartige Fixierungen vornehmen.

2. Nachdem die Strategie-Routine sich davon überzeugt hat, daß der Speicher fixiert ist, wandelt sie das logische Adressenformat - Selektor:Offset oder Segment:Offset - mit Hilfe von *DevHlp VirtToPhys* in eine physikalische 32-Bit-Adresse um und speichert diese anschließend. Die Adressen in READ- und WRITE-Anforderungen sind bereits in physikalische Adressen übersetzt, so daß nur Adressen übersetzt werden müssen, die vom Treiber gesperrt werden sollen.

3. Um auf den Speicher zugreifen zu können, muß der Treiber die physikalische 32-Bit-Adresse erst mit *DevHlp PhsyToVirt* in Binärformat umwandeln. Als Ergebnis erhält er Selektor:Offset oder Segment:Offset für den entsprechenden Speicherplatz zurück. Und - was noch entscheidender ist - wenn die Zieladresse oberhalb 1 MB liegt, und die CPU sich in Real Mode befindet, setzt *DevHlp PhysToVirt* die Umgebung so, daß der Treiber den Speicherplatz adressieren kann.

4. Nachdem der Treiber die Adressierung beendet hat, stellt er mit *DevHlp UnPhysToVirt* wieder den Ausgangsstatus her.

Wenn der Treiber wie oben beschrieben vorgeht, ist es nicht notwendig, daß er den CPU-Modus identfiziert; der Treiber kann so angelegt werden, daß er sich grundsätzlich nicht um den CPU-Modus kümmern muß.

Ausführungen

Operationen des Einheitentreibers in Prozeßzeit (d.h. in der Strategie- und Software-Interrupt-Routine) werden in der Umgebung des aufrufenden Prozesses ausgeführt, durch den Multitasking-Betrieb aber unterschiedlich angesprochen. Treiberoperationen in Interrupt-Zeit bilden eine Ausnahme, da sie asynchron zum restlichen System ablaufen. Durch die Tatsache, daß sie nicht an die Multitasking-Umgebung "gefesselt" sind, müssen einige Merkmale der Interrupt-Zeit-Komponenten mit den Prozeßzeit-Komponenten abgestimmt werden, und zwar:

■ Speicheradressierung

- Synchronisation
- Interrupt-Verschachtelung
- Systemausführung

Speicheradressierung

Bei der Speicheradressierung von Anwendungssegmenten in Interrupt-Zeit spielt nicht nur Bimodalität sondern auch die aktuelle Umgebung der Anwendung eine Rolle. Durch den Multitasking-Betrieb kann es auch in einem ausschließlich für Protected Mode konfigurierten System vorkommen, daß eine Interrupt-Zeit-Komponente mit Speicherplatz arbeitet, der im Besitz einer Anwendung ist, die nicht die aktuelle E/A-Operation angefordert hat. In solchen Fällen müssen die Interrupt-Zeit-Komponenten - HIR und Zeitgeber-Routine - mit den *DevHlp*-Diensten für Speicherverwaltung den Zugriff auf die Anwendungssegmente sicherstellen. Die Prozeßzeit-Komponente - die Strategie-Routine - nimmt dann die Umwandlung logischer Adressen in physikalische Adressen sowie die Speicherung dieser 32-Bit-Adressen vor. Die Interrupt-Zeit-Komponenten können die physikalischen Adressen vorübergehend wieder in eine virtuelle (logische) Adresse umwandeln, um mit den Daten im Anwendungssegment arbeiten zu können.

Die Adressierung des Arbeitsspeichers macht sowohl in Interrupt-Zeit als auch in Prozeßzeit einige besondere Überlegungen notwendig. Wenn beispielsweise *DevHlp Alloc Phys* aufgerufen wird, reserviert die Strategie-Routine des Treibers einen physikalischen Speicherplatz aus dem Systemspeicher und erhält als Ergebnis eine 32-Bit-Adresse zurück. Bei diesem Speicherplatz handelt es sich aber nicht um ein Speichersegment, das direkt manipuliert werden kann, sondern um einen fixierten Speicherblock (nicht auslagerbar, nicht löschbar). Dieser Mechanismus stellt für den Treiber die einzige Möglichkeit dar, sich über den in seinem Datensegment verfügbaren Speicherplatz hinaus noch weiteren Speicherplatz zu verschaffen. Um auf diesen Speicherplatz zugreifen zu können, müssen die Interrupt-Zeit- und Prozeßzeit-Komponenten des Treibers mit Hilfe von *DevHlp PhysToVirt* erst die physikalische Adresse vorübergehend in eine logische Adresse umwandeln. Der hier beschriebene Speicherplatz eignet sich sehr gut zur Zwischenspeicherung von Daten; er sollte aber nicht für RAM-Semaphoren oder andere kritische Datenstrukturen benutzt werden.

Die Adressierung von Nichtsystemspeicher ist sowohl für Interrupt-Zeit- als auch Prozeßzeit-Komponenten des Treibers möglich. Unter Nichtsystemspeicher versteht man den vom BIOS reservierten Speicherplatz zwischen 640 KB und 1 MB. Das Betriebssystem benutzt diesen Bereich nicht für Anwendungsdaten oder andere Systemsegmente. Um eine logische Adresse für einen bestimmten Speicherplatz innerhalb dieses reservierten Bereichs zu erhalten, muß der Treiber zuerst die physikalische Adresse des Zielortes errechnen, um dann anschließend mit *DevHlp PhysToVirt* die logische Adresse in eine physikalische Adresse umzuwandeln. Der monochrome Bildschirm-Puffer ist ein gutes Beispiel für einen Nichsystemspeicher, der bei B000:0000h (oder als physikalische 32-Bit-Adresse bei 000B0000h) beginnt. Ein weiteres Beispiel für einen Nichtsystemspeicher ist Speicherplatz, der auf einem Adapter residiert, aber innerhalb dieses reservierten Bereichs adressiert wird - was typisch für Einheiten mit pufferverwalteter Ein-/Ausgabe ist. Übrigens kann ein Einheitentreiber durchaus auch Anwendungen oder E/A-Subsystemen mit Hilfe eines von *DevHlp PhysToUVirt* erzeugten LDT-Selektors Zugriff auf Nichtsystemspeicher-Blöcke ermöglichen. Anwendungen sollten diesen LDT-Selektor jedoch besser nich in Systemaufrufen verwenden, da der Selektor nicht auf den Hauptspeicher verweist.

Synchronisation

Die Synchronisation der Aktivitäten wird von den OS/2-Einheitentreibern folgendermaßen vorgenommen: entweder durch Koordinierung der Aktivitäten der einzelnen Treiberkomponenten, oder durch Koordinierung der Aktivitäten von Treiber und Anwendung.

Die Synchronisation von Prozeßzeit- und Interrupt-Zeit-Komponenten richtet sich danach, ob bzw. wann ein Einheitentreiber die Ausführungen eines Threads der Strategie-Routine (oder SIR) stoppen und wieder starten soll. Diese Entscheidung hängt im allgemeinen davon ab, ob die entsprechende Einheit (und ihr Treiber) mehrere wartende Anforderungspakete verwalten muß, und wie die Anwendung die Schnittstelle(n) zum Treiber benutzen wird. Im allgemeinen gilt folgendes:

- Nur READ- und WRITE-Anforderungen müssen in eine Warteschlange gesetzt werden, wenn die entsprechende Einheit gerade besetzt ist. Während die Einheit besetzt ist, setzt die Strategie-Routine eine E/A-Anforderung in eine gebundene Liste, blockiert den ausführenden Thread und wartet darauf, daß die HIR die Warteschlange abarbeitet. Andere Anforderungen bearbeitet die Strategie-Routine im allgemeinen sofort.

- Wenn ein Anforderungspaket den Status eines E/A-Aufrufs an eine Einheit benötigt, sollte der Treiber den ausführenden *Thread* der Strategie-Routine blockieren und warten, bis die HIR den Thread nach Beendigung der Ein-/Ausgabe wieder aktiviert. Der Treiber kann also die E/A-Anforderung immer dann in eine Warteschlange setzen (d.h. in eine eingebundene Liste mit Anforderungspaketen), wenn die angesprochene Einheit gerade anderweitig besetzt ist. Die Anforderungen werden dann in der vom Treiber für sinnvoll erachteten Reihenfolge bearbeitet, das kann FIFO-Reihenfolge oder auch eine Prioritäten-Reihenfolge sein. Der Thread in der Strategie-Routine blockiert mit *DevHlp Block* die Ausführung. Sobald die HIR beschließt, daß eine Ausführung beendet ist, kann sie mit *DevHlp Run* den wartenden Thread in der Strategie-Routine wieder aktivieren. Die HIR wird daraufhin die nächste Anforderung aus der Warteschlange holen und an die Einheit übergeben.

- Immer wenn der Anwendungsprozeß innerhalb einer IOCtl-Anforderung eine Zwischenspeicheradresse aus dem Datensegment der Anwendung übergibt, hält der Einheitentreiber einen Ausführungs-Thread solange in der Strategie-Routine fest, bis die Puffer-Operation beendet ist. Mit *DevHlp Lock* verhindert die Strategie-Routine, daß das Anwendungs-Segment ausgelagert oder gelöscht wird, bevor ihm eine physikalische Adresse übergeben wurde. Dabei sollte der Treiber einen Ausführungs-Thread in der Strategie-Routine zurückhalten, um ein fixiertes Prozeß-Segment mit Hilfe von *DevHlp Unlock* wieder freigeben zu können. Anschließend kann die HIR diesen Thread der Strategie-Routine wieder aktivieren.

- Wenn der Zugriff auf die Einheit über BIOS erfolgt, kann es notwendig werden, den Zugriff zu serialisieren. Das bedeutet, wenn die Einheit gerade belegt ist, kann die SIR mit FLAG anzeigen, daß eine BIOS-E/A ansteht und kann auf einer Semaphore warten, bis die IOS-Aktivität zugelassen wird. Sobald Strategie-Routine oder HIR feststellen, daß eine BIOS-E/A ansteht, können sie die Semaphore leeren und damit dem Treiber signalisieren, daß BIOS nun ungehindert die Einheit adressieren kann.

Semaphoren stellen das wichtigste Kommunikationsmedium zwischen Einheitentreiber und Anwendung dar. Für die Benutzung der Semaphore sind dem OS/2-Treiber allerdings einige Restriktionen auferlegt. Erinnern wir uns, es gibt zwei Arten von Semaphoren: RAM-Semaphoren und System-Semaphoren. Die RAM-Semaphore ist ein einfacher, ungeschützter Mechanismus zur Koordinierung der Aktivitäten. Eine System-Semaphore dagegen wird vom Betriebssystem gehandhabt und ist vor Blockierung geschützt (wenn der besitzende Prozeß beispielsweise seine Aktivität beendet, ohne gleichzeitig die Semaphore freizugeben). Folgende Regeln gelten für Semaphoren und Einheitentreiber:

- Ein Einheitentreiber kann eine System-Semaphore weder erzeugen noch besitzen.

- Ein Einheitentreiber kann eine System-Semaphore ändern, die einem Anwendungsprozeß zugeordnet ist.

Der Anwendungprozeß muß seine Semaphoren-Kennung an den Treiber übergeben. Der Treiber wandelt dann mit *DevHlp SemHandle* diese Kennung in eine für ihn verwendbare Kennung um. Diese neue Kennung kann der Treiber dann in seinen *DevHlp SemRequest*- und *DevHlp SemClear*-Aufrufen verwenden. Ein Einheitentreiber kann in seinem Datensegment eine RAM-Semaphore definieren und besitzen, auf die er auch während Interrupt-Zeiten zugreifen kann.

- Ein Einheitentreiber kann die Semaphoren im Datensegment eines Anwendungsprozesses nicht benutzen.

- Ein Einheitentreiber sollte einer Anwendung keinen Zugriff auf eine RAM-Semaphore in seinem Datensegment gewähren, da eine Anwendung in Systemaufrufen den LDT-Selektor nicht einsetzen kann.

Diese Vorschriften besagen, daß ein Einheitentreiber die Aktivitäten seiner verschiedenen Komponenten nicht über eine System-Semaphore abwickeln darf, sondern eine RAM-Semaphore benutzen muß. Wenn der Treiber aus irgendwelchen Gründen allerdings direkt mit der Anwendung kommunizieren will, muß er dazu die vom Anwendungsprozeß besetzte und bereitgestellte System-Semaphore verwenden.

Interrupt-Verschachtelung

Die Verschachtelung von Interrupts ist für beide Interrupt-Zeit-Komponenten möglich, jedoch auf unterschiedliche Weise. Von Interrupt-Verschachtelung spricht man, wenn eine Interrupt-Routine über ihre Einsprungadresse aktiviert wird, bevor sie beendet, d.h. zum Aufrufer zurückgekehrt ist. Mit anderen Worten, bevor die Interrupt-Routine einen Interrupt abgearbeitet hat, wird sie bereits von einem neuen Interrupt aufgerufen. Die Verschachtelung von Interrupts hängt von unterschiedlichen Faktoren ab und erfordert daher eine besondere Behandlung. Wenn ein Hardware-Interrupt z.B. ein *End-of-Interrupt* (EOI) ausgibt, muß berücksichtigt werden, mit welchem Interrupt-Intervall die entsprechende Einheit arbeitet, welche weiteren Hardware-Interrupts aktiv sind, und welche relative Priorität dieser Interrupt gegenüber den anderen Interrupts besitzt.

Die Hardware-Interrupt-Routine (HIR) ist die empfindlichste Komponente bei der Interrupt-Verschachtelung. Die HIR muß sehr sorgfältig prüfen, ob eine Interrupt-Verschachtelung angezeigt ist, da der Interrupt-Stack eine Interrupt-Verschachtelung nicht unbegrenzt unterstützt. Wenn irgend möglich, sollte die HIR die mögliche Anzahl der Verschachtelungen festlegen - und den Stackzugriff auf ein Minimum begrenzen.

Auch die Zeitgeber-Routine kann - allerdings nur indirekt - mit Interrupt-Verschachtelungen konfrontiert werden. Die Zeitgeber-Routine wird erst dann tatsächlich aktiv, nachdem der Zeitgebertreiber EOI (*End-of-Interrupt*) an den Zeitgeber gesendet hat. Während die Zeitgeber-Routine einen Interrupt abarbeitet, kann also schon ein neuer Interrupt aktiviert sein. Da die Zeitgeber-Routine aber erst ihre Aktivität beenden (zum Aufrufer zurückkehren) darf, bevor sie ein neuer Interrupt über die Einsprungadresse erreichen kann, ist es durchaus möglich, daß das Betriebssystem mehrere Intervalle verstreichen lassen muß, bevor es die Zeitgeber-Routine endlich erreicht. Mit Hilfe der Zeit-Variablen im globalen Informationssegment kann sie die verstrichene Zeit feststellen. (Der Zugriff auf das globale Informationssegment erfolgt über *DevHlp GetDOSVar.*)

System-Performance

Die allgemeine Performance ist vom Verhalten der Treiberkomponenten abhängig. Aufgrund seiner Aktivitäten, muß ein Einheitentreiber seine Ausführungen in der Systemebene vornehmen, und er bestimmt damit auch, wie das Betriebssystem auf Ereignisse reagiert. Damit sich diese Abhängigkeit möglichst positiv auswirkt und die E/A-Subsystemtreiber in der Multitasking-Umgebung möglichst effektiv eingesetzt werden können, muß der Einheitentreiber bestimmte Richtlinien einhalten:

- Der Einheitentreiber sollte kritische Datenstrukturen und Datentransfer-Puffer im eigenen Datensegment unterbringen. Dieses Datensegment steht Interrupt-Zeit- und Prozeßzeit-Zugriffen (Kernel-Modus) jederzeit zur Verfügung.

- Wenn der Einheitentreiber umfangreiche Daten in das Datensegment einer Anwendung, eines Einheitentreibers oder in einen Arbeitsspeicherbereich bewegen will, soll er dies in kleineren Datenblöcken vornehmen, um die CPU nicht zu strapazieren. In Prozeßzeit muß der Treiber in bestimmten Zeitabständen (etwa alle drei Millisekunden) mit *DevHlp Yield* oder *DevHlp TCYield* prüfen, ob er einen anderen Thread ausführen muß. In Interrupt-Zeit muß der Treiber seine Ausführungsintervalle festschreiben, so daß sich der Transfer umfangreicher Daten nicht empfiehlt.

- Eine Treiberkomponente muß ihre Ausführungszeit bei einem deaktivierten Hardware-Interupt zeitlich gering halten. Denn, wenn ein Hardware-Interrupt deaktiviert wird, um den gemeinsamen Zugriff von Prozeßzeit- und Interrupt-Zeit-Komponenten auf kritische Datenstrukturen zu steuern, wird die Bedienung anderer Interrupts beeinträchtigt.

- Der Treiber muß seine Ausführungszeit während einer Interrupt-Verarbeitung möglichst gering halten. Die HIR und Zeitgeber-Routine müssen ihre Aktivitäten auf ein Minimum beschränken, da Interrupt-Zeit-Operationen die Systembearbeitung von Multitasking-Ereignissen verzögern. Wenn beispielsweise durch die Bedienung eines Interrupts ein zeitkritischer Thread ablaufbereit wird, muß das Betriebssystem erst eine Gelegenheit abwarten, um dem Thread die Ausführungserlaubnis erteilen zu können, und der Thread kann erst seine Ausführung beginnen, nachdem der Interrupt fertig abgearbeitet ist.

  Die HIR sollte außerdem sofort nach Beendigung der kritischen Interrupt-Ausführung eine EOI-Meldung an ihre Einheit geben, damit die wartenden Interrupts so schnell wie möglich vom Interrupt-Controller an die CPU weitergeleitet werden können.

Initialisierung der OS/2-Einheitentreiber

Der Einheitentreiber und seine entsprechende Einheit werden dem OS/2 beim Laden und Initialisieren des Treibers - während der Verarbeitung der Anweisungen DEVICE= in der CONFIG.SYS-Datei - mitgeteilt. Alle Anweisungen DEVICE= werden in der Reihenfolge, in der sie in der Konfigurations-Datei erscheinen, verarbeitet. OS/2 lädt die in DEVICE= angegebene Treiberprogramm-Datei und ruft die Hilfe einer INIT-Anforderung auf, die den Treiber anweist, sich selbst und seine Einheit zu initialisieren.

Da die Initialisierung des Treibers unter einem besonderen "Anwendungs"-Prozeß des Betriebssystem erfolgt, nennt man diese Ausführungsumgebung *Initialisierungs-Modus (Init-Modus)*. Unter diesem speziellen Systemprozeß nimmt der Treiber seine Ausführung als Thread des Initialisierungsprozesses vor, und zwar in der Anwenderebene des Protected Mode. Das bedeutet, daß der Einheitentreiber einige besondere, dynamisch eingebundene Systemfunktionen aufrufen kann, wie z.B. Dateisystem-Schnittstellen oder Behandlung von Meldungen. Diese Systemfunktionen kann der Treiber *nur* aus dem "Init-Modus" aufrufen, etwa um Dateieingabe zu lesen, die einen Zeichensatz oder Konfigurationsdaten der Einheit enthält, oder um Statusinformationen des Treibers und seiner Einheit (z.B. mit *DosGetMessage, DosInsMessage* und *DosPutMessage*) anzuzeigen. Obgleich die Treiber-Initialisierung nur mit dem Privileg der Anwenderebene erfolgt, verfügt der Treiber über IOPL, kann also die E/A-Ports seiner Einheit direkt adressieren.

Da der Einheitentreiber Speicherplatz unterhalb der 640-KB-Grenze belegt, nimmt er der DOS-Umgebung - die bekanntlich ja nur Zugriff auf Speicheradressen bis 640 KB ermöglicht - kostbaren Arbeitsspeicherplatz weg. Um die niedrigen Speicheradressen möglichst wenig zu belasten, kann der Treiber die zur Initialisierung benötigten Daten- und Code-Segmente getrennt von den entsprechenden Segmenten für die regulären Operationen unterbringen. Nach Beendigung der Initialisierung können die für die Initialisierung benötigten Daten- und Code-Segmente ausgelagert werden. Diese Technik kann der Treiber auch einsetzen, um ein Datensegment maximaler Größe (64 KB) zu laden und den nicht benötigten Segmentanteil anschließend an das System zurückzugeben. Dabei sollte man jedoch nicht vergessen, daß dem Treiber, obgleich er nur als kleines Modell unterhalb 640 KB residiert, noch zusätzlicher Speicherplatz zur Verfügung steht, und zwar über die *DevHlp*-Funktionen für die Hauptspeicherverwaltung.

Folgende Schritte werden während der Initialisierung vorgenommen:

1. Das Betriebssystem ruft durch einen Zeiger (ES:BX) auf das INIT-Anforderungspaket die Strategie-Routine auf. Die Strategie-Routine nimmt ihre Ausführung als Thread unter einem Anwendungsprozeß und auf dem Prozeß-Stack vor. Die Strategie-Routine hat Zugriff auf das Datensegment des Einheitentreibers (im DS-Register). Ihre Ausführung erfolgt in der Anwenderprivilegstufe mit E/A-Privileg (IOPL).

2. Die Strategie-Routine speichert den Zeiger auf die für spätere Verwendung im INIT-Anforderungspaket bereitgestellte *DevHlp*-Funktion.

3. Die Strategie-Routine empfängt vom INIT-Anforderungspaket Argumente für die in DEVICE= spezifizierte Konfiguration, falls vorhanden.

4. Die Strategie-Routine bestimmt die Gerätekonfiguration und legt die Interrupt-Stufe, die E/A-Ports und den von der Einheit adressierbaren Speicherbereich fest.

5. Die Strategie-Routine registriert zusätzliche Einsprungadressen zum Einheitentreiber, wie z.B. Hardware-Interrupt-Routine, Zeitgeber-Routine und Software-Interrupt-Routine.

6. Die Strategie-Routine initialisiert die Einheit. Falls keine Initialisierung erfolgt, muß der Treiber die aufgezeichneten Einsprungadressen wieder löschen und bereits zugeteilten Speicher wieder leeren.

7. Nach Ausführungsbeendigung setzt die Strategie-Routine den Status in die INIT-Anforderung, zeigt die abschließenden Offsetwerte der Code- und Datensegmente und übergibt diese an den aufrufenden Prozeß.

Advanced BIOS und gemeinsame Interrupts

PS/2 Modell 50, 60 und 80 bieten zwei wichtige Einrichtungen für die Peripherieverwaltung, die weder der PC AT noch der PC XT Modell 286 zur Verfügung stellen können: die Advanced-BIOS-Schnittstelle und die prioritätsabhängige Hardware-Interrupt-Umgebung. Das Advanced BIOS ist insofern interessant, als es den OS/2-Einheitentreiber mit einer Zwischenschnittstelle zur entsprechenden Einheit ausstattet und ihn damit unabhängig von den speziellen Merkmalen einer Peripherieeinheit macht. Ein OS/2-Treiber, der nicht mit einer Zwischenschnittstelle arbeitet, muß detaillierte Kenntnisse über die Einheit haben und verträgt folglich keine Änderungen an dieser Einheit. Die andere Neuerung, die prioritätsabhängige Hardware-Interrupt-Umgebung, ist für gemeinsame Interrupt-Verwaltung besser geeignet als die flankengesteuerte Interrupt-Umgebung anderer IBM PCs.

Advanced BIOS

Das Advanced BIOS (ABIOS) unterscheidet sich in zahlreichen Merkmalen vom normalen BIOS:

- Advanced BIOS wird durch einen *Far Call* aktiviert, nicht durch einen Software-Interrupt.

- Advanced BIOS kann sowohl in Real Mode als auch in Protected Mode laufen.

- Welche Aktivitäten ausgeführt und welche Parameter eingesetzt werden sollen, erfährt das Advanced BIOS von einer Datenstruktur, die als Anforderungsblock bezeichnet wird. Diese Datenstruktur wird vom Einheitentreiber erstellt, der beim Aufruf von Advanced BIOS einen Zeiger auf die Struktur setzt.

- Advanced BIOS kennzeichnet eine bestimmte Einheit mit Hilfe einer Einheitenkennung - eine Logische ID (LID) - und einer Einheiten-nummer für diese LID.

- Die Ein-/Ausgabe einer Einheit erfolgt durch Aufruf einer der Ein-sprungadressen des Advanced BIOS: START, um eine Funktion zu aktivieren; INTERRUPT, um eine Interrupt-Zeit-Operation zu ver-walten; oder TIMEOUT, um eine Zeitsperre zu verarbeiten.

- Eine E/A-Funktion kann synchron oder schrittweise verarbeitet wer-den. Eine synchrone E/A-Anforderung muß erst beendet sein, bevor sie zum Aufrufer zurückkehrt. Eine schrittweise E/A-Anforderung erfordert mehrere Ausführungsschritte, die im Dialog mit dem Aufru-fer ausgeführt werden.

- Datentransfer kann über eine logische Adresse (Selektor:Offset oder Segment:Offset) oder über eine physikalische Adresse (32-Bit-Zahl) erfolgen.

- Ein OS/2-Einheitentreiber greift mit Hilfe von *DevHlp GetLIDEntry, DevHlp FreeLIDEntry, DevHlp ABIOSCall* oder *DevHlp ABIOSCommonEntry* auf die Advanced-BIOS-Schnittstelle zu.

Wenn ein Einheitentreiber mit Advanced BIOS arbeiten will, muß er sich als erstes eine Einheitenkennung verschaffen - eine Logische ID (LID) - um die Einheit für ABIOS zugänglich zu machen. Diese Einheitenkennung wird dem Treiber durch Aufruf von *DevHlp GetLIDEntry* übergeben. Da ABIOS Einhei-ten über die LIDs erkennt, OS/2 aber über Einheiten-Header, muß der Einhei-tentreiber die Identifizierung des Betriebssystems und die Identifizierung durch die ABIOS-Schnittstelle mittels *Mapping* koordinieren. Beim Mapping der Ein-heit mit der ABIOS-Einheitenkennung (LID) muß der Treiber nach bestimmten Richtlinien vorgehen, da die LID nur *eine* Einheit, aber auch eine ganze Gruppe von Einheiten identifizieren kann:

- Bei einem Zeicheneinheitentreiber mit nur einem Einheiten-Header, wird die Zeicheneinheit mit der ersten Kennung in der vom Treiber empfangenen LID verknüpft (mapped). Alle anderen eventuell vorhandenen Kennungen in dieser LID bleiben passiv und sind auch für andere Treiber nicht verfügbar.

- Bei einem Zeicheneinheitentreiber mit mehr als einem Einheiten-Header, wird die erste Zeicheneinheit mit dem ersten Element in der vom Treiber empfangenen LID verknüpft. Die zweite Einheit wird mit dem zweiten Element in der LID verknüpft und so weiter. Wenn die LID nicht genügend Kennungen für alle vom Treiber unterstützten Einheiten enthält, benötigt der Treiber eine weitere LID, um auch die noch verbliebenen Einheiten mit Kennungen ausstatten zu können.

- Bei einem Blockeinheitentreiber mit einer oder mehreren Einheiten im Einheiten-Header, muß der Treiber die erste Einheit im Header mit der ersten Kennung in der LID verknüpfen, die zweite mit der zweiten Kennung und so weiter, bis alle vom Treiber unterstützten Einheiten mit Kennungen versehen sind. Eventuell müssen dem Treiber mehr als nur eine LID übergeben werden.

Logische IDs, die der Treiber nicht für sich beansprucht, können von einem anderen Treiber benutzt werden. Sobald der Treiber seine Einheit nicht länger benötigt, kann er die ABIOS-Einheitenkennung über *DevHlp FreeLIDEntry* wieder freigeben.

Nachdem der Treiber die LID empfangen hat, muß er die Parameter der entsprechenden Einheit für die ABIOS-Schnittstelle bestimmen. Dazu muß er eine Datenstruktur bestimmter Länge - einen sogenannten Anforderungsblock - erstellen, die die LID sowie einen Funktionscode für die Rückgabe der LID-Parameter enthält. Anschließend ruft der Treiber über *DevHlp ABIOSCall* oder *DevHlp ABIOSCommonEntry* die START-Einsprungadresse für diese LID auf. ABIOS gibt Informationen über die Hardware-Interrupt-Ebene der entsprechenden Einheit, Anzahl der Kennungen in der LID, Länge des Anforderungsblocks für die weiteren Funktionen der ABIOS-Schnittstelle sowie Merkmale der Datenzeiger (z.B. logisch oder physikalisch) zurück. Aus diesen Informationen erkennt der Treiber, für welchen Hardware-Interrupt er die Hardware-Interrupt-Routine (HIR) aufzeichnen muß, welche Art Datenzeiger die ABIOS-Schnittstelle erwartet und wieviel Speicherplatz er für die ABIOS-Anforderungsblöcke in seinem Datensegment reservieren muß.

Um eine bestimmte ABIOS-Funktion zu aktivieren, muß der Einheitentreiber als erstes einen Anforderungsblock mit LID und Funktionscode erzeugen. Über *DevHlp ABIOSCall oder DevHlp ABIOSCommonEntry* ruft er anschließend eine der drei ABIOS- Einsprungadressen für die LID auf. ABIOS führt dann die gewünschte Aktivität aus und setzt den entsprechenden Status in den Anforderungsblock. Nachdem *DevHlp ABIOSCall* bzw. *DevHlp ABIOSCommonEntry* zum Treiber zurückgekehrt ist, muß dieser den Anforderungsblock prüfen, um das Ergebnis des ABIOS-Funktionsaufrufs zu bestimmen.

Im nachfolgenden Beispiel zeigen wir, wie ein OS/2-Einheitentreiber die ABIOS-Schnittstelle benutzt. Das Beispiel geht davon aus, daß die erforderliche Initialisierung bereits erfolgt ist, der Treiber also die LID empfangen, den Speicherplatz für die ABIOS-Anforderungsblöcke reserviert, Hardware-Interrupt identifiziert und die HIR registriert hat.

1. Das Betriebssystem ruft die Strategie-Routine des Treibers über ein E/A-Anforderungspaket an die Zieleinheit auf.

2. Wenn zur Zeit keine Aktivität durchgeführt wird (die Einheit also passiv ist), setzt die ABIOS-Anforderungsblock mit der LID, dem Funktionscode und anderen erforderlichen Parametern, einschließlich Initialisierungsfeld für den Antwortcode, auf FFFFh. Mit *DevHlp ABIOSCall* oder *DevHlp ABIOS CommonEntry* ruft die Strategie-Routine dann die START-Adresse für ABIOS auf. Wenn die Einheit jedoch gerade belegt ist, kann die Strategie-Routine das Anforderungspaket in eine Warteschlange setzen, und die HIR kann dann die START-Funktion aufrufen.

3. Nach Rückkehr der *DevHlp*-Funktion kann die Strategie-Routine im Anwortfeld des Anforderungsblocks das Ergebnis der ABIOS-Funktion prüfen.

    ■   Wenn der Antwortcode aus einer Fehlermeldung besteht, setzt die Strategie-Routine im Statusfeld des Anforderungspakets einen Gerätefehlercode und kehrt zum Betriebssystem zurück.

    ■   Wenn der Antwortcode die erfolgreiche Ausführung der Funktion meldet, setzt die Strategie-Routine das Statusfeld des Anforderungspakets und kehrt zum Betriebssystem zurück.

    ■   Wenn der Antwortcode anzeigt, daß die Funktion für den nächsten Ausführungsschritt bereit ist, (d.h. auf den Interrupt der Einheit wartet), kann die Strategie-Routine eventuell entscheiden, den ausführenden Thread zu sperren, solange sie auf den Hardware-Interrupt wartet.

        Bevor die Strategie-Routine den Thread blockiert, muß sie feststellen, ob die HIR eine *Flag* gesetzt hat, denn der Hardware-Interrupt kann erfolgt sein, nachdem ABIOS das Antwortfeld aktualisiert hat, aber bevor die Strategie-Routine den Antwortcode geprüft hat. Dann wird die HIR als Ergebnis des Interrupts aufgerufen, der Anforderungsblock bedient und die Anforderung beendet. Wenn anschließend die Strategie-Routine ausgeführt wird, informiert die von der HIR gesetzte *Flag* die Strategie-Routine von der Beendigung der Anforderung und fordert sie auf, das Anforderungspaket ans Betriebssystem zurückzugeben - und nicht den ausführenden Thread zu blockieren.

        Bei einer schrittweisen Anforderung setzt die START-Adresse den Antwortcode des ABIOS-Anforderungsblocks und zeigt damit an, daß die Operation nicht beendet wurde. Es ist durchaus möglich, daß mehrere Anforderungen unbeendet für eine LID warten, man nennt sie "anstehende Anforderungen". Auch eine gestartete (START) Anforderung, die für den nächsten Ausführungsschritt bereit ist, wird als anstehende Anforderung betrachtet, obgleich START noch nicht zum Aufrufer zurückgekehrt ist - wie im vorherigen Szenarium.

4. Die HIR eines Einheitentreibers wird als Ergebnis eines Hardware-Interrupts aufgerufen.

5. Für jede mit diesem Hardware-Interrupt verbundene LID (es können auch mehrere sein) muß die HIR alle anstehenden ABIOS-Anforderungsblöcke abarbeiten. Die HIR ruft für jeden Anforderungsblock, der auf den Hardware-Interrupt gewartet hat, die ABIOS-Einsprungsadresse INTERRUPT auf, damit die LID entsprechend bedient werden kann. Die HIR muß damit rechnen, daß die ABIOS-START-Funktion den Antwortcode bereits im Anforderungsblock als wartende Funktion aktualisiert hat, START jedoch noch nicht zum Aufrufer zurückgekehrt ist. Die HIR muß daher die Anforderungsblöcke prüfen und sie in die Interrupt-Bearbeitung miteinbeziehen.

6. Wenn ein Hardware-Interrupt durch einen LID-Anforderungsblock hervorgerufen wird, aktiviert die HIR für die übrigen LID-Anforderungsblöcke die ABIOS-INTERRUPT-Adresse. Die HIR prüft dabei die restlichen LIDs nicht.

7. Wenn die LID für den Hardware-Interrupt keine weiteren Anforderungsblöcke anstehen hat, ruft die HIR die ABIOS-INTERRUPT-Adresse für die vorgegebene Interrupt-Behandlungsfunktion auf.

Die HIR meldet *End-of-Interrupt* (EOI) erst dann an den Interrupt-Controller, wenn alle anstehenden Anforderungsblöcke der für den Hardware-Interrupt verantwortlichen LID bedient sind.

Sowie die HIR erkennt, daß die angeforderte Funktion beendet ist, kann sie den nächsten Anforderungsblock aus dem wartenden Anforderungspaket in der Warteschlange STARTen.

Nachdem die HIR ihre Ausführung beendet hat, kehrt sie zum Betriebssystem zurück.

Gemeinsame Hardware-Interrupts

Mehrere Einheiten können sich nur dann einen Hardware-Interrupt teilen, wenn sie speziell dafür ausgelegt sind. Eine Einheit muß dabei vor allem wissen, ob sie selbst den Interrupt verursacht hat. Daher prüft die SIR, ob die Einheit bedient werden will. Nachdem der Interrupt einer Einheit von der SIR bedient worden ist, kann die Einheit ihre interrupt-bedingte Blockierung ausdrücklich zurücksetzen.

Hardware-Interrupts des PS/2 Modell 50, 60 und 80 sind spannungsabhängig und nicht flankengesteuert (schwellenwertabhängig). Beide Termini drücken aus, auf welchem Wege der Hardware-Interrupt-Controller festzustellen versucht, ob eine Einheit einen Interrupt erzeugt hat. Sobald der Controller einen Interrupt erkennt, sendet er diesen an die CPU, die dann mit Hilfe einer Interrupt-Vektortabelle die Software-Interrupt-Routine aktiviert.

Bei flankengesteuerten Interrupts erkennt der Hardware-Interrupt-Controller einen Interrrupt aufgrund einer bestimmten Signalveränderung, wie z.B. von niedriger zu hoher Spannung. Das Signal kann dabei auf einem bestimmten Pegel verbleiben oder auch wieder zurückgesetzt werden (z.B. von hoher Frequenz auf niedrige Frequenz), ohne dem Controller den Eindruck zu vermitteln, daß ein neuer Hardware-Interrupt erzeugt wurde. Ein bestimmter Pegel teilt dem Controller mit, daß ein Hardware-Interrupt erzeugt wurde.

Bei spannungsabhängigen Interrupts erkennt der Controller einen Hardware-Interrupt aufgrund einer bestimmten Spannungsstufe bzw. eines bestimmten Wertes des Signals. Solange das Signal auf dieser Spannungsstufe verbleibt, geht der Controller davon aus, daß der Interrupt bedient werden muß. Erst wenn das Signal von dieser Stufe zurückgesetzt wird, beendet der Controller seine Aktivitäten für diesen Interrupt. Mit anderen Worten, bei spannungsabhängigen Interrupts muß die Interrupt-Bedingung an der entsprechenden Einheit zurückgesetzt werden, damit die Einheit dann ihrerseits ihr Signal an den Interrupt-Controller zurücksetzt. Die SIR muß außerdem *nach* Rücksetzung der Interrupt-Bedingung *End-Of-Interrupt* (EOI) melden. Wird noch vor Rücksetzung der Interrupt-Bedingung EOI an den Controller gemeldet, befindet sich das Signal noch auf der Interrupt-Stufe, und der Interrupt-Controller wird folglich erneut die Bedienung des Interrupts für denselben Ablauf bei der CPU anfordern.

1. Eine oder mehrere Einheiten setzen das Interrupt-Signal zurück, um dem Interrupt-Controller einen Interrupt mitzuteilen.

2. Eine oder mehrere Einheiten setzen das Interrupt-Signal auf die Interrupt-Stufe und fordern damit beim Controller einen Interrupt an.

3. Der Interrupt-Controller meldet die Interrupt-Anforderung an die CPU.

4. Die CPU aktiviert die Interrupt-Routine.

5. Die Interrupt-Routine überprüft die Einheit auf einen anstehenden Interrupt. Liegt einer vor, bedient sie die Einheit, die ihrerseits dann ihre Interrupt-Bedingung wieder zurücksetzt (damit hat *diese* Einheit das Interrupt-Signal an den Controller zurückgesetzt) und meldet EOI. Wenn Interrupt-Signale weitere anstehende Interrupts anzeigen, wird der Controller — nachdem er diese EOI-Meldung empfangen hat — den Interrupt erneut an die CPU melden. Hat zu dieser Zeit eine andere Einheit einen unbedienten Interrupt anstehen, hält sie ihr Signal auf der Interrupt-Stufe, damit der Interrupt-Controller den Interrupt identifizieren kann.

Abbildung 50. Spannungsabhängige Interrupts

Beim PS/2 Modell 50, 60 und 80 können Hardware-Interrupts von den Einheiten geteilt werden, was allerdings nicht immer sinnvoll ist. OS/2 erlaubt daher beispielsweise nicht, daß sich mehrere Interrupt-Routinen den Systemzeitgeber-Interrupt (IRQ O) teilen, da dieser Interrupt den DOS-Anwendungen in der DOS-Umgebung zur Verfügung stehen muß. Ähnlich verhält es sich mit einem OS/2-Einheitentreiber, der zur Unterstützung einer DOS-Anwendungseingabe/-ausgabe in der DOS-Umgebung eine Interrupt-Zeit-Verarbeitung über BIOS vornimmt. Da BIOS davon ausgeht, daß der Treiber im Besitz der Interrupt-Zeit ist, muß dieser Treiber seinen Interrupt nicht mit anderen teilen. Die Einheit kann auch selbst verhindern, daß ein Interrupt geteilt wird. Wenn die Einheit z.B. Interrupts erzeugt, bevor die SIR installiert ist, oder wenn sie an der Erzeugung von Interrupts nicht gehindert werden kann, darf ihr Interrupt nicht von anderen Einheiten geteilt werden. Erzeugt eine Einheit Interrupts, ohne im Besitz einer Interrupt-Routine zu sein, ist OS/2 gezwungen, diesen Interrupt auszuschalten, da dann keine Möglichkeit besteht, die Interrupt-Bedingung an der Einheit zurückzusetzen. Dasselbe gilt, wenn eine Einheit weiterhin Interrupts erzeugt, obgleich ihre Interrupt-Routine beendet ist: OS/2 muß die Einheit ausschalten, da es keine Möglichkeit mehr gibt, die Einheit zurückzusetzen.

Damit ein Hardware-Interrupt von mehreren Einheiten geteilt werden kann, muß sowohl die Peripherie-Einheit als auch der OS/2-Einheitentreiber speziell dafür konzipiert sein. Wenn der Treiber die Einsprungadresse zur HIR registriert, muß er den Hardware-Interrupt als gemeinsam benutzbar deklarieren. Gibt der Treiber an, daß er den Interrupt nicht teilen will, macht OS/2 den Interrupt zum exklusiven Besitz. Bestimmt der Treiber dagegen die gemeinsame Benutzung des Interrupts mit anderen Einheiten, läßt OS/2 die Registrierung anderer Interrupt-Routinen für diesen Interrupt zu. Bei der gemeinsamen Benutzung von Hardware-Interrupts hat der Treiber also Mitspracherecht. Auf der anderen Seite bedeutet dies, daß weder eine DOS-Anwendung noch ein DOS-Treiber Hardware-Interrupts teilen kann, schon allein deshalb nicht, weil eine Ausführung in der DOS-Umgebung unterbrochen ist, solange die DOS-Umgebung in den Hintergrund geschaltet ist.

Die verschiedenen HIRs der OS/2-Einheitentreiber müssen bei der Registrierung eines gemeinsam benutzbaren Interrupts bestimmte Schritte unternehmen. Die Routine muß z.B. ihre Einheit anweisen, zu prüfen, ob sie den vorliegenden Interrupt erzeugt hat. Falls nicht, muß die HIR zum Betriebssystem zurückkehren und mitteilen, daß der aktuelle Interrupt nicht von ihrer Einheit erzeugt wurde (durch Setzen der *Carry*-FLAG vor dem FAR RET). In diesem Fall muß die HIR keine *End-Of-Interrupt*-Meldung erteilen, da sie ihre Einheit nicht bedient hat. Wurde der vorliegende Interrupt jedoch von ihrer Einheit hervorgerufen, muß die HIR die Einheit bedienen, die Interrupt-Bedingung an der Einheit zurücksetzen, so schnell wie möglich EOI melden, zum Betriebssystem zurückkehren und diesem mitteilen, daß sie im Besitz des Interrupts ist.

Die Liste mit allen Interrupt-Routinen für einen bestimmten Hardware-Interrupt wird vom OS/2 verwaltet. Das Betriebssystem ruft jede einzelne Routine in dieser Liste auf, bis es eine findet, die den fraglichen Interrupt für sich beansprucht. Findet das System keine entsprechende Routine, muß es den Interrupt ausschalten (demaskieren) - und gleichzeitig alle Einheiten, die diesen Interrupt teilen, da das System über keinen Mechanismus verfügt, der die Interrupt-Bedingung eines spannungsabhängigen Interrupts zurücksetzt. Ohne diese drastische Maßnahme würde der Interrupt-Controller weiterhin ständig diesen Interrupt ans System senden.

Erstellen eines OS/2-Einheitentreibers

Ein Treiberprogramm unterscheidet sich in mehrfacher Weise von einem Anwendungsprogramm:

- Ein Treiberprogramm kann selbst keinen Prozeß darstellen.

- Ein Treiberprogramm residiert in derselben Schutzebene wie der Systemkernel, nicht wie eine Anwendung.

- Ein Treiberprogramm kann keine dynamisch eingebundenen Funktionsaufrufe erteilen.

- Ein Treiberprogramm darf nur ein Codesegment und ein Datensegment haben.

- Die Treibersegmente müssen so eingebunden sein, daß sie in einer bestimmten Reihenfolge in der EXE-Datei erscheinen.

- Ein Treiberprogramm stellt kein eigenes Stack-Segment zur Verfügung.

- Das Treibersegment muß wie eine Bibliothek eingebunden sein, und nicht wie eine Anwendung.

- Ein Treiberprogramm darf nur unter bestimmten Bedingungen noch weitere Segmente haben.

- Ein Treiberprogramm muß mindestens über eine Einheitenkennung verfügen.

- Der Einheiten-Header des Treibers muß als erstes Element im Datensegment erscheinen.

Ein Treiberprogramm selbst kann also keinen Prozeß darstellen, sondern arbeitet vielmehr im Auftrag eines Anwendungsprozesses. Zur Prozeßzeit bearbeitet der Treiber als Subroutine der Anwendung das von ihr erzeugte E/A-Anforderungspaket. Zur Interrupt-Zeit bearbeitet der Treiber einen Hardware-Interrupt unabhängig von einem Anwendungsprozeß. Doch trotz allem verfügt der Treiber über einige typische Prozeßmerkmale:

- Ein Treiber kann seine Code- und Datensegmente selbst adressieren, obgleich die Adressierung über die GDT und nicht über die LDT erfolgt.

- Ein Treiber kann Speicherplatz besitzen, jedoch nur physikalischen Speicher und nicht Segmentspeicher.

- Ein Treiber kann RAM-Semaphoren besitzen, da diese im Datensegment des Treibers definiert werden können.

Trotz dieser Prozeßmerkmale hat der Treiber eher mit einem Verzeichnismodul als mit einem Anwenderprogramm Ähnlichkeit.

Ein Treiberprogramm läuft in der Betriebsebene und nicht in der Anwenderebene. Das Programm wird während der Initialisierung des Systems als Teil des Betriebssystems installiert. Das System beauftragt dann das Treiberprogramm, Tasks für Ein-/Ausgabeoperationen des Anwenders auszuführen. Das Treiberprogramm kann also wirklich als verlängerter Arm des Betriebssystems angesehen werden.

Ein Treiberprogramm kann allerdings keine dynamisch eingebundenen Systemaufrufe vornehmen, da der Treiber kein Anwendungsprozeß ist und folglich nicht in der Anwendungsebene residiert. Es gibt allerdings einen Zeitpunkt, da der Treiber solche dynamisch eingebundenen Systemaufrufe vornehmen kann - allerdings nur an einige wenige Schnittstellen für dynamisches Linken, und zwar während der Treiberinitialisierung. Wenn das System einen Aufruf mit dem INIT-Anforderungspaket vornimmt, erfolgt die Treiberausführung in der Umgebung als besonderer Systemprozeß. Zu diesem Zeitpunkt ist der Treiber vorübergehend mit einem speziellen Anwendungsstatus ausgestattet und kann dynamisch eingebundene APIs (Anwendungsprogrammierschnittstellen) benutzen.

Ein OS/2-Treiber darf nur über ein Codesegment und ein Datensegment verfügen. Diese beiden Segmente können bis zu einer maximalen Größe von 64 KB ausgelegt sein. Da der Treiber seinen gesamten Code (und alle Daten) jeweils in nur einem Segment unterbringt, sagt man, er arbeitet im "Kleinen Modus", d.h., er benutzt *Near Calls*, um aus einer Routine eine andere Routine zu adressieren.

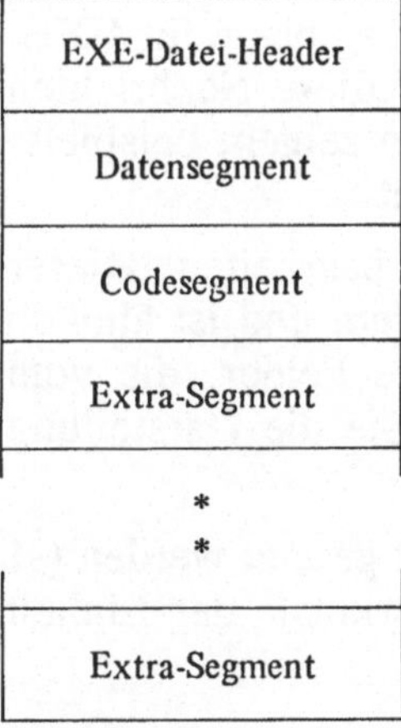

Abbildung 51. Anordnung der EXE-Datei eines OS/2-Einheitentreibers

Die Treiber müssen so eingebunden werden, daß sie in vorgegebener Reihenfolge in der EXE-Datei erscheinen. Die EXE-Datei beginnt mit dem Datei-Header, gefolgt von den Segmenten, zuerst das Datensegment, dann das Codesegment. Der einzige Unterschied zum DOS-Treiber ist der, daß der OS/2-

Treiber eine EXE-Datei darstellt. In Abbildung 51 finden Sie die vorgegebene Anordnung der EXE-Datei.

Ein Treiberprogramm verfügt über kein eigenes Stacksegment. Der Treiber übernimmt die Funktion einer Subroutine: er benutzt den Stack seines Aufrufers. Das Betriebssystem stellt sowohl für Prozeßzeit- als auch für Interrupt-Zeit-Operationen Stacks zur Verfügung. Die Software-Interrupt-Routine (SIR) des Treibers benutzt den Stack der DOS-Anwendung. Für alle Treiberoperationen gilt: der Stackzugriff sollte auf ein Minimum beschränkt werden.

Die Segmente des Treibers müssen als Bibliothek, nicht als Anwendung gebunden werden. Da der Treiber als eine Art Subroutine läuft, nimmt er alle Operationen zugunsten seines Aufrufers vor und benutzt dessen Stack. Das OS/2-Treiberprogramm hat in dieser Hinsicht Ähnlichkeit mit einem Bibliothekspaket. Der Linker kennt als Programmöglichkeiten Anwendungen und Bibliotheken; der OS/2-Treiber hat mehr Gemeinsamkeiten mit einem Bibliotheksprogramm als mit einem Anwenderprogramm.

Neben Code- und Datensegment kann der OS/2-Treiber - unter bestimmten Bedinungen - noch weitere Segmente enthalten. Diese Extrasegmente müssen ans Ende der EXE-Datei gesetzt werden, hinter das Codesegment (siehe Abbildung 51). Diese Extrasegmente kann der Treiber allerdings *nur* während seiner Initialisierung adressieren, bei der Verarbeitung des INIT-Anforderungspakets. Anschließend werden diese Extrasegmente vom Betriebssystem gelöscht, und nur die beiden ersten Segmente - Datensegment und Codesegment - bleiben erhalten. Der Treiber benutzt seine Extrasegmente als Datensegmente für EXE-Nachrichten. Während der Initialisierung kann der Treiber diese Nachrichten dann mit Hilfe der Nachrichten-Routine auf dem Bildschirm zeigen, beispielsweise, ob die Einheit erfolgreich initialisiert wurde oder nicht.

Ein OS/2-Treiber muß mindestens einen Einheiten-Header bearbeiten. Dieser Header dient zur Identifizierung der Einheit durch das System und ist ähnlich strukturiert, wie in MS-DOS. Der Header enthält mehrere Felder, die vom Treiber definiert werden müssen. In Abbildung 52 sehen Sie die Darstellung eines OS/2-Einheitentreiber-Headers.

Das Feld **Nächster Header** muß auf einen Anfangswert Null gesetzt werden (-1 oder FFFFh). Im Feld **Einheiten-Attribute** werden die Merkmale der Einheit gesetzt, unter anderem folgende:

- Zeichen- oder Blockeinheit
- bei einer Blockeinheit,
    - ob der Treiber den BIOS-Parameterblock (BPB) oder das Deskriptorbyte zur Identifizierung des Datenträgers verwendet
    - ob der Treiber entfernbare Datenträger unterstützt
- bei einer Zeicheneinheit,
    - ob der Name der Zeicheneinheit durch das Dateisystem geschützt werden soll

- ● ob das Dateisystem OPEN- und CLOSE-Anforderungen an den Treiber übergeben soll

- ■ handelt es sich bei dem Treiber der entsprechenden Einheit um einen OS/2-Einheitentreiber

- ■ handelt es sich um eine Systemeinheit, wie z.B. Uhr, Null, Standardausgabe oder Standardeingabe

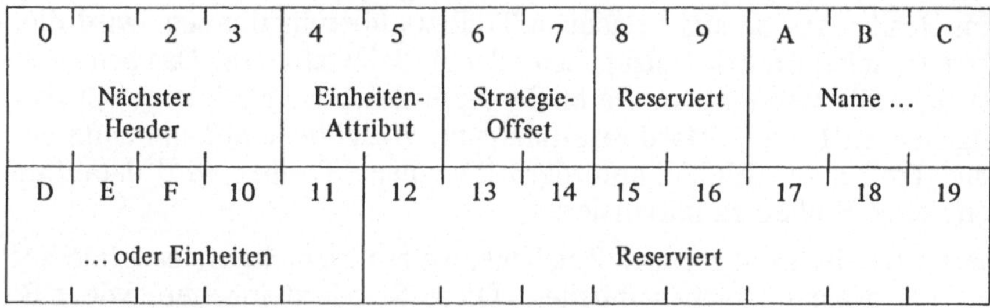

Abbildung 52. Header eines Einheitentreibers

Im Feld **Strategischer Offset** muß der Offsetwert vom Beginn des Codesegments bis zur Einsprungadresse der Strategie-Routine gesetzt werden. Im Feld **Name oder Einheit** wird der Name der Zeicheneinheit bzw. die Anzahl der unterstützten Blockeinheiten definiert - links ausgerichtet (Start bei Offset Ah, siehe Abbildung 52). Der Name einer Zeicheneinheit ist gleich aufgebaut wie ein Dateiname, er besteht aus einem ASCII-String der auf acht Zeichen begrenzt ist (ohne Dateierweiterung). Der Name einer Zeicheneinheit hat allerdings im Dateisystem beim Öffnen eines benannten Objekts (*DosOpen*) Vorrang vor einem Dateinamen. Das bedeutet, daß eine Datei nicht denselben Namen haben kann, wie eine Zeicheneinheit, da das Dateisystem zuerst die Einheit öffnen würde und keinen Versuch mehr unternähme, auch die Datei zu öffnen. Um hier Konflikte zu vermeiden, sollte der Name einer Zeicheneinheit möglichst selten benutzte ASCII-Zeichen enthalten, wie z.B. das Dollarzeichen "$".

Der Einheiten-Header muß als erstes Element im Datensegment des Treibers erscheinen, das bedeutet, er muß bei Offset 0 im Datensegment starten. Wenn das Treiberprogramm geladen wird, prüft das System den Einheiten-Header, um den Treiber interpretieren zu können. Der Treiber dient im Grunde als Schnittstelle zwischen Einheit und Betriebssystem.

Normalerweise bearbeitet ein Treiber nur eine Einheit. Er kann allerdings auch mehrere Einheiten bedienen. Der Zeicheneinheitentreiber z.B. unterstützt mehr als eine Einheit über mehrere Header, für jede Einheit einen Header. Ein Blockeinheitentreiber kann ebenfalls mehr als eine Einheit unterstützten, indem er die Anzahl der unterstützten Einheiten in einem eigens dafür vorgesehenen Feld im Header angibt. Wenn mehrere Header bearbeitet werden sollen, muß der Treiber die Header verbinden, wobei der letzte Header das Feld **Nächster Header** mit Null definiert.

Der Einheiten-Header ermöglicht dem Treiber, entweder eine neue Zeicheneinheit in die Systemeinheitenliste aufzunehmen oder eine Einheit auszutauschen, die bereits von einem vorher geladenen Treiber aktiviert wurde. Dieser Austausch erfolgt über einen Schlüssel, der von den Einheiten-Headern der zwei Treiber geliefert wird, die beide einen Anspruch auf die Einheit anmelden. Wenn Name und Attribute im Header des neu geladenen Treibers mit den Angaben im Header des bereits geladenen Treibers übereinstimmen, wird dieser aufgefordert, seine Einheit freizugeben oder zu deinstallieren. Das bedeutet, der Treiber muß alle Ressourcen, die er für diese Zeicheneinheit zugeteilt hat, wieder freigeben, z.B. einen Hardware-Interrupt. Anschließend kann dann der neu geladene Treiber die Einheit anfordern. Der neue Treiber wird daraufhin aufgefordert, seine Einheit zu initialisieren.

Der Austausch bereits existierender Zeicheneinheiten dient in erster Linie zur Erweiterung der Standardzeicheneinheiten. Diese Standardeinheiten, wie z.B. Tastatur (KBD$) und Drucker (LPT1, LPT2,LPT3), werden von OS/2 automatisch über Einheitentreiber unterstützt, die das Betriebssystem bereitstellt. Neue oder erweiterte Zeicheneinheitentreiber können die Standardtreiber ersetzen, um neue oder erweiterte Funktionen zu unterstützen.

Ein Blockeinheitentreiber dagegen kann nur weitere Einheiten in die Systemliste aufnehmen, da der Blockeinheitentreiber keine Möglichkeit hat anzugeben, welche Blockeinheiten ersetzt werden sollen. Der Blockeinheitentreiber spezifiziert während seiner Initialisierung lediglich die Anzahl der von ihm unterstützten Einheiten, woraufhin ihm die entsprechende Anzahl von Laufswerknamen zugeteilt wird. Die Reihenfolge der zugeteilten Laufwerksnamen wird durch die Reihenfolge bestimmt, in der die Blockeinheitentreiber in der CONFIG.SYS-Datei erscheinen.

Standardeinheiten des OS/2

OS/2 stellt eine große Anzahl an Einheitentreibern zur Verfügung, die in zwei Kategorien unterteilt sind: Treiber, die automatisch vom Betriebssystem installiert werden, und solche, die vom Anwender mit Hilfe von DEVICE= in der CONFIG.SYS-Datei spezifiziert werden. Diese Treiber sind alle in Abbildung 53 aufgelistet.

Taktgeber

Der Taktgebertreiber wird automatisch während der Systeminitialisierung von OS/2 installiert. Dieser Treiber stellt einen OS/2-Zeicheneinheitentreiber dar.

Er verwaltet die Echtzeituhr CMOS, die alle zeitkritischen Funktionen des Betriebssystems steuert.

Der Taktgebertreiber unterstützt Anwender-E/A über die Zeitgeberfunktionen des OS/2. Eine Anwendung ruft normalerweise *DosSetDateTime* auf, um in die Taktgebereinheit zu schreiben. Die Anwendung kann die Zeitvariablen des Systems, z.B. Datum/Zeit und Taktimpuls im globalen Informationssegment abfragen, und außerdem über die Dateisystemschnittstellen *DosRead* und *DosWrite* "direkte" Tatgebereingaben/-ausgaben vornehmen. Die gelesenen oder geschriebenen Daten müssen dabei allerdings das installierte 6-Byte-Format haben.

Standardtreiber	Installierbare Treiber
Uhr	Maus
Platte/Diskette	Mauszeiger
Bildschirm	Asynchrone Kommunikation
Tastatur	Virtuelle Platte
Drucker	Externe Platte
	ANSI
	EGA

Abbildung 53. Von OS/2 bereitgestellte Einheitentreiber

Platte/Diskette

Der Treiber für Platte/Diskette wird automatisch während der Systeminitialisierung von OS/2 installiert. Es handelt sich bei diesem Treiber um einen Blockeinheitentreiber, der Diskettenlaufwerke sowie Festplatten steuert. Der Treiber unterstützt alle Festplatten über 32 MB mit mehreren Partitionen, die jeweils bis zu 32 MB groß sein können und über einen Laufwerksnamen adressierbar sind.

Der Treiber für Platte/Diskette unterstützt Anwender-E/A über die Schnittstellen des Dateisystems.

Bildschirm

Der Bildschirmtreiber wird automatisch während der System-Initialisierung von OS/2 installiert. Der Bildschirmtreiber ist ein Zeicheneinheitentreiber, der die Bildschirmanzeige gemeinsam mit dem VIO-Subsystem steuert. Der OS/2-Bildschirmtreiber ersetzt den Ausgabeteil des DOS-Konsoleinheitentreibers.

Der Bildschirmtreiber unterstützt Anwender-E/A über das VIO-Subsystem.

Tastatur

Der Tastaturtreiber wird automatisch während der Systeminitialisierung von OS/2 installiert. Der Tastaturtreiber ist ein Zeicheneinheitentreiber, der die Tastatur steuert. Der OS/2-Tastaturtreiber ersetzt den Eingabeteil des DOS-Konsoleinheitentreibers.

Der Tastaturtreiber unterstützt Anwender-E/A über das KBD-Subsystem. Der OS/2-Tastaturtreiber unterstützt auch einen Zeicheneinheitenmonitor, der die Tastendrucke prüft, so daß eine Anwendung die Möglichkeit hat, über einen Tastaturmonitor Tastaturdaten abzufangen.

Drucker

Der Druckertreiber wird automatisch während der Systeminitialisierung von OS/2 installiert. Der Druckertreiber ist ein Zeicheneinheitentreiber, der die Paralleldrucker LPT1, LPT2 und LPT3 steuert.

Der Druckertreiber unterstützt Anwender-E/A über die Schnittstellen des Dateisystems und direkt über das SPOOL-Subsystem. Der OS/2-Druckertreiber unterstützt auch einen Zeicheneinheitenmonitor, der die Ausgabe an den Drucker überwacht, so daß eine Anwendung die Möglichkeit hat, über den Druckermonitor Druckdaten abzufangen.

Maus

Der Maustreiber wird durch eine DEVICE=-Anweisung in der CONFIG.SYS-Datei installiert.

Der Maustreiber ist ein Zeicheneinheitentreiber, der entweder eine parallele oder eine serielle Maus steuert, je nachdem welches Maustreiberprogramm in der Konfigurationsdatei gewählt wird.

Der Maustreiber unterstützt Anwender-E/A über das MOU-Subsystem. Eine DOS-Anwendung kann die DOS-Int-33-Schnittstelle für E/A-Operationen verwenden. Der Maustreiber unterstützt auch Zeicheneinheitenmonitore, so daß eine Anwendung über einen Mausmonitor Mausdaten abfangen kann.

Mauszeiger

Der Treiber für den Mauszeiger wird durch eine DEVICE=-Anweisung in der CONFIG.SYS-Datei installiert. Dieser Treiber ist ein Zeicheneinheitentreiber, der die Schnittstelle zum Maustreiber herstellt und entweder das vorgegebene oder das durch den Anwender bestimmte Mauszeigerbild während der Interrupt-Zeit auf dem Bildschirm zeigt.

Der Treiber für den Mauszeiger ist keine physikalische E/A-Einheit und unterstützt daher auch keine Anwender-E/A.

Asynchrone Kommunikation

Der Treiber für asynchrone Kommunikation wird durch DEVIE= in der CONFIG.SYS-Datei installiert.

Bei diesem Treiber handelt es sich um einen OS/2-Zeicheneinheitentreiber, der die seriellen Einheiten COM1 und COM2 des AT und XT Modell 286 unterstützt sowie die seriellen Einheiten COM1, COM2 und COM3 des PS/2 Modell 50, 60 und 80.

Der Treiber für asynchrone Kommunikation stellt den Anwenderprogrammen mit Hilfe von IOCtls eine RS232-Schnittstelle zur Verfügung, einschließlich Übertragungs- und Empfangsschlangen, automatische Steuermodi für die Modemsteuersignale sowie Steuerung der logischen Datenströme für Übertragung und Empfang. Ein Anwenderprogramm kann auch Schnittstellen des Dateisystems, wie z.B. *DosRead* oder *DosWrite*, zur Ein-/Ausgaben über eine serielle Einheit einsetzen. Handelt es sich bei dem gespoolten Drucker um einen seriellen Drucker, wird der Treiber für asynchrone Kommunikation gemeinsam mit der OS/2-Spooleinrichtung benutzt.

Virtuelle Platte

Der Treiber für eine virtuelle Platte wird durch DEVICE= in der CONFIG.SYS-Datei installiert. Dieser Treiber ist ein OS/2-Zeicheneinheitentreiber, der eine logische Blockeinheit im Systemspeicher unterstützt.

Der Treiber für die virtuelle Platte unterstützt Anwender-E/A über die Schnittstellen des Dateisystems, wie eine normale Blockeinheit.

Externe Platte

Der Treiber für eine externe Platte wird über DEVICE= in der CONFIG.SYS-Datei installiert. Dieser Treiber definiert eine logische Platteneinheit, die sich in eine vorhandene Blockeinheit teilen kann, ähnlich als wenn mehrere Laufwerksnamen sich auf dasselbe physikalische Diskettenlaufwerk beziehen. Er kann aber auch eine externe Platteneinheit benutzen, wie z.B. das externe 3.5-Zoll-Diskettenlaufwerk des AT.

Der Treiber für die externe Platte unterstützt Anwender-E/A über die Schnittstellen des Dateisystems, wie eine normale Blockeinheit.

ANSI

Der ANSI-Treiber wird über DEVICE= in der CONFIG.SYS-Datei installiert. Es handelt sich bei diesem Treiber um einen DOS-Treiber, der in der DOS-Umgebung des OS/2 läuft. Der ANSI-Treiber stellt einen Mechanismus zur Verfügung, mit dessen speziellen Steuersequenzen für Cursorposition die

Basissteuereinrichtungen für Bildschirm und Tastatur, die Attribute der angezeigten Zeichen sowie die Tastendefinitionen erweitert werden können. Für
OS/2-Anwendungen sind die ANSI-Funktionen in die VIO- und KBD-Subsysteme integriert.

EGA

Der EGA-Treiber wird durch DEVICE= in der CONFIG.SYS-Datei installiert. Beim EGA-Treiber handelt es sich um einen DOS-Zeicheneinheitentreiber, der nur in der DOS-Umgebung des OS/2 läuft. Dieser Treiber unterstützt
die Schnittstelle für das EGA-Register, das als Erweiterung der BIOS-Int-10h-
Bildschirmschnittstelle gilt. Die Schnittstelle für das EGA-Register ermöglicht
einer DOS-Grafikanwendung so in der DOS-Umgebung zu laufen, daß OS/2
bei jedem Umschalten von/in DOS-Grafikanwendungen den Bildschirm speichern und wieder einsetzen kann. Eine OS/2-Anwendung kann auch eigene
Grafikoperationen durchführen, indem sie über *VIOGetPhysBuf* auf den physikalischen Bildschirm-Puffer zugreift und mit *VIOSaveRedrawWait* ihren Bildschirm speichert und wieder herstellt.

OS/2-Unterstützung für DOS-Einheitentreiber

Wie die Liste der vom Betriebssystem installierten Einheitentreiber zeigt,
unterstützt OS/2 auch bestimmte DOS-Treiber. Dabei sind den DOS-Treibern
einige Ausführungsbeschränkungen auferlegt. Damit ein DOS-Treiber in der
OS/2-Umgebung laufen kann, muß er folgende Merkmale aufweisen:

- muß ein Zeicheneinheitentreiber sein

- darf nur E/A im Abrufbetrieb vornehmen

- darf nicht zeitabhängig sein

- darf während seiner Installation keine DOS-Int-21-Funktionsaufrufe
  ausgeben

Die von einem DOS-Treiber gesteuerte Einheit darf nur von einer DOS-
Anwendung benutzt werden; neue OS/2-Anwendungen dürfen keine Ein
/Ausgabe über diese Einheit vornehmen.

Der DOS-Treiber wird in OS/2 auf dieselbe Art und Weise installiert wie in
MS-DOS, und zwar durch eine DEVICE=-Anweisung in der CONFIG.SYS-
Datei. Nachdem die Datei geladen ist, wird der DOS-Treiber im Real Mode des
80286-Prozessors initialisiert.

KAPITEL 7

Fortgeschrittene Programmierkonzepte

Dieses Kapitel macht Sie mit einigen fortgeschrittenen Programmierkonzepten und -überlegungen bekannt. Dabei wird der in Kapitel 4 vorgestellte OS/2-Linker genauer betrachtet. Eingangs erklären wir, wie mit dem Linker ablauffähige Anwendungsmodule erstellt werden. Sie erfahren dabei einiges über die Möglichkeiten, in OS/2 Code- und Datensegmente als *preload* (im voraus laden) oder *load on demand* (Laden bei Bedarf) zu definieren. Im zweiten Abschnitt gehen wir dann genauer auf den Mechanismus des dynamischen Linkens im Unterschied zum statischen Linken ein. In diesem Zusammenhang werden auch die Konzepte für dynamisches Ladezeit- und Laufzeit-Linken mit extern definierten Routinen beschrieben. Anschließend zeigen wir, wie Sie mit dem OS/2-Linker Ihre eigenen Bibliotheken für dynamisches Linken erstellen. Im dritten Abschnitt werden dann einige der in diesem Kapitel besprochenen Möglichkeiten anhand eines Programmbeispiels vorgestellt.

Linken einer Anwendung

In Kapitel 4 wurde ein Beispiel zum Aufruf des OS/2-Linkers gezeigt. Ein oder mehrere von einem Sprach-Compiler oder Assembler erzeugte verschiebbare Objektmodule sind die primäre Eingabequelle für den Linker. Aus diesen Objektmodulen erstellt der Linker ein ablauffähiges Anwendungsmodul, das vom Betriebssystem geladen und ausgeführt werden kann. Ablauffähige OS/2-Anwendungsmodule werden als *Programm-Module* bezeichnet. Im Vergleich zur Programmierumgebung im DOS bietet die neue OS/2-Programmierumgebung zusätzliche Flexibilität hinsichtlich Programmstruktur und Komponentenverteilung. Die wichtigsten Möglichkeiten, die dem Programmierer beim Erstellen von Programm-Modulen zur Ausnutzung dieser zusätzlichen OS/2-Flexibilität zur Verfügung stehen, werden bei der Beschreibung der Funktionen des OS/2-Linkers abgedeckt. Zuerst zur allgemeinen Syntax für den Aufruf des Linkers aus der Befehlszeile (siehe Abbildung 54).

```
LINK Objektdateien, [ausführbare Datei], [Map-Datei],
        [Bibliotheksdateien], [Modul-Definitions-Datei]
              [/Option] [/Option] ...
```

Abbildung 54. Linker - Befehlszeilen-Syntax

Hier einige zusätzliche Punkte, die im früheren Beispiel nicht angeführt
wurden:

Die Aufrufparameter für die Objektdatei, die ausführbare Datei, die Map-Datei
und die Bibliotheksdateien für den Linker wurden bereits besprochen. Ein
wichtiger Punkt, der im vorhergehenden Beispiel nicht gezeigt wurde, ist, daß
in diesem ersten Parameter mehr als eine Objektdatei aufgelistet werden kann.
Dadurch können mehrere Objektmodule zu einem einzigen ausführbaren Modul
gebunden werden. Das hat zur Folge, daß ein Programm als separate Module
entwickelt werden kann und verschiedene Programmteile in unterschiedlichen
Programmiersprachen implementiert werden können. So werden z.B. manche
Anwendungen vorwiegend in C geschrieben und nur die für die Performance
entscheidende Routinen in Assembler.

Die Modul-Definitionsdatei ist eine Einrichtung des OS/2-Linkers, die Informationen für den Bindevorgang zur Verfügung stellt. Sie liefert Angaben, die
vom Linker zusätzlich zu den Befehlszeilenparametern verwendet werden.
Diese Datei kann beim Binden eines Programm-Moduls optional verwendet
werden. Mit Hilfe der Modul-Definitionsdatei können die Standardwerte für
bestimmte Segment-Attribute (z.B. die Größe des Stack-Segments) außer Kraft
gesetzt werden. Abbildung 55 gibt einen Überblick über die Dateien, die vom
Linker als Eingabe verwendet werden.

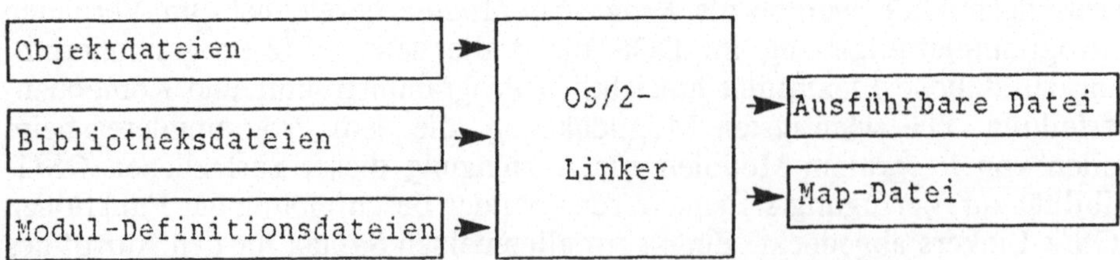

Abbildung 55. Überblick der Ein- und Ausgabedateien für Linker

Der Linkvorgang bewirkt vor allem zwei Dinge: Zum einen ist der Linker für die Umsetzung der in den Objektmodulen enthaltenen externen symbolischen Referenzen zuständig. Zum andern muß der Linker in der ausführbaren Datei die passende Information ablegen, mit der der Lader das Programm in den Hauptspeicher laden kann. Im kommenden Abschnitt über dynamisches Linken sieht man, daß die Umsetzung externer Referenzen in Dynamic-Link-Routinen erst vollständig ausgeführt wird, wenn das Programm geladen wird. In diesem Fall erstellt der Linker einfach Datenbereiche im Programm-Modul, die später vom Lader eingetragen werden. Doch bevor wir uns dem dynamischen Linker zuwenden, noch einige Informationen zu den Möglichkeiten von OS/2, Segmente als *preload* und *load on demand* zu definieren.

Preload-Segmente

Beim Laden eines DOS-Programms werden alle Segmente des Programms in den Hauptspeicher übertragen und alle benötigten Verschiebeadressen, die der Compiler (Assembler) und Linker erstellen, vom Lader eingetragen. Dieser Vorgang wird abgeschlossen, bevor die Kontrolle an den Haupteingangspunkt des Programms übergeben wird. OS/2-Segmente, die geladen werden, bevor die Kontrolle beim Programm liegt, nennt man *Preload-Segmente*. Drei Statements, die von der Modul-Definitionsdatei unterstützt werden, können im Linker für ein Segment *preloaded* bestimmen. Diese Statements veranlassen den Linker, die nötigen Informationen in dem ausführbaren Modul zu erstellen, das den Lader dazu anweist, Code- und Datensegmente im voraus zu laden.

Mit den Statements CODE und DATA kann angezeigt werden, daß alle CODE- bzw. DATA-Segmente eines ausführbaren Moduls "*preloaded*" sein müssen. So wird z.B. mit

        CODE PRELOAD

bestimmt, daß alle Codesegmente dieses Moduls *preloaded* sein müssen.

Um in einem Programm-Modul für verschiedene Segmente unterschiedliche Lade-Charakteristiken zu vereinbaren, benutzt man das Statement SEGMENTS; z.B.:

        SEGMENTS
            CODESEG1   PRELOAD
            CODESEG2   LOADONCALL

Load-On-Demand-Segmente

Mit zunehmender Komplexität der Anwendungen gibt es die Tendenz, Teile in ein Programm aufzunehmen, die zwar unter bestimmten Umständen benötigt werden können, aber im normalen Tagesbetrieb der Anwendung keine Rolle spielen. Für ein Multitasking-System ist es höchst unerwünscht, wenn diese

Programmteile Platz im realen oder virtuellen Adreßraum des Programms einnehmen, ohne benutzt zu werden. Je stärker ein System ausgelastet ist, desto weniger kann man sich erlauben, Hauptspeicherplatz und Platz für Swap-Dateien zu verschwenden. Deshalb ist es unter OS/2 möglich, Segmente wie im vorangehenden Beispiel zu definieren. LOADONCALL bedeutet, daß der Programmlader für dieses Segment einen Selektor in der LDT des Programms reserviert, das Segment aber erst geladen wird, wenn es tatsächlich benötigt wird. Der Bedarf für das Segment wird signalisiert, indem der Selektor des Segments in ein Segment-Register geladen wird. Erst wenn dieser Fall eintritt, wird das Segment vom Massenspeicher in den Arbeitsspeicher geladen und der Segment-Deskriptor vervollständigt.

Um System-Ressourcen zu sparen, wird in OS/2 sowohl für Datensegmente als auch für Codesegmente das Standard-Attribut LOADONCALL gesetzt.

Dynamisches Linken

Dynamisches Linken ist eine der wichtigsten Einrichtungen von OS/2 und bringt viele Vorteile für die Arbeitsweise des Betriebssystems. Weiter oben in diesem Kapitel wurde darüber gesprochen, wie der Linker die Umsetzung der symbolischen externen Referenzen in ein Objektmodul übernimmt. *Dynamisches Linken* ist ein Mechanismus, der die Umsetzung dieser externen Referenzen bis zu einem Zeitpunkt nach dem Linkvorgang aufschiebt. Dieser Mechanismus wird auch *verzögertes Binden (delayed binding)* genannt. Der Linker plaziert dabei einfach Information zu jeder externen Referenz zum dynamischen Linken in ein Programm-Modul. Mit Hilfe dieser Information kann der OS/2-Lader für dynamisches Linken externe Referenzen zu einem späteren Zeitpunkt umsetzen.

Hier die zwei Arten des dynamischen Linkens in OS/2:

Dynamisches Linken zur Ladezeit

Wie schon der Name sagt, werden Referenzen auf Routinen für dynamisches Linken zur Ladezeit umgesetzt, wenn das Programm-Modul in den Arbeitsspeicher geladen wird. Das ist die typische Art, wie externe Referenzen auf Bibliotheken mit Routinen für dynamisches Linken aufgelöst werden. Wie bereits einführend bemerkt wurde, bringt dieser Schnittstellen-Mechanismus einige Vorteile.

Einer der Vorzüge des *Call*-Mechanismus ist, daß der Aufrufer einen direkten Eingangspunkt in die Funktion hat, wenn die Referenz einmal umgesetzt ist. In PC DOS wird auf die meisten Betriebssystem-Funktionen zugegriffen, indem eine Funktionsnummer und alle Parameter in Register geschrieben werden und dann Interrupt 21 ausgegeben wird. Diese Methode erfordert, daß eine Routing-

Funktion zwischen der Anforderung der Anwendung und dem Eingangspunkt zur gewünschten Funktion ausgeführt wird. Diese Routing-Funktion ist mit der neuen OS/2-Schnittstelle für dynamisches Linken überflüssig geworden. Wenn ein ausführbares OS/2-Modul geladen wird, sind die Pointer für externe Referenzen direkt auf die Eingangspunkte der spezifischen OS/2-Funktionen gerichtet. Dynamisches Linken bringt also große Performance-Vorteile, da der Engpaß einer Routing-Funktion vermieden wird.

Ein weiterer Vorteil solcher Aufruf-Schnittstellen ist, daß sie in einer höheren Programmiersprache direkt implementiert werden können. Ein Compiler greift auf die Betriebssystem-Funktionen zu, indem er Parameter auf einem Stack ablegt und dann einen *Far-Call* ausführt. Auf die gleiche Weise werden von diesen Programmiersprachen Subroutinen innerhalb eines Programms aufgerufen. Spracheinbindung, die MS-DOS benötigt, um Parameter vom Stack zu nehmen, Register zu laden und Interrupts auszugeben, sind für OS/2-Sprachen nicht mehr erforderlich.

Es ist auch einfacher, Programmier-Schnittstellen zu erweitern, die auf dynamischem Linken aufgebaut sind. Wenn zu einer Schnittstelle eine Funktion hinzugefügt werden soll, die einen einzigen Eingangspunkt und einen Funktions-Router hat, erfordert das eine Änderung des Routers. Im Gegensatz dazu können Funktionen für dynamisches Linken zum System hinzugefügt werden, ohne daß dadurch früher herausgegebene Funktionen beeinträchtigt würden; es muß auch keine Routing-Funktion aktualisiert werden. Außerdem gestaltet sich die Parameterübergabe mit Stacks einheitlicher und flexibler als mit unterschiedlichen Sätzen von Registern der einzelnen Mikroprozessoren, die vom Betriebssystem unterstützt werden.

Dynamisches Linken erleichtert auch das Arbeiten mit Bibliotheken für Einzelroutinen. Dynamisch gebundene Bibliotheksroutinen können geändert werden, ohne auf Anwendungen einzuwirken, die diese benutzen. Programme, die mit statisch gebundenen Bibliotheksroutinen arbeiten, müssen neu gebunden werden, wenn eine neue Version einer Routine benutzt werden soll. Wenn dynamisches Linken angewendet wird, kann ein bestehendes Programm eine neue Version einer Bibliotheksfunktion benutzen, sofern die Anzahl Parameter für diese Funktion gleich bleibt, ohne neu gebunden werden zu müssen. Diese Version könnte einen neuen Satz Dynamic-Link-Routinen haben, die mit bereits bestehenden Anwendungen kompatibel sind und durch Interpretation eines erweiterten Wertebereichs für einen oder mehrere der vorher definierte Parametern neue Funktion(en) unterstützen. So können Bibliotheksroutinen im Lauf der Zeit bequem erweitert werden, um neuen Anforderungen gerecht zu werden.

Schließlich bringt die OS/2-API für dynamisches Linken alle Vorteile einer offenen Architektur mit ein. Die offene OS/2-Architektur wird dadurch erweitert, daß die Anwendungen Dynamic-Link-Routinen, die von freien Software-Entwicklern hinzugefügt werden, genauso aufrufen können, wie die Routinen des Betriebssystems. Innovative Funktionen von Software-Entwicklern können als Dynamic-Link-Module an den OS/2-Benutzer weitergegeben werden.

Dynamisches Linken ermöglicht es also freien Software-Entwicklern, die Funktionen des Betriebssystem zu erweitern.

Dynamisches Linken zur Laufzeit

Dynamisches Linken zur Laufzeit ist ein Mechanismus, mit dem man das Binden von externen Referenzen in ein Programm-Modul auf einen Zeitpunkt nach dem Laden verschieben kann. Dieser Mechanismus ist besonders dann nützlich, wenn in einer Anwendung ein Prozeß ablaufen soll, bevor der Name des zu verwendenden Dynamic-Link-Moduls bestimmt wird. So wäre es z.B. möglich, daß eine Anwendung für eine spezielle Funktion mehrere Charakteristika anbietet, die entweder die Performance oder den Speicherplatzbedarf optimieren. Ein anderes Beispiel wäre, daß ein Satz von Routinen aufgrund eines bestimmten Konfigurationsmerkmals gewählt wird. Auf diese Weise können verschiedene Implementierungen desselben Funktionsaufrufs innerhalb einer Anwendung verwendet werden.

Ein spezieller Satz von OS/2-Funktionen unterstützt dynamisches Linken zur Laufzeit. *DosLoadModule* lädt ein Dynamic-Link-Modul. Mit *DosFreeModule* wird ein Dynamic-Link-Modul freigegeben, das vorher geladen wurde. *DosGetProcAddr* erhält die Adresse einer Dynamic-Link-Prozedur. *DosGetModHandle* erhält die Kennung eines Dynamic-Link-Moduls. *DosGetModName* erhält den Namen eines Dynamic-Link-Moduls. Unter Verwendung dieser Funktionen reicht es aus, wenn eine Anwendung den Namen oder die Kennung für den Zugriff auf externe Codes und Daten erst zum Zeitpunkt der Ausführung erfährt. Mit Hilfe dieser Funktionen können externe Module dynamisch lokalisiert, geladen und gebunden werden.

Wie vielseitig die Funktionen sind, merkt man erst, wenn man sie im Detail ansieht.

DosLoadModule lädt ein Dynamic-Link-Modul in den Arbeitsspeicher. Ein Dynamic-Link-Modul ist ein ausführbares Modul (.EXE-Datei), das eine oder mehrere Einsprungadressen für Dynamic-Link-Prozeduren enthält. Die Anwendung übergibt einen Pointer auf einen ASCIIN-String mit dem Dateinamen des Dynamic-Link-Moduls. Mit Hilfe des Bibliothekssuchpfads wird das Modul im Dateisystem lokalisiert. Wenn die Funktion das Modul erfolgreich lädt, wird eine entsprechende Kennung für das Modul zurückgegeben. Diese Kennung wird anstelle des Modulnamens bei den restlichen OS/2-Funktionsaufrufen für dynamisches Linken zur Laufzeit verwendet. Kann das Modul nicht geladen werden, wird mit zwei weiteren Parametern der Funktion der Name des Objekts zurückgegeben, das für den Fehler verantwortlich ist.

DosFreeModule teilt dem Betriebssystem mit, daß der Prozeß keine weiteren externen Referenzen auf Prozeduren innerhalb dieses Dynamic-Link-Moduls verwendet. Wird das Modul von keinen anderen Prozessen im System benutzt, dann wird es aus dem Arbeitsspeicher entfernt. In diesem Funktionsaufruf wird die Modul-Kennung verwendet, um darauf hinzuweisen, daß das Dynamic-Link-Modul freigegeben werden soll.

DosGetProcAddr gibt eine Adresse für den Aufruf einer Prozedur innerhalb eines Dynamic-Link-Moduls zurück. Der Aufrufer übergibt die Modul-Kennung und einen Pointer auf einen String mit dem Prozedurnamen als Parameter dieses Funktionsaufrufs. Neben dem Prozedurnamen gibt es noch einen weiteren Mechanismus, mit dem die Prozedur innerhalb des Moduls bestimmt werden kann, für die der Aufrufer eine Adresse anfordert. Anstatt des Namens kann der Aufrufer auch die Prozedurnummer übergeben. Diese Nummer wird als Ordinale für diese Prozedur im Dynamic-Link-Modul bezeichnet.

DosGetModHandle überprüft, ob ein bestimmtes Dynamic-Link-Modul bereits geladen wurde. Der Aufrufer übergibt einen Pointer auf einen ASCIIN-String mit einem Modulnamen. Wurde das Modul geladen, so wird eine Kennung zurückgegeben. Wurde das Modul nicht geladen, wird eine Fehlermeldung zurückgegeben.

DosGetModName lokalisiert ein Modul in einem Dateisystem. Dieser Funktion werden eine Modul-Kennung und ein Pointer auf einen Puffer übergeben. Im Puffer wird der vollständige Dateiname, einschließlich Laufwerk, Pfad, Dateiname und Erweiterung zurückgegeben.

Erstellen einer Bibliothek für dynamisches Linken

Dynamisches Linken zur Ladezeit und Laufzeit haben wir bereits besprochen. Zur Ladezeit dynamisch gebundene Routinen werden gemeinsam mit dem Programm geladen. Zu diesem Zeitpunkt füllt der OS/2-Bindelader im Programm-Modul alle Adressen aus, die die Verbindung zu den Routinen in den Dynamic-Link-Bibliotheken herstellen. Zur Laufzeit dynamisch gebundene Routinen werden von der Anwendung mit speziellen OS/2-Funktionen erst bei Bedarf geladen und gebunden. Unabhängig von der Verwendung als Ladezeit- oder Laufzeit-Routinen ist jedoch der Link-Mechanismus im Wesentlichen derselbe, wie auch Bibliotheken für dynamisches Linken zur Ladezeit und Laufzeit auf dieselbe Weise erstellt werden.

Der OS/2-Linker erstellt ein Programm-Modul mit den für dynamisches Linken notwendigen Datenstrukturen. Die wichtigsten Datenstrukturen, die bereits besprochen wurden, sind der Dateiname des Dynamic-Link-Moduls und der Funktionsname (oder Ordinale), der auf die spezifische Funktion für dynamisches Linken hinweist. In Abbildung 56 finden Sie die bildliche Darstellung eines Programm-Moduls mit diesen Datenstrukturen.

Der OS/2-Linker kann auch ein Dynamic-Link-Modul erstellen, das die Bibliothek mit den Routinen enthält, für die das Binden auf die Lade- oder Ausführungszeit verschoben wird. Abbildung 57 zeigt die bildliche Darstellung eines Dynamic-Link-Moduls.

```
MEINPROG.EXE
(Programm-Modul)
```

```
+-----------------------------------+
|  EXE-Datei-Header                 |
|             .                     |
|             .                     |
|             .                     |
|  - - - - - - - - - - - - - - - -  |
|  MEINBIBL.DLL                     |
|  - - - - - - - - - - - - - - - -  |
|  Adresse 1 Platzhalter            |
|  - - - - - - - - - - - - - - - -  |
|  Adresse 2 Platzhalter            |
|  - - - - - - - - - - - - - - - -  |
|             .                     |
|             .                     |
|             .                     |
|  Maschinencode- u. Daten          |
|             .                     |
|             .                     |
|             .                     |
|                                   |
+-----------------------------------+
```

Abbildung 56. Plattendatei mit einem Programm-Modul

Wie diese Module aussehen, nachdem sie in den Arbeitsspeicher geladen und ihre Verbindungen hergestellt worden sind, ist in Abbildung 58 in einem Diagramm dargestellt.

Wie man sieht, wurden die Adreßplatzhalter, die der OS/2-Linker in das Programm-Modul eingebaut hat, mit Pointern ausgefüllt. Diese Pointer können zum direkten Aufruf der Eingangspunkte der entsprechenden Dynamic-Link-Funktionen benutzt werden. Da nun dieser dynamische Link-Mechanismus die Verbindungsadressen eingerichtet hat, kann eine Funktion in der Dynamic-Link-Bibliothek genauso effektiv aufgerufen werden, wie eine Subroutine, die in dem ursprünglichen Anwendungsprogramm zur Verfügung gestellt wird. Anders ausgedrückt könnte man sagen, daß das Anwendungsprogramm Funktionen aus einer Dynamic-Link-Bibliothek importiert hat, um sie quasi als Programmteil zu benutzen.

Von OS/2 wird eine Einrichtung zur Verfügung gestellt, die eine spezielle Datei erstellt, mit der die Adreßplatzhalter für die importierten Funktionen vom Linker in das Programm-Modul eingebaut werden können. Diese spezielle Datei wird *Import-Bibliothek* (*import library*) genannt, die Einrichtung, von der sie erstellt wird, *Import Librarian* ("Import-Bibliothekar") oder *IMPLIB-Utility*.

```
MEINBIBL.DLL
(Dynamic-Link-Modul)
```

```
┌─────────────────────────────────────┐
│  DLL-Datei-Header                    │
│              .                       │
│              .                       │
│              .                       │
│  - - - - - - - - - - - - - - - - -   │
│  Funktion 1 Name                     │
│  - - - - - - - - - - - - - - - - -   │
│  Funktion 2 Name                     │
│  - - - - - - - - - - - - - - - - -   │
│  Funktion 3 Name                     │
│  - - - - - - - - - - - - - - - - -   │
│              .                       │
│              .                       │
│              .                       │
├─────────────────────────────────────┤
│  Funktion 1 Eingangspunkt            │
│                                      │
│                                      │
├─────────────────────────────────────┤
│  Funktion 2 Eingangspunkt            │
│                                      │
│                                      │
├─────────────────────────────────────┤
│  Funktion 3 Eingangspunkt            │
│                                      │
│                                      │
├─────────────────────────────────────┤
│              .                       │
│              .                       │
│              .                       │
└─────────────────────────────────────┘
```

Abbildung 57. Plattendatei mit einem Modul für dynamisches Linken

Import Librarian

Mit dem *Import Librarian* können spezielle Bibliotheksdateien mit Dynamic-Link-Routinen eingerichtet werden. Dies geschieht unabhängig vom Linkprozeß. Bibliotheken für statisch gebundene Routinen enthalten den eigentlichen Objektcode für die Routinen. Diese statisch gebundenen Routinen werden zum Zeitpunkt des Linkens in das Programm-Modul kopiert und eingebunden. Um dynamisch gebundene Routinen zu unterstützen, ermöglichen spezielle, vom Import Librarian erstellte Bibliotheksdateien dem Linker, die entsprechenden Adreßplatzhalter in das Programm-Modul einzubauen.

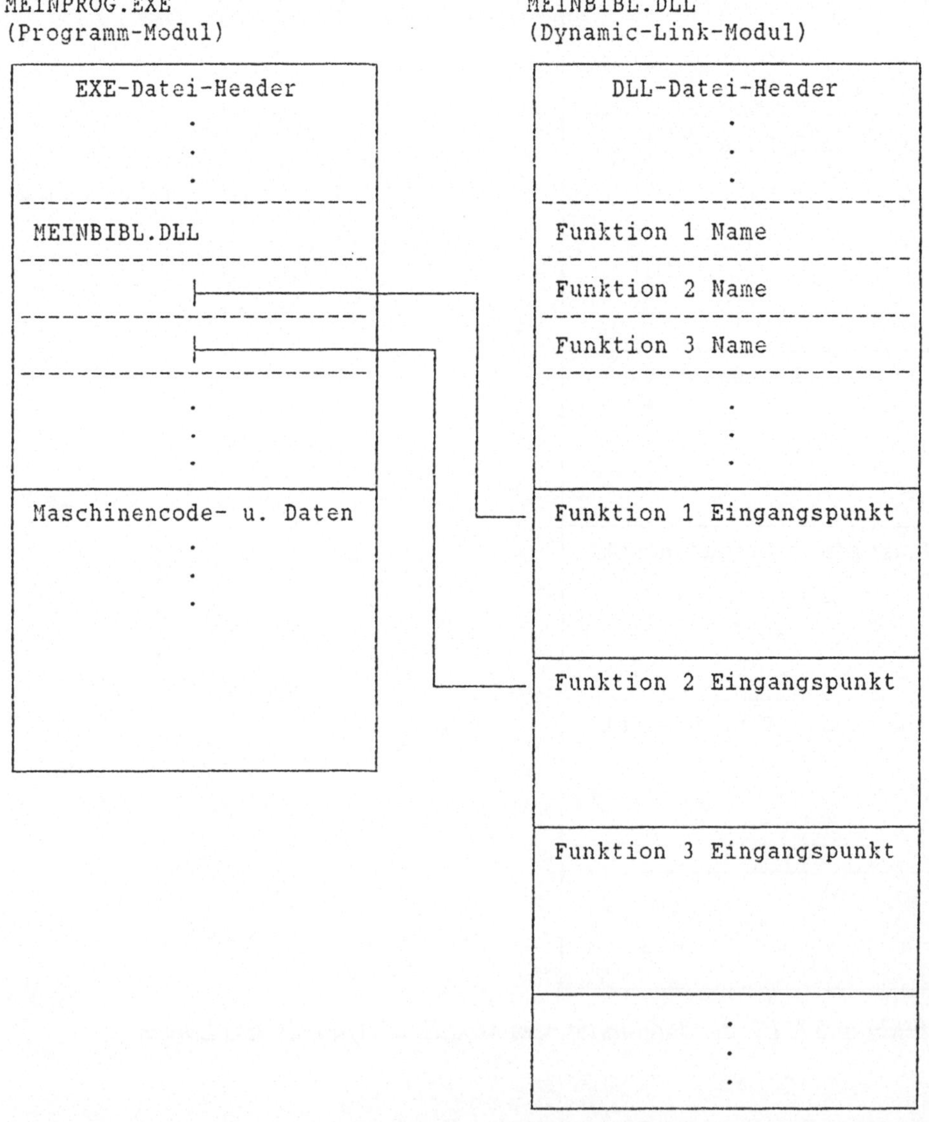

Abbildung 58. Ergebnisse von dynamischem Linken im Hauptspeicher

Der Import Librarian erstellt eine Import-Bibliothek, indem er die Modul-Definitionsdatei für ein Dynamic-Link-Modul verarbeitet. Abbildung 59 zeigt, wie eine Modul-Definitionsdatei zum Binden eines Dynamic-Link-Moduls verwendet wird. Dieselbe Modul-Definitionsdatei wird zum Generieren einer Import-Bibliothek für Routinen zum dynamischen Linken verwendet. Importierte Funktionsmodule zur Umsetzung externer Referenzen können manuell spezifiziert werden, aber auch mit der Import-Bibliothek automatisch vom Linker umgesetzt werden. Mit Hilfe von Import-Bibliotheken können genauso einfach Programme entwickelt werden, die dynamisch gebundene Routinen verwenden, wie Programme mit statisch gebundenen Routinen.

```
;
; Modul-Definitionsdatei
; MEINBIBL-Dynamic-Link-Bibliothek
; Erstellt von JIK, AMM und RLW
; 1987
;
LIBRARY
DESCRIPTION 'MEINBIBL Ver 1.0 Copyright 1987 JIK, AMM, RLW'
EXPORTS
      Funktion1 @1
      Funktion2 @2
      Funktion3 @3
```

Abbildung 59. Modul-Definitionsdatei für ein Dynamic-Link-Modul

Dieses Beispiel enthält zwei Statements, die es als Modul-Definitionsdatei für ein Dynamic-Link-Modul charakterisieren. Das Statement LIBRARY bestimmt, daß es sich um eine Modul-Definitionsdatei für eine Bibliothek von Dynamic-Link-Routinen handelt. Das Statement EXPORT setzt die Modul-Definitionsdatei zur Definition der Eingangspunktnamen und -ordinalen sowie einiger anderer Attribute der Dynamic-Link-Routinen ein, die in diesem Dynamic-Link-Modul zugänglich sind.

Der Import Librarian benutzt zum Erstellen von Import-Bibliotheken für dynamisches Linken die gleiche Modul-Definitionsdatei wie der Linker zum Erstellen des Dynamic-Link-Moduls. Die Import-Bibliothek für dynamisches Linken vereinfacht es, Anwendungen mit externen Referenzen auf Dynamic-Link-Routinen zu binden.

Statements für Modul-Definitionsdateien

Um einen umfassenden Überblick über die Optionen zu vermitteln, die für den OS/2-Linker zur Verfügung stehen, um Programm-Module und Dynamic-Link-

Module zu erstellen, folgt eine Zusammenfassung sämtlicher Statements, die in Modul-Definitionsdateien angegeben werden können.

NAME bestimmt, daß das zu erstellende ausführbare Modul ein Programm-Modul ist. Damit kann ein optionaler Programm-Modul-Name vereinbart werden. Mit diesem Namen identifiziert OS/2 das Programm-Modul, wenn es geladen ist. Wird kein Name angegeben, benutzt das Betriebssystem zur Identifizierung des Moduls den Namen der Moduldatei.

LIBRARY bestimmt, daß das zu erstellende ausführbare Modul ein Bibliotheksmodul für dynamisches Linken ist. Auch hier kann ein optionaler Bibliotheksname vereinbart werden, der den vorgegebenen Moduldateinamen ersetzt, mit dem OS/2 das Dynamic-Link-Modul nach dem Laden in den Hauptspeicher identifiziert.

Die Initialisierungsanforderungen von Bibliotheken für dynamisches Linken, welche eine Initialisierungsroutine benötigen, werden durch einen zusätzlichen Parameter im LIBRARY-Statement festgelegt. Das LIBRARY-Statement kann bestimmen, daß die Initialisierungsroutine dieser Bibliothek entweder nur einmal aufgerufen werden soll, nämlich beim ersten Laden der Bibliothek, oder daß sie jedesmal aufgerufen werden soll, wenn ein neuer Prozeß auf die Bibliothek zugreift.

DESCRIPTION ermöglicht das Einfügen einzelner Textzeilen in ein Programm-Modul. Dieses Statement ermöglicht die Korrelation von Programm-Modulen mit einer Version der Programm-Quelldatei. Außerdem kann sie verwendet werden, um eine standardisierte Copyright-Anmerkung in ein Programm einzufügen.

CODE definiert die Standard-Attribute für alle Codesegmente innerhalb eines Moduls. Die Ladeoption *preload* oder *load on call* kann spezifiziert werden. Die Segment-Zugriffsrechte können auf *execute only* (*nur ausführen*) oder *execute read* (*ausführen und lesen*) gesetzt werden. Es gibt auch einen Parameter, der bestimmt, ob den Codesegmenten eine Ein-/Ausgabe-Priorität eingeräumt werden soll. Dieses Vorrecht (IOPL) ermöglicht den Routinen im Segment, die bevorrechtigten 80286-Instruktionen, einschließlich der IN- und OUT-Anweisungen zu benutzen.

DATA definiert die Standard-Attribute für alle Datensegmente innerhalb eines Moduls. Die Ladeoption *preload* oder *load on call* kann spezifiziert werden. Die Segment-Zugriffsrechte können auf *execute only* oder *execute read* gesetzt werden.

Es steht ein Parameter zur Verfügung, mit dem die Verwendung des automatischen Datensegments des Moduls spezifiziert werden kann. Ein automatisches Datensegment wird den Daten automatisch, also ohne besondere Aktivität von seiten der Anwendung, zugewiesen. Das DATA-Statement kann festlegen, daß kein automatisches Datensegment existiert. Module für dynamisches Linken können mit diesem Parameter bestimmen, daß ein automatisches Datensegment existiert und von allen Instanzen des Dynamic-Link-Moduls, d.h. von allen

Prozessen, die es benutzen, geteilt werden soll. Dieser Parameter kann aber auch festlegen, daß für jede Instanz des Moduls eine Kopie des automatischen Datensegments erstellt wird.

Ein weiterer Parameter spezifiziert gemeinsames Benutzen (*sharing*) der übrigen Datensegmente des Moduls. Werden Datensegmente für gemeinsamen Zugriff (*shared*) bestimmt, so bedeutet das, daß alle Prozesse, die auf das Modul zugreifen, sich jeweils eine einzige Kopie der Datensegmente teilen. Werden die Datensegmente als *nonshared* spezifiziert, wird für jeden Prozeß, der dieses Modul benutzt, von jedem *read/write*-Datensegment eine gesonderte Kopie erstellt.

Wie das CODE-Statement hat auch das DATA-Statement einen Parameter, mit dem angezeigt werden kann, ob die Datensegmente auf die Prioritätsstufe des Ein-/Ausgabe-Vorrechts gesetzt werden sollen.

SEGMENT läßt die Spezifikation von Attributen für einzelne Code- oder Datensegmente zu. Dieses Statement besitzt dieselben Parameter wie die Statements CODE und DATA sowie einen Parameter für den Segmentnamen, der das jeweilige Segment kennzeichnet.

STACKSIZE gibt die Größe in Bytes an, die das System dem Stack eines Programm-Moduls zuweisen soll. Dieser Wert setzt im Quellcode des Programms angegebene Stacks außer Kraft.

IMPORTS stellt eine Alternative zur Umsetzung externer Referenzen auf Routinen in Dynamic-Link-Bibliotheken zur Verfügung. Normalerweise werden diese Referenzen mit einer Import-Bibliothek umgesetzt. Ist jedoch keine Import-Bibliothek vorhanden, so können mit dem IMPORTS-Statement die Einsprungadressen für dynamisches Linken spezifiziert werden.

Die Parameter für dieses Statement beinhalten: einen Namen, der im aufrufenden Programm zur Referenz auf die Dynamic-Link-Routine verwendet wird, den Namen des Dynamic-Link-Moduls, das die Routine enthält und den Namen der Funktion für dynamisches Linken oder die Ordinale innerhalb des Dynamic-Link-Moduls.

EXPORTS spezifiziert alle Einsprungadressen in Dynamic-Link-Module. Die Einsprungadressen haben einen Namen, der für den Aufruf der Funktion aus einem anderen Modul benutzt werden kann, sowie einen optionalen internen Namen, der anstatt des "exportierten" Namens als Referenz auf die Funktion vom selben Modul aus benutzt werden kann.

Es gibt einen Ordnungsparameter, mit dem die Position der Funktion in der Eingangspunkttabelle für das Modul bestimmt werden kann. So kann die Funktion entweder mit dem "exportierten" Namen oder mit der Ordinale aufgerufen werden.

Darüberhinaus gibt es noch einen Parameter für Funktionen, die normalerweise mit dem Namen aufgerufen werden, obwohl die Ordinale verfügbar ist. Dieser Parameter weist das System an, den Namen der Funktion im Hauptspeicher zu behalten, um eine optimale Performance zu erreichen, wenn eine Prozedur mit dieser Funktion über ihren Namen verknüpft wird.

STUB ermöglicht, daß eine ausführbare Datei aus dem PC DOS an den Anfang eines ausführbaren OS/2-Moduls gesetzt wird. Vom OS/2-Lader wird dieser Abschnitt ignoriert. Mit Hilfe des STUB-Statements kann ohne großen Aufwand ein ausführbares OS/2-Modul erstellt werden, das eine Nachricht anzeigt, falls irrtümlich versucht wird, das Modul unter PC DOS auszuführen.

HEAPSIZE spezifiziert die Anzahl von Bytes, die das Programm-Modul für seinen lokalen *Heap* benötigt.

PROTMODE legt fest, daß das Modul nur im Protected Mode ausgeführt werden darf. Dieses Statement setzt in das Modul einen Anzeiger und veranlaßt den Linker, Informationen wegzulassen, die die BIND-Einrichtung zum Erstellen einer Familien-Anwendung benutzen würde. Dadurch spart PROTMODE Platz in Modulen, die nicht für Familien-Anwendungen vorgesehen sind.

OLD bewahrt die Konsistenz bei der Zuordnung von Funktionsordinalen zu aktualisierten Versionen von Dynamic-Link-Bibliotheken. Mit diesem Statement wird jede Einsprungadresse eines neuen Moduls gesucht, die mit einer Einsprungadresse des angegebenen alten Moduls übereinstimmt. Wenn eine Übereinstimmung gefunden wurde, dann wird dieser Funktion beim Erstellen der Eingangspunkttabelle für das neue Dynamic-Link-Modul dieselbe Ordinale zugewiesen wie im alten Modul.

Programmbeispiel für dynamisches Linken zur Laufzeit

In diesem Beispiel zeigen wir die Anwendung einiger Linker-Einrichtungen zum Erstellen von Dynamic-Link-Bibliotheken. Dabei bauen wir auf dem Programmbeispiel für mehrere Prozesse auf, indem wir einen Teil von Prozeß 2 zur Dynamic-Link-Routine machen. Dann greifen wir durch dynamisches Linken zur Laufzeit auf eine der zwei Versionen dieses Dynamic-Link-Moduls zu.

Prozeß 2 unseres Programmbeispiels simuliert einen Prozeß, der ein Ereignis mit Zeit- und Datumsangaben aufzeichnet. Angenommen, dieser Prozeß soll allgemein gehalten werden, so daß er schnell geändert werden kann, wenn für die Aufzeichnung von Datum und Uhrzeit ein anderes Format verwendet werden soll. Dabei kann man sich dynamisches Linken in OS/2 zunutze machen. Trennt man die Funktionen, die den String für Datum und Uhrzeit bilden, vom Rest des Programms ab, so ist es relativ einfach, mehrere Versionen dieser Funktionen für unterschiedliche Datums- und Uhrzeit-Formate herzustellen. Um das Beispiel einfach zu halten, erstellen wir jedoch nur zwei Versionen dieser Bibliotheken und kennzeichnen sie mit *USA-Format* und *Europa-Format*.

Nun zu den Änderungen, die für Prozeß 1 und 2 nötig sind. Für ein Beispiel für dynamisches Linken zur Laufzeit muß als erstes zu Prozeß 1 eine Benutzer-E/A-Routine, genannt *SelectLibrary*, hinzugefügt werden. Diese Routine zeigt dann ein Fenster an, in dem der Benutzer aufgefordert wird, das gewünschte Format für Datum und Uhrzeit auszuwählen. Da in unserem Beispiel nur zwei Möglichkeiten angeboten werden, zeigt die *SelectLibrary*-Routine die Datums- und Uhrzeit-Formate an, so daß der Benutzer mit den Cursortasten wählen kann. Natürlich könnte eine unbegrenzte Anzahl von Formaten unterstützt werden, wenn der Benutzer den entsprechenden Namen der Dynamic-Link-Bibliothek angibt. Dieses Beispiel veranschaulicht, wie flexibel und leistungsfähig dynamisches Linken zur Laufzeit ist.

Nun zurück zu unserem Programmbeispiel. Die Routine *SelectLibrary* hatten wir in Prozeß 1 eingefügt, weil dieser dafür verantwortlich ist, Tastatureingaben des Benutzers aufzunehmen. Da aber Prozeß 2 die Routine ist, die aufgrund der Benutzer-Auswahl die richtige Dynamic-Link-Bibliothek aufruft, muß diese Information als Argument-Variable an Prozeß 2 weitergegeben werden, wenn der Prozeß erstellt wird.

Diese Änderungen in Prozeß 2 beginnen damit, daß die Funktionen *BuildDateString* und *BuildTimeString* aus dem Programm entfernt und in ein Bibliotheksmodul für dynamisches Linken umgewandelt werden. Es empfiehlt sich, diese Module unter Verwendung des C-Programmier-Modells *Large* zu übersetzen und binden. Man verwendet dieses Modell bei Programmen mit mehreren Code- und Datensegmenten. Deshalb benutzt der Compiler standard- mäßig Intersegment-Adressierung, da angenommen wird, daß Pointer, Calls und Returns mehrere Segmente umspannen könnten. Dynamic-Link-Routinen werden auch tatsächlich in anderen Segmenten in den Hauptspeicher geladen als das aufrufende Programm. Das macht die Intersegment-Adressierung sehr wichtig. Bei genauer Betrachtung des Programmbeispiels kann man erkennen, daß wir explizit so vorgegangen sind, daß wir den Anforderungen von Pro- grammen mit mehreren Segmenten entsprechen.

Die übrigen Änderungen von Prozeß 2 sind Deklarationen, Algorithmen und OS/2-Funktionsaufrufe, die für dynamisches Linken nötig sind.

Auswahl einer Bibliothek durch den Benutzer

Dieses Beispiel für dynamisches Linken zur Laufzeit wurde mit Hilfe von vier Quelldateien und einer Modul-Definitionsdatei für die Bibliotheksmodule erstellt. Die vier Quelldateien enthalten die Prozesse 1 und 2 und die zwei Bibliotheksversionen der Funktion für Datum- und Uhrzeit-Formate. Die Beschreibung und das Listing des gesamten ersten Prozesses zu wiederholen wäre hier überflüssig, daher beschränken wir uns auf die Deklarationen und Algorithmen, die zusätzlich für die *SelectLibrary*-Funktion benötigt werden. Sehen wir uns zuerst die Darstellung der Programmlogik von *SelectLibrary* in Abbildung 60 an.

```
SelectLibrary-Funktion
Fenster für Benutzer-Eingabe anzeigen
Gewählte Bibliothek hervorheben
Bis Enter-Taste gedrückt wird
      Tastatur lesen
      Wenn ein Auf- oder Abwärtspfeil gedrückt wurde
            Dann wenn Bibliothek 1 momentan gewählt ist
                        Dann Bibliothek 2 wählen
                              Hervorhebung von Bibliothek 1 entfernen
                              Bibliothek 2 hervorheben
                        Sonst Bibliothek 1 wählen
                              Hervorhebung von Bibliothek 2 entfernen
                              Bibliothek 1 hervorheben
            Sonst wenn Enter-Taste gedrückt wurde
                  Dann nichts tun
            Sonst Warnton für ungültige Taste ausgeben
Fenster für Benutzer-Eingabe löschen
Return
```

Abbildung 60. Programmlogik der Funktion SelectLibrary

Wie in den anderen Beispielen werden die Variablen-Deklarationen an den Anfang der Quelldatei gesetzt. Der Aufruf der Funktion *SelectLibrary* steht am Anfang des ablauffähigen Programmteils, damit die Eingaben des Benutzers bequem an Prozeß 2 weitergegeben werden können. Die Abbildungen 61 bis 63 enthalten den Quellcode für die Funktion *SelectLibrary*. Zur Unterstützung der Ein-/Ausgabe des Benutzers verwenden wir einige neue OS/2-Funktionsaufrufe: *VioGetCurType* und *VioSetCurType* zur Cursor-Steuerung und *DosBeep*, um den Benutzer darauf aufmerksam zu machen, daß eine falsche Taste gedrückt wurde.

```
/* Bildschirmfenster und Strings für die Auswahl der Dynamic-Link-Library *****************************************/

        char far *DLLWindow[15] = {"                                       ",
                        ┌──────────────────────────────┐    ",
                        │   Use cursor keys to select the │    ",
                        │                                 │    ",
                        │      Dynamic Link Library        │    ",
                        │                                 │    ",
                        │    you would like to use.        │    ",
                        │                                 │    ",
                        │  Press (─┘ Enter when complete.  │    ",
                        ├──────────────────────────────┤    ",
                        │                                 │    ",
                        │  * USA Format      (USA.DLL)     │    ",
                        │                                 │    ",
                        │  * European Format (EUROPEAN.DLL)│    ", .
                        │                                 │    ",
                        └──────────────────────────────┘ "};

        char far *USAStr =      "* USA Format       (USA.DLL)        ";
        char far *EuropeanStr ="* European Format (EUROPEAN.DLL) ";
        int        SelectionFlag = 1;
        int        Selection;

/* VioSetCurType-/ VioGetCurType-Variablen *************************************************************************/

        struct CursorData      CursorStrucure;
        struct CursorData far *CursorStrucurePointer = &CursorStructure;
        unsigned               PreviousAttribute;

/* DosBeep-Variablen **********************************************************************************************/

        unsigned          Frequency = 750;
        unsigned          Duration  = 100;


/*************************************************************************************************************/
```

Abbildung 61. Funktion SelectLibrary - Variablen Deklaration

```
void SelectLibrary()
{

   ErrorCode = VIOGETCURTYPE(CursorStructurePointer,0);        /* momentanen Cursor-Typ fest-  */
   PreviousAttribute = CursorStructure.cur_attribute;          /* stellen und sichern zur      */
   CursorStructure.cur_attribute = -1;                         /* späteren Wiederherstellung,  */
   ErrorCode = VIOSETCURTYPE(CursorStructurePointer,0);        /* dann Cursor ausblenden       */


   for(RowCounter = 0; RowCounter < DLLWindowLength; RowCounter++)   /* Fenster für Auswahl der      */
                                                                     /* Dyn.-Link-Bibliothek anzeigen */

      ErrorCode = VIOCHARSTRATT(DLLWindow[RowCounter],
                                VioLength = strlen(DLLWindow[RowCounter]),
                                Row = 5 + RowCounter,
                                Column = 22,
                                Attribute = "\044",
                                VioHandle);


   ErrorCode = VIOCHARSTRATT(USAStr,                           /* momentane Auswahl mit doppel- */
                             VioLength = strlen(USAStr),       /* ter Helligkeit anzeigen       */
                             Row = 15,
                             Column = 24,
                             Attribute = "\137",
                             VioHandle);
```

Abbildung 62. Funktion SelectLibrary - Teil 1

Abbildung 63:

```
do {                                                           /* Anfang der Schleife, die die  */
   ErrorCode = KBDCHARIN(KeyStructurePointer,                  /* Tastatureingaben verarbeitet  */
                         IOWait = 0,                           /* IOWait = 0 heißt warten, bis  */
                         KbdHandle = 0);                       /* ein Zeichen empfangen wird    */

   if ((KeyStructure.scan_code == 0x48)|(KeyStructure.scan_code == 0x50))   /* Scan-Code prüfen auf Cursor- */
                                                                            /* Tasten "auf" oder "ab"       */

      if (SelectionFlag == 1) {
         SelectionFlag = 2;
         ErrorCode = VIOCHARSTRATT(USAStr,
                                   VioLength = strlen(USAStr),
                                   Row = 15,
                                   Column = 24,
                                   Attribute = "\044",
                                   VioHandle);
         ErrorCode = VIOCHARSTRATT(EuropeanStr,                /* abhängig vom momentanen Wert  */
                                   VioLength = strlen(EuropeanStr),   /* von SelectionFlag jeweils     */
                                   Row = 17,                   /* eine Auswahl doppelt hell und */
                                   Column = 24,                /* die andere normal darstellen  */
                                   Attribute = "\137",
                                   VioHandle);
      }
```

```
         else {
            SelectionFlag = 1;
            ErrorCode = VIOCHARSTRATT(EuropeanStr,
                                       VioLength = strlen(EuropeanStr),
                                       Row = 17,
                                       Column = 24,
                                       Attribute = "\044",
                                       VioHandle);
            ErrorCode = VIOCHARSTRATT(USAStr,
                                       VioLength = strlen(USAStr),
                                       Row = 15,
                                       Column = 24,
                                       Attribute = "\137",
                                       VioHandle);
         }


      else if (KeyStructure.char_code == 0x00);           /* wenn die Enter-Taste gedrückt */
                                                          /* wurde, noch nichts machen     */

      else
         ErrorCode = DOSBEEP(Frequency,                    /* Warnton ausgeben, wenn eine   */
                             Duration);                    /* andere Taste gedrückt wurde   */


} while (KeyStructure.char_code != 0x00);                 /* Schleife beenden, wenn Enter- */
                                                          /* Taste gedrückt wurde          */

ErrorCode = VIOSCROLLUP(TopRow=10,                        /* Auswahl ist beendet, Fenster  */
                        LeftCol=49,                       /* für Auswahl löschen           */
                        BotRow=17,
                        RightCol=69,
                        NumLines=1,
                        (char far *)FillChar,
                        VioHandle = 0);

  CursorStructure.cur_attribute = PreviousAttribute;                 /* Cursor wiederherstellen       */
  ErrorCode = VIOSETCURTYPE(CursorStructurePointer,0);

}
/************************************************************************************************************/
```

Abbildung 63. Funktion SelectLibrary - Teil 2

VioGetCurType und *VioSetCurType*

VioGetCurType und *VioSetCurType* holen bzw. setzen die aktuelle Cursor-Definition. Diese Cursor-Definition enthält Position, Höhe, Breite und Darstellungsattribut des Cursors innerhalb einer Bildschirmzelle im Textmodus.

Für diesen Funktionsaufruf gibt es zwei Parameter.

CursorData Far-Pointer auf eine Struktur, die die momentanen Parameter der Cursor-Definition enthält.

VioHandle reserviertes Wort aus Nullen.

Die Datenstruktur *CursorData* enthält vier Elemente in Wortgröße (Felder). Davon steuern die ersten zwei die Größe und Position des Cursors innerhalb einer Bildschirmzelle im Textmodus. Sie heißen *CursorStartLine* und *CursorEndLine* und spezifizieren die horizontale Linie innerhalb einer Bildschirmzelle, in der der Cursor anfängt bzw. endet. Das dritte Wort, *CursorWidth*, spezifiziert die Cursor-Breite in Spalten. Derzeit unterstützt das Bildschirmsystem nur eine Spaltenbreite von eins. *CursorAttribute*, das vierte Wort in der Datenstruktur *CursorData*, bestimmt das Darstellungsattribut des Cursors. Setzt man den Wert von *CursorAttribute* auf minus eins, so legt man damit fest, daß der Cursor nicht angezeigt wird.

DosBeep

DosBeep stellt eine praktische Schnittstelle zur Erzeugung von Lautsprechertönen zur Verfügung.

Für diese Funtkionsaufrufe gibt es zwei Parameter.

Frequency Wortwert im Bereich zwischen 37 und 32 767 zur Spezifizierung der Frequenz in Hertz.

Duration Wortwert, der bestimmt, wieviel Millisekunden der Ton dauern soll.

Diese Funktion läuft synchron zur Anwendung ab. Erst wenn die angegebene Zeitspanne vorüber ist, kehrt deshalb die Kontrolle wieder zum Programm zurück.

Beschreibung von *SelectLibrary*

Abbildung 62 zeigt den Anfang der *SelectLibrary*-Funktion, wo der Cursor ausgeblendet, das Fenster zur Dateneingabe angezeigt und die aktuelle Dynamic-Link-Bibliothek markiert wird. Mit der Funktion *VioGetCurType* wird die Datenstruktur *CursorData* mit der aktuellen Cursor-Definition initialisiert. Bevor das Cursor-Attribut auf minus eins geändert wird, um den Cursor auszublenden, wird der vorherige Wert gespeichert, damit der Cursor am Ende der Routine wiederhergestellt werden kann. Anschließend wird der Cursor mit *VioSetCurType* ausgeblendet.

Nachdem in einer FOR-Schleife das Fenster zur Bibliotheksauswahl angezeigt worden ist, wird die Zeile mit der Bibliothek *USA Format* unter Verwendung eines anderen Darstellungsattributs wieder angezeigt: Die Zeile wird mit doppelter Helligkeit dargestellt und dem Benutzer damit die ausgewählte Bibliothek angezeigt.

Abbildung 63 zeigt den Rest der Funktion *SelectLibrary*. Sie beinhaltet die DO-WHILE-Schleife (die UNTIL-Schleife der Programmlogik von Abbildung 60), die auf die Tastatureingabe des Benutzers reagiert. Als erstes wird der Funktionsaufruf *KbdCharIn* ausgegeben, der bestimmt, daß auf ein Zeichen gewartet wird. Der Aufruf kehrt zurück, sobald eine Taste gedrückt wird. Dann prüft der Tastaturcode, welche Taste gedrückt wurde. Wenn es eine Auf- oder Abwärtpfeil-Taste war, wird nachgeprüft, welches die aktuelle Bibliothek ist, die von der Variable *SelectionFlag* angezeigt wird. Dann wird *SelectionFlag* aktualisiert und die Hervorhebung verschoben, um anzuzeigen, daß die andere Bibliothek ausgewählt wurde. Wurde keine Auf- oder Abwärtspfeil-Taste gedrückt, wird die ENTER-Taste überprüft. Wenn die ENTER-Taste gedrückt wurde, wird in dem IF-Statement nichts ausgeführt, weil dies die Ende-Bedingung für die Hauptschleife ist. Das abschließende ELSE-Statement wird ausgeführt, wenn irgendeine andere Taste betätigt wurde, und ruft die Funktion *DosBeep* auf, um den Benutzer auf eine ungültige Eingabe hinzuweisen.

Schließlich wird die *SelectLibrary*-Funktion mit dem Löschen des Bibliotheksauswahl-Fensters und Wiederherstellen des Cursors abgeschlossen. Außerdem wurde, was hier nicht zu sehen ist, Prozeß 1 modifiziert, um *SelectionFlag* in eine Zeichenkette umzuwandeln, die dann als erster Argument-String im *DosExecPgm*-Funktionsaufruf an Prozeß 2 übergeben wird.

Der neue Prozeß 2

Prozeß 2 wurde in einigen Punkten geändert. Die Funktionen *BuildTimeString* und *BuildDateString* wurden entfernt. Um einen Wert in einer Argument-Variablen zu suchen, wurde Logik hinzugefügt, damit bestimmt werden kann, welche Laufzeit-Dynamic-Link-Bibliothek verwendet werden soll. Außerdem wurden die Deklarationen und Funktionsaufrufe hinzugefügt, die zum Aufrufen von dynamischem Linken zur Laufzeit benötigt werden.

Am Anfang von Abbildung 64 sehen Sie, daß einige der C-Standard-Funktionen (*itoa, atoi* etc.) neu deklariert wurden. Als Pointer-Parameter werden Far-Pointer benutzt, da das Programm unter Verwendung des C-Modells *Large* geschrieben wird.

Die externen Referenzdefinitionen für die Funktionen *BuildTimeString* und *BuildDateString* wurden in Kommentare verwandelt. Sie wurden anfangs zum Debugging des Programmbeispiels mit dynamischem Linken zur Ladezeit benutzt. Obwohl sie nicht beim dynamischen Linken zur Laufzeit verwendet werden, wurden sie im Programm gelassen, um zu zeigen, wie dies gemacht werden kann. Die Modul-Definitionsdatei von Abbildung 72 kann mit dem

Import-Librarian (IMP-LIB) benutzt werden, um eine Import-Bibliothek zu erstellen. Zusammen mit den externen Deklarationen aus Abbildung 64 kann diese Import-Bibliothek bei dynamischem Linken zur Ladezeit zum Zugriff auf die Funktionen in den Dynamic-Link-Bibliotheken verwendet werden, die in dem Beispiel für dynamisches Linken zur Laufzeit benutzt werden.

Die nächsten Abbildungen zeigen weitere Änderungen in den Variablen-Deklarationen von Prozeß 2. Einige Deklarationen, die nur in den Funktionen *BuildTimeString* und *BuildDateString* vorkommen, wurden entfernt und in die Module der Dynamic-Link-Bibliotheken versetzt.

Die Abbildungen 64 bis 68 stellen den C-Quellcode für Prozeß 2 des Beispiels dar.

Abbildung 64:

```
/*******************************************************************************************/
/* Mehrere Prozesse mit mehreren Threads - Prozeß 2                                      */
/*******************************************************************************************/


#include <doscall.h>                                  /* OS/2-API-Deklarationen         */
#include <stdio.h>                                    /* C-Standard-I/O-Bibliothek      */
#include <string.h>                                   /* C-String-Funktionen            */

  char * cdecl itoa(int, char far *, int);            /* diese Standard-Bibliotheks-    */
  int cdecl atoi(const char far *);                   /* Deklarationen wurden geändert  */
  size_t cdecl strlen(const char far *);              /* um far-Pointer für die         */
  char * cdecl strcat(char far *, const char far *);  /* Programmierung mit Modell      */
  int cdecl printf(const char far *, ...);            /* "Large" benutzen zu können     */


/*******************************************************************************************/
/* Diese Deklarationen für externe Referenzen werden für dynamisches Linken zur Ladezeit benutzt.    */
/* Sie sind mit Kommentarzeichen stillgelegt, wurden aber als Bezug in der Source belassen.          */

/*
extern void far pascal BuildTimeString (
  unsigned char,
  unsigned char,
  unsigned char,
  char far *);

extern void far pascal BuildDateString (
  unsigned char,
  unsigned char,
  unsigned char,
  char far *);
*/
```

```
/* Zeichendefinition für das Bildschirmfenster ****************************************************/

    char far *Proc2Window[12]= {"            ",        /* Tabelle mit Strings, um das    */
                                "            ",        /* Bildschirmfenster für den      */
                                "            ",        /* zweiten Prozeß zu umrahmen     */
                                "            ",
                                "            ",
                                "            ",
                                "            ",
                                "            ",
                                "            ",
                                "            ",
                                "            ",
                                "            "};

    int            RowCounter = 0;                     /* Variablen der for-Schleife     */
    int            WindowLength = 12;

/* Allgemeine Variablen im gesamten Programm *****************************************************/

    unsigned       ErrorCode;                          /* Rückkehrcode v. OS/2-Funkt.-   */
                                                       /* Aufrufen                       */
/* VioWriteCharStrAtt-Variablen für Text-Prompts und Meldungen ***********************************/

    char far       *CharStr;                           /* Auszugebender String           */
    unsigned       VioLength;                          /* Länge des Strings              */
    unsigned       Row;                                /* Startposition: Zeile           */
    unsigned       Column;                             /* Startposition: Spalte          */
    char far       *Attribute;                         /* Darstellungsattribut           */
    unsigned       VioHandle = 0;                      /* reserviert                     */
```

Abbildung 64. Prozeß 2 - Variablen-Deklarationen (Teil 1)

Abbildung 65:

```
/* VioScrollUp-Variablen ***********************************************************/

    unsigned           TopRow;                              /* obere linke Ecke           */
    unsigned           LeftCol;
    unsigned           BotRow;                              /* untere rechte Ecke         */
    unsigned           RightCol;
    unsigned           NumLines;                            /* Anzahl Zeilen zu rollen     */
    char               FillChar[2] = {0x20,0x1F};           /* zu benutzendes Füllzeichen  */


/* DosRead-Variablen ***************************************************************/

    unsigned           ReadHandle;                          /* Dateikennung(Pipe-Lese-Kenn.) */
    char               CharacterCell[2];                    /* Eingabepuffer              */
    unsigned           BufferLength = 2;                    /* Länge des Eingabepuffers    */
    unsigned           BytesRead;                           /* Anz. Bytes gelesen - Rückgabe */


/* DosGetDateTime-Variablen *******************************************************/

    struct DateTime     CurDateTime;                        /* Datenstruktur: Datum und Zeit */
    struct DateTime far *CurDateTimePointer = &CurDateTime; /* Zeiger auf die Datenstruktur  */


/* DosSleep-Variablen *************************************************************/

    unsigned long      TimeInterval;                        /* Dauer der Sleep-Zeit        */


/* DosLoadModule-Variablen ********************************************************/

    char               ObjNameBuf[32];                      /* Puffer für Objektnamen      */
    unsigned           ObjNameBufLength;                    /* Länge des Puffers           */
    char far           *ModuleName;                         /* Name des Dynamic-Link-Moduls */
    unsigned           ModuleHandle;                        /* zurückgegebene Modulkennung */


/* DosGetProcAddr-Variablen *******************************************************/

    char far           *ProcName;                           /* Name der Dyn.-Link-Prozedur */
    void  (far pascal  *ProcAddress)();                     /* zurückgeg. Adr. der Prozedur */

    void  (far pascal  *BuildTimeString)();
    void  (far pascal  *BuildDateString)();
```

```
/* String-Variablen *********************************************************************/

    char                Time[9] = '        \0';                 /* zum Aufbauen des Zeit-Strings */
    char                *TimePointer = Time;

    char                Date[11] = '          \0';               /* zum Aufb. des Datums-Strings */
    char                *DatePointer = Date;

    char                LogString[22];                           /* zum Aufbauen des Protokoll-   */
    char                *LogStringPointer = LogString;           /* Strings                       */

/* DosExit-Variablen ********************************************************************/

    unsigned            ActionCode = 1;                          /* Alle Threads beenden          */
    unsigned            ResultCode = 0;                          /* Ergebnis für DosWait          */

/**************************************************************************************/


    void far            DateTimeProcedure();                     /* Funktions-Deklarationen       */


/**************************************************************************************/
```

Abbildung 65. Prozeß 2 - Variablen-Deklarationen (Teil 2)

```
main(argc, argv, envp)                                          /* Anfang der C-Main-Routine     */
int argc;
char *argv[ ];
char *envp[ ];


{

/* DosCreateThread-Variable *************************************************************/

    unsigned            ThreadIDWord;                            /* ID des neuen Threads          */
    unsigned char       NewThreadStack[1002];                    /* Stack des neuen Threads       */

/* Anfang des ausführbaren Programms ***************************************************/

    ErrorCode = VIOCHARSTRATT(CharStr = "PROCESS 2",            /* Bildschirmbereich für         */
                    VioLength = strlen(CharStr),                /* Prozeß 2 betiteln             */
                    Row = 5
                    Column = 55,
                    Attribute = "\032",
                    VioHandle = 0);


    for(RowCounter = 0; RowCounter ( WindowLength; RowCounter++)  /* Fenster für Prozeß 2 anzeigen */
```

```
      ErrorCode = VIOCHARSTRATT(Proc2Window[RowCounter],
                            VioLength = strlen(Proc2Window[RowCounter]),
                            Row = 7 + RowCounter,
                            Column = 48,
                            Attribute = "\032",
                            VioHandle = 0);


if (atoi(argv[0]) == 1) {                                /* in argv[0] übergebene Auswahl */
                                                         /* der Bibliothek              */

   Error Code = DOSLOADMODULE((char far *)ObjNameBuf,
                            ObjNameBufLength,
                            ModuleName = "USA",          /* USA-Format mit Bibl.-Modul  */
                            (unsigned far *)&ModuleHandle);  /* mit Dateiname "USA.DLL"  */


   ErrorCode = VIOWRTCHARSTRATT(CharStr = "USA Format",
                            VioLength = strlen(CharStr),
                            Row = 20,
                            Column = 54,
                            Attribute = "\032",
                            VioHandle);
}


else {

   Error Code = DOSLOADMODULE((char far *)ObjNameBuf,
                            ObjNameBufLength,
                            ModuleName = "EUROPE",       /* Europa-Format mit Bibl.-Modul */
                            (unsigned far *)&ModuleHandle);  /* mit Dateiname "EUROPE.DLL" */


   ErrorCode = VIOWRTCHARSTRATT(CharStr = "European Format",
                            VioLength = strlen(CharStr),
                            Row = 20,
                            Column = 52,
                            Attribute = "\032",
                            VioHandle);
}
```

Abbildung 66. Prozeß 2 - Main-Funktion (Teil 1)

Abbildung 67:

```
ErrorCode = DOSGETPROCADR(ModuleHandle,               /* die Dynamic-Link-Module sind  */
                  ProcName = "BUILDTIMESTRING",        /* geladen und wir müssen die    */
                  (unsigned long far *)&BuildTimeString);  /* zwei Prozedur-Adressen fest-  */
                                                       /* stellen, die zum Aufruf der   */
ErrorCode = DOSGETPROCADR(ModuleHandle,               /* Dyn.-Link-Prozeduren benötigt */
                  ProcName = "BUILDDATESTRING",        /* werden                        */
                  (unsigned long far *)&BuildDateString);
```

```
ErrorCode = DOSCREATETHREAD(DateTimeProcedure,              /* Thread 2 für die Datums- und */
                           (unsigned far *)&ThreadIDWord,   /* Uhrzeit-Prozedur erstellen   */
                           (unsigned char far *)&NewThreadStack[1000]);


ReadHandle = atoi(argv[1]);                                 /* Lesekennung der Pipe aus dem */
                                                            /* zweiten Argument holen       */
do{
                                                            /* Anfang der Schleife, in der  */
  ErrorCode = DOSREAD(ReadHandle,                           /* laufend Zeichen aus der Pipe */
                      (char far *)CharacterCell,            /* gelesen werden, bis ein "q"  */
                      BufferLength,                          /* gefunden wird                */
                      (unsigned far *)&BytesRead);

  ErrorCode = VIOSCROLLUP(TopRow=10,                         /* Fenster mit dem neuen        */
                          LeftCol=49,                        /* Attribut scrollen            */
                          BotRow=17,
                          RightCol=69,
                          NumLines=1,
                          (char far *)CharacterCell,
                          VioHandle = 0);

  LogString[0] = CharacterCell[0];                           /* Protokoll-String erstellen   */
  LogString[1] = 0x00;
  LogStringPointer = strcat(LogStringPointer," ");
  LogStringPointer = strcat(LogStringPointer,TimePointer);
  LogStringPointer = strcat(LogStringPointer," ");
  LogStringPointer = strcat(LogStringPointer,DatePointer);

  ErrorCode = VIOCHARSTRATT(char far *)LogStringPointer,     /* Protokoll-String anzeigen    */
                           VioLength = strlen(LogStringPointer),
                           Row = 17,
                           Column = 49,
                           Attribute = &CharacterCell[1],
                           VioHandle);

}
while(CharacterCell[0] != 0x71);                             /* auf "q" abprüfen             */

ErrorCode = DOSFREEMODULE(ModuleHandle);                     /* Modul freigeben              */

DOSEXIT(ActionCode,                                          /* OS/2 die Beendigung anzeigen */
        ResultCode);

}
/*********************************************************************************************/
```

Abbildung 67. Prozeß 2 - Main-Funktion (Teil 2)

```
void far DateTimeProcedure()
{

   for(;;){                                                   /* unbedingte Schleife starten   */

     ErrorCode = DOSGETDATETIME(CurDateTimePointer);          /* Datum und Uhrzeit holen       */

     (*BuildTimeString)(CurDateTime,hour,                     /* BuildTimeString aufrufen       */
                        CurDateTime,minutes,
                        CurDateTime,seconds,
                        (char far *)TimePointer);

     ErrorCode = VIOWRTCHARSTRATT(TimePointer,               /* Uhrzeit-String anzeigen        */
                        VioLength = strlen(TimePointer),
                        Row = 8,
                        Column = 51,
                        Attribute = "\032",
                        VioHandle);

     (*BuildDateString)(CurDateTime,month,                    /* BuildDateString aufrufen       */
                        CurDateTime,day,
                        CurDateTime,year,
                        (char far *)DatePointer);

     ErrorCode = VIOWTRCHARSTRATT(DatePointer,               /* Datums-String anzeigen         */
                        VioLength = strlen(DatePointer),
                        Row = 8,
                        Column = 60,
                        Attribute = "\032",
                        VioHandle);

     ErrorCode = DOSSLEEP (TimeInterval = 1000);             /* ungefähr eine Sekunde warten  */

   }                                                          /* dieser Thread endet, wenn der */
                                                              /* Prozeß beendet wird           */
}
/******************************************************************************************************/
```

Abbildung 68. Prozeß 2 - DateTimeProcedure

Bevor wir die überarbeitete Version von Prozeß 2 Schritt für Schritt durchgehen, wiederholen wir noch einmal die neuen OS/2-Funktionsaufrufe in diesem Beispiel.

DosLoadModule

DosLoadModule lädt ein Dynamic-Link-Modul in den Arbeitsspeicher und gibt eine Modul-Kennung zurück, mit der in allen folgenden Dynamic-Link-Funktionen zur Laufzeit auf dieses Modul Bezug genommen wird.

Für diesen Funktionsaufruf gibt es vier Parameter.

ObjNameBuf Far-Pointer auf einen Zeichen-Puffer, in den das Betriebssystem den Namen des Objektes plaziert, das einen mißlungenen Funktionsaufruf verursacht haben könnte.

OjbNamBufL Wort, das die Länge des Objektnamen-Puffers enthält.

ModuleName Far-Pointer auf die Zeichenkette des Namens des Dynamic-Link-Moduls. Die Zeichenkette kann nur bis zu acht Zeichen lang sein, weil die Dateinamenserweiterung .DLL angenommen wird und die Datei in einem der Verzeichnisse des Bibliothekssuchpfads enthalten sein muß.

ModuleHandle Far-Pointer auf ein Wort, in das das Betriebssystem die Modul-Kennung plaziert.

Die zurückgegebene Kennung wird zur Spezifizierung des Moduls in den künftigen Aufrufen von *DosGetProcAddr*, *DosGetModName* oder *DosFreeModule* herangezogen.

DosGetProcAddr

DosGetProcAddr gibt eine Far-Adresse an eine spezifizierte Prozedur eines Dynamic-Link-Moduls zurück.

Für diesen Funktionsaufruf gibt es drei Parameter.

ModuleHandle Wort, das die Kennung enthält, die vom Funktionsaufruf *DosLoadModule* zurückgegeben wird. Diese Kennung kennzeichnet ein bestimmtes, vorher in den Arbeitsspeicher geladenes Dynamic-Link-Modul.

ProcName Far-Pointer auf eine Zeichenkette mit dem Namen einer bestimmten Prozedur innerhalb des Dynamic-Link-Moduls. Enthält der Selektor-Teil des Pointers Nullen, dann ist der Offset-Teil mit einer Ordinale für die gewünschte Prozedur besetzt. Die Ordinale ist die Eintragungsnummer der Prozedur innerhalb des Moduls.

ProcAddress Far-Pointer auf eine Far-Adresse (Doppelwort), in die das Betriebssystem die Adresse der angeforderten Prozedur plaziert. Diese Adresse wird dann zum Aufruf der Dynamic-Link-Prozedur verwendet.

Dynamisches Linken mit Ordinalen statt Prozedurnamen ist etwas effizienter und der einzige Mechanismus, mit dem man Zugriff auf die vom OS/2-DOSCALLS-Modul unterstützten Funktionen erhält. Die Ordinale ist eine Ganzzahl die die Position einer Prozedur innerhalb einer Reihe von Prozeduren des Moduls spezifiziert. Wenn ein Anwendungsobjektmodul mit

DOSCALLS.LIB gebunden wird, werden die entsprechenden Ordinalen der OS/2-Funktionen verwendet.

DosFreeModule

DosFreeModule zeigt dem Betriebssystem an, daß ein Prozeß das angegebene Dynamic-Link-Modul nicht mehr verwendet.

Für diesen Funktionsaufruf gibt es einen Parameter.

ModuleHandle Wort, das die Modul-Kennung enthält, die von dem Funktionsaufruf *DosLoadModule* zurückgegeben wird. Diese Modul-Kennung kennzeichnet ein bestimmtes, vorher in den Arbeitsspeicher geladenes Dynamic-Link-Modul.

Wenn dieser Aufruf beendet ist, wird die Modul-Kennung ungültig. Wenn kein anderer Prozeß eine gültige Kennung für dieses Modul hat, die über *DosLoadModule* bzw. *DosGetModHandle* erworben wird, wird das Modul aus dem Systemspeicher entfernt.

Beschreibung von Prozeß 2

Wie im Beispiel für mehrere Prozesse beginnt auch Prozeß 2 damit, seinen Bildschirmbereich zu kennzeichnen und den String-Bereich, der sein Fenster definiert, in die Anzeige zu kopieren.

Im ersten neuen Programmteil wird bestimmt, welche Dynamic-Link-Bibliothek geladen werden soll. Wie bereits erwähnt, unterstützt dieses Beispiel nur zwei Bibliotheken. Der erste der beiden Argument-Strings wurde verwendet, um anzuzeigen, welche Bibliothek ausgewählt wurde. Wie im letzten Beispiel gezeigt wurde, enthält die Argument-Variable *argv[0]* normalerweise den Namen, mit dem der Kindprozeß gestartet wird. Mehrere Argumente würden dann zu einem einzigen ASCIIN-String verkettet, und der Kindprozeß würde dann den String analysieren, um einzelne Argumente herauszuziehen. Wir verwenden in Prozeß 2 nicht den Programmnamen-String. Stattdessen übergeben wir der Einfachheit halber das Kennzeichen, das angibt, welche Bibliothek im ersten Argument-String geladen werden soll.

Ein String mit dem Zeichen "1" für *argv[0]* zeigt an, daß die Bibliothek für das USA-Format verwendet werden soll. Ist in *argv[0]* nicht "1" enthalten, wird davon ausgegangen, daß "2" für die Europa-Format-Bibliothek enthalten ist. Je nachdem, was die Überprüfung von *argv[0]* ergibt, wird mit *DosLoadModule* die entsprechende Dynamic-Link-Bibliothek geladen. Außerdem wird ein String angezeigt, der das verwendete Format explizit kennzeichnet.

Die Modul-Kennung, die von Funktionsaufruf *DosLoadModule* zurückgegeben wird, wird in zwei nachfolgenden Aufrufen von *DosGetProcAddr* verwendet, um die Einsprungadressen der zwei Dynamic-Link-Funktionen unseres Beispiels zu bestimmen.

Die übrige Programmlogik von Prozeß 2 in diesem Beispiel entspricht der des Beispiels für mehrere Prozesse. Die einzigen Unterschiede bestehen in der Syntax für den Aufruf der Funktionen *BuildTimeString* und *BuildDateString* sowie im Aufruf von *DosFreeModule* zur Freigabe des Dynamic-Link-Moduls am Ende des Prozesses.

Folgender CL-Befehl wurde zum Übersetzen des Programms verwendet:

cl/c/G2/Alfu/Fs proc2b1b.c

Die Optionen der Befehlszeile werden folgendermaßen definiert:

/c	Führt nur die Übersetzung aus, so daß der Linker spezifisch aufgerufen werden kann.
/G2	80286-Befehlssatz
/Alfu	Verwendet das C-Modell-Format *Large*.
/Fs	Erstellt ein Quell-Listing.

Zum Linken von Prozeß 2 wurde folgender Befehl eingegeben:

link proc2,proc2,,llibc5.lib llibc.lib doscalls.lib;

Im folgenden Abschnitt wird gezeigt, wie die zwei String-Funktionen in ein separates Bibliotheksmodul für dynamisches Linken gesetzt werden.

Die Dynamic-Link-Bibliothek

Es gibt einige bedeutende Unterschiede zwischen dem Code in den Abbildungen 69 bis 71 und dem Code, mit dem dieselben Funktionen im vorhergehenden Beispiel ausgeführt wurden.

Als erstes fällt auf, daß in der Dynamic-Link-Bibliothek die C-*Main*-Funktion fehlt. Die *Main*-Funktion definiert den Eingangspunkt eines Programms beim Laden. Das Dynamic-Link-Modul wird hier ohne *Main*-Funktion übersetzt und gebunden, indem die Ganzzahl-Variable *_acrtused* definiert und mit dem Wert Eins initialisiert wird. Diese Variable wird als Teil der IBM-C/2-Laufzeit-Unterstützung benutzt, auf die in diesem Buch jedoch nicht genauer eingegangen werden soll.

In den Abbildungen 69 bis 71 fällt außerdem auf, daß, wie in Prozeß 2, einige der Parameter der Standard-Bibliotheksroutinen für den Einsatz des Programms im Modell *Large* neu deklariert wurden.

```
/*****************************************************************************/
/* USA.DLL - Dynamic-Link-Bibliothek USA-Format                            */
/*****************************************************************************/

#include (doscall.h)                          /* OS/2-API-Deklarationen      */
#include (stdio.h)                            /* C-Standard-I/O-Bibliothek   */
#include (string.h)                           /* C-String-Funktionen         */

  char * cdecl itoa(int, char far *, int);    /* diese Standard-Bibliotheks- */
  int cdecl atoi(const char far *);           /* Deklarationen wurden geändert */
  size_t cdecl strlen(const char far *);      /* um far-Pointer für die      */
  char * cdecl strcat(char far *, const char far *);  /* Programmierung mit Modell   */
                                              /* "Large" benutzen zu können  */
  int _acrtused = 0;                          /* ohne main-Funktion          */


  char            TimeHour[3];                /* String-Variablen zum Aufbauen */
  char            *TimeHourPointer = TimeHour;  /* des Uhrzeit-Strings       */
  char            TimeMinutes[3];
  char            *TimeMinutesPointer = TimeMinutes;
  char            TimeSeconds[3];
  char            *TimeSecondsPointer = TimeSeconds;


  char            DateDay[3];                 /* String-Variablen zum Aufbauen */
  char            *DateDayPointer = DateDay;  /* des Datums-Strings          */
  char            DateMonth[3];
  char            *DateMonthPointer = DateMonth;
  char            DateYear[3];
  char            *DateYearPointer = DateYear;


  int             Radix;


/*****************************************************************************/
```

Abbildung 69. USA.DLL - Deklarationen

```c
extern void far pascal BuildTimeString(Hour, Minutes, Seconds, TimePointer)  /* diese Funktion formatiert die */
unsigned char Hour;                                                          /* Uhrzeit für Bildschirmausgabe */
unsigned char Minutes;
unsigned char Seconds;
char far *TimePointer;
{


Radix = 10;

TimeHourPointer = itoa(Hour,TimeHour,Radix);                                 /* Stunde formatieren          */
if(strlen(TimeHourPointer) == 1){
   TimePointer[0] = 0x30;
   TimePointer[1] = TimeHourPointer[0];
}
else{
   TimePointer[0] = TimeHourPointer[0];
   TimePointer[1] = TimeHourPointer[1];
}


TimePointer[2] = 0x3A;
TimeMinutesPointer = itoa(Minutes,TimeMinutes,Radix);                        /* Minuten formatieren         */
if(strlen(TimeMinutesPointer) == 1){
   TimePointer[3] = 0x30;
   TimePointer[4] = TimeMinutesPointer[0];
}
else{
   TimePointer[3] = TimeMinutesPointer[0];
   TimePointer[4] = TimeMinutesPointer[1];
}


TimePointer[5] = 0x3A;
TimeSecondsPointer = itoa(Seconds,TimeSeconds,Radix);                        /* Sekunden formatieren        */
if(strlen(TimeSecondsPointer) == 1){
   TimePointer[6] = 0x30;
   TimePointer[7] = TimeSecondsPointer[0];
}
else{
   TimePointer[6] = TimeSecondsPointer[0];
   TimePointer[7] = TimeSecondsPointer[1];
}


}
/********************************************************************************************************/
```

Abbildung 70. USA.DLL - Funktion BuildTimeString

```c
extern void far pascal BuildTimeString(Month, Day, Year, TimePointer)   /* diese Funktion formatiert das */
unsigned char Month;                                                    /* Datum für Bildschirmausgabe    */
unsigned char Day;
unsigned Year;
char far *DatePointer;
{


Radix = 10;

DateMonthPointer = itoa(Month,DateMonth,Radix);                         /* Monat formatieren         */
if(strlen(DateMonthPointer) == 1){
   DatePointer[0] = 0x30;
   DatePointer[1] = DateMonthPointer[0];
}
else{
   DatePointer[0] = DateMonthPointer[0];
   DatePointer[1] = DateMonthPointer[1];
}


DatePointer[2] = 0x2F;                                                  /* Tag formatieren           */
DateDayPointer = itoa(Day,DateDay,Radix);
if(strlen(DateDayPointer) == 1){
   DatePointer[3] = 0x30;
   DatePointer[4] = DateDayPointer[0];
}
else{
   DatePointer[3] = DateDayPointer[0];
   DatePointer[4] = DateDayPointer[1];
}


DatePointer[5] = 0x2F;                                                  /* Jahr formatieren          */
DateYearPointer = itoa(CurDateDate,year,DateYear,Radix);
DatePointer[6] = DateYearPointer[2];
DatePointer[7] = DateYearPointer[3];
}
/*****************************************************************************************************************/
```

Abbildung 71. USA.DLL - Funktion BuildDateString

Mit folgendem CL-Befehl wird dieses Dynamic-Link-Bibliotheksmodul übersetzt:

        cl/c/G2/Gs/Alfu/Fs usa.c

Dabei wird

        /Gs

zum Entfernen von Stack-Bereichen benutzt.

Der Befehl zum Linken unterscheidet sich auch nur geringfügig:

link usa.obj,usa.dll,,llibc5.lib llibc.lib doscalls.lib,usa.def

Der Unterschied liegt darin, daß in diesem Befehl das entstehende ablauffähige Modul mit der Erweiterung .DLL explizit benannt wurde. Außerdem wurde eine Modul-Definitionsdatei spezifiziert - siehe Abbildung 72.

```
;
;Modul-Definitionsdatei
;MEINBIBL-Dynamic-Link-Bibliothek
; Erstellt von JIK, AMM und RLW
; 1987
;
LIBRARY
PROTMODE
DESCRIPTION 'MEINBIBL Ver 1.0 Copyright 1987 JIK, AMM, RLW'
EXPORTS
      BUILDTIMESTRING
      BUILDDATESTRING
```

Abbildung 72. Modul-Definitionsdatei

Diese Modul-Definitionsdatei legt fest, daß es sich um eine Bibliotheksroutine handelt und daß die Routine im Protected Mode läuft. Sie beinhaltet eine Beschreibung und definiert zwei Prozedurnamen-Strings, die exportiert werden müssen - BUILDTIMESTRING und BUILDDATESTRING.

Es wurde bereits besprochen, daß mit dieser Modul-Definitionsdatei mit dem Import-Librarian auch eine Import-Bibliothek erstellt werden würde, wenn man diese Dynamic-Link-Bibliothek mit dynamischem Linken zur Ladezeit verwenden wollte. Das *implib*-Statement sähe dann etwa so aus:

implib usa.lib usa.def

Der Bibliothek würde man wahrscheinlich sogar den Namen *datetime.lib* oder einen ähnlichen generischen Namen geben. Unter der Voraussetzung, daß die Konventionen für die Parameter-Übergabe eingehalten werden, könnte man mit dieser Import-Bibliothek dynamisches Linken mit jeder beliebigen Dynamic-Link-Routine für Datums- und Zeitformatierung durchführen.

KAPITEL 8

Internationale Systemumgebung

In Kapitel 1 wurden bereits der *National Language Support* und die Möglichkeiten der Nachrichtenbehandlung von OS/2 vorgestellt. OS/2 ist in elf Sprachen, mit einer anfänglichen Unterstützung für fünf Zeichensatz-Tabellen sowie Tastatur- und anderen länderspezifischen Informationen für siebzehn Länder erschienen. Damit erfüllt dieses Betriebssystem alle Anforderungen internationaler Anwender. Diese Funktionen werden in OS/2 vom sogenannten *National Language Support (NLS) Service* ermöglicht. Außerdem gehören zu den Dienstprogrammen von OS/2, die den unterschiedlichen nationalen Anforderungen entsprechen, die Systemeinrichtungen für Nachrichtenbehandlung. Diese erleichtern die Übersetzung von Software in andere Sprachen. Im vorliegenden Kapitel werden die diversen Einrichtungen besprochen, die die internationale Umgebung unterstützen. Zuerst betrachten wir die Systematik der Sprachübersetzung in OS/2, dann die Funktionen der API für Nachrichtenbehandlung und die Funktionen des *National Language Supports*.

OS/2-Sprachunterstützung

OS/2 ist in elf verschiedenen Sprachen erschienen. Da es in den USA entwickelt wurde, war die amerikanische Version auch als erste erhältlich. Für weitere zehn Sprachversionen wurden dann sämtliche Meldungen, die von OS/2 angezeigt werden, sowie alle begleitenden Publikationen (Bedienerhandbuch, Technisches Handbuch etc.) in die entsprechenden Landessprachen übersetzt. Eine Auflistung dieser Sprachen finden Sie in Kapitel 1.

Um das Übersetzen zu erleichtern, wird bei OS/2 der Nachrichtentext von den einzelnen Komponenten des Betriebssystems getrennt gehalten. Für den Zugriff des Systems auf Meldungen steht stattdessen eine Reihe von Meldungseinrichtungen zur Verfügung. Diese Meldungseinrichtungen sind allgemein zugänglich und ihre Mechanismen und Schnittstellen dokumentiert, so daß es für Software-Entwickler nicht schwierig ist, OS/2-Anwendungen und Subsysteme in verschiedenen Sprachen herauszugeben.

Meldungseinrichtungen

Die OS/2-Meldungseinrichtungen umfassen eine Reihe von Utilities (Dienst-programmen) und Funktionsaufrufen. Einige Utilities werden nur bei der Programmentwicklung verwendet und sind im OS/2-Toolkit verfügbar. Andere Utilities und alle APIs der Meldungsfunktionen sind Bestandteil der OS/2-Grundausstattung.

Folgende drei Meldungseinrichtungen stehen zur Verfügung:

MKMSGF, die *Einrichtung zum Erstellen von Meldungen*; sie wandelt Meldungsdateien in eine Form um, in der sie von den anderen Meldungseinrichtungen und Funktionsaufrufen benutzt werden können. Diese Meldungseinrichtung ist im OS/2-Toolkit enthalten.

MSGBIND, die *Meldungs-Binde-Einrichtung*; sie fügt an ein ausführbares Lademodul (.EXE-Datei) Meldungen an. Die Meldungen werden dadurch im Hauptspeicher untergebracht, so daß das System sie auffindet, ohne auf eine Datei zugreifen zu müssen. MSGBIND ist ebenfalls im Toolkit enthalten.

HELPMSG, die *Meldungs-Hilfe-Einrichtung*; wenn das System oder die Anwendung eine Meldung anzeigt, kann der Benutzer mit dieser Einrichtung eine genauere Erklärung zu dieser Meldung anfordern. Mit HELPMSG kann der Programmierer zwei Meldungsebenen zur Verfügung stellen. Die Meldungs-Hilfe-Einrichtung ist in der OS/2-Grundausstattung enthalten.

Zur Unterstützung der OS/2-Meldungseinrichtungen gibt es drei Dynamic-Link-Funktionen. Mit dem Funktionsaufruf *DosGetMessage* werden von der Anwendung Meldungen angefordert. Dabei erkennt die Anwendung, ob die Meldung aus dem Arbeitsspeicher oder von einer Datei kommt. Gegebenenfalls wird auch variabler Nachrichtentext in die Meldung integriert. *DosInsMessage* fügt variablen Nachrichtentext in eine vorher eingelesene Meldung ein. Mit *DosPutMessage* werden Meldungen für bestimmte Dateien oder Einheiten ausgegeben. Die Ausgabe verfügt über eine Steuerung für den Zeilenumbruch, die die Meldung für eine 80-Spalten-Anzeige formatiert.

Sehen wir uns nun die einzelnen Funktionen im Detail an. Zuerst zu den drei Einrichtungen.

MKMSGF wandelt eine Meldungsdatei in eine Form um, die von anderen Meldungseinrichtungen und Funktionsaufrufen benutzt werden kann. Diese Meldungseinrichtung steht im OS/2-Toolkit zur Vergügung. Sie hat zwei Eingabeparameter: den Eingabedateinamen und den Ausgabedateinamen. Die Eingabedatei enthält eine Reihe von Meldungen in einem bestimmten Format, das nur von dieser Einrichtung interpretiert werden kann. Das Format der Meldungen der Ausgabedatei hingegen ist auf die anderen Meldungseinrichtungen und Funktionsaufrufe abgestimmt.

Die Meldungsdatei besteht aus drei Teilen:

1. Eine beliebige Anzahl von Kommentarzeilen zur Identifizierung und Dokumentation der Datei.

2. Ein Komponenten-Bezeichner aus drei Zeichen, der die Anwendungen (oder Subsysteme) oder Anwendungsunterkomponenten kennzeichnet, die die Meldungsdatei benutzen.

3. Die einzelnen Meldungseinträge.

```
;
; Dies ist die Meldungsdatei für das Programm XYZ
; Erstellt von JIK, AMM und RLW
; 1987
;
XYZ
XYZ0000W: Achtung! Festplatte %1 soll gelöscht werden!
XYZ0001P: Bitte Namen eingeben: %0
XYZ0002E: Kann Datei %1 nicht finden
XYZ0003E:
XYZ0004E:
XYZ0005H: Format für Namen: Familienname, Vorname
XYZ0006H:
XYZ0007I: %1 Datensätze erstellt
```

Abbildung 73. Beispiel einer Meldungsdatei

Abbildung 73 zeigt das Beispiel einer Meldungsdatei. Jeder Meldungseintrag besteht aus einem Kopfteil, gefolgt vom Meldungstext. Im Meldungskopf steht der Komponenten-Bezeichner, eine vierstellige Zahl und ein Klassifizierungszeichen. Eine Meldungsdatei faßt maximal etwa 6 000 Meldungen. Es gibt folgende Klassifizierungen für Meldungen: *Error(E)*, *Help(H)*, *Information(I)*, *Prompt(P)* oder *Warning(W)*. Der Meldungskopf ist durch einen Doppelpunkt, gefolgt von einem Leerzeichen, begrenzt (:).

Auf den Kopf folgt der Text der Meldung. Er kann bis zu neun Platzhalter für variablen Meldungstext enthalten. Dadurch wird ermöglicht, daß ein Programm nur möglichst wenige generische Meldungen mit Variablen für spezifische Informationen benutzt, die erst während der Ausführung eingefügt werden. Die neun Platzhalter für variablen Nachrichtentext werden durch die Zeichenfolge *%1,%2,...,%9* codiert. Die Zeichenfolge *%0* wird in die Meldungsendzeile gesetzt, um die Ausgabe der abschließenden Zeilenschaltung zu unterdrücken. *%0* kann verwendet werden, um Daten nach einem Prompt einzugeben. Das Beispiel für eine Meldungsdatei in Abbildung 73 enthält Meldungen mit Platzhaltern für variablen Meldungstext.

Es muß darauf geachtet werden, daß die Meldungsnummern lückenlos aufeinanderfolgende Ganzzahlen sind (siehe Abbildung 73). Deshalb müssen auch Nummern eingegeben werden, die nicht benötigt werden; die Zahlen müssen jedoch nicht bei *0000* beginnen.

Für die Benennung von Meldungsdateien müssen gewisse Konventionen eingehalten werden. Dateinamen für Meldungsdateien haben einen Komponenten-
Bezeichner aus drei Zeichen und die Standard-Erweiterung .MSG. Programm-
Entwickler sollten darauf achten, daß sie Komponenten-Bezeichner definieren,
die eindeutig und einprägsam sind. Zweideutigkeit in Meldungsdateinamen ist
bei Anwendungen, die denselben Komponenten-Bezeichner benutzen, kein Problem, solange die Anwendungen nicht im gleichen Dateiverzeichnis installiert
sind und eine Meldung mit dem vollständigen Dateinamen, einschließlich Pfad,
aus der Datei gelesen wird. Das Beispiel in Abbildung 73 hat den Komponenten-Bezeichner *XYZ*, also muß die Meldungsdatei *XYZ.MSG* heißen.

MSGBIND fügt Meldungen an ablauffähige Lademodule (.EXE-Datei) des
Programms an und wird mit dem OS/2-Toolkit geliefert. Von der Einbindung
sind drei Dateien betroffen: eine Meldungsdatei (.MSG), eine ausführbare Datei
(.EXE) und eine speziell formatierte ASCII-Datei mit Verarbeitungsanweisun-
gen für die Meldungs-Binde-Einrichtung. Die Meldungs-Binde-Einrichtung
liest die ASCII-Eingabedatei, um festzulegen, welche Meldung aus welcher
Meldungsdatei mit welchem ausführbaren Lademodul gebunden werden soll.
Abbildung 74 zeigt das Beispiel einer ASCII-Eingabedatei für die Meldungs-
Binde-Einrichtung.

```
>c:\codepath\XYZ123A.EXE
<c:\messages\XYZ.MSG
XYZ0000
XYZ0002
>c:\codepath\XYZ123B.EXE
XYZ0000
XYZ0002
```

Abbildung 74. Beispiel einer Eingabedatei zum Binden von Meldungen

Das "Größer"-Zeichen (>) in Abbildung 74 dient dazu, der Meldungs-Binde-
Einrichtung anzuzeigen, daß diese Zeile den Namen eines ablauffähigen Lademoduls enthält, mit dem die nachfolgenden Meldungen gebunden werden sollen. Das "Kleiner"-Zeichen (<) wird verwendet, um eine Zeile anzuzeigen, die
den Meldungsdateinamen jener Datei enthält, von der die Meldungen geholt
werden sollen. Die angezeigten Meldungen werden in ein Meldungssegment
kopiert und an die .EXE-Datei gebunden (angehängt).

Die Meldungs-Binde-Einrichtung eines einzelnen Aufrufs kann Meldungen aus
mehreren Meldungsdateien in eine .EXE-Datei einbinden oder auch Meldungen
aus einer Datei in mehrere .EXE-Dateien. Dieser Prozeß wird von den
Namenseinträgen der ausführbaren Datei und der Meldungsdatei sowie den
Meldungsschlüsseln der ASCII-Eingabedatei gesteuert. Wenn neue Dateinamen
und Meldungsschlüssel in der Eingabedatei auftauchen, sucht die Einrichtung in

der zuletzt angegebenen Meldungsdatei nach Meldungen und fügt diese an das Meldungssegment des zuletzt angegebenen ausführbaren Lademoduls an.

HELPMSG wird vom Benutzer ausgeführt, um Zugriff auf die detailliertere Beschreibung einer Meldung zu erhalten, die in Kurzform vom System oder von der Anwendung angezeigt wurde. *HELPMSG* ist standardmäßig in OS/2 enthalten. Mit dieser Einrichtung kann der Programmierer dem Anwender zwei Ebenen von Fehler- bzw. Warnmeldungen zur Verfügung stellen. Hier ein einfaches Beispiel, das zeigt, wie nützlich diese Funktion ist:

Angenommen, der Benutzer hat soeben das Programm *XYZ123A* für Desktop Publishing installiert. Er weiß, daß die Anwendung eine zweite große Festplatte benötigt, er weiß aber nicht, warum. Da sein System bereits seit einiger Zeit mit einer zweiten großen Festplatte ausgestattet ist, scheint das Thema Festplatte also kein Problem für ihn darzustellen. Doch als er gerade seinen ersten Entwurf speichern will, um das Programm auszuprobieren, erhält er folgende Meldung:

XYZ0000: Achtung! Festplatte D: soll gelöscht werden!

Wenn unsere hypothetische Anwendung für Desktop Publishing die Hilfe-Meldungseinrichtung benutzt, muß der Benutzer nicht lange im Handbuch blättern, um sich in dieser Situation zurecht zu finden. Er braucht nur

HLPMSG XYZ0000

einzugeben. Daraufhin holt die Hilfe-Meldungseinrichtung unter Verwendung des Meldungsschlüssels eine Meldung aus der Hilfe-Meldungsdatei. Diese zeigt zuerst die ursprüngliche Meldung und dann die Hilfemeldung an, was dann etwa so aussehen könnte:

XYZ0000: Achtung! Festplatte D: soll gelöscht werden!

Erklärung: XYZ123A benutzt ein spezielles Dateisystem zum Speichern seiner zusammengesetzten Text- und Bilddokumente. XYZ123A wird als nächsten Schritt Laufwerk D: initialisieren, um diese Dokumente speichern zu können.

Maßnahme: Kopieren Sie sämtliche Dateien von Laufwerk D: auf ein anderes Laufwerk, bevor Sie fortfahren.

Hilfemeldungen können auch mit der HELP-Anweisung eingeholt werden. Die HELP-Anweisung wird dazu verwendet, eine Hilfezeile im Bildschirm ein- und auszublenden. Man kann damit aber auch HLPMSG aufrufen, um Hilfemeldungen auf den Bildschirm zu holen.

Hilfe-Meldungsdateien werden genauso wie normale Meldungsdateien erstellt. Sie müssen nur als Meldungsklassifikation ein *H*, für Hilfemeldung, und als letztes Zeichen im Dateinamen ein *h*, für Hilfe-Meldungsdatei, haben. Für dieses Beispiel wäre der Name der Hilfe-Meldungsdatei:

XYZH.MSG

Unser Beispiel zeigt auch, wie in Meldungen *Textvariablen* benutzt werden. Wie in Abbildung 73 zu sehen ist, enthält die Meldung XYZ0000 keine Laufwerksbezeichnung. Stattdessen hat sie den Bezeichner *%1* für variablen Text, den die Anwendung, bevor sie die Meldung anzeigt, durch die entsprechende Laufwerksbezeichnung ersetzt. Wie man sieht, kann man mit wenigen generischen Meldungen, die in einer Meldungsdatei definiert sind, eine große Auswahl spezifischer Meldungen anbieten.

Nun zu den drei Funktionsaufrufen für dynamisches Linken, die zur Unterstützung der OS/2-Meldungseinrichtung zur Verfügung stehen.

DosGetMessage wird von einer Anwendung benutzt, um eine Meldung einzuholen, die vorher von der Einrichtung *MKMSGF (Make Message File)* bearbeitet wurde. Die Funktion sucht automatisch im Hauptspeicher nach der Meldung und greift nur dann auf die Meldungsdatei zu, wenn sich die Meldung in keinem mit dem Programm verbundenen Meldungssegment befindet. Das bedeutet, daß der Programmierer mit der Meldungseinrichtung selbst entscheiden kann, welche Meldungen mit dem Programm geladen werden und welche auf der Platte bleiben sollen, ohne im Programm-Quellcode Änderungen vorzunehmen.

Ein Aufruf der Funktion *Get Message* übergibt den Meldungsdateinamen (einschließlich Pfad), die Meldungsnummer, eine Tabelle von Text-Strings, die gegebenenfalls Meldungsvariablen *(variable message identifier)* ersetzen, und Pointer auf einen Puffer, in den die Funktion die vollständige Meldung und deren Länge plaziert.

DosInsMessage führt nur den Teil der soeben beschriebenen Funktion *Get Message* aus, in dem die Meldungsvariablen eingesetzt werden. Mit dieser Funktion kann das Programm unter Verwendung von ***Get Message*** eine Meldung aus einer Meldungsdatei holen, bevor der einzusetzende Text bekannt ist. Ist der variable Teil der Meldung bekannt, kann mit der Funktion *Insert Message* die vollständige Meldung erstellt werden.

Diese Funktion ist eine Alternative für das Binden einer Meldung an ein ausführbares Modul, um diese Meldung in den Arbeitsspeicher zu bekommen. Der Programmierer kann vermeiden, dieser Meldung während der gesamten Programmausführung Arbeitsspeicher zuzuweisen, was erforderlich wäre, wenn die Meldung mit dem ausführbaren Modul verbunden wäre. Die Meldung kann geholt werden, bevor der einzusetzende Text bekannt, aber der Zugriff auf die Meldungsdatei noch gesichert ist. Der richtige Zeitpunkt wäre vor einer Operation, die den Zugriff auf die Meldungsdatei gefährden würde. Dann kann mit ***Insert Message*** der entsprechende Text in die Meldung eingefügt und diese angezeigt werden.

Die Argumente, die dieser Funktion übergeben werden, unterscheiden sich nur darin von den Argumenten für ***Get Message***, daß sie einen Pointer auf die bereits im Arbeitsspeicher befindliche Eingabemeldung statt auf den Meldungsdateinamen enthalten.

DosPutMessage wird zur Ausgabe einer Meldung verwendet. Die Ausgabe arbeitet mit Dateikennungen, so daß die Anwendung die Meldung an eine eröffnete Einheit, wie z.B. den Bildschirm oder den Drucker, oder an eine Datei ausgeben kann. Da diese Funktion auf Dateikennungen aufbaut, kann die Meldungsausgabe auch umgeleitet werden.

Die Parameter dieser Funktion sind die Kennung der Ausgabedatei oder -einheit, ein Pointer auf den Puffer mit der Meldung und die Länge der Meldung.

Zusammenfassung der Meldungseinrichtungen

Man sieht, OS/2 besitzt eine ganze Reihe leistungsstarker Meldungeinrichtungen. Wie bereits erwähnt, wurden diese Einrichtungen entwickelt, um eine Systemumgebung zu schaffen, in der Anwendungen mühelos in verschiedene Sprachen übersetzt werden können. Darüber hinaus tragen Meldungseinrichtungen mit ihrer Flexibilität zur Verbesserung der Entwicklung und nicht zuletzt der Bedienerfreundlichkeit einer Anwendung bei. Der Text für eine Meldung kann von Leuten geschrieben werden, die sich nicht mit der Programmierung der Anwendung auseinandersetzen müssen. Es ist ganz einfach, die Lokalisierung von Meldungen zur Ausführungszeit von der Platte auf den Hauptspeicher zu verlegen, um die Anwendung hinsichtlich Performance oder Hauptspeicherbedarf zu optimieren und potentielle Sackgassen auszuschließen (wie z.B. den Versuch, eine Fehlermeldung von einer Diskette zu lesen, um dem Benutzer mitzuteilen, daß die Diskette nicht mehr gelesen werden kann). Außerdem bedeutet es einen Fortschritt in der Bedienung einer Anwendung, wenn für Hilfemeldungen eine zusätzliche Ebene zur Verfügung steht und eine Meldung auf andere Geräte oder Dateien umgeleitet werden kann.

Länderanpassung des Systems

Für ein Produkt wie OS/2 gilt es, eine Menge technischer Herausforderungen zu bewältigen. Um international eingesetzt werden zu können, muß es z.B. mit der Tatsache fertig werden, daß Tastatur, Bildschirm und Drucker in manchen Ländern unterschiedlich sind. Auch werden bestimmte Informationen nicht in allen Ländern gleich angezeigt, wie z.B. das Format für Datum und Uhrzeit, Währungszeichen und Dezimaltrennungszeichen. (Das Dezimaltrennungszeichen ist das Zeichen, das zwischen dem Bruchteil und der ganzen Zahl einer Dezimalzahl steht - im deutschsprachigen Raum ein Komma.) Um das Ganze noch komplizierter zu machen, werden für manche Landessprachen Symbole benötigt, die in keiner anderen Sprache eine Bedeutung haben. Und, als wäre dies noch nicht genug, benutzen einige Länder für ein- und dasselbe Zeichen verschiedene 8-Bit-Codes! Eine bestimmte Definiton aller Permutationen von 8-Bit-Werten wird *Zeichensatz-Tabelle* genannt. Doch reichen für einige Sprachen 256 Symbole (Zeichen) nicht aus, so daß nicht alle Zeichen dieser Sprachen mit einem 8-Bit-Binärcode verschlüsselt werden können.

Es gab bereits in einigen DOS-Versionen Einrichtungen zur teilweisen Lösung dieser Problematik. OS/2 hat diese Konzepte erweitert und erfüllt so die Bedürfnisse eines noch breiteren internationalen Publikums. Je größer der Kundenkreis, desto besser sind die Verkaufschancen für OS/2-Anwendungen und -Subsysteme.

Die OS/2-Einrichtungen, die die oben dargelegten Anforderungen erfüllen, werden *OS/2 National Language Support* oder *NLS* genannt. Sie umfassen folgende drei Bereiche:

1. Berücksichtigung länderspezifischer Konventionen für das Format von Datum und Uhrzeit, Währungszeichen etc.

2. Unterstützung mehrerer Zeichensatz-Tabellen.

3. Doppel-Byte-Zeichensatz (*Double Byte Character Set/DBCS*) für Sprachen mit mehr als 256 Zeichen.

Länderspezifische Informationen

Die OS/2-NLS-Architektur ist so ausgelegt, daß jedes Land mit einem dreistelligen Ländercode gekennzeichnet wird. OS/2 benutzt ein länderspezifisches Informationsprofil, um die Konventionen, in denen ein Land bestimmte Informationen anzeigt, zu spezifizieren. Die 17 Länder, für die OS/2 ein eigenes Informationsprofil anbietet, sind in Abbildung 75 in einer Tabelle aufgelistet. Folgende Sprachkonventionen werden von OS/2 für jedes Land einzeln festgelegt:

- Datumsformat
- Datumstrennzeichen
- Uhrzeitformat
- Uhrzeittrennzeichen
- Währungsanzeige
- Währungsformat
- Dezimalstellen der Währungsanzeige
- Dezimaltrennzeichen
- Tausendertrennzeichen
- Datentrennzeichen
- Primäre Zeichensatz-Tabelle

Solche länderabhängigen Informationen betreffen bestimmte vom System ausgeführte Verarbeitungen, die für unterschiedliche Sprachen und Länder verschieden ablaufen müssen. Die Verarbeitung von länderspezifischen Informationen ergänzt den OS/2-Sprachübersetzungsplan für die elf unterstützen Sprachen.

Umschalten von Zeichensatz-Tabellen

Eine *Zeichensatz-Tabelle* ist eine Darstellung der 256 verschiedenen möglichen
Kombinationen von 8 Bits (Codes) und der Symbole, für die die Codes stehen
(z.B. ist in der ASCII-Zeichensatz-Tabelle 437 der binäre Wert 01000001 dem
Großbuchstaben *A* zugeordnet). Wie in Kapitel 1 bereits erwähnt, unterstützt
OS/2 die Zeichensatz-Tabelle 437 mit dem erweiterten US-IBM-PC ASCII-
Code, die portugiesische Zeichensatz-Tabelle 860, die kanadisch-französische
Zeichensatz-Tabelle 863, die nordische Zeichensatz-Tabelle 865 und die mehr-
sprachige Zeichensatz-Tabelle 850.

```
Land/              Landes-                      Code-Page
Sprache            code      Tastatur     Primär     Sekundär
---------------    -------   --------     ------     --------


USA                001       US           437        850
United Kingdom     044       UK           437        850
Frankreich         033       FR           437        850
Deutsch            049       GR           437        850
Italien            039       IT           437        850
Spanien            034       SP           437        850
Dänemark           045       DK           865        850
Finnland           358       SU           437        850
Niederlande        031       NL           437        850
Norwegen           047       NO           865        850
Portugal           351       PO           860        850
Schweden           046       SV           437        850
Asien              099       --           437        850
Australien         061       --           437        850
Belgien            032       BE           437        850
Kanada             002       CF           863        850
Latein-Amerika     003       LA           437        850
Schweiz            041       SF,SG        437        850
Arabisch           785       --           864        850
Hebräisch          972       --           862        850
Japan              081       --           932        437
Korea              082       --           934        437
Volksrep. China    086       --           936        437
Taiwan             038       --           938        437
```

*Abbildung 75. NLS-Unterstützung - Ländercode, Tastaturen, Zeichensatz-
Tabellen*

Die Absicht bei der Definition einer mehrsprachigen Zeichensatz-Tabelle ist,
alle weniger wichtigen Grafikzeichencodes wegzulassen und die wichtigsten
256 Symbole für die Textcodierung in möglichst vielen Sprachen zu definieren.
Die mehrsprachige Zeichensatz-Tabelle fördert die Portabilität einer Anwendung zwischen verschiedenen Ländern.

Die Unterstützung von Zeichensatz-Tabellen ist nicht nur für Sprachübersetzungen nützlich. Höher entwickelte Zeicheneinheiten der neuen Generation unterstützen programmierbare (meist als *downloadable* bezeichnete) Zeichensatz-Tabellen und Symboldefinitionen (auch *Symboltabellen* und *Font-Tabellen* genannt). Die Arbeit mit diesen Geräten stellt erhöhte Anforderungen an das Betriebssystem.

OS/2 begegnet diesen Anforderungen, indem es die aktive Zeichensatz-Tabelle für jeden Prozeß im System nachführt. Bei der Initialisierung durch CONFIG.SYS dürfen nur zwei unterschiedliche Zeichensatz-Tabellen im System vorbereitet (verfügbar gemacht) werden. Je nachdem, welcher Prozeß aktiv ist, schaltet das Betriebssystem automatisch in die entsprechenden Zeichensatz-Tabelle um. Diese Zeichensatz-Tabelle wird dann zur Unterstützung der Ein-/Ausgabe für Geräte wie Tastatur, Bildschirm und Drucker benutzt.

Die Primär-Zeichensatz-Tabelle ist ein Teil der länderspezifischen Information, die für jeden einzelnen Ländercode definiert ist. Die Länder, für die OS/2 spezielle Informationen führt, werden in Abbildung 75 aufgelistet. Diese Auflistung beinhaltet Ländercode, Tastaturbelegung und Primär- und Sekundär-Zeichensatz-Tabelle.

Doppel-Byte-Zeichensätze (DBCS)

Ein Doppel-Byte-Zeichensatz ist eigentlich eine Mischung aus Doppel- und Ein-Byte-Zeichen. Der Bereich mit 8-Bit-Binär-Werten von OOH bis FFH wird von einem Doppel-Byte-Zeichensatz in Unterbereiche unterteilt. Liegt ein Zeichencode außerhalb dieser Unterbereiche, wird er als Ein-Byte-Zeichen definiert. Liegt ein Zeichen innerhalb eines dieser Unterbereiche, wird es als das erste Byte eines Doppel-Byte-Zeichens definiert. In OS/2 ist der Bereich, der zur Definition der Unterbereiche für das erste Byte von Doppel-Byte-Zeichen verwendet werden kann, auf 81H bis einschließlich FCH begrenzt. *DosGetDBCSE* ist ein Funktionsaufruf für dynamisches Linken, um die individuell spezifizierten oder vom System vorgegebenen Bereiche für Doppel-Byte-Zeichensätze zu erhalten.

Die Freigabe von OS/2 für DBCS bedeutet, daß DBCS-Zeichen nicht zerteilt oder mißgebildet werden, wenn Komponenten von OS/2 Zeichenketten manipulieren. Obwohl der OS/2-Sprachübersetzungsplan keine DBCS-Sprachen beinhaltet, wird durch die Freigabe des Betriebssystems für DBCS-Zeichen ein Grundstein hierfür gelegt und ein möglicher Bereich für künftige Erweiterungen aufgezeigt.

OS/2-NLS-Einrichtungen

Die OS/2-NLS-Einrichtungen setzen sich aus drei Grundtypen zusammen:

1. Anweisungen beim Systemstart, die in CONFIG.SYS enthalten sind.

2. Benutzerbefehle, die während der Arbeit mit dem System eingegeben werden können.

3. Funktionsaufrufe für dynamisches Linken, die von Anwendungsprogrammen ausgegeben werden können.

NLS-Befehle in CONFIG.SYS

Die Verarbeitung der CONFIG.SYS-Datei während der OS/2-Systemeinleitung wird in Kapitel 9 beschrieben. Die drei Anweisungen, die in Verbindung mit der NLS-Unterstützung für die CONFIG.SYS-Datei definiert werden, sind COUNTRY, CODEPAGE und DEVINFO.

COUNTRY=nnn wird zur Spezifizierung des Ländercodes benutzt. Das System verwendet dann die vorbestimmten Konventionen für die mit dem angegebenen Ländercode verbundene länderspezifische Information.

CODEPAGE=xxx,[yyy] wird zur Aktivierung von ein oder zwei Zeichensatz-Tabellen im Betriebssystem verwendet.

DEVINFO= wird benutzt, um gerätespezifische Befehle an eine Zeicheneinheit zu schicken, die das Umschalten von Zeichensatz-Tabellen unterstützt. Die Information über die DEVINFO=-Anweisung und die übersandten Befehle wird für jedes Gerät einzeln spezifiziert.

NSL-Benutzerbefehle

CHCP wird vom Benutzer über die Befehlszeile eingegeben, um für eine Sitzung die Zeichensatz-Tabelle zu setzen (oder abzufragen). Prozesse, die später in dieser Sitzung anlaufen, werden so gekennzeichnet, daß sie die Zeichensatz-Tabelle benutzen, die der Benutzer festgelegt hat. Die Subsysteme für Bildschirm, Tastatur und Drucker benutzen dann diese Information bei der Ausführung von E/A-Operationen für den Prozeß.

Hinweis:

Die Zeichensatz-Umstellung für das Drucker-Subsystem ist im Druck-Spooler enthalten. Deshalb muß der Druck-Spooler aktiv sein, damit die Vorzüge der Zeichensatz-Umstellung beim Drucken genutzt werden können.

NLS-API für dynamisches Linken

Folgende NLS-Funktionsaufrufe gehören standardmäßig zur OS/2-API:

DosSetCp setzt für einen Prozeß die Zeichensatz-Tabelle. Die einzigen Parameter sind die Kennziffer der Zeichensatz-Tabelle und ein reserviertes Wort, das auf Null gesetzt ist. Die Zeichensatz-Tabellen für Tastatur und Bildschirm werden gesetzt. Das Dateisystem benutzt die entsprechende Zeichensatz-Tabelle zur Initialisierung der Dateisystem-E/A an den Drucker. Dazu muß aber der Druck-Spooler geladen sein.

DosGetCp gibt die Zeichensatz-Tabelle an, die momentan diesem Prozeß zugeordnet ist, und die Liste der in diesem System verfügbaren Zeichensatz-Tabellen. Zur Zeit dürfen unter OS/2 maximal zwei Zeichensatz-Tabellen im System installiert sein.

DosGetCtryInfo holt die spezifizierte oder die vom System vorgegebene länderabhängige Information. Hierzu gehören der Ländercode, die aktuelle Zeichensatz-Tabelle und alle bereits besprochenen Parameter der länderspezifischen Information.

DosCaseMap führt *Case-Mapping* mit einer Binärzeichenkette durch. *Case-Mapping* bedeutet, daß eine aus Groß- und Kleinbuchstaben gemischte Zeichenkette ganz auf Großbuchstaben geändert wird.

DosGetDBCSEv gibt die individuell spezifizierten oder vom System vorgegebenen Bereiche für Doppel-Byte-Zeichensätze zurück. Dies sind die Bereiche von Zeichen, die als erstes Byte von Doppel-Byte-Zeichen benutzt werden.

KAPITEL 9

Systemkonfiguration: Standardwerte und individuelle Anpassung

Wenn Sie Ihren IBM PC einschalten und OS/2 auf der Festplatte installiert ist, führt der Hardware-ROM-Code automatisch eine Reihe von Tests durch. Werden in der Hardware keine Fehler gefunden, startet der ROM-Code das *Initial Program Load (IPL)* des Betriebssystems. Das Betriebssystem initialisiert sich und baut die Umgebung auf, in der die Anwendungen ablaufen können. Das Einrichten der Umgebung findet in drei Phasen statt:

- ■ Konfiguration
- ■ Automatische Ausführung
- ■ Programm-Selektion

In der Konfigurationsphase sucht OS/2 nach einer bestimmten Datei, die Informationen über setzbare Parameter für die Systeminitialisierung enthält. In Anlehnung an die aus DOS bekannte Konfigurationsdatei wird diese Datei *CONFIG.SYS* genannt. Das Betriebssystem weist den spezifizierten Optionen die Werte zu, die in der Konfigurationsdatei angegeben sind. Wenn Parameter falsch oder gar nicht spezifiziert sind oder die Konfigurationsdatei nicht gefunden werden kann, weist das Betriebssystem Standardwerte zu oder führt Standardaktionen aus. Die Systemkonfiguration ist wichtig, weil sie festlegt, wie Anwendungen während der Betriebszeit verwaltet werden. Ist die Systemkonfiguration einmal aufgebaut, kann sie nicht mehr dynamisch geändert werden. Die Konfigurationsdatei *kann* zwar modifiziert werden, die Änderungen treten aber erst in Kraft, wenn das System zurückgesetzt (mit der Tastenkombination CTRL-ALT-DEL wird der Initialisierungsprozeß neu gestartet) oder aus- und wieder eingeschaltet wird.

Sobald die Konfiguration feststeht, können die Anwendungen ausgeführt werden, so daß die nächste Phase anlaufen kann. In der Phase der automatischen Ausführung sucht das Betriebssystem nach einer Datei, die Befehle enthält, die normalerweise in der Befehlszeile eingegeben werden. Diese Datei heißt *STARTUP.CMD* und ähnelt der Stapeldatei AUTOEXEC.BAT im DOS. Wenn das Betriebssystem eine STARTUP.CMD-Datei findet, startet der Befehlsprozessor automatisch eine OS/2-Sitzung und führt die Befehle dieser Datei aus. Auf diese Weise können OS/2-Anwendungen automatisch, also ohne Bedienungsmaßnahmen, gestartet werden (in Sitzungen, die von der laufenden Befehlsprozessor-Sitzung getrennt sind). Solange kein Befehl zur Beendigung der Sitzung vorkommt, wird dem Benutzer die Befehlsprozessorsitzung angezeigt. Taucht ein EXIT-Befehl auf, beendet der Befehlsprozessor die Sitzung, und der Programm-Selektor zeigt das Menü an.

Der Programm-Selektor, die dritte Phase, ist verfügbar, bis der Personal Computer ausgeschaltet oder neu gestartet wird. Der Programm-Selektor ist eine spezielle Anwendung, die dem Benutzer eine menü-gesteuerte Schnittstelle präsentiert, mit der mehrere Aktivitäten ausgeführt und gesteuert werden können. (Abbildung 76 zeigt das Menü des Programm-Selektors, bevor der Operator Anwendungen hinzufügt oder andere Sitzungen startet.)

Der Programm-Selektor bietet folgende Möglichkeiten:

- Zugriff auf das OS/2-Prompt-Zeichen
- Zugriff auf das DOS-Prompt-Zeichen
- Starten von Anwendungen
- Hin-und Herschalten zwischen Anwendungen
- Anfordern von Online-Hilfe

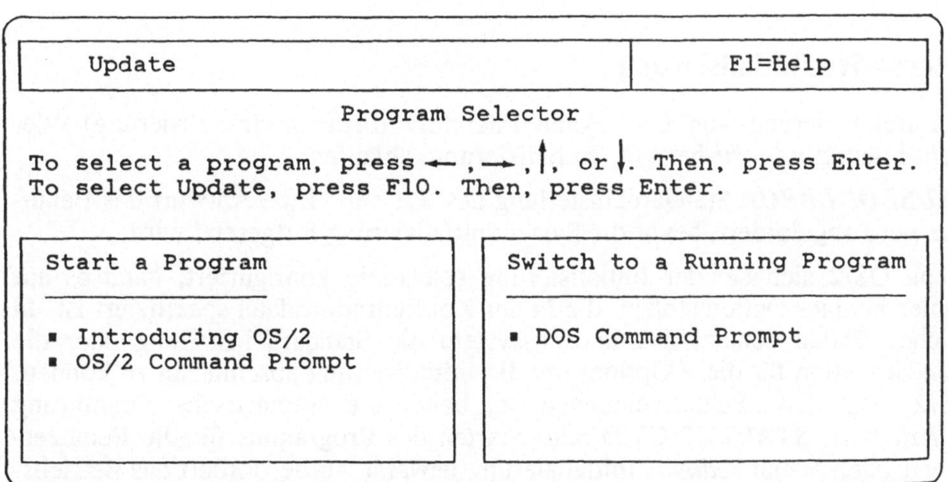

Abbildung 76. Menü des OS/2-Programm-Selektors

Wird das OS/2-Prompt gewählt, sucht das System nach der Datei *OS2INIT.CMD*. Sie enthält wie eine Stapeldatei Befehle, die auch bei der

Befehlseingabe verwendet werden können. Mit dieser Datei kann man Befehle ausführen, um Charakteristika der Anwendungsumgebung festzulegen, wie z.B. Verzeichnissuchpfade für Anwendungen und Dateien für gerade gestartete Sitzungen. Wird das DOS-Prompt zum ersten Mal gewählt, führt das Betriebssystem die DOS-Datei *AUTOEXEC.BAT* aus, um Parameter für die DOS-Anwendungsumgebung zuzuordnen.

Konfigurationsoptionen

OS/2 verfügt über ein Installationsprogramm, das den PC für die Arbeit mit OS/2 einrichtet. Das Installationsprogramm erstellt die Konfigurationsdatei, wobei man wählen kann zwischen bereits vorher festgelegten Werten, den Standardwerten des Betriebssystems oder Werten, die für die verschiedenen Optionen jeweils eingegeben werden. Ist OS/2 einmal installiert, kann man die CONFIG.SYS-Datei direkt mit dem Texteditor ändern. Nachfolgend werden die verschiedenen Optionen besprochen, die die Verwaltung der System- und Anwendungsumgebungen steuern, und zwar in Hinblick auf die System-Standardwerte und die Bedeutung der Optionen für den Anwender. Soweit sie von besonderer Bedeutung sind, werden auch die Standardwerte des Installationsprogramms gekennzeichnet. Wird für eine bestimmte Option *nicht* die Standardaktion des Systems oder der Installation gewünscht, muß diese Option in CONFIG.SYS aufgenommen werden und der Wert oder die Aktion spezifiziert werden.

Interaktive Initialisierung

Die Initialisierung von OS/2 kann interaktiv (*bediente* Initialisierung) oder nicht-interaktiv (*nicht-bediente* Initialisierung) ablaufen.

PAUSEONERROR Standardeinstellung des Systems: Eine Antwort des Benutzers wird angefordert, bevor die Systeminitialisierung fortgesetzt wird.

Wenn OS/2 sich bei der Initialisierung selbsttätig konfiguriert, kann es auf Fehler in einer Option stoßen, die in der Konfigurationsdatei spezifiziert ist. In solchen Fällen benutzt das Betriebssystem die Standardeinstellung oder die Standardaktion für diese Option, um die Initialisierung abschließen zu können. OS/2 zeigt dann Fehlermeldungen an, bevor die automatische Ausführung abläuft (z.B. STARTUP.CMD oder Starten des Programms für die Benutzeroberfläche). Wenn *bediente* Initialisierung gewählt wurde, fordert das Betriebssystem den Benutzer auf, die ENTER-Taste zu drücken, wenn fortgefahren werden kann. Bei nicht-interaktiver Initialisierung geht das Betriebssystem automatisch zur nächsten Initialisierungsphase über. Werden keine Fehler in Konfigurationsoptionen gefunden, wechselt OS/2 ohne Unterbrechung in die Phase der automatischen Ausführung.

Das Betriebssystem fordert eine Bestätigung des Benutzers an, um sicherzustellen, daß er über die Fehler in den Konfigurationsoptionen informiert ist. Natürlich muß das Betriebssystem die Initialisierung, soweit möglich, trotz der Probleme durchführen, so daß der Anwender die aufgetretenen Fehler korrigieren kann, indem er die Konfigurationsdatei modifiziert oder die Hardware überprüft.

Es gibt aber auch Situationen, in denen nicht ständig ein Operator den Computer bedient, wie z.B. im Fall eines Servers. In solchen Fällen kann festgelegt werden, daß die Initialisierung ohne Bedienungsmaßnahmen durchgeführt wird.

Operationen des Dateisystems

Optionen, die das Dateisystem betreffen, verändern nur die E/A-Performance mit Dateien. Die E/A-Performance mit anderen Objekten, auf die das Dateisystem Zugriff hat, wie z.B. Einheiten für Zeichen-Ein-/Ausgabe, bleibt unverändert.

BUFFERS   Standardeinstellung des Systems: Für die Verwaltung der Datei-E/A dem Dateisystem 3 Puffer zuweisen.

Standardeinstellung bei der Installation: Für die Verwaltung der Datei-E/A dem Dateisystem 30 Puffer zuweisen.

Um den Transport von Daten zwischen der Anwendung und der Platte/Diskette zu verwalten, benutzt das Dateisystem interne Puffer. Die Anwendung spezifiziert Daten mit Bytes als Maßeinheit, und das Dateisystem übersetzt die Bytes in Blöcke mit Sektorgröße für die E/A mit der Blockverwaltung. Ein Sektor ist ein Block von Daten mit einer Länge von 512 Bytes. Meist füllen die Daten einer Datei einige Sektoren ganz aus und benutzen für den Rest einen Sektor nur teilweise (am Anfang oder Ende einer Datei). Diese teilweise belegten Sektoren verwaltet das Dateisystem mit internen Puffern.

Je mehr Puffer verwendet werden, desto effizienter ist die Verwaltung der Datei-Ein-/Ausgabe. Ab einem gewissen Punkt würden sich weitere Puffer jedoch gegenteilig auswirken und die Performance verschlechtern. Die ideale Anzahl von Puffern hängt von verschiedenen Faktoren ab, z.B. von der im System konfigurierten Speichergröße oder von den Anwendungen, mit denen man arbeitet. Wieviele Puffer man am Besten verwendet, findet man nur durch Experimentieren heraus.

DISKCACHE   Standardeinstellung des Systems: Einem Platten-Cache keinen Speicherplatz zuordnen.

Standardeinstellung bei der Installation: Einem Platten-Cache 64 KB zuordnen.

Der OS/2-Einheitentreiber für Platten unterstützt einen Platten-Cache für Modelle der PS/2-Familie, die für OS/2 geeignet sind (Modell 50, 60 und 80). Ein Platten-Cache ist ein Puffer, den der Plattentreiber zum vorübergehenden Speichern von Informationen verwendet, die von der Festplatte gelesen werden.

Diese Technik ist zeitsparend, denn die Daten müssen nicht erst von der Festplatte geholt werden.

Ähnlich wie bei den Dateisystempuffern muß experimentiert werden, um herauszufinden, welche Speicherplatzgröße für einen Platten-Cache ideal ist. Dies hängt z.B. von der Größe des vorhandenen Speicherplatzes sowie von Häufigkeit und Umfang der Datei-Ein-/Ausgabe ab.

Unterstützung von Einheiten

Um eine Einheit zu benutzen, die von OS/2 nicht standardmäßig unterstützt wird, wird ein Einheitentreiber benötigt, besonders dann, wenn es sich um eine interrupt-gesteuerte Einheit handelt. Über die entsprechende Option kann dieser Einheitentreiber vom Betriebssystem installiert werden.

DEVICE   Standardeinstellung des Systems: Nur die wichtigsten OS/2-Einheitentreiber installieren.

Das Betriebssystem installiert automatisch die Einheitentreiber für eine Reihe von Einheiten, wie Bildschirm, Tastatur, Drucker und Platte/Diskette. Man kann aber auch zusätzliche Einheiten benutzen, indem man dem Betriebssystem die entsprechenden Einheitentreiber angibt. Außerdem ist es möglich, Einheitentreiber zu spezifizieren, die bereits installierte Einheitentreiber ersetzen, um auf diese Weise die für die Einheiten unterstützten Funktionen zu ersetzen oder zu erweitern. Es ist sogar möglich, für die Verwendung in der DOS-Umbegung bestimmte DOS-Einheitentreiber zu installieren.

Länderunterstützung

Von der Sprache und Kultur des jeweiligen Benutzers hängt ab, wie Tastatur-, Bildschirm- und Druckerdaten behandelt werden. Da OS/2 international vertrieben wird, ist es wichtig, daß es vielen unterschiedlichen Sprachen und Kulturen angepaßt werden kann. Das Format für Datum und Uhrzeit, Dezimaltrennungszeichen und Währungszeichen ist vom jeweiligen Land abhängig. Je nach Sprache variieren der Zeichenvorrat (*Code Page*), die Darstellung von Groß-/Kleinbuchstaben, die Mischfolge und die Umgebung des Doppel-Byte-Zeichenvorrats (DBCS). Natürlich hängen die zwei Faktoren (Land und Sprache) zusammen: Es macht keinen Sinn, unterschiedliche Länder und Sprachen zu mischen.

Nähere Angaben zu diesen Optionen und wie sie zur Unterstützung von Landessprachen (NLS) verwendet werden finden Sie im Abschnitt *Länderspezifische Information* in Kapitel 8. Allgemein gilt, daß immer dann, wenn CODEPAGE spezifiziert wird, auch DEVINFO spezifiziert werden muß.

CODEPAGE   Standardeinstellung des Systems: Für Bildschirm und Drucker den Standard-Zeichensatz benutzen, wenn im Gerät die Schriftart vorhanden ist, und den Zeichenvorrat für die

Tastatur verwenden, der vom Landescode der Option COUNTRYbestimmt wird.

COUNTRY Standardeinstellung des Systems: Für länderspezifische Informationen Format und Sprache für Deutschland verwenden.

DEVINFO Standardeinstellung des Systems: Keine Einheit für die Umschaltung des Zeichenvorrats vorbereiten.

Schutzumfang

Der 80286-Prozessor bietet einen Sicherungsmechanismus für geschützte Befehle und Prioritätsstufen, wobei aber nur OS/2-Anwendungen geschützt werden.

IOPL Standardeinstellung des Systems: OS/2-Anwendungen dürfen nicht die geschützten E/A-Anweisungen ausgeben, d.h. Einheiten direkt steuern.

OS/2-Anwendungen werden normalerweise in der Prioritätsstufe für Anwendungsprogramme ausgeführt. Damit Anwendungen E/A-Anweisungen ausführen können, muß das Betriebssystem der Anwendung die E/A-Prioritätsstufe (IOPL) gewähren. Andererseits besitzt ein OS/2-Einheitentreiber immer das E/A-Privileg, um seine Einheiten zu steuern. Zu den geschützten E/A-Anweisungen gehören IN und OUT, die Befehle und Daten direkt aus Geräte-Ports lesen bzw. in sie schreiben, sowie CLI und STI, die Hardware-Interrupts aktivieren oder stillegen.

Da sich Anwendungen bei der Benutzung einer Einheit gegenseitig behindern können, ist es wichtig, daß der Benutzer weiß, wenn er mit einer Anwendung arbeitet, die direkt auf die Hardware zugreift (eine Anwendung kann die Hardware nur steuern, wenn diese Option in der Konfigurationsdatei entsprechend spezifiziert wird).

PROTECTONLY Standardeinstellung des Systems: Das System sowohl für die DOS-Umgebung (Operationen im Real Mode) als auch für die OS/2-Anwendungsumgebung (Operationen im Protected Mode) konfigurieren.

Ein völlig geschütztes System ist ein System ohne DOS-Umgebung, also ein System, das nur im Protected Mode arbeitet. In der DOS-Umgebung - oder im Real Mode - kann eine DOS-Anwendung uneingeschränkt alle Aktivitäten ausführen, einschließlich Speicherzugriff im Bereich von 0 KB bis 640 KB und direkte Manipulation von Einheiten. Auch wenn man die DOS-Umgebung kleiner als 640 KB spezifiziert, hat eine DOS-Anwendung die Möglichkeit, auf den gesamten Speicherplatz unterhalb 640 KB zuzugreifen. Ähnlich ist es mit Einheiten, die im Multitasking verwendet werden. Sie sind gegen die "eigensinnigen" Absichten von DOS-Anwendungen nicht geschützt. Der Schutz ist also immer dann gefährdet, wenn im Real Mode gearbeitet wird.

Wenn man nur OS/2-Anwendungen laufen läßt, kann man auf eine DOS-Umgebung verzichten. Dadurch erhalten OS/2-Anwendungen einen besseren Schutz und mehr Speicherplatz, da der Bereich unterhalb 640 KB nicht mehr für die DOS-Umgebung zur Verfügung gestellt werden muß.

OS/2-Anwendungsumgebung

Zur Verwaltung von OS/2-Anwendungen steht eine Anzahl von Optionen zur Verfügung, mit denen bestimmt werden kann, wie das Betriebssystem dynamisches Linken regelt und wie die Ausführung gewünschter Programme spezifiziert wird.

LIBPATH Standardeinstellung des Systems: Das Root-Verzeichnis der Einheit, von der das Betriebssystem gestartet wurde (IPL) - Festplatte (c:\) oder Diskette (a:\) - als Standort für Dynamic-Link-Bibliotheken verwenden.

Standardeinstellung bei der Installation: Die vom Installationsprogramm erzeugten Verzeichnisse verwenden, in denen die Systemdateien enthalten sind.

Für dynamisch gebundene Schnittstellen, die von OS/2-Anwendungen benutzt werden, muß OS/2 die zugehörigen Bibliotheken lokalisieren, um sie laden und ihre Verbindungen zu den Anwendungen umsetzen zu können. Die Suche nach den Dynamic-Link-Bibliotheken wird automatisch über alle OS/2-Sitzungen und alle OS/2-Anwendungen durchgeführt.

Für die Suche nach Bibliotheken kann man verschiedene Unterverzeichnisse angeben. So können Bibliotheken nach eigenen Kriterien in Unterverzeichnissen organisiert werden und die Reihenfolge, in der OS/2 diese Unterverzeichnisse durchsucht, gesteuert werden.

PROTSHELL Standardeinstellung des Systems: Den OS/2-Programm-Selektor als Programm für die Benutzeroberfläche sowie den OS/2-Befehlsprozessor CMD.EXE benutzen.

Standardeinstellung bei der Installation: Den OS/2-Programm-Selektor als Programm für die Benutzeroberfläche sowie den OS/2-Befehlsprozessor CMD.EXE mit dem Parameter von OS2INIT.CMD benutzen.

Das Programm für die Benutzeroberfläche wird am Ende der Systeminitialisierung gestartet. Es regelt den Zugriff auf die verschiedenen Sitzungen oder Anwendungen. Der Befehlsprozessor verwaltet die Befehlszeilen-Schnittstelle im Protected Mode.

Auf Wunsch kann der Benutzer ein eigenes Programm für die Benutzeroberfläche und/oder einen eigenen Befehlsprozessor verwenden.

RUN Standardeinstellung des Systems: Es muß kein standardmäßiges Systemprogramm gestartet werden.

Standardeinstellung bei der Installation: Druck-Spooler starten.

Bevor das Programm für die Benutzeroberfläche gestartet wird, kann ein nicht-interaktives Programm gestartet werden, das während der Systeminitialisierung im Hintergrund abläuft. Dieses Programm kann Bildschirm-, Tastatur- oder Maus-Ein-/Ausgabe nur über ein Pop-Up-Menü ausführen.

Multitasking

Im Multitasking kann man viele Faktoren, die die Performance beeinflussen, den eigenen Bedürfnissen angleichen.

MAXWAIT Standardeinstellung des Systems: Die maximale Wartezeit beträgt drei Sekunden.

Wenn mehrere Threads der normalen Ausführungsklasse aktiv sind, kann es aufgrund ihrer relativen Prioritäten vorkommen, daß einer der Threads einige Zeit auf seine Ausführung warten muß. Dieses Phänomen nennt man auch *CPU-Starvation*. Um zu verhindern, daß ein Thread endlos auf CPU-Leistung warten muß, wird die Wartezeit vom Betriebssystem begrenzt. Ist das Zeitlimit abgelaufen, hebt das Betriebssystem vorübergehend die Prioritätsstufe des Threads an, damit er die Chance erhält, ausgeführt zu werden.

Dieser Faktor betrifft die Performance von Aktivitäten der normalen Ausführungsklasse im System. Um den idealen Wert herauszufinden, bedarf es einer gewissen Erfahrung: Er hängt davon ab, wieviele Anwendungen zur gleichen Zeit laufen, und welche Aktivitäten sie wie oft ausführen.

PRIORITY Standardeinstellung des Systems: Die Priorität eines Threads der normalen Ausführungsklasse dynamisch angleichen.

Um die optimale Performance von Threads der normalen Ausführungsklasse zu gewährleisten, überwacht das Betriebssystem die diversen Aktivitäten, wie den Gebrauch der CPU oder der Ein-/Ausgabe und gleicht die Prioritäten dieser Threads dynamisch an.

In manchen Anwendungsumgebungen kann jedoch eine gewisse Planung erforderlich sein, die darin besteht, daß Prioritäten streng nach Klasse und Stufe vergeben werden.

THREADS Standardeinstellung des Systems: Die Summe der im System verfügbaren Threads auf 64 setzen.

Die Anzahl der Threads im System ist variabel, da dies für Anwendungen in unterschiedlichen Konfigurationen eine optimale Performance und optimale Ausnutzung der Speicherkapazität verspricht.

So werden vielleicht zusätzliche Threads benötigt, wenn man dem System Erweiterungen und Anwendungen hinzufügt. Auf der anderen Seite leidet die Performance bei begrenzter Anzahl von Threads in einer komplexeren Ausführungsumgebung, da die Systemerweiterungen und Anwendungen gezwungen sind, Aktivitäten zu serialisieren, die sonst gleichzeitig ablaufen könnten.

TIMESLICE   Standardeinstellung des Systems: Die maximale Zeitscheibe auf 248 Millisekunden setzen; die minimale Zeitscheibe auf 32 Millisekunden setzen.

Mit der maximalen Zeitscheibe wird die Zeit begrenzt, in der ein Thread arbeitet, bevor einem weiteren Thread *mit gleicher Prioritätsstufe* die Gelegenheit zur Ausführung gegeben wird. Diese Regelung stellt sicher, daß Threads mit gleicher Prioritätsstufe gleichberechtigt ausgeführt werden. Mit der minimalen Zeitscheibe werden Ausnahmesituationen gesteuert.

Bei Anwendungen, die aufgrund ihrer Aktivitäten besonders zeitkritisch sind, kann es nötig sein, daß die maximale Zeitscheibe verkürzt wird, damit die Aktivitäten in der oben beschriebenen Regelung öfter zum Zug kommen. Allzu niedrige Zeitwerte sollten allerdings vermieden werden, sonst verwendet das Betriebssystem mehr Zeit für die zeitliche Einteilung der Threads als für deren Ausführung. Auch sollten die Zeitwerte nicht so groß sein, daß Threads mit gleicher Priorität unvertretbar lange auf ihre Ausführung warten müssen.

Speicherverwaltung

Bestimmte Auswirkungen der Speicherverwaltung im System können vom Benutzer gesteuert werden.

MEMMAN   Standardeinstellung des Systems: Beim Starten von der Festplatte Swapping und Speicherplatzverschiebung verwenden; beim Starten von der Diskette nur Speicherplatzverschiebung verwenden.

Bei der Verwaltung der Speicherplatzzuordnung gibt es zwei Faktoren, die die System-Performance betreffen - Swapping und Speicherplatzverschiebung. Mit Hilfe von Swapping kann das Betriebssystem vorübergehend ein Datensegment auf die Platte auslagern, um physikalischen Hauptspeicher für anderweitigen Gebrauch zu gewinnen (ein Codesegment benötigt kein Swapping; stattdessen kann man es aus dem Hauptspeicher löschen und später wieder von der Platte laden). Speicherplatzverschiebung dient dazu, daß das Betriebssystem Segmente im physikalischen Hauptspeicher so umstellt, daß nicht verwendete Speicherfragmente, die aus der Verwendung von Segmenten unterschiedlicher Größe entstehen, zusammengelegt werden. Swapping und Speicherplatzverschiebung zusammen erlauben den Anwendungen die Überbelegung des physikalischen Hauptspeichers. Speicherplatzverschiebung allein ermöglicht eine effizientere Ausnutzung des physischen Hauptspeichers.

Wenn man mit einer Anwendung oder mit einer Systemerweiterung arbeitet, die sehr stark vom Timing abhängt, sollte man Swapping und Speicherplatzverschiebung besser vermeiden, um nicht die schnelle Ansprechbarkeit einzubüßen. Jedoch würde man Performance auf Kosten der Speicherauslastung einhandeln. Mit anderen Worten, man könnte nicht mehr so viele Anwendungen laufen lassen wie zuvor und den aktivierten Anwendungen kann weniger Speicherplatz zugeordnet werden.

SWAPPATH   Standardeinstellung des Systems: Das Root-Verzeichnis derjenigen Einheit als Ort der System-Swap-Datei benutzen, von der das Betriebssystem gestartet (IPL) wurde - Festplatte (c:\) oder Diskette (a:\).

System-Swap-Dateien dienen dazu, Datensegmente vorübergehend zu speichern, die aus dem Systemspeicher entfernt werden müssen, weil Speicherplatz benötigt wird. Swap-Dateien können in Unterverzeichnissen oder in separaten Partitionen auf der Festplatte untergebracht werden, was sehr nützlich sein kann, weil Swap-Dateien bei ausreichender Überbelegung des physikalischen Arbeitsspeichers einen recht stattlichen Umfang erreichen können.

Die DOS-Umgebung

Die Größe der DOS-Umgebung in OS/2 kann vom Benutzer gesteuert werden.

RMSIZE   Standardeinstellung des Systems: Die Obergrenze des Arbeitsspeichers für die DOS-Umgebung auf den jeweils kleineren Wert der beiden folgenden festsetzen: entweder die Größe des gesamten installierten Hauptspeichers minus 512 KB oder die größte Speicheradresse bei Hauptspeichergrößen unter 640 KB (d.h. 512 KB oder 640 KB).

Einfacher ausgedrückt heißt das: OS/2 maximiert den Speicherplatz unterhalb 640 KB für die DOS-Umgebung und berücksichtigt dabei den Speicherplatz, der für Operationen im Protected Mode gebraucht werden könnte. Selbst wenn man für eine DOS-Anwendung so viel Speicher benötigt, kann man einen kleineren Wert angeben. Speicherplatz, der nicht von der DOS-Umgebung gebraucht wird, wird für Operationen im Protected Mode verwendet.

OS/2 unterstützt eine Reihe von Optionen, die im DOS verwendet werden. Hierzu gehören insbesondere die Optionen BREAK, FCBS und SHELL, die *nur* die DOS-Umgebung betreffen. OS/2 weist diesen Optionen folgende Standardeinstellungen zu:

BREAK   Standardeinstellung des Systems: In der DOS-Umgebung nicht auf die Tastenkombination CTRL-BREAK reagieren, außer bei Verarbeitungsschritten über Standardeinheiten.

FCBS   Standardeinstellung des Systems: Zur gleichen Zeit dürfen 16 *File Control Blocks* (FCBs) geöffnet werden. Wenn mehr als 16 FCBs benötigt werden, dürfen die ersten acht geöffneten FCBs nicht ein zweites Mal benutzt werden.

SHELL   Standardeinstellung des Systems: Für die DOS-Umgebung COMMAND.COM, den DOS-kompatiblen Befehlsprozessor von OS/2, benutzen.

Automatische Ausführung

OS/2 bietet eine Selbststart-Möglichkeit in der Stapeldatei STARTUP.CMD an, die in vielerlei Hinsicht an die Datei AUTOEXEC.BAT im DOS erinnert. Wenn die Datei STARTUP.CMD gefunden wird, startet OS/2 die erste OS/2-Sitzung mit dem OS/2-Befehlsprozessor, um die Datei auszuwerten. So können Anwendungen gestartet werden, ohne daß das Programm für die Benutzeroberfläche aufgerufen wird. Wird die Datei STARTUP.CMD nicht gefunden, läßt das Betriebssystem das Programm für die Benutzeroberfläche ablaufen. In Abbildung 77 finden Sie ein Beispiel für eine STARTUP.CMD-Datei.

```
PATH c:\;c:\os2;c:\batch;
START acomm
START editor
START appoint
EXIT
```

1. Legt die Reihenfolge der Verzeichnisse bei der Suche nach Programmen fest.

2. Startet eine weitere Sitzung mit dem Programm für asynchrone Kommunikation.

3. Startet eine weitere Sitzung mit dem Text-Editor.

4. Startet eine weitere Sitzung mit dem Terminkalender-Programm

5. Beendet die laufende Sitzung.

Abbildung 77. Beispiel einer Stapeldatei STARTUP.CMD

Der Schlüsselbefehl der STARTUP.CMD-Stapeldatei ist der Befehl START. Dieser Befehl, den man auch beim OS/2-Prompt (Befehlszeile) verwenden kann, ist äußerst nützlich in Verbindung mit dem Selbststart-Mechanismus. Das Programm oder die Stapeldatei, die mit dem Befehl START angesprochen wird, wird in einer separaten Sitzung ausgeführt. Für die Konfigurationsdatei, CONFIG.SYS, gibt es einen ähnlichen Befehl, den Befehl RUN. Der RUN-Befehl kann jedoch nur verwendet werden, um nicht-interaktive Programme zu starten, d.h. Programme, die vorwiegend im Hintergrund laufen.

Die Spezifizierung von Umgebungsparametern mit Befehlen wie PATH, DPATH, PROMPT und SET betrifft nur Anwendungen, die in derselben Sitzung laufen, in der die STARTUP.CMD-Datei verarbeitet wird. Mit dem Befehl START kann eine weitere Stapeldatei in einer anderen Sitzung ausgeführt werden. Diese Stapeldatei kann dann Befehle ausführen, mit denen die

Umgebung aufgebaut wird, bevor - ähnlich wie mit den DOS-Stapeldateien - ein Anwendungsprogramm aufgerufen wird.

Programm-Selektion

Die Phase der Programmauswahl umfaßt alle Aktivitäten des Operators bis der Computer ausgeschaltet oder neu gestartet wird. Standardmäßig ist in OS/2 als Programm für die Benutzeroberfläche der Programm-Selektor eingegeben, mit dem die Anwendungen mittels einer menü-gesteuerten Benutzeroberfläche verwaltet werden können.

Natürlich kann man aber auch ein Befehls-Prompt, also die OS/2- oder DOS-Befehlszeile, wählen und Anwendungen und Sitzungen von dort aus starten. Außerdem kann man, wenn man nicht mit dem Menü des Programm-Selektors arbeiten will, mit der Tastenkombination ALT-ESC als *Hot Key* in andere aktive Sitzungen wechseln. Will man dann doch das Menü benutzen, kann man jederzeit mit der Tastenkombination CTRL-ESC zum Programm-Selektor schalten.

OS/2-Anwendungen arbeiten im Hintergrund weiter, wenn man sie verläßt, während die DOS-Umgebung im Hintergrund so lange angehalten wird, bis sie wieder in den Vordergrund geschaltet wird.

Stapeldateien und Steuersprache

Stapeldateien in OS/2 dienen dem gleichen Zweck wie in DOS: Sie ermöglichen die automatische Ausführung einer Befehlsfolge, ohne daß die Befehle jedesmal eingegeben werden müssen. Als Stapeldateien für bestimmte Zwecke sind bereits die Dateien STARTUP.CMD, OS2INIT.CMD und AUTOEXEC.BAT bekannt.

OS/2-Stapeldateien kann man an der Erweiterung .CMD leicht von den durch die Erweiterung .BAT gekennzeichneten DOS-Stapeldateien unterscheiden. Dateien mit der Erweiterung .BAT können nicht in der OS/2-Befehlszeile ausgeführt werden, .CMD-Dateien nicht in der DOS-Befehlszeile. Durch die unterschiedlichen Dateierweiterungen soll vermieden werden, daß versehentlich eine Stapeldatei in der falschen Umgebung gestartet wird. Dies ist wichtig, denn sonst könnte man z.B. eine Stapeldatei starten, die bleibende Veränderungen an der Umgebung vornimmt (indem sie z.B. Dateien löscht). Erst wenn es zu spät ist, würde man erfahren, daß die aufgerufene Anwendung im aktuellen Modus nicht ausgeführt werden kann. Die entstandenen Änderungen könnten nicht mehr rückgängig gemacht werden.

Wie in DOS, können in OS/2 in Stapeldateien nicht nur Befehle für die Befehlszeile eingegeben werden, sondern auch Kontrollanweisungen, die den Ablauf einer Stapeldatei steuern. Hier einige Beispiele für den Verwendungszweck solcher Anweisungen: die Fähigkeit, andere Stapeldateien aufzurufen, Parameter für Befehle ersetzen, die Anzeige von Stapeldateibefehlen steuern, zu anderen Teilen der Stapeldatei verzweigen, zur Ausführung einer Befehlsfolge wiederholt Schleifen durchlaufen und Fehlerbedingungen prüfen. Abbildung 78 zeigt eine Liste von Stapelbefehlen.

```
Befehl           OS/2     DOS
----------       ----     ---
CALL              *        *
ECHO              *        *
ENDLOCAL          *
EXTPROC           *
FOR               *        *
GOTO              *        *
IF                *        *
PAUSE             *        *
REM               *        *
SETLOCAL          *
SHIFT             *        *
```

Abbildung 78. Stapelbefehle

KAPITEL 10

Geplante Erweiterungen

Die Standardversion von OS/2 ist eine Basis, um Anwendungsprogrammen zu ermöglichen, den 80286-Mikroprozessor voll auszunutzen, d.h. den Schutzmechanismus und den großen physikalischen Hauptspeicher, Multitasking und dynamisches Linken. Der Multitasking-Betrieb, die interaktive Installation, die Kompatibilität mit DOS-Befehlen und die leicht zu bedienende Benutzeroberfläche sind ein großer Gewinn für den Benutzer. Für den Programmentwickler bieten die offene Architektur von OS/2 und die Hilfsmittel im Toolkit große Vorteile. Die OS/2-Standardversion enthält eine Grundausstattung von Funktionen, die als Basis für weitere Entwicklungen dient. Sie erscheint in zwei Versionen (siehe Abbildung 79), wobei die zweite Version die Grundausstattung des Betriebssystems durch Fenstertechnik und Grafik-Schnittstellen sowie durch die bedienerfreundliche Benutzeroberfläche des *Presentation Managers* vervollständigt.

```
                                    Version 1.1

                                ┌──────────────────────────┐
                                │ ■ Fenstertechnik         │
          Version 1.0          │ ■ Grafik                 │
                                ├──────────────────────────┤
     ┌─────────────────────────┐│ ■ Schutzmechanismus      │
     │ ■ Schutzmechanismus     ││ ■ Großer phys. Hauptspeicher │
     │ ■ Großer phys. Hauptspeicher ││ ■ Virtueller Speicher    │
     │ ■ Virtueller Speicher   ││ ■ Multitasking           │
     │ ■ Multitasking          ││ ■ Mehrprogrammbetrieb    │
     │ ■ Mehrprogrammbetrieb   ││ ■ Dynamisches Linken     │
     │ ■ Dynamisches Linken    ││ ■ DOS-Kompatibilität     │
     │ ■ DOS-Kompatibilität    │└──────────────────────────┘
     └─────────────────────────┘
```

Abbildung 79. OS/2-Standardversion

Die Erweiterte Version von OS/2 geht noch einen Schritt weiter. Sie bietet zusätzlich Kommunikations- und Datenbank-Verwaltung (siehe Abbildung 80). Da die Erweiterte Version sehr vielseitig ist, kann damit ganz individuell gearbeitet werden.   Die Kommunikationsunterstützung deckt mit der Emulation

<pre>
  ■ Datenbank
  ■ Datenübermittlung

  ┌─────────────────────────────────┐
  │ ■ Fenstertechnik   │
  │ ■ Grafik   │
  ├─────────────────────────────────┤
  │ ■ Schutzmechanismus   │
  │ ■ Großer phys. Hauptspeicher   │
  │ ■ Virtueller Speicher   │
  │ ■ Multitasking   │
  │ ■ Mehrprogrammbetrieb   │
  │ ■ Dynamisches Linken   │
  │ ■ DOS-Kompatibilität   │
  └─────────────────────────────────┘
</pre>

Abbildung 80. Erweiterte Version von OS/2

verschiedener Terminaltypen und dem *File Transfer* einen weiten Bereich von Verbindungen und Protokollen ab. Die Datenbankunterstützung arbeitet mit einem relationalen Modell in einfacher tabellarischer Form, das die Verwaltung von Daten mit SQL (*Structured Query Language*), einer strukturierten Datenbank-Abfragesprache, unterstützt.

Der Presentation Manager

Der *Presentation Manager* arbeitet mit Grafik und Fenstertechnik. Mit der Fenstertechnik kann man gleichzeitig mehrere Anwendungen oder sogar mehrere Ausschnitte einer Anwendung auf dem Bildschirm sehen. Größe und Position der Fenster können verändert werden, eine Anwendung kann Fenster einrichten oder löschen. Man kann Daten aus einem Fenster herausnehmen, um sie in ein anderes Fenster einzufügen (sog. *clipboard function*). Das bedeutet auch, daß man Daten zwischen Anwendungen austauschen kann. Durch die Grafik können Anwendungen Bildschirme ausnutzen, die die APA-Modi (*All Points Addressable*) unterstützen. Die Schnittstellen unterstützen Vektor-Operationen, Raster-Operationen und mehrere Schriftarten und -größen.

Der Database Manager

Der *Database Manager* arbeitet mit einem relationalen Datenbank-Modell, ähnlich IBM Database 2 (DB2) und IBM Structured Query Language/Data

System (SQL/DS). Definition, Auswahl, Modifikation und Steuerung von Daten werden über die *Structured Query Language* (SQL) vorgenommen, eine höhere Datenbank-Sprache, die sowohl von Endbenutzern als auch von Anwendungsprogrammen benutzt werden kann.

Die Daten sind in einfachen Tabellen angeordnet und werden in Datensätzen und Feldern definiert und bearbeitet. Man braucht also kein Experte komplexer physikalischer Datenstrukturen zu sein, um in OS/2 mit Datenbanken zu arbeiten. Mit SQL kann man mitteilen, was man machen möchte und SQL kümmert sich darum, wie es gemacht wird. Man kann z.B. mit Daten arithmetische Operationen durchführen, Daten nach bestimmten Kriterien suchen, Daten dynamisch sortieren und kundenspezifische Berichte erstellen.

Darüber hinaus bietet der *Database Manager* noch Import/Export-Funkionen, über die Daten mit Anwendungen anderer PC-Datenbanken ausgetauscht werden können.

Der Communications Manager

Der *Communications Manager* der Erweiterten Version dient sowohl dem Endbenutzer als auch Anwendungen, die mit Kommunikationsunterstützung arbeiten. Mit dem *Communications Manager* können Personal Computer untereinander oder Personal Computer mit Host-Systemen kommunizieren. Er unterstützt viele verschiedene Verbindungstypen, einschließlich SDLC, *Distributed-Function-Terminals*-(DFT)-Modus mit einem IBM 3174 oder 3274, IBM Token-Ring Network, IBM PC Network und asynchrone Verbindungen. Für diese verschiedenen Kommunikationstypen benutzt der *Communications Manager* jeweils das entsprechende Protokoll, von LU6.2 über 3270 data stream (LU2) bis zu asynchronen Protokollen. Natürlich werden auch die gleichzeitige Emulation verschiedener Terminaltypen, einschließlich IBM 3270, IBM 3101 und anderer ASCII-Terminals sowie *File Transfer* unterstützt. Zur Anpassung an individuelle Bedürfnisse können jeweils die gewünschten Verbindungen ausgewählt und installiert werden. Der *Communications Manager* liefert auch Warnsignale für die Verwaltung von Netzwerken, Funktionen zur Problembestimmung und andere Kontrollmechanismen.

Mit einer Reihe von Programmier-Schnittstellen unterstützt der *Communications Manager* die Anwendungsproduktivität. Hierzu gehören folgende Programmier-Schnittstellen:

- **■** *Advanced Program-to-Program Communications* (APPC).

  Die LU6.2-Architektur spezifiziert die Funktionen, die entsprechende Anwendungen für APPC über die Datenverbindungen benutzen können. Sowohl datenstrom-unabhängige (*mapped*) wie auch datenstrom-abhängige (*basic*) Funktionen sind verfügbar.

- *Server-Requester Programming Interface* (SRPI).

  Requester-Anwendungen können mit LU2-Protokollen Dienste von *Host-Server*-Anwendungen in Anspruch nehmen.

- *Asynchronous Communications Device Interface* (ACDI).

  Anwendungen können Daten über asynchrone Verbindungen verwalten und Charakteristiken der Kommunikationsleitung mit ACDI kontrollieren.

Weitere Schnittstellen enthalten die 3270-Programm-Schnittstelle, IBM NetBIOS und IEEE 802.2.

Ein Anfang ist gemacht

Die Standardversion 1.0 von OS/2 ermöglicht den Einstieg in die ersten beiden Phasen auf dem Weg zur Workstation-Software der Zukunft. Diese zwei Phasen sind:

- Bereits vorhandene DOS-Anwendungen so neu zu schreiben, daß sie in der OS/2-Ausführungsumgebung laufen. Diese neuen Anwendungen können dann in der OS/2-Umgegung mit mehreren Sitzungen laufen. Für die DOS-Umgebung ist in OS/2 jedoch nur eine Sitzung möglich.

- Neue Anwendungen entwerfen oder alte Anwendungen neu strukturieren und so umgestalten, daß sie die neuen Funktionen und Eigenschaften der Standardversion, Version 1.0, nutzen können. Unterstützung von großem Arbeitsspeicher und Multitasking sind zwei Merkmale, die von vielen Anwendungen erfolgreich ausgenutzt werden können.

Weitere Schritte könnten etwa so aussehen:

- Die grafischen Möglichkeiten und die Fenstertechnik des *Presentation Managers* der OS/2-Standardversion, Version 1.1, ausnutzen.

- Die zusätzlichen Einrichtungen der Erweiterten Version von OS/2, *Communications Manager* und *Database Manager*, in Anwendungen einbauen, die davon profitieren können.

Sachwortverzeichnis